Wolfgang E.J. Weber
Luthers bleiche Erben

Wolfgang E.J. Weber

Luthers bleiche Erben

Kulturgeschichte der evangelischen Geistlichkeit des 17. Jahrhunderts

ISBN 978-3-11-054681-1
e-ISBN (PDF) 978-3-11-054906-5
e-ISBN (EPUB) 978-3-11-054718-4

Library of Congress Cataloging-in-Publication Data
A CIP catalog record for this book has been applied for at the Library of Congress.

Bibliografische Information der Deutschen Nationalbibliothek
Die Deutsche Nationalbibliothek verzeichnet diese Publikation in der Deutschen Nationalbibliografie; detaillierte bibliografische Daten sind im Internet über
http://dnb.dnb.de abrufbar.

© 2017 Walter de Gruyter GmbH, Berlin/Boston
Titelbild: Unbekannter Künstler, um 1670-1680, Öl: Johann Andreas Quenstedt 1617-1688
(Bibliothek des Evangelischen Predigerseminars der Lutherstadt Wittenberg)
Druck und Bindung: CPI books GmbH, Leck
♾ Gedruckt auf säurefreiem Papier
Printed in Germany

www.degruyter.com

Inhalt

Vorwort —— VII

Einführung —— 1

1 Aufbruch und Ernüchterung: Die Anfänge im 16. Jahrhundert —— 6
1.1 Einleitung —— 6
1.2 Luthers Grundlegung —— 7
1.3 Frühe lutherische Weiterentwicklungen —— 10
1.4 Stimmen der Kritiker und Feinde —— 19

2 Vocatio und Eigeninteresse: Die Wege in die Pfarrstelle —— 27
2.1 Ausgangsbedingungen —— 27
2.2 Johann Gerhards orthodoxe Systematisierung —— 28
2.3 Vom Dogma zur Praxis —— 31
2.4 Herausforderungen und Anpassungen in der zweiten Jahrhunderthälfte —— 35
2.5 Korruptive Wege: Simonie, Verwandtschaft und Freundschaft —— 40

3 Professionelle Routine und heiliger Eifer: das Spektrum der Pastorentätigkeit —— 49
3.1 Grundzüge der lutherisch-orthodoxen Hochphase —— 49
3.2 Predigt und katechetischer Unterricht —— 55
3.3 Verwaltung der Sakramente —— 61
3.4 Weitere geistliche und die administrativen Dienste —— 66

4 Vergebliche Mühen: Der Kampf gegen Unzucht, Tanz und Eigennutz —— 73
4.1 Grundlagen —— 73
4.2 Das Ringen um die „Keuschheit des Priesters" —— 75
4.3 Unzuchtbekämpfung in der Pfarrgemeinde —— 79
4.4 Wider den verderblichen Tanz —— 86
4.5 Der Kampf gegen das diesseitige Gewinnstreben —— 96

5 Das Verstummen der Wachhunde: Vom Strafamt zur Herrschaftszuarbeit —— 105
5.1 Das Problem —— 105
5.2 Ein ambivalentes Erbe —— 106

5.3	Vom Reaktivierungsversuch zur Resignation	112
5.4	Das Luthertum als Idealkonfession des Absolutismus	121

6 Die Kosten: Selbstdisziplinierung, Melancholie und Devianz — 126
- 6.1 Der pastorale Teufelskreis — 126
- 6.2 Umsetzungen im ausgehenden 16. Jahrhundert — 127
- 6.3 Systematisierungen und Praxisverbesserungen im Schatten des Krieges — 131
- 6.4 Transformationen nach 1648 — 135
- 6.5 Von der Trauertheologie zur christlichen Erquickung — 138
- 6.6 Formen der Devianz — 141

7 Nicht nur um Gotteslohn: Das Einkommen — 148
- 7.1 Ausgangslage — 148
- 7.2 In der Not des Krieges — 151
- 7.3 Auf dem Weg zur Verstaatlichung — 154

8 (Selbst-)Kritik und Krise — 166
- 8.1 Anfänge — 166
- 8.2 Radikalisierungen — 172

Bilanz — 175

Anmerkungen — 179

Anhang — 210
- 1 Abkürzungen — 210
- 2 Quellen- und Literaturverzeichnis — 210
- 2.1 Quellen — 210
- 2.2 Literatur — 220
- 3 Verzeichnis der Bildquellen — 231

Personenregister — 232

Vorwort

Sich als Nichtprotestant an ein so anspruchsvolles Thema wie die Kulturgeschichte der evangelisch-lutherischen Geistlichkeit zu wagen ist unzweifelhaft mit gesteigerten Anforderungen an die historische Urteilskraft verbunden. Wenn ich hoffen darf, dieser Herausforderung einigermaßen gerecht geworden zu sein, dann aus mehreren Gründen. Erstens durfte ich mich der kritischen Mitlektüre einiger Kollegen und zumal in der Schlussphase fachfremder Interessenten erfreuen, deren Hinweisen und Ratschlägen ich zwar keineswegs immer folgen konnte, die mich aber stets zu verstärktem Nachdenken und zu deshalb hoffentlich zugeschärfter Argumentation gebracht haben. Zweitens konnte ich das Thema insgesamt sowie bestimmte Einzelprobleme davon direkt und indirekt in entsprechende Diskussionen einbringen, die mich belehrten und weiterbrachten. Drittens bilde ich mir ein, mich durch einige kleinere Publikationen, die in diese Darstellung eingeflossen sind, gut vorbereitet zu haben.

Die Quellengrundlage der vorliegenden Monographie konnte im Rahmen eines Forschungsstipendiums der Herzog August Bibliothek Wolfenbüttel erarbeitet werden. Ich danke dieser großartigen Institution und namentlich ihrem derzeitigen Direktor Prof. Dr. Peter Burschel für die Gewährung dieser Möglichkeit nachdrücklich.

Sehr dankbar bin ich ferner meiner Lektorin Frau Bettina Neuhoff in München, die das Buchprojekt von Anfang an mit Ermunterung und stets zielführender Beratung betreut hat. Ebenso hat sich meine studentische Hilfskraft Frau Eva Marie Schuster B.A. (Augsburg) durch ihren Einsatz gerade in den letzten Wochen vor der Manuskriptabgabe großen Dank verdient. Von den weiteren Unterstützern möchte ich ebenso dankbar wenigstens Dr. Bernd Wißner (Augsburg) erwähnen. Alle verbliebenen Fehler gehen selbstverständlich allein auf mein Konto.

Schließlich bin ich der Bibliothek des Evangelischen Predigerseminars der Lutherstadt Wittenberg sehr verbunden, die mir höchst zuvorkommend durch Herrn Pfarrer Matthias Piontek M.A. die Lizenz zum Abdruck des Gemäldes auf dem Cover gewährt hat.

Gewidmet ist der Band den namenlosen Marginalisierten und Erfolglosen in der deutschen Geistesgeschichte.

Wolfenbüttel und Leitershofen, im Winter 2016 und Frühjahr 2017

Einführung

„Am Anfang war Luther" stellt eine jüngste Geschichte der Reformation aus prominenter protestantisch-kirchenhistorischer Feder fest.[1] Daran ist in vielfacher Hinsicht nicht zu zweifeln. Ebenso wenig kann in Abrede gestellt werden, dass vom lutherischen Ausgangspunkt der Reformation wichtige Folgen für die europäische Neuzeit und damit für die westliche Moderne insgesamt ausgingen: Beiträge zur Entstehung religiöser und politischer Massenkommunikation, zur Formierung und Aufwertung der Individualität, zur Selbstbestimmung und rationalen Lebensführung, zur wissenschaftlichen Geschichtsbefassung, zur Bildung und gesellschaftlichen Selbstreflexion, zur Hervorbringung des Staates europäischen Typs, usw.[2] Allzu oft werden diese Wirkungen jedoch unmittelbar Luther selbst zugeschrieben. Das wäre aber irreführend. In Wirklichkeit haben die lutherischen und sonstigen protestantischen Impulse, die auch unsere Gegenwart noch beeinflussen, einen langen, komplizierten Prozeß der Aneignung und Weiterverarbeitung durchlaufen, getragen von den Nachfolgern des großen Reformators. Sie fassten Luthers Botschaft unvermeidlich aus den Verhältnissen ihrer jeweils eigenen Zeit heraus auf und passten sie ihren Bedürfnissen an. Was der 1546 verstorbene Wittenberger Glaubenserneuerer hinterließ, unterlag mithin vielfältigem historischem Wandel.

Der Zeitpunkt, zu dem dieser Wandel entscheidend einsetzte, war nach allem, was wir bisher wissen, um 1600. Denn in dieser Phase musste die erste Generation führender Vertreter des Luthertums, die weder den Gründervater selbst noch dessen direkte Schüler mehr erlebt hatte und sich neuartigen historischen Herausforderungen ausgesetzt sah, die Verantwortung übernehmen. Von ihren Vorstellungen, Bestrebungen und Entscheidungen hing es mithin maßgeblich ab, wie es mit Luthertum und Protestantismus weitergehen konnte. Den Fragen danach, wie gerade diese Ansichten und Absichten aussahen und auf welchen Voraussetzungen sie beruhen, kommt somit ausschlaggebende Bedeutung zu.

Die einschlägige protestantische Kirchenhistorie und die kirchlich-konfessionell nicht gebundene, profane Geschichtswissenschaft teilen diesen Ansatz allerdings erst seit jüngster Zeit. Sie betrachten das Zeitalter der Orthodoxie, wie sie die Phase zwischen ca. 1580 und um 1700 üblicherweise bezeichnen, überwiegend noch immer als im Vergleich zum dramatischen Reformationsjahrhundert und zur Aufklärung des 18. Jahrhunderts ziemlich uninteressant. Mehr noch, es erscheint ihnen als unoriginell, ohne eigenes Profil und geradezu verknöchert, bis es durch Pietismus und Frühaufklärung allmählich abgelöst worden sei. Entsprechend fehlen auch aktuelle Gesamtdarstellungen dieser Phase und kommt sie in kirchen- und allgemeinhistorischen Überblicken nur am Rande vor.[3]

Gleichwohl sind bereits einige wichtige Befunde zur Geschichte der evangelischen Geistlichkeit in der Frühen Neuzeit erarbeitet worden, die auch für das 17. Jahrhundert gelten. Die Entstehung des Pastorentums als eine der „gravierendsten Veränderungen, die Reformation und konfessionelles Zeitalter für die Gesellschaft des Alten Reiches mit sich brachten", kam zum Abschluss.[4] Die Grundlage dieses epochalen Vorgangs bildeten einerseits die Bedürfnisse und Anforderungen der Predigt und übrigen Seelsorge in den jeweiligen Kirchengemeinden. Schon von Anfang an waren aber andererseits die wissenschaftliche Klärung und Entfaltung der evangelischen Glaubensbotschaft, also die Theologie und deren Träger, beteiligt. Entsprechend vollzogen sich die Formierung und Festigung des neuen Klerus auch in diesem Säkulum im Wechselspiel zwischen Gemeinde und Universität bzw. Gemeindepastoren und Theologieprofessoren. Veränderungen ergaben sich hingegen bei der sozialen Herkunft. Die ersten Pastoren und lutherischen Theologen setzten sich aus bekehrten Priestern, Mönchen und Priester- bzw. Mönchskandidaten sowie zu Luther gestoßenen Studienanfängern unterschiedlicher bürgerlicher, gelegentlich auch adeliger Herkunft zusammen. Danach wuchs das lutherisch gewordene Bürgertum zum wichtigsten Rekrutierungsfeld heran.[5]

Womit das Pastorentum gerade im 17. Jahrhundert sein Über- und Weiterleben spezifisch und kontinuierlich sicherte, war aber das evangelische Pfarrhaus.[6] Je nach den gegebenen Bedingungen unterschiedlich ausgeprägt, bildete diese soziokulturelle Institution das Scharnier zwischen der privaten Lebensführung und der Amtstätigkeit des nunmehr verheirateten Geistlichen. So trug das Pfarrhaus wesentlich dazu bei, dass das überwältigende religiöse Charisma, über das Luther verfügt und das er so erfolgreich eingesetzt hatte, seinen späteren Nachfolgern jedoch fehlte, durch familiäre Erziehung und professionelle Ausbildung wenigstens einigermaßen ausgeglichen werden konnte.[7]

Was nahmen die Pastoren des Zeitalters der Orthodoxie, des 17. Jahrhunderts, von diesen Bedingungen und Verhältnissen wahr? Wie schätzten sie sie vor dem Hintergrund ihres Selbstverständnisses und damit der ihnen nach eigener Auffassung zugewiesenen Aufgaben und Verpflichtungen ein? Auf welche Weise, mit welchen Mitteln glaubten sie, diesen Aufgaben und Verpflichtungen gerecht werden zu können? Auf welchen Feldern glaubten sie in welchem Grade erfolgreich zu sein oder zumindest sein zu können? Wo versagten sie nach eigenem Urteil oder hatten sie nach ihrer Einschätzung ihre Verfahren und Teilziele anzupassen oder zu revidieren? Wie beurteilten sie sich zumal am Jahrhundertende selbst? Wie Luther, so entfalteten auch seine Nachfolger im Zeitalter der Orthodoxie, des Pietismus und der Frühaufklärung eine rege publizistische Tätigkeit aus der und für die Praxis. Es sind daher vor allem diese Drucke, in denen sie ihre

Auffassungen vielfach kontrovers erörterten, die uns faszinierende Einblicke in alle diese Wahrnehmungen, Einschätzungen und Gestaltungen erlauben.

Wir zielen bei der Auswertung dieses für die Kulturgeschichte bisher wenig genutzten Schrifttums[8] auf eine mittlere Befundebene: Allgemein genug, um entsprechende Aussagen noch für das deutsche Luthertum im Ganzen zu erlauben, uns also nicht auf eine bestimmte lutherische Region beschränken zu müssen; hinreichend spezifisch, um das Profil des gewählten Zeitraums erkennbar werden zu lassen.

Selbst in diesem Rahmen lassen sich freilich nicht alle denkbaren oder wichtig erscheinenden Fragen und Aspekte abdecken. Wir beschränken uns deshalb auf diejenigen im Inhaltsverzeichnis ausgewiesenen Dimensionen, die uns besonders wichtig erscheinen: die Wahrnehmung und Einschätzung des eigenen Weges in die Pfarrstelle zwischen Ideal und Realität; das Wesen, die Gestaltung und kritische Reflexion des eigenen Amtes auch im Hinblick auf seine Verknüpfung mit Familie und Pfarrhaus; welche Sünden oder Laster als zeitspezifisch bedrohlichste identifiziert und wie sie bekämpft werden sollten; wie der Anspruch eingeschätzt und umgesetzt wurde, nötigenfalls auch die Mächtigen im Lande kirchlich zu bestrafen; wie die Pastoren sich vorstellten, mit der Schwere ihrer Verpflichtungen im Alltag fertig werden zu können und welche Bürden sie dabei auf sich luden; wie sie den ihnen zustehenden Lohn einschätzten; wie sie ihre eigene Lage und Leistung sahen und welche Selbstkritik sie entwickelten.

Um die Farbigkeit und Originalität der herangezogenen Drucke zu bewahren, haben wir ferner eine spezifische Darstellungsweise gewählt. Die ausgewählten Texte und Bilder werden in grundsätzlich chronologischer Folge – durchbrochen lediglich dort, wo der argumentative Zusammenhang es erforderlich oder nützlich erscheinen lässt – durchmustert und auf ihren jeweils einschlägigen Kern hin ausgewertet. Periphere Überschneidungen oder gelegentliche Wiederholungen sind also in Kauf genommen. Einerseits, um die Bedeutung der jeweiligen Materien für ihre Zeit zu spiegeln. Andererseits auch, um dadurch zu weiterführenden Forschungen anzuregen

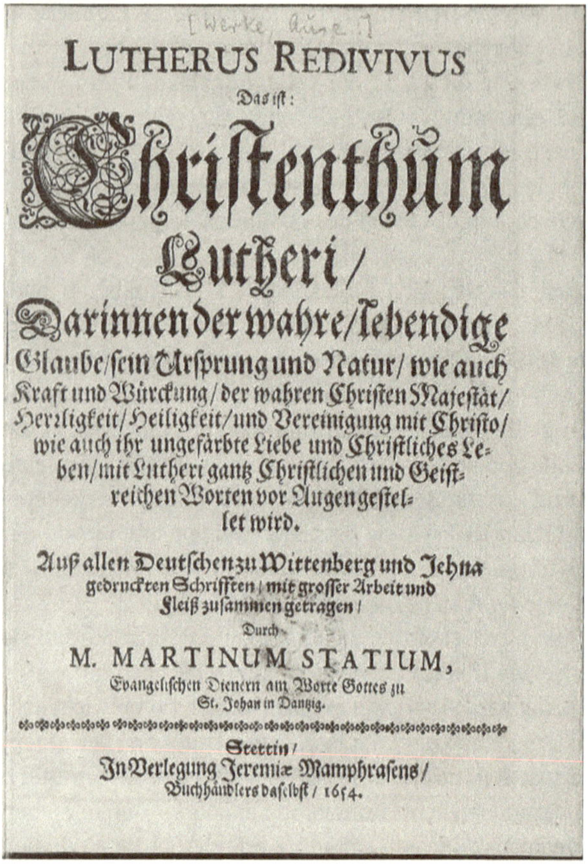

LUTHERUS REDIVIVUS

Das ist:

Christenthum Lutheri,

Darinnen der wahre / lebendige Glaube / sein Ursprung und Natur / wie auch Kraft und Würckung / der wahren Christen Majestät / Herrligkeit / Heiligkeit / und Vereinigung mit Christo / wie auch ihr ungefärbte Liebe und Christliches Leben / mit Lutheri gantz Christlichen und Geistreichen Worten vor Augen gestellet wird.

Auß allen Deutschen zu Wittenberg und Jehna gedruckten Schrifften / mit grosser Arbeit und Fleiß zusammen getragen /

Durch

M. MARTINUM STATIUM,

Evangelischen Dienern am Worte Gottes zu St. Johan in Dantzig.

Stettin /
In Verlegung Jeremiæ Mamphrasens /
Buchhändlers daselbst / 1654.

Abb. 1

Abb. 2

1 Aufbruch und Ernüchterung: Die Anfänge im 16. Jahrhundert

1.1 Einleitung

Noch in vielen Pfarrhäusern, oft auch in Kirchen und in Räumen Theologischer Fakultäten protestantischer Universitäten begegnet der Besucher ihnen: den meist großformatigen, hoch an der Wand hängenden Ölbildern ehemaliger Pastoren aus der Vorphotozeit. Regelmäßig blickt ein blasses oder bleiches Männergesicht mittleren oder hohen Alters mehr oder weniger streng, oft geradezu inquisitorisch, düster-melancholisch auf den Besucher herab. Dieser fühlt sich auch angesichts der unförmigen, nahezu bedrohlichen schwarzen Amtstracht, des Talars, meist sofort irgendwie betroffen oder gar schuldig, mutiert also zum Objekt geistlich-obrigkeitlicher, pastoraler Seelsorge. Natürlich dürfte der schwarze, graue oder dunkelbraune Hintergrund des Porträts auch aus der Alterung der entsprechenden Farbe herrühren. Die Blässe des Gesichtes kann eine Folge der grundsätzlich schon durch den Talar bewirkten, durch die Alterung noch verstärkten Kontrastbildung oder eines vom Künstler eingearbeiteten Widerscheins des im Luthertum geteilten weißen Beffchens oder der alternativ getragenen ebenfalls weißen Halskrause sein. Und bei den frühen Photographien, die das Genre aufnehmen, lassen sich für die erneut eigentümlich schwarz-weiße oder graue, weltentrückt-melancholische Anmutung gewiß auch ähnliche technische Bedingungen ins Feld führen.[9] Aus den parallelen schriftlichen Selbst- und Fremdzeugnissen aber wissen wir: diese Gottesdiener waren in ihrer Epoche überwiegend tatsächlich so gestimmt. Denn ihre Mentalität, Berufspraxis und Lebensgestaltung waren im Prinzip strikt himmelwärts gerichtet. Ihr Diesseits kam ihnen gut lutherisch als Jammertal vor. Das war im 17. Jahrhundert kein Wunder, zeichnete sich dieses Säkulum doch durch schier unaufhörliche Kriege und Krisen aus. Das Diesseits erschien nachvollziehbar als Welt Satans, der Sünde und ständigen Versuchung. Es war eine Welt, bei deren Durchschreiten nur äußerste Selbstdisziplin, Sündenvermeidung, ernste Buße, unablässige Frömmigkeitsübung und ständige, quälende Selbstprüfung mit der Konsequenz durchdringenden Lebensernstes und oft genug von Melancholie die Chance jenseitiger Erfüllung bewahren konnten.[10]

Dabei ging es ja nicht nur um das je eigene Seelenheil. Dem Pastor war vielmehr auch die Pflicht zur geistlichen Unterrichtung, Beratung, Ermahnung, Unterstützung, Führung und erforderlichenfalls kirchlichen Bestrafung aller ihm anvertrauten Schafe seines Sprengels auferlegt. Mehr noch, aus der Erfüllung dieser Pflicht war nicht einmal besonderer persönlicher Prestigegewinn zu ziehen. Im Schatten ihres Erzvaters Martin Luther (1483–1546), den sie, wie unsere erste Abbildung zeigt, wortwörtlich wieder zu beleben versuchten, blieben seine Erben im ersten nachreformatorischen Zeitalter vielmehr auch als Persönlichkeiten und damit ebenso in der späteren historischen Erinnerung ziemlich blass. Der gebildete Bürger von heute kennt kaum einen von ihnen; allenfalls mit dem Gründer des Pietismus August Hermann Francke (1663–1727) verbindet sich noch ein freilich eher diffuses Wissen. Er kann zudem gerade nicht für die Mehrheit der hier in den Blick genommenen Repräsentanten des sogenannten Zeitalters der Orthodoxie stehen.[11]

1.2 Luthers Grundlegung

Der lutherische Reformansatz betonte die Selbstverantwortung des einzelnen Menschen. Er lehnte das aus seiner Sicht papistische Priestertum, das sich zum Mittler zwischen Gott und den Menschen aufgeschwungen hatte, um seinen niedrigen, satanischen Bestrebungen zu folgen, nicht nur ab, sondern war bemüht, es radikal abzuschaffen. Warum bedurfte es dann doch noch einer eigenen geistlichen Profession?

Vier Gründe lassen sich identifizieren. Erstens war in des Reformators Einschätzung die christliche Welt durch das Papsttum so verderbt, dass der einzelne Christ erst von außen aufgerüttelt werden musste, um zum wahren, unverfälschten Glauben zurückfinden zu können. Dazu bedurfte es eines Propheten und Seelenretters, wie Luther sich nach einigen inneren Kämpfen selbst verstand. Der Wittenberger Evangelist, Prediger und Seelsorger war gerade wegen seines Eifers darüberhinaus aber auch realistisch genug, um einzusehen, dass es ohne Helfer und Fortsetzer seines Rettungswerkes nicht ging. Und ihm war auch bewusst, dass er sein persönliches, durch Nutzung des neuen Mediums Buchdruck massenkommunikativ höchst effektiv verstärktes rhetorisch-polemisches Talent sowie sein praktisch-taktisches Geschick weitergeben musste: Einerseits in der eigenen Generation, um seiner Kirche zum endgültigen Durchbruch gegen das teuflische Papsttum und andere Gegner zu verhelfen; andererseits an die künftigen Generationen, um diese Kirche dauerhaft sichern und stetig bessern zu können. Dass er zur Heranziehung, Ausbildung und Einschwörung seiner Mitstreiter und Fortsetzer zunächst gezielt die Kapazitäten und Ressourcen seiner Universität und seine Autorität als Professor der Theologie einsetzte, versteht sich und ist mittlerweile gut erforscht. Luther war so gesehen der vielleicht erfolgreichste Professor der Weltgeschichte![12]

Zweitens erreichte den Wittenberger Glaubenserneuerer entsprechende Nachfrage von außen. Aus vielen Orten gelangten Bitten um Begutachtung bereits eingeleiteter Reformmaßnahmen, Vorschläge für derartige Reformen sowie Vermittlung oder Übersendung geeigneter neuer oder Prüfung schon vorgesehener Prediger zu ihm. Luther erteilte die gewünschten Auskünfte und gab die erfragten Stellungnahmen und Empfehlungen ab. Aus diesen seinen einzelfallbezogenen Weisungen ließen sich zunehmend Regeln und aus den Regeln Muster und organisatorische Lösungen ableiten, allmählich schriftlich fixiert in Sammlungen von Gutachten und Entscheidungen, Ordnungen und Kirchenstatuten. Das galt auch für die Eignung, Ausbildung, Rekrutierung und Funktionen der Prediger. Mit anderen Worten, die Formierung des neuen Prädikantenstandes in der frühneuzeitlichen Gesellschaft setzte ein. Dieser komplexe Vorgang war Teil der Konfessionalisierung, d. h. der Bildung der neuartigen, im Wettstreit miteinander stehenden und/oder parallel sich entwickelnden Kirchen einschließlich der Papstkirche, also desjenigen übergreifenden Prozesses, der bisher die größte Aufmerksamkeit der Frühneuzeithistorie gefunden hat.[13]

Drittens nahm die Abwehr ketzerischer und sonstiger satanischer Konkurrenten und Bedrohungen schon bald eigene, offenkundig nur mit institutionalisiertem, professionellem Pastorentum zu bewältigende Ausmaße an. Den Anfang bildete das Auftauchen der Täufer um die Mitte der 1520er Jahre, die zunehmend auch in bereits errichtete lutherische Gemeinden eindrangen. Ihre predigenden und missionierenden Anhänger hätten sich erst bei den jeweils zuständigen Pastoren melden, identifizieren und ihre Tätigkeit bewilligen lassen müssen. Indem sie dies nicht taten, hätten sie sich als Teufelsbrut entlarvt:

> Denn der Pfarrer hat ja den Predigtstul, Tauffe, Sacrament innen und alle seel sorgen ist im befolhen. Aber nu wollen sie den Pfarher heimlich ausbeissen mit allem seinem befelh und doch nicht anzeigen iren heimlichen befelh. Das sind rechte Diebe und Mörder der Seelen, Lesterer und Feinde Christi und seiner Kirchen.[14]

Die täuferischen und alle übrigen „Schleycher" und „Winckelprediger" könnten nämlich ihren „Beruff und befelh [...] nicht beweisen"; „ein Ampt kann aber niemand haben ausser und o[h]n[e] Befehl oder Beruff".[15]

Viertens war neben dieser praktischen, aus den unmittelbaren Gegebenheiten erwachsenen Linie der Entstehung des Pastorentums das biblische Vorbild maßgeblich. Zwar hatte Luther reformationstheologisch nicht nur den Direktbezug des individuellen Gläubigen zu Gott eruiert. Vielmehr war ihm auch die tragende Bedeutung der Gemeinde klar geworden. So vor allem in der göttlichen Verheißung nach Mt 18,20, dass Gott in Gestalt des Heiligen Geistes umso stärker unter den Gläubigen anwesend sei, je mehr von ihnen versammelt seien. Als es um die Beseitigung der papistischen Priester ging, war diese Erkenntnis entscheidend gewesen. „Das eine christliche Versammlung oder Gemeyne, Recht und Macht habe, alle Leere tzu urtaillen unnd lerer zu berüffen [sowie] eyn unnd abzüsetzen", wie der Titel einer seiner Stellungnahmen in entsprechender Situation 1523 unmißverständlich gelautet hatte.[16] Mit diesen Maßgaben war der Anspruch einer vor- oder übergeordneten geistlichen Elite nicht ohne weiteres zu vereinbaren. Aber sowohl aus dem Alten als auch dem Neuen Testament und aus den Texten der Kirchenväter, also aus allen anerkannten, reinen Quellen des christlichen Glaubens, ließen sich auch umfangreiche Nachrichten zur Notwendigkeit, Legitimität, Erscheinungsform, Rolle und Wirkung geistlichen Spezialwissens und besonderer Kompetenz destillieren. Worauf es dabei primär ankam, war die göttliche Beauftragung und Berufung derjenigen, die diese Sonderaufgaben wahrzunehmen hatten. Darauf sollte sich demzufolge ein wesentlicher Teil der Debatte des 17. Jahrhunderts beziehen.

Die von Luther in der ersten Hälfte des 16. Jahrhunderts grundlegend formulierten Aufgaben und die Verantwortung des Predigers, Prädikanten oder Pastors waren freilich groß und wogen schwer.

> Darumb siehe darauf, Pfarrherr und Prediger. Unser Ambt ist nun ein ander Ding worden denn es unter dem Pabst war. Es ist nu ernst und heilsam worden. Darumb hat es nu viel mehr Mühe und Arbeit, Fahr und Anfechtung, darzu wenig Lohn und Danck in der Welt. Christus aber will unser Lohn selbest sein, so wir trewlich arbeiten,

wie es der lutherische Katechismus ausdrückte.[17]

Auch die für Luthers christliche Lösung maßgebliche Confessio Augustana von 1530 äußerte sich nicht nur zu Glaubensinhalten, sondern auch zu den Pastoren. Artikel 5 stellte unmißverständlich fest:

> Solichen Glauben zu erlangen, hat Gott das Predigtamt eingesetzt, Evangelium und Sacramenta geben, dardurch er als Mittel den heiligen Geist gibt, welcher den Glauben würcket, wo und wie er will und denen so das Evangelium hörend welches leret, dass wir durch Christus verdienst einen gnädigen Gott haben.

In Artikel 14 hieß es: „Von Kirchen Regiment wirt gelert, dass niemand in der Kirchen offentlich leren oder predigen oder Sacrament reichen soll o[h]n ordentlichen Beruff". Artikel 23 schaffte den Zölibat ab:

> Es möge wohl etlich Ursach haben, warum den Geystlichen die Ee verboten sey, es hab aber viel grösser, höcher und wichtiger Ursachen, warum man inen die Ee soll frey lassen, [... nämlich weil] die Schrifft klar meldet, der eelich Stand sey von Gott dem Herren eingesetzt, Unzucht zu vermeiden, [... und weil aus dem Eheverbot für die Priester] „grewliche Sünde und Unordnung" im Christentum erwachse.

Artikel 28 bestätigte das Bischofsamt als Apostelnachfolge, band es an die rechte Predigt und Sakramentsverwaltung und wies ihm eine unverzichtbare Ordnungsaufgabe zu:

> Soliche [gute christliche] Ordnung gebürt der Christlichen Versammlung umb der Liebe und Friedens willen zuhalten und den Bischoffen und Pfarrherrn inn diesen Fällen gehorsam zu sein, und diesselbigen so verzehallten, dass einer den anderen nit ergere, damit inn der Kirchen kein Unnordnung oder wüstes Wesen sey.[18]

1.3 Frühe lutherische Weiterentwicklungen

Bereits kurz nach der Mitte des 16. Jahrhunderts entstanden aus Luthers originalen Formulierungen abgeleitete, zunehmend ausführlichere Anweisungen zum neuen Predigertum: Pastorenspiegel, wie sich einige bald auch selbst nennen sollten. Noch im 17. Jahrhundert und sogar darüber hinaus wurden von ihnen vor allem die Beiträge von Erasmus Sarcerius, Niels Hemmingsen und Conrad Porta hoch geschätzt und intensiv genutzt.

Erasmus Sarcerius (1501–1559) war wie sein Kollege Hemmingsen noch direkter Lutherschüler. Sein *Pastorale Oder Hirtenbuch Darin das gantz Ampt aller trewer Pastorn, Lehrer unnd Diener der christlichen Kirchen beider ihr Lehr und Leben beschrieben wird* erschien zuerst in seinem Todesjahr. Es verdankte seine Entstehung offenkundig auch dem um 1550 bis 1580 tobenden innerlutherischen Streit zwischen den Philippisten, den dogmatisch weniger festgelegten, humanistisch geprägten Anhängern Philipp Melanchthons, und den sogenannten Gnesiolutheranern, also den besonders orthodoxen Luthernachfolgern, zu denen sich auch Sarcerius selbst zählte.[19] Der geborene Sachse und zuletzt als Seniorprädikant in Magdeburg tätige Autor ging erstens von dem Grundsatz aus, dass

> das fürnembste Mittel, das Reich Christi fortzusetzen und zu befördern, ist, daß man auff Personen gedencke, die von solchem Reiche recht lehren und das Kirchenampt in dasselebige verleibet, trewlich außrichten und verwalten.[20]

Zweitens betont er unter Rekurs auf Luther, dass Leben und Amt des Pastors eine Einheit bilden bzw. bilden müssten. Drittens richtet er sich ausdrücklich an die *mediocres futuri pastores*, also den eher mittelmäßig begabten, aber zweifelsfrei motivierten und engagierten Pastorennachwuchs, den sein Sohn und Herausgeber ab 1562 klar von den „von Gott sonderlich erleuchte[te]n" älteren und jüngeren Gottesdienern, darunter erwartungsgemäß Luther selbst, aber auch von den mit Luther so genannten *mercenarii* oder Mietlingen, also den Karrieristen und Opportunisten, unterscheidet.[21]

Die Förderung zum Pastorenberuf muss in der Familie einsetzen. Sarcerius hat bereits das Bild der glaubensfesten lutherischen Familie im Blick. Diese hält ihren geeignet erscheinenden Söhnen den Dienst für Gott als eigentliche und letzte christliche Erfüllung im Diesseits vor Augen, erzieht sie entsprechend christlich-fromm und vertraut sie untadeligen und tüchtigen Lehrern an. Dann entlässt sie sie in das artistische und theologische Studium, um möglichst optimal allgemeine Bildung und professionelle pastorale Qualifikation zu erwerben. Dieses Programm ist erwartungsgemäß mit scharfen Angriffen gegen die papistisch geduldeten oder sogar geförderten Verlotterungen des christlichen Familienlebens, Schulwesens und der Universität angereichert. Es benennt aber auch, ausdrücklich gestützt auf die tägliche Erfahrung, „die weder liegen oder triegen kann", die konkreten Gefahren, die dem pastoralen Nachwuchs auflauern: materielle Gewinnsucht, äußerlicher Ehrgeiz und natürlich die Unzucht, ferner Faulheit und selbstgenügsames Wohlleben. Besonderen Wert legt der entschiedene Lutheraner auf den Erwerb der richtigen Methode, die Bibel auszulegen. In gleicher Weise kommt es ihm darauf an, das wahre Wort Gottes rhetorisch-didaktisch geschickt für die Predigt aufzubereiten, indem es auf die Erfahrungswelt der Gläubigen bezogen und entsprechend gut rezipierbar dargelegt ist. Schließlich soll diese Vorgehensweise durch Übung ständig verfeinert und praktisch optimiert werden.[22]

Die Berufung ins Amt hat dann vorschriftsmässig und ordentlich zu erfolgen. Das heißt, das Eignungsprinzip ist anzuwenden, das vorgegebene Verfahren ist einzuhalten und nur die dazu befugten Personen sind zu beteiligen. Dagegen werde freilich

> auff mancherley weise gesündiget, [nämlich] das Kirchen und andere, die das Ius patronatus haben, das ist, Gewalt Kirchendiener zu beruffen, nach tüchtigen und geleerten Personen gar nichts fragen, und lassen sich gunst, freundtschafft und geneigten willen zu untüchtiger Personen beruff verursachen, oder auch sonst, daß sie gerne solche Kirchendiener haben, wie sie gesinnet seind, die mit innen leben, wie sie zu leben pflegen, und dass sie etwa Kantzler, Secretarios, Schreiber, Rentmeister, Schaffner, Jäger oder Tischgesellen an inen haben, wie bißher an vilen Örtern der gebrauch gewesen, und noch etwa ist. Etliche andere stoßen ihre Kinder, Schweger, Brüder und Verwandten in die Kirchenempter, wie ungeleerte und unzeitige Personen sie auch seind. Die dritten nehmen geschencke, gaben und finantzen und verleihen die Kirchenempter nicht um Gottes willen (wie bisher gebräuchlich und löblich bey vilen ehrlichen leuten), sondern daß sie ihren schendlichen dienst hierbey erlangen und ihren geitz büssen und stillen. Die vierdten machen ein recht Kramerwerck darauß, verkauffen die Kirchenempter auff die zeit des Lebens der Kirchendiener. Die fünfften behalten ihnen ein jerliches Reservat auff den Pfarren und Kirchenemptern, nemen das beste einkommen hinweg und lassen den Kirchendienern die blossen Strümpfe. Die sechsten schlagen zwo oder drey Pfarren zusammen, damit sie desto mehr zu stelen und zu rauben haben.[23]

Um derlei seit der Machtusurpation des Papsttums üblich gewordene Missbräuche zu bekämpfen, stehe der weltlichen Obrigkeit ein Kontroll- und Mitwirkungsrecht zu. Dieses ist jedoch nicht als unbeschränktes eigenes, auch gegen Widerstand durchzusetzendes Entscheidungsrecht aufzufassen, sondern darf nur in Kooperation mit den Kirchenvertretern ausgeübt werden.[24]

In anschließenden „Einreden" und „Antworten" vertieft unser Autor diesen Komplex, der ihm mithin besonders wichtig ist. Die wirklich geeigneten Kandidaten zeichnen sich durch untadeligen Lebenswandel nach dem Vorbild Christi, überdurchnittlichen christlichen Eifer sowie dadurch aus, dass sie „solchen rechtmessigen Beruffs [geduldig] erwarten." Sie drängen also nicht nach dem Amt, weil sie wissen, „Gott wird deiner nicht vergessen". Die „untüchtigen Kirchendiener" dagegen kommen „von sich selbst, auß irer eigenen Bewegniß", konkret unchristlichem bis satanischem Karriere- und Profitinteresse. Allerdings besteht auch für diejenigen, die sich vom „Laster" des „Eindringens", also des unordentlichen und unrechtmäßigen Amtserwerbs, nicht freihalten konnten, noch Hoffnung. Sie können versuchen, durch ernsthafte „Buß und Besserung" Gottes Zorn und Strafe abzumildern oder sogar völlig zu vermeiden. Manchmal lässt Gott auch die Berufung untüchtiger Kirchendiener zu, um auf diese Weise untreue und sündhafte christliche Gemeinden zu bestrafen. Und „wo gantze Untüchtigkeit ist zun Kirchenemptern, da hat man sich [wenigstens] kleiner Besserung zugetrösten," bleibt also die Hoffnung auf künftige Niveauhebung.[25] Die höheren Ämter sind nicht Jünglingen oder Neulingen anzuvertrauen, weil deren Unerfahrenheit und mangelnde Autorität der Kirche schaden. Vielmehr sind entsprechende Laufbahnen einzurichten, die das Sammeln von Erfahrung und den Erwerb der nötigen Reputation erlauben, das Zusammenwirken der verschiedenen Amtsinhaber fördern und nicht zuletzt mit aufsteigender Besoldung verbunden sind, weil dadurch Eifer und Fleiß angeregt werden.[26] Jede Berufung in ein Amt ist mit einer regelgerechten Ordination und Konfirmation abzuschließen, die von den Konsistorien oder den zuständigen Superintendenten vorgenommen wird. Dazu haben die Berufenen vor allem „Zeugnißbrieffe [...] von ihrer Lehre und von ihrem Leben, wie sie sich an denen Orten und Stetten gehalten, da sie zuvor gewonet", vorzulegen und sich einer eingehenden dogmatischen und pastoralpraktischen, am besten öffentlichen Examination zu stellen. Diejenigen, die sich als untüchtig erwiesen haben, aus Barmherzigkeit doch zu ordinieren bzw. zu konfirmieren, ist nicht erlaubt, weil dann die Kirche geschädigt würde. Den Abschluss des Vorgangs bilden eine Ermahnung und das feierliche Versprechen des frisch Berufenen, sein Amt getreulich auszuüben, was er unterschriftlich zu bestätigen hat.[27] Die formale Gestaltung der Ordination einschließlich diverser Gebete hat im Übrigen am besten nach der Vorgabe Luthers zu erfolgen. Ist sie rechtskräftig erfolgt, ist sie wieder durch ein Zeugnis zu beglaubigen, dessen üblichen Wortlaut Sarcerius mit abdruckt.[28]

Anschließend dekliniert unser Autor vor allem bibelgestützt, aber auch unter Bezug auf funktionelle Erfordernisse, detailliert die „Hoheit, Wirdigkeit und Nötigkeit" einerseits des Kirchenamtes als solches, andererseits seiner Inhaber, also der Kirchendiener, durch, ausdrücklich, um sie gegen verbreitete Verachtung in Schutz zu nehmen.[29] Noch ausführlicher werden die konkreten Amtsaufgaben, die den Hauptteil des Werkes ausmachen, dargelegt: Predigt, Bibelexegese, Abendmahlfeier, Gebet, Beichte, Kirchenstrafen, Ehe, Taufe, Firmung, Krankenbesuch und Begräbnis, Kirchenverwaltung wie Visitation und Synoden, das Konsistorium als Verwaltungsorgan und Kirchengericht und der Umgang mit problematischen Traditionen und Gebräuchen, „Gegenlehren" sowie gefährlichen Ansprüchen oder Eingriffen der weltlichen Obrigkeit.[30]

Das chronologisch nächste einschlägige Werk erschien zuerst in lateinischer Sprache, konnte aber noch größere Wirkung entfalten. Es entstammte der melanchthonischen, also humanistisch-pädagogischen Linie des ersten akademischen Helfers Luthers. Wir haben mit ihm, der Abhandlung *Pastor, sive Pastoris optimus vivendi agendique modus* des späteren ‚Präzeptors Dänemarks' Niels Hemming[sen] (Nikolaus Hemmingius, 1513–1600) die früheste ethisch unterfütterte lebens- und berufspraktische Anweisung für den neuen lutherischen Pastor vor uns. Ihrer ersten lateinischen Ausgabe von 1562 folgten weitere Ausgaben 1565, 1574, 1585 und 1590. Parallel erschienen 1566 eine erste deutsche (weitere Auflage u. a. 1639) und 1574 eine englische Ausgabe. Das Werk des Theologieprofessors, zeitweiligen Rektors der Universität Kopenhagen und Hofpredigers wird angeblich noch heute in der akademischen Pastorenausbildung eingesetzt.

Der Humanistentheologe Hemmingsen schickt seinen Ausführungen einen Kupferstich (s. oben Abb. 2) voraus, der das Bibelwort „Befleissige dich, Gott zu erzeigen einen rechtschaffenen und unstrefflichen Arbeiter, der da recht theile das Wort der Warheit" (Tm 2, 2) aufnimmt. Ihm folgt ein Gebet, in dem ein Pastor grundsätzlich um Erleuchtung, Kraft und Hilfe für seine schwere Arbeit bittet. Das anschließende erste „Stück" befasst sich mit dem „sonderlichen und einsamen leben eines pfarherren". Worum es geht, sind die Anfechtungen und Versuchungen, denen der Pastor „für seine person" ausgesetzt ist, und wie er mit ihnen fertig werden kann. Im Kern wird eine humanistisch-theologische Anthropologie und Affektlehre auf die spezifische Lebens- und Berufssituation des Pastors appliziert. Dabei werden u. a. Sorge, Betrübnis und Verzweiflung angesichts der übernommenen Verantwortung und Verpflichtung auf unablässiges Engagement, ferner Neigung zu Wohlleben und materiellem Gewinn, die Gefahren der Unzucht, des Trinkens usw. thematisiert. Das abschließende Gebet nimmt dieses Programm auf, indem es u. a. formuliert:

> Erleuchte mein Herz und Sinnen, dempfe durch deinen Geist in mir meine böse Gedancken, Lesche in mir aus meine böse Affecten, luesten und begirden, und meinen verkerten Willen wollestu durch deine gewalt in mir endern und wenden und mein gemüt mit deinem göttlichen liechte beseligen. Zünde in mir an rechtschaffene reine Affecten, bekere meinen Willen zu dir, auff das ich wölle, was du wilst. Und weil denn mein Leib eine behausung meiner Seelen ist, so verschaffe durch deine gnade, das ich solchen keusch und rein behalte.[31]

Der zweite Teil dekliniert entsprechend durch, „wie ein gottesfürchtiger Pastor seine Haushaltunge mit Weib, Kinder und Gesinde anstellen und regiren sol". Hemmingsen bezeichnet ihn selbst als „Haushaltslehre" für den Pastor. Von den acht Abschnitten entfallen drei auf die Wahl der Ehefrau, den Umgang mit ihr sowie ihre Anleitung und „Haltung". Einbezogen ist auch die Armenfürsorge des Pfarrherrn. Den Abschluss bildet das gemeinsame häusliche Gebet. Auch diesem Teil ist ein entsprechendes Hilfegebet des Pastors angefügt.[32] Der dritte Teil weist an, „wie ein Pfarherr einen Christlichen eusserlichen Wandel für den Leuten führen soll". Er entwirft also eine Lehre vorbildlichen gemeindeöffentlichen Lebens. Konkret geht es die angemessene allgemeine und situationsspezifische Kleidung, Körperhaltung und -bewegung, sprachliche Ausdrucksweise und das Verhalten beim Essen und Trinken. Mit Angehörigen niederer Stände, Gleichgestellten und „höheren Personen" ist je unterschiedlich umzugehen. Das Auftreten in einer engeren und weiteren Öffentlichkeit bzw. bei formellen (z. B. Kirchenversammlungen) und informellen Gelegenheiten ist ebenfalls zu variieren. „Auch sol [der Pastor] wissen, was für aufrichtigkeit er in hendeln, kaufen und verkauffen brauchen sol". Hemmingsen betont in diesen Abschnitten die Bedeutung der neben den Geboten Gottes und den moralisch-ethischen Vorschriften des Humanismus stets einzusetzenden „Klugheit". Nicht, wie herkömmlich postuliert, Normentreue allein macht für ihn also den exemplarischen Pastor aus, sondern zielorientierte Zweck-Mittel-Kalkulation und situative Flexibilität müssen hinzukommen. Ein praktisches Beispiel ist die Art, wie die nötigen Abschaffungen oder Änderungen im Kirchenzeremoniell vorgenommen werden sollen. Um beim „Pöbel", der alle Veränderung hasst, kein Ärgernis oder Unwillen zu erregen, sollen – Luthers Vorbild ist nicht eigens erwähnt – diese Anpassungen allmählich und „fürsichtig" eingeführt werden.[33]

Im vierten Teil geht es um den beruflichen Kernbereich, also darum, „wie ein Seelsorger den Schefflein Christi recht vorstehen und mit gesunder Lehre sie weiden soll." Das „Seelenregiment (*regimen animarum*)" sei die Kunst aller Künste (*ars artium*) und „muss deshalb mit besondere [...] fleiß und geschicklichkeit" ausgeübt werden. Daher will der Autor auch „nicht allein eine gemeine, sondern vielmehr eine eigene, sonderliche unnd deutliche anleitung" zu dieser Kunst geben. Genau derartige Kombinationen bieten dann die einschlägigen Seiten. Erstens bei der Predigt: das Auswendigwissen und jederzeitige Anführen der im Alten und Neuen Testament belegten Wundertaten Gottes, um den Glauben an die Allmacht Gottes und damit die Akzeptanz der christlichen Botschaft zu erhöhen; die auf das gleiche Ziel gerichtete, geschickt eingestreute Erwähnung von Märtyrern; der Einsatz gezielter Veranschaulichung aller Inhalte anhand zeitgenössischer Exempel; der Abdruck eines Gebetes, das der Pfarrherr vor der Predigt stets beten soll; die richtige Adressierung und Dosierung von Straf- und Trostpredigten je nach Beschaffenheit der Sünder und den gegebenen Umständen.[34] Zweitens bei der Austeilung der Sakramente als nächstem großem Amtsgeschäft: sehr detailliert die Zulassung zum Abendmahl derjenigen, die sich Vergehen oder Verbrechen haben zuschulden kommen lassen, erst nach Beichte, Buße und Absolution; das Verfahren erfolgreicher Beichte, nämlich gezielte Befragung je nach Alter, Geschlecht und Beruf und Stand:

> Kömpte ein Kauffman oder Hendeler zur Beichte, so sol ein Pastor fragen unnd abhalten von denen Dingen, darmit er in seinem handel sündiget. Kömpt aber ein junger Knabe oder Gesell, so fraget er und vermanet in, von den Sünden abzulassen, welche der Jugend gemein sind. Unnd so fortan von andern.

Drittens bei der „Disciplin und Zucht darmit ein Prediger seine Pfarkinder regieren sol" als zentralem Aktivitätsfeld. „Je unfleissiger ein Pfarherr ist, je ungezogener sind auch die Pfarkinder". Nur durch Disziplin und Zucht wird garantiert, dass man „in Christo bleibe", deshalb „sol man die zucht, die uns in gebürlichem beruff erhelt, lieb haben" Deren innerliche Art bezieht sich auf die Beherrschung und Erziehung der „gedancken, affecten und den willen", die äußerliche „regiret die zungen und die worte, die kleidunge und andere des Leibs geberden". Sie ist als „unterweisung und straffe" auszuüben, wobei der Strafe die größte Bedeutung zukommt. Das Panorama, das Hemmingsen dazu entwickelt, ist denkbar breit. Es reicht von der individuellen Ermahnung durch den Pastor bis zur Rechenschaftsablegung vor dem Konsistorium und zur öffentlichen Examination – die einschlägigen fünf Fragen sind einzeln aufgeführt –, zum Bekenntnis und zur Abbitte in der Kirche, sowie – als äußerstem Schritt – zur Exkommunikation (mit Abdruck der entsprechenden Formel). Eigens thematisiert ist ferner der Fall, „wie man handeln oder sich halten soll gegen einen, so mit einem offenbarlichen laster befleckt und nach gethaner vermanung nicht Busse thun wil."[35]

Mit der Maßgabe nach dem Kirchenvater Augustinus, dass auch bei der Bestrafung der verstockten Sünder „das bandt des friedes nicht zertrennet werde", ist allerdings eine Grenze gesetzt:

> Kann ers nicht thun mit erhaltunge des friedes, so verwirfft er solchs mit aller billigkeit und erduldet er es mit aller manligkeit, wer sich also gegen die unbusfertigen helt, ist von der vermaledeyunge ledig und los. Denn man mus das Unkraut also ausretten, das man nicht den guten weitzen auch mit ausreuffe.[36]

Noch wichtiger ist für unseren Autor, seinen Kollegen einerseits das richtige Beten für seine Schäflein im Allgemeinen und für die weltliche Obrigkeit im Besonderen, andererseits die ja auch politisch wichtige Armenfürsorge beizubringen. Freilich stehen an erster Stelle der entsprechenden Fürsorgeempfänger die fleißigen, aber bedürftigen Mitpastoren und „die armen Schüler, welche auch stetiger handtreichungen bedürffen, auff das sie in iren studiis können fortfahren, und zu gelegener zeit der Kirchen Christi dienlich sein". Hemmingsen scheut an dieser Stelle nicht davor zurück, auch ein aus heutiger Sicht zumindest problematisches Zitat anzuführen: „Hieher gehöret die Regel S. Pauli: Wer nicht arbeitet, Der sol auch nicht essen."[37] Auf eine erneute Bekräftigung des Postulats, dass der Pastor ein Vorbild für seine Gemeinde sein müsse, folgt dann eine ziemlich genaue Darlegung des Kompetenzbereichs und der Amtsgewalt des Pastors. Zur Sprache kommen auch die innerkirchliche, je nach Amt abgestufte Kontroll- und Entscheidungsbefugnis des Superintendenten und das Visitationsrecht mit Abdruck einer entsprechenden Durchführungsanleitung. Schließlich geht es um die diesseitige (Zufriedenheit, Gelassenheit, christliche Freude) und die jenseitige Belohnung für den engagierten und glaubenstreuen Pastor sowie die entsprechende Bestrafung des „unfleissigen und untrewen" Pendants.[38] Im Anhang sind zahlreiche Vorschläge zur Gestaltung guten Gottesdienstes abgedruckt. Das abschließende Register erlaubt zielgenauen Zugriff auf die behandelten Materien, was den Handbuchcharakter des Werkes unterstreicht. Ganz zum Schluss soll ein Merkgedicht den Predigern die Chance verschaffen, sich ihre Aufgaben auch auf diese Weise fest einzuprägen. Denn – und das ist wie angesprochen die Hauptbotschaft des Werkes – der Pastor hat nicht nur seine formalen Amtspflichten zu erfüllen. Vielmehr muss er eben auch wieder exemplarisch engagiert christlich leben, weil nur das Exempel wirklich erzieht und dauerhaft christliche Besserung und Existenz sichert.

> Ist derhalben in der Kirchen Gottes nichts schedlichers, denn ein böser Seelsorger oder Pfarherr. Der ist aber ein böser Pfarherr, der da übel lehret und übel lebet, und der da wohl lehret und übel lebet und der übel lehret und doch fein lebet. Widerumb wird der alleine für ein guten Pfarherrn und Seelsorger gehalten, der rechtschaffen und wol lehret, auch heilig

und recht lebet. Denn ein solcher bawet das Himlische Jerusalem mit beiden henden. [...] Man findet als denn leider viel Pfarherren, die da schlaffen und gar nicht bedencken, das sie wachen, vorn an der spitzen und wider den feind streiten sollen.[39]

Bereits ab 1582 erschien als weiteres Anleitungswerk für den lutherischen Seelsorger das von Conrad Porta (1541–1585), Pastor von St. Peter und Paul in Eisleben, besorgte, unmißverständlich betitelte *Pastorale Lutheri*, eine bis über das 18. Jahrhundert hinaus immer wieder verlegte kommentierte, systematisierte und ergänzte Weiterverarbeitung hauptsächlich der vom Gründervater selbst vorgegebenen bedeutendsten Texte „zum heiligen Ministerio". Der Band ist von seinem Herausgeber Hieronymus Mencel (1517–1590), wie Porta ebenfalls noch ein direkter Lutherschüler, „allen christlichen Seelsorgern, meinen lieben Herrn und Brüdern" gewidmet. Er indiziert auch inhaltlich ein deutlich gewachsenes Gemeinschaftsbewusstsein der ‚wahren' Luthernachfolger. In seiner Vorrede erhebt Porta Luther zu „unser[m] andern [Apostel] Pauli"; die Lektüre seiner, also Luthers, Schriften wird also auf die gleiche Ebene wie diejenige der Bibel gebracht. Denn diese Schriften zeichneten sich durch Wahrheit, Klarheit und höchste Argumentationsdichte sowie dadurch aus, dass sie im heiligen Eifer geschrieben seien. Die Zusammenstellung der Luthertexte erfolge aber auch deshalb, um weniger betuchten Mitbrüdern aus dem Dilemma zu helfen, die teuren Bände der umfassenden Ausgaben der lutherischen Werke kaufen zu müssen, sich diese aber nicht leisten zu können. Schließlich und eigentlich werde der kommentierte Wiederabdruck der originalen Texte jedoch unternommen, um nicht auf die Auslegungen „etlicher allzunaseweiser Klüglinge und Sonderlinge" angewiesen zu sein, die

> mit gesparter warheit ganz vermessentlich und unbedachtsam fürgeben dürffen, es sey keine Ordnung in scriptis Lutheri, man könne nichtes oder wenig daraus lernen, könne in [d. h. Luther] nicht imitiren, habe wenig realia etc. Welche lügen und Calumnien allein aus diesen Collectaneis wenn man sonsten nicht mehr hette, gnugsam können widerlegt unnd den Autoribus wider in hals gestossen werden.[40]

Für Porta geht es also einerseits um die Wiederherstellung der Einheit durch Lutherrekurs. Andererseits ist für ihn die nachträgliche Systematisierung der eigentlich je nach Problemanfall aktuell entstandenen Schriften Luthers durch die sogenannte Orthodoxie, die im ausgehenden 16. Jahrhundert einsetzte, gar kein Problem. Er geht vielmehr von einer schon immer existenten inneren Ordnung sowie von zielgerichteter, durchgehender pastoraler Praxisorientierung aus. Die angesprochenen jungen Pastoren können dementsprechend „gleich einem repertorio oder Indice alhie beysamen finden, was zum heiligen Predigampte dienstlich und nötig ist." Mangelnde Imitation Luthers und daher Verfehlung der

Aufgabe, die richtige Kirchenordnung wieder her zu stellen, ist dagegen allen denjenigen Schreibern vorzuwerfen, die Porta in einem weiteren Traktat aufs Korn nimmt und scharf dafür tadelt, dass sie ständig Streit und Hader um Dinge entfachten und pflegten, die letztlich kaum von Bedeutung seien.[41]

Die Aufeinanderfolge der 24 Kapitel des Pastorals erscheint weniger systematisch als der Aufbau des Handbuch Hemmingsens. Dennoch deckt auch die Zusammenstellung Portas nahezu das gesamte Spektrum pastoralen Lebens und Handelns ab. Die Darlegung beginnt wieder mit einem Lobpreis der Würde und Hoheit des Predigeramts, die von den wahrhaft Gläubigen anerkannt, von den Gottlosen aber bezweifelt und verachtet würden. Mit der Folge vielfachen Undankes, von Respektlosigkeit, Verhöhnung und Angriffen, von denen sich der Pastor aber nicht abschrecken lassen dürfe. Das anschließende Kapitel zur Berufung in das Amt behandelt die uns ebenfalls bereits bekannten Aspekte der innerlichen und äußeren Berufung, der Problematik der Bewerbung um eine Stelle, des Verlassens der Stelle zwecks Übernahme einer anderen, besser bezahlten oder sonst günstiger erscheinenden Stelle oder in Notzeiten, usw. Dann werden das Studium, die Erfordernisse erfolgreichen und richtigen Predigens und der sonstigen Lehre besonders im Hinblick auf deren theologische, weniger rhetorisch-didaktische Voraussetzungen, die theologischen und ansatzweise kirchenadministrativen Voraussetzungen und Formen des Strafamtes – dabei eigens der richtige Umgang mit Juden und Muslimen – besonders im Hinblick auf den Glaubensabfall (die Ketzerei), sehr ausführlich und illustriert mit Beispieltexten Luthers das Trösten der schuldig Gewordenen und von Not oder Anfechtungen Geplagten, die Mahnung und Warnung als pastorale Mittel sowie die diversen Formen des Betens behandelt.[42] Das zehnte, allerdings nicht sonderlich umfangreiche Kapitel ist dem äußerlichen Leben und Wandel des Predigers gewidmet. Eigens angesprochen werden die Laster der Hoffart, der Zanksucht, der Trinkerei, des Ehrgeizes bzw. der Ehrsucht und der Geldgier. Am Ende wird wieder die Drohkulisse des Verlusts des Seelenheils für den ruchlosen Pastor aufgebaut. Die weiter behandelten Themen beziehen sich auf Ehe und Haushalt des Predigers, wieder ausführlicher die Sorge des Predigers für die Ehen und Familien der ihm anvertrauten Schafe, das Taufen, Beichte und Buße, die Austeilung des Abendmahls und die Armenfürsorge. Gesonderte Darlegung erfahren ferner erneut die Behandlung der „schwermüthigen, angefochtenen und besessenen" Gemeindemitglieder sowie der „Krancken und [der] Übelthäter, die das Leben verwirckt haben".[43] Sachlogisch nachvollziehbar schließt sich daran eine knappe Erörterung der richtigen Begräbnispraxis an. Ein unmittelbarer Zusammenhang mit den folgend behandelten Themen der Unterhaltung und Besoldung der Prediger, der Ablehnung und Feindschaft der Welt gegenüber den treuen Predigern und des diesseitigen und jenseitigen Trostes und der Belohnung dieser Pastoren ist nicht mehr gegeben. Bei diesen guten Aussichten bleibt es allerdings nicht, vielmehr schildert Porta zum Abschluss erneut das grausame Schicksal, das die untreuen Seelsorger, die „Rottengeister und Schwermer" und zumal die „falschen Lehrer" erwartet.[44] Kaum mehr Aufbruchstimmung und Optimismus in der geduldigen Aufbauarbeit, sondern zumindest Ernüchterung, eher Pessimismus auch in Bezug auf die Pastoren selbst, ja Krisenstimmung scheinen mithin diesen Beitrag zu prägen.[45]

1.4 Stimmen der Kritiker und Feinde

Unvermeidlich mussten sich die lutherischen Prediger gegen Angriffe von Seiten der römischen Kirche, anderer reformatorischer Bewegungen und spätestens ab der Jahrhundertmitte seitens der Calvinisten wehren. Auch das trug dazu bei, dass sie ihre eigene Position und Situation besser verstanden.

Auf der römischen Seite findet sich zwar auch Selbstkritik. Georg Braun (1542–1622), Priester und hoher Kirchenbeamter in Köln, Autor und Herausgeber eines berühmten topographischen Werkes mit Stadtansichten, setzte in seiner 1565 und 1566 publizierten kurzen *Oratio de Concubinariis Sacerdotibus* mit einer kritisch-nüchternen Einschätzung des papstkirchlichen Konkubinats ein. Ja, es sei richtig, dass dieses Unwesen der Kirche schon seit langem großen Schaden zufüge. In der Verpflichtung der Kleriker auf Beherrschung ihrer Lust und Begierde liege aber ein unverzichtbares, genuin christliches Werk. Dass der Zölibat gelingen könne, zeigten von den Feinden der Kirche verschwiegene positive Beispiele. Defensive Maßnahmen wie die Vermeidung von Kontakt zu Mädchen und Frauen seien hilfreich. Da von frühester Zeit an in der Kirche geübt, bestehe weder ein Grund noch eine Berechtigung, vom Eheverbot für Priester abzurücken. Die Freigabe der Priesterehe bedeute daher nicht nur die Preisgabe einer trotz aller Widrigkeiten und Verstöße hoch ansehnlichen, wahrhaft christlichen Maßgabe. Vielmehr sei sie mit neuen, unabsehbaren Schwierigkeiten verbunden. Wer so nachdrücklich behaupte, dass das fleischliche Begehren unbeherrschbar sei, müsse im Übrigen letztlich auch einräumen, dass es wahrhaftes christlich-frommes Leben überhaupt unmöglich mache.[46]

Am frühesten und kontinuierlichsten hob die römisch-katholische Polemik allerdings darauf ab, dass Luther infolge seines ketzerischen Abfalls nicht mehr auf seine ursprüngliche, kirchenrechtlich und theologisch ordentliche Bestallung zum Pfarrer und Theologieprofessor rekurrieren könne. Deshalb seien auch die von ihm mehr oder weniger förmlich vorgenommenen Prädikantenernennungen oder -bestätigungen illegitim. Georg Braun explizierte diese Argumentation 1605 in einer Streitschrift anlässlich des Auftauchens lutherischer Prediger in Dortmund. Schon Luther habe ohne jegliche legitime Berufung das Amt öffentlichen Lehrens und gar der Kirchenreform an sich gerissen; jetzt maßten sich seine Anhänger („Lutherologi") ohne Berechtigung das Gleiche an, weshalb ihnen zu folgen ohne Verlust des ewigen Heiles nicht möglich sei.[47]

Ebenfalls äußerst polemisch argumentierte zudem mit Fokus auf Luther persönlich zwischen 1595 und 1599 der zunächst lutherische Arzt und Hofrat, dann Calvinist und schließlich römisch-katholische Generalvikar, kaiserliche Rat, Dompropst und Hausprälat Johannes Pistorius der Jüngere oder Niddanus (Sohn des hessischen Reformators J. Pistorius d. Ä.; 1546–1608). Luther sei von sieben bösen Geistern besessen gewesen, nämlich dem fleischlichen (auch: Huren-) Geist – abgeleitet von der lutherischen Begründung der Ehezulassung für die Pastoren –, dem Lästergeist, dem Lottergeist, „den Lugen und Irrigen, den Freveln, den Stoltzen, [sowie] den Schwindel und Wetterhanischen Geist". Das sei aus seinen und seiner Schüler Schriften eindeutig nachweisbar. Der Mehrfachkonvertit scheut insbesondere bei seinem Versuch, Luther als von einem Hurengeist befallen auszuweisen, sogar nicht davor zurück, die lutherische Lehre als Alcoran (Koran) zu denunzieren und in entsprechende Koranverse einzuteilen.[48] Die eingangs und ausgangs in einem eigenen Abschnitt explizierte Absicht der Polemik ist klar: Luther soll als „uppiger, gottloser, täglich wanckender Mann" und eigentlicher Muslim („Türke") entlarvt und denunziert werden. Er könne daher keineswegs ein christlicher, wahrer Prophet sein. Diejenigen, die ihm bisher gefolgt seien, voran seine Prädikanten und sonstigen Helfer, haben ihm deshalb schleunigst die Treue aufzukündigen.[49]

Derartig eindeutige Abgrenzung und Verdammung der lutherischen Pastoren brachte die calvinische Seite zunächst weniger häufig hervor. Denn das Verhältnis von Luthertum und Calvinismus blieb vielfach noch ungeklärt oder deren Konkurrenz und Konflikt wurden unter dem Druck der Bedrohung durch die römischen Gegenkräfte wenigstens vordergründig stillgelegt.

Martin Bucer (1491–1551), bei dem erst allmählich klar wurde, dass er eine spezifisch oberdeutsche Reformationsvariante vertrat, zielte in seinem wegweisenden, 1604 lateinisch neu aufgelegten Traktat *Von der waren Seelsorge, vnnd dem rechten Hirtendienst, wie der selbige inn der Kirchen Christi bestellet, vnnd verrichtet werden solle*, erstmals publiziert 1538 und auch im lutherischen Bereich viel gelesen, zentral gegen die Spaltung des reformatorisch-protestantischen Lagers.[50] Sein zur wahren Christlichkeit zurückgekehrter Pastor sollte sich dementsprechend auch an der Überwindung dieser Trennungen beteiligen. Im Gegensatz zu Luther war für ihn aber eine enge Anbindung des Kirchendieners an die Gemeinde erforderlich, was auch eine deutliche Relativierung des Obrigkeitscharakters der Pastoren einschloss. Luthers Postulat des allgemeinen Priestertums aller Gläubigen sollte also ernster genommen und verfahrenstechnisch überzeugend realisiert werden. Nämlich durch Einbezug der Gemeinde nicht nur an der Auswahl und Bestellung des Pastors, sondern auch an der damit wechselseitigen Bemühung um Kirchenzucht. Auch deshalb legte der Straßburger Reformator seine Abhandlung in deutscher Sprache vor. Die Bedeutung der Gemeinde ergibt sich für Bucer ausdrücklich und wesentlich wieder aus

> Matthei. XVIII. Dann wo zween oder drei versamlet sind in meinem namen Da bin ich mitten under inen. [Gott] selb regieret [also] seine Gemeind, er weidet sie, er pfleget ir, er bringet zu seiner Gemeind was der irrigen schaff noch ausschweiffen. Und die inn seiner Gemeind schon sind, die bewartet er, füret unnd versihet sie, das sie von sünden und allem unglück, das die sünde bringen, täglich mehr unnd mehr gereiniget und erlöset und zu aller fromkeit und seligkeit stetigs weiter angeführet und gefürdert werden.[...] Dan er [aber] dise Welt verlassen hat und derhalben hat im gefallen sein regiment, hüt und weide gegen uns, die wir noch in dieser welt sind, zu üben mit und durch den dienst seines worts, den er durch seine diener und werckzeuge auch eusserlich und befindtlich geprauchet.

Sowohl wie der Herr die Diener seines Werkes „beruffet und verordnet", als auch wie er sie „geprauchet", muss also entsprechend umgesetzt werden. Die Wahl durch die Gemeinde, die sich für Bucer letztlich regelmäßig durch Gott gesteuert darstellt, spielt dabei die entscheidende Rolle. Obwohl die Richtung Bucers den Werkzeugcharakter des Pastorentums im Gemeindekontext betont, verschafft sie ihm aber auch wieder eine höhere geistliche Legitimität. Das wird auch durch die breit ausgefächerte Hirten-Schafe-Metaphorik unterstrichen. Die Gemeindemitglieder sind letztlich doch unwissende, führungslose und heilungsbedürftige, auf ihren Hirten angewiesene Schafe. Nicht zufällig schließt Bucer seine Abhandlung deshalb mit Bibel- und Kirchenväterzeugnissen zum schuldigen Gehorsam der Schafe ab.[51]

Die Reformationsvariante Jean Calvins (1509–1564) hielt an einer breiten Palette geistlicher Dienste fest. Neben die Prediger traten vor allem die Doctores, hinzu kamen u. a. die Diakone. Auch diese Kirchendiener sollten eigentlich aus der Gemeinde konstituiert sein und ihre Ämter in Kooperation mit der Gemeinde auf Zeit ausüben. Und im Kontrast zum Luthertum ging ihr Anspruch, die weltliche Obrigkeit zu ermahnen, zu beraten und schließlich anzuleiten, deutlich weiter. Besonders Theodor Beza (1519–1605), der Nachfolger Calvins, betrachtete die lutherische Lösung als unfertig, ergänzungsbedürftig und daher calvinisch zu ersetzen. Die lutherische Seite sah im Genfer Reformiertentum dagegen Elemente einerseits erneuerter papistischer Institutionalisierung, andererseits der Auslieferung der Kirche an gemeindliche Abirrungen und Anarchismus.

Zu den frühen anticalvinischen Abhandlungen, die diese Kontroversen aus lutherischer Sicht erkennen lassen, zählte beispielsweise Zacharias Rivanders *Lupus excoriatus oder Der öffentlichen und heimlichen Calvinisten und aller Sac-*

ramentierer Wölffner Schaffspelz von 1582. Der zuletzt in Bischofswerda wirkende streng lutherische Pastor, Superintendent und Dramatiker wählte das Bild der schafereissenden Wölfe natürlich im Kontext der geläufigen Bezeichnung des lutherischen Pfarrers als Pastor, d.h. Hirte. Entsprechend werden eingangs zunächst die schlechten und gefährlichen Merkmale der Wölfe, anschließend kontrastiv die guten, aber auch arglosen Charaktereigenschaften der Schafe aufgezählt, um dann die Wolf-Schaf-Metaphorik durch Bibelstellen als legitim und zielführend darzulegen. Die Calvinisten und „Sacramentenschender" sickern ungerufen bei Nacht oder Dämmerung scheinbar harmlos als angebliche Propheten in die Herde der Gläubigen ein. Sie unterminieren und lästern den wahren Glauben durch Hinterlist und Klügeleien in unaufhörlichem, sich stetig steigerndem Fanatismus. Deshalb haben sie bereits an den Universitäten Fuß gefasst und sind dabei, besonders die Anfängermagister zu verwirren, zu verunsichern, lächerlich zu machen und schließlich auf ihre Seite zu ziehen. Zu ihren Hauptinstrumenten gehören entsprechend sophistische und lästerliche Bücher. Aber für Rivander zählen auch irreführende Konsens- und Bündnisangebote dazu. Er kritisiert sogar die Konkordienformel von 1577 zwischen den uns schon bekannten Philippisten, also den Anhängern der melanchthonischen Tendenz im Luthertum, und den Gnesiolutheranern, den strikter auf Luther rekurrierenden Pastoren und Gelehrten, die er als bereits calvinisch angekränkelt ansieht. „Man will uns [von dieser Richtung her] Philippi Schrifften verleiden und verdechtig machen", obwohl Melanchthon als engster Weggefährte Luthers doch über allem Verdacht erhaben sein müsste. Zwar schleichen sich die calvinischen Wölfe auch an die gemeinen Schafe heran und versuchen sie schließlich zu fressen. Aber in erster Linie richtet sich ihr Angriff gegen die lutherischen Pastoren und Theologen, die damit erneut als eigentliche Retter, Träger und Garanten des Luthertums auftreten.[52]

Die bis um 1600 entwickelte calvinische Linie vertrat exemplarisch u.a. Wilhelm Zepper (1550–1607), Pastor, Hofprediger und Theologieprofessor an der Hochschule Herborn, in der calvinisch reformierten Grafschaft Nassau-Dillingen. Sein einschlägiges Werk *Politia ecclesiastica* von 1607 handelt insbesondere in Buch II zunächst detailliert die Geschichte der Kirchenämter bis zum Mittelalter ab. Dann führt es ebenso ausführlich die nach eigenem Anspruch allein mit der Urkirche und der biblischen Vorgabe übereinstimmende, wiewohl – durch den historischen Wandel erzwungen – den neuen Erfordernissen angepasste calvinische Lösung vor. Nach Paulus sind zwei Arten von Kirchenämtern zu unterscheiden: das zeitliche begrenzte Amt der Propheten (Apostel, Evangelisten) und das dauerhafte Amt (*ministerium*) der *ministri ecclesiae*. Dieses dauerhafte Amt teilt sich auf Pastoren, Doktoren für die Schulen sowie vor allem Diakone und Presbyter auf. Sie haben jeweils spezifische Aufgaben und können in ihren Titeln und Kompetenzen lokal oder regional variieren. Am wichtigsten sind die Pastoren, deren Qualifikationen und Art und Weise der Bestellung entsprechend große Mühe zu widmen ist. Die erforderlichen Begabungen sind nach Paulus erwartungsgemäß erwiesener, pastoral kluger Umgang mit allen heiligen Schriften, untadelige Lebensführung sowie Fleiß im Gebet für sich selbst und für die Kirche. Hinzu kommen die sich aus frühen Konzilsbeschlüssen ergebenden Qualifikationen und Disqualifikationen, so z. B. das Verbot, Säufer einzubeziehen. Zepper erwähnt außerdem ausdrücklich, dass zu stark in andere Aktivitäten, etwa politische Angelegenheiten oder Geschäftsunternehmen, verwickelte Personen nicht in Frage kommen können. An der Vorauswahl, Auswahl und endgültigen Bestallung eines neuen Pastors sind dann alle anderen kirchlichen Amtsträger sowie die Gemeinde der betreffenden Lokalität oder Region zu beteiligen, und zwar wieder nach formalisierten Verfahren, die wesentlich auf Inspektion, Befragung, Prüfung, Berichterstattung und Diskussion sowie abgestufte Entscheidungsfindung, dann formale und zeremonielle Vorstellung und Installierung hinauslaufen.

Diese von Zepper eingehend beschriebenen Schritte sind hier im Einzelnen nicht darzulegen. Wichtiger erscheint, dass von einer breiten, genuinen Mitwirkung der Gemeinde am Ende nicht mehr gesprochen werden kann. Zwar bleibe richtig, dass eine legitime Berufung im Sinne der alten Kirche nur dann vorliegt, wenn die gesamte Kirchengemeinde an ihr beteiligt ist bzw. ihr zustimmt. Aber nachdem der Umfang und die Zahl der Gemeinden gewachsen sind, haben auch die Auffassungsunterschiede, Widersprüche und Spaltungen zugenommen und vielfach Unruhe, Tumulte, ja Aufstände hervorgebracht, so dass die entscheidende Verantwortung auf die Gemeindeältesten (die geistliche Elite), die Bischöfe und die Magistrate verlagert und beschränkt werden musste.[53] Auch die Pflichten der Kirchengemeinde gegenüber den Presbytern und den Pastoren unterstreichen wieder deren Vorrang: Reverenz, Gehorsam und Anerkennung von deren Entscheidungen in zweifelhaften Gewissensfragen, Enthaltung von allen impulsiven Angriffen, Anerkennung der Nützlichkeit und Akzeptanz der von den Pastoren und Presbytern ausgeübten Kirchenzucht. Ferner gilt ausdrücklich, dass auch die weltlichen Herrscher der geistlichen Elite unterworfen sind.[54]

Wer jetzt, im ausgehenden 16. Jahrhundert, aus der Sicht der Betroffenen den kritischen Angriff der Täufer gegen das lutherische Pastorentum wieder aktualisierte, waren die sogenannten Schwenckfelder, die Anhänger des schlesischen spiritualistischen Reformators Kaspar Schwenckfeld von Ossig (1490–1561). Dieser war von der Überzeugung ausgegangen, dass die direkte innere Berufung jedes einzelnen Christen zum Heil, die sogenannte *vocatio generalis*, die Existenz einer besonderen Geistlichkeit, die eine *vocatio specialis* für sich beansprucht, definitiv überflüssig mache. Eine institutionalisierte Geistlichkeit sei nicht mehr nötig, wie es eine einschlägige akademische Schrift gegen die Schwenkfelder aus der Wittenberger Universität 1595 unmißverständlich referierte. Diese Auffassung sei jedoch „absurdum", weil sie klar der Weisheit Gottes und dem Heilswerk Christi widerspreche, und deshalb entschieden abzulehnen.[55]

Halten wir also nach dieser Kombination einiger Mosaiksteine für die Vorgeschichte des 17. Jahrhunderts fest: Aus Gründen der inneren Formierung und der Verarbeitung äußerer Herausforderungen sowohl auf der theologischen wie der pastoralen Ebene begann sich schon vor 1600 jenes Verständnis des lutherischen Geistlichen zu festigen, das bis Anfang des 18. Jahrhunderts endgültig verbindlich wurde. Der evangelische (protestantische) Pastor ist eine Person, die durch die Kirche legitim dazu berufen wurde, das Wort Gottes öffentlich zu lehren, die Sakramente richtig zu verwalten und Kirchendisziplin zu üben, damit sich alles ordentlich und würdig vollzieht und die Kirche weiter aufgebaut und verbessert wird.[56] Was aber war unter dem entscheidenden Merkmal oder Prinzip, der legitimen Berufung von Gott durch die Kirche, lutherisch-orthodox konkret und im Detail zu verstehen? Mit dieser Grundfrage soll sich unser nächstes Kapitel befassen.

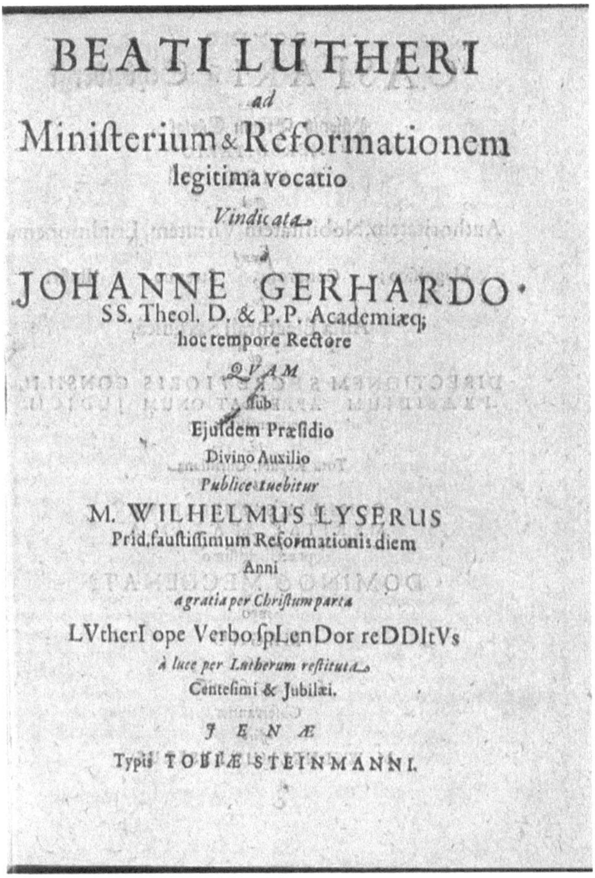

BEATI LUTHERI
ad

Ministerium & Reformationem
legitima vocatio

Vindicata

à

JOHANNE GERHARDO,
SS. Theol. D. & P.P. Academiæq;
hoc tempore Rectore

QVAM
sub

Ejusdem Præsidio
Divino Auxilio
Publice tuebitur

M. WILHELMUS LYSERUS
Prid. faustissimum Reformationis diem
Anni
a gratia per Christum parta

LVtherI ope VerboSpLenDor reDDItVs
à luce per Lutherum restituta
Centesimi & Jubilæi.

JENÆ
Typis TOBIÆ STEINMANNI.

Abb. 3

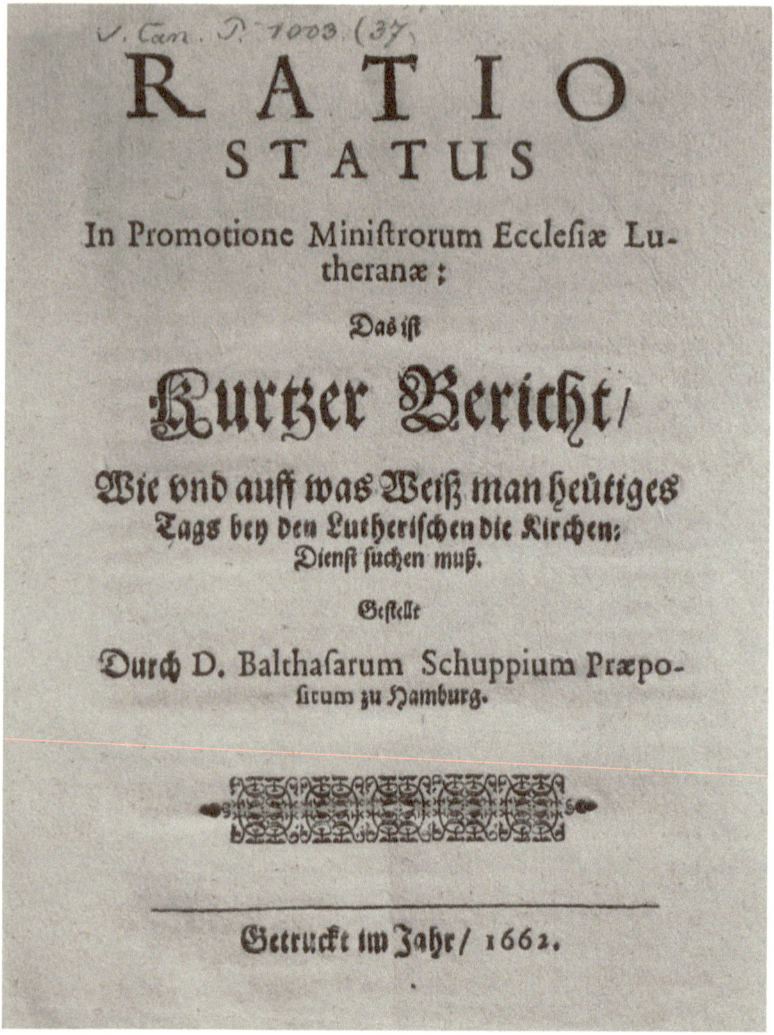

RATIO STATUS

In Promotione Ministrorum Ecclesiæ Lutheranæ:

Das ist

Kurtzer Bericht,

Wie vnd auff was Weiß man heütiges Tags bey den Lutherischen die Kirchen-Dienst suchen muß.

Gestellt

Durch D. Balthasarum Schuppium Præpositum zu Hamburg.

Getruckt im Jahr/ 1662.

Abb. 4

2 Vocatio und Eigeninteresse: Die Wege in die Pfarrstelle

2.1 Ausgangsbedingungen

Die Lage des Luthertums zu Beginn des 17. Jahrhunderts war trotz anhaltender regionaler Erfolge prekär. Aufstieg und Expansion waren im Ganzen zum Stillstand gekommen. Die Papstkirche und die alten und neuen reformatorischen Rivalen waren keineswegs besiegt, sondern sammelten vielfach wieder Kräfte. Das von vielen Pastoren und Gläubigen erwartete Weltende um 1600 war ausgeblieben. Über allem Geschehen lag die Ahnung einer bevorstehenden großen, mit aller Härte geführten Auseinandersetzung, wie sie bereits in den Hugenottenkriegen 1562–1598 und dem niederländischen Aufstand von Ende der 1560er Jahre bis 1609 ihre Vorspiele hatte und sich in Gestalt des Dreißigjährigen Krieges 1618–1648 schon bald einstellen sollte. Aus dieser Lage zogen die kirchlichen und politischen Eliten vor allem den Schluss, dass sie ihre Reihen schließen und alle Kräfte sammeln mussten. Das Luthertum steckte jedoch in einem existenziellen Dilemma. Erstens schien das politisch-militärische Kalkül nahezulegen, sich mit dem in vielen Teilen Europas stark gewordenen calvinischen Lager zu verständigen. Nur dadurch glaubte man sich gegen den zu erwartenden Großangriff der römisch-katholischen Mächte, voran der beiden habsburgischen Staaten Spanien und Österreich sowie des gegenreformatorischen Bayern, behaupten zu können. Zweitens gebot aber die eigene christliche Überzeugung, die Reinheit des lutherischen Erbes möglichst zu bewahren, um sich damit nach wie vor der Hilfe Gottes sicher sein zu können. Drittens verdankte das Luthertum im Reich seine Legitimität jedoch maßgeblich dem Augsburger Religionsfrieden von 1555, der auf anhaltender Reichsverfassungs- und Reichstreue beruhte und daher dezidiert konservativ-defensives Verhalten nahelegte.

Ein neuer Evangelist in der Qualität Luthers, ausgestattet mit dessen mächtigem, Einheit stiftendem, motivierendem und mobilisierendem, vorwärtsdrängendem charismatischem Geist, der aus diesem Dilemma geführt hätte, trat jedoch nicht mehr auf. Mehr noch, selbst seine unmittelbaren und mittelbaren Schüler der ersten beiden Generationen fehlten jetzt. Seine Nachfolger der dritten Generation waren somit auf sich selbst gestellt. Und dazu, wie die richtigen Pastoren künftig ausgebildet und gefunden werden könnten, hatte sich der Reformator selbst schon eher pessimistisch geäußert.

> Man kann nicht Pfarrer malen, wie [man] es gerne hätte [...]. Wer sol [...] eitel Doktor Martinusse [Luther] und Magister Philipusse [Melanchthon] auf solchen Betteldienst schaffen?[57]

Was den Nachfolgern blieb, war lediglich, den großen Wittenberger Propheten mit allen zur Verfügung stehenden Mitteln im historischen Gedächtnis lebendig zu erhalten und sein Erbe möglichst getreulich fortzuführen. Die Systematisierung und flexible Anpassung des lutherischen Erbes prägten demzufolge auch die Wahrnehmung, Einschätzung und Gestaltung des Pastorenberufs, den man jetzt endgültig unter eigener Verantwortung fortführen musste. Sowohl die akademisch-theologischen und kirchenrechtlichen als auch die aus der örtlichen und allgemeinen Praxiserfahrung erwachsenden Anleitungen, Gutachten und Ratschläge bezogen sich deshalb regelmäßig zunächst auf Lutheräußerungen, um dann entsprechende Regeln aufzustellen und Beispiele für die Anwendung dieser Regeln auf konkrete Fälle vorzuführen.[58]

2.2 Johann Gerhards orthodoxe Systematisierung

1617 saß der Ratsherrensohn, seit 1615 Jenenser Theologieprofessor und künftig bedeutende Vertreter der Hochorthodoxie Johann Gerhard (1582–1637) an der Universität Jena einer öffentlichen Vorlesung mit dem Titel *Beati Lutheri ad Ministerium & Reformationem legitima Vocatio* vor (Abb. 3). Die wie üblich von ihm als Betreuer vorgegebene oder zumindest maßgeblich mit formulierte Abhandlung versuchte im Reformationsgedenkjahr, die große Frage nach Luthers Legitimität den Bedingungen der Zeit entsprechend verbindlich zu beantworten. Denn die in offensiveren lutherischen Traktaten, so etwa den *Drey christlichen Jubel-Predigten, darin bewiesen wird, daß D. Martin Luther von Gott zu der hocherwünschten Reformation erwecket und das Bapsttumb eine Grundsuppe aller Grewel sey* (1617) vertretene Auffassung, Luther sei unmittelbar von Gott selbst als Prophet oder Evangelist zu seinem Reformationswerk berufen worden, erschien nunmehr, nach dem Ende der turbulenten Reformationsjahre und in der krisenhaften Konsolidierungsphase, unzulänglich. Gerhards theologischer Beitrag setzte deshalb an der Äußerung Luthers an, er könne sich zwar nicht rühmen, von Gott ohne Mittel (*immediate*) vom Himmel gesandt worden zu sein, habe aber von Gott den richtigen Glauben empfangen. Als mittelbare Berufung nach alter Form seien deshalb, wie schon im 16. Jahrhundert behauptet und bestritten, im Falle Luthers die Aufnahme als Mönch sowie die ordentliche Bestellung zum Theologieprofessor zu betrachten. Auch beim Erzvater der Reformation sei also – und das ist die Hauptbotschaft der Abhandlung Gerhards – die Norm erfüllt, dass „zu einem guten Werck ein gewisser göttlicher Beruff gehöret", der sich im Diesseits in bestimmten Formen zu vollziehen hat.[59]

Zwei Jahre später nahm Gerhard im sechsten Band der *Loci Theologici* (Theologische Gemeinplätze), seiner theologischen Hauptschrift zu den Kernprinzipien des Luthertums, die bald zum Grundlagenwerk der Orthodoxie avancierte, diese Perspektive auf. Eingeleitet wird der einschlägige Darstellungsteil mit einer Bekräftigung der lutherischen Dreiständelehre. Die Existenz und das Zusammenwirken des Nährstandes, zuständig für die materielle Reproduktion des menschlichen Geschlechtes, des weltlichen Herrschafts- und Wehrstandes und des kirchlichen Lehrstandes in der diesseitigen Welt entsprechen der Ordnung der himmlischen Kirche. Demzufolge ist aus der göttlichen Offenbarung abzuleiten, dass Kirchendiener nicht nur notwendig, sondern auch immens nützlich sind und von Gott gegebene besondere Würde beanspruchen dürfen.[60] Aus der biblischen Offenbarung ist darüber hinaus zu ersehen, dass der geistliche Stand eine hierarchische Ordnung aufweist und sich aus bestimmten Funktionen oder Ämtern und Amtsinhabern zusammensetzt, die in ihren Kompetenzen und Bezeichnungen je nach den Erfordernissen des Ortes und der Zeit variieren können.

Die Bezeichnungen Apostel, Propheten und Evangelisten sind vor allem alttestamentarisch. Im Neuen Testament ist dagegen überwiegend von Bischöfen, Presbytern, Diakonen, Doktoren, Vorstehern sowie Schreibern die Rede. Metaphorische Bezeichnungen für die Kirchendienerschaft sind neben Hirten (*Pastores*) u.a. Salz der Erde, Fischer, Arbeiter oder Bauern des Herrn, Ärzte des Herrn, Boten und Zeugen Gottes. Der Begriff *sacerdotes* (Priester) erscheint Gerhard eher problematisch, weil zu sehr an die römische Kirche gemahnend. Die Bezeichnung Kleriker ist für ihn erst recht eindeutig papistisch, also abzulehnen, weil in ihm der satanische Anspruch des Papstes steckt, Gottes Verfügungsgewalt und die Kirche Gottes für sich zu reservieren.[61] Dass dem Kirchendienst prinzipiell unmittelbar eine Beauftragung durch Gott im Allgemeinen und zu einzelnen Diensten im Besonderen zugrunde liegt, ist für Gerhard biblisch eindeutig nachweisbar. Dennoch muss er weit ausgreifen, um die Argumente zu widerlegen, die die Legitimität, Nützlichkeit oder Notwendigkeit eines förmlichen, eigenen Kirchendienstes in Abrede zu stellen scheinen. Bibelaussagen wie etwa „Alle werden von Gott belehrt" (Es. 54,13) meint er durch gegenläufige Bibeldikta entgegentreten zu können. Vor allem aber versucht Gerhard, den Spiritualismus, den Anspruch Einzelner, von Gott und insbesondere dem Heiligen Geist persönlich erleuchtet worden zu sein, theologisch (es handelt sich bei derartigen Vorfällen in Wirklichkeit regelmäßig um Einflüsterungen des Satans) und funktionalistisch (derart individualisierter Glaube zerstört die Kirche) zu entkräften. Im Anschluss daran entwickelt der Autor zusätzlich einige praktisch-funktionalistische Argumente zugunsten des professionellen Kirchendienstes. Dem einfachen Gläubigen fehlten wesentliche Voraussetzungen. Er kann die Bibel überhaupt nicht lesen oder nicht richtig verstehen. Oft hat er nicht einmal Zeit dazu. Erst recht verfügt er regelmäßig nicht über die pädagogisch-didaktischen und rhetorischen Fähigkeiten, die ein erfolgreicher Prediger haben muss. Wirklich entscheidend ist aber die besondere Berufung, die Gott biblisch nachweislich bestimmten Personen zukommen lässt und anderen eben nicht.

Diese göttliche Berufung schließt bei Gerhard die entsprechende Beauftragung zum göttlichen Dienst und die Instandsetzung zu diesem Dienst („welchen Gott schicket, den macht er geschickt") ein.[62] Derartigen göttlichen Ruf verweigern kann kein Mensch. Ihn glaubhaft vorzuschützen ist zumindest auf Dauer ebenso wenig möglich wie ihn allein aus eigenem Willen oder Ehrgeiz erfolgreich anzustreben. Vielmehr bleibt dem Menschen nur, ihn demütig zu erwarten bzw. im gegebenen Fall ebenso demütig, aber auch vertrauensvoll anzunehmen. Wen Gott beruft, steht ihm völlig frei. In welcher Situation – zu welcher Zeit – er jemanden beruft, entscheidet er im Prinzip ebenfalls selbst. Aber die menschliche Erfahrung zeigt, dass er es immer dann tut, wenn es angesichts des wahren Glaubens und der Lage der wahren Kirche nötig ist. Dabei bezieht er regelmäßig diejenigen mit ein, die er zuvor berufen hat und ihm treu geblieben sind.

Aus diesen Prämissen und dem biblischen Befund insgesamt ergibt sich für Gerhard, dass zwei Arten der Berufung zu unterscheiden sind, nämlich die mittelbare oder gewöhnliche (*mediata seu ordinaria*) und die unmittelbare, ungewöhnliche (*immediata seu extraordinaria*). Die von anderen Theologen postulierte Unterscheidung einer dritten, gemischten Berufung (*vocatio mixta*) lehnt Gerhard ab. Die direkte göttliche Berufung lag im Falle der Apostel, Patriarchen und Propheten vor, die indirekte in allen übrigen Fällen („in reliquis Ecclesiae Doctoribus"). Ein unmissverständliches Merkmal dafür war in beiden Fällen die Befähigung zum Bewirken von Wundern.[63] In der Gegenwart sieht Gerhard die Lage komplizierter. Zwar kann Gott jederzeit, das heißt auch jetzt, Propheten beauftragen und entsenden. Eher zu erwarten ist jedoch nach biblischem Zeugnis das Auftreten von falschen, von Satan entsandten Propheten. Diese können sogar das Wirken von Wundern, Beschwören von Zeichen am Himmel und Vorhersagen beanspruchen. Aber stets handelt es sich um Satanskünste, wenn nicht das wahre christliche Evangelium nach Luther vertreten wird.

Entsprechend kommt es nunmehr auf die *vocatio mediata* an. Gerhard meint nachweisen zu können, dass diese mittelbare Berufung ebenso göttlich-heilig ist wie die unmittelbare. Auch sie hat nämlich Gott zum Urheber, dient eindeutig dem Heilswerk Gottes. Die Mittel oder Werkzeuge (*media*), die Gott dabei einsetzt, sind ebenfalls von Gott bestellt. Es sind die von ihm unmittelbar berufenen Propheten, Apostel, Evangelisten und Patriarchen, die frühen Bischöfe, die frühen Kirchengemeinden und im Notfall hilfsweise die frühen christlichen Magistrate (der herrschaftliche oder politische Stand, der sich auf eine eigene, andere Beauftragung durch Gott berufen kann). Sie alle durften und mussten sich weitere Helfer wählen, ohne die die Welt nicht zum ewigen Heil gelangen kann. Auch diese mittelbar berufenen Helfer sind im Prinzip zu Wundertaten befähigt, die aber wie angeführt sehr genau geprüft werden müssen.[64] Der jetzt dank Luther erneuerten Kirche kommt, was den diesseitigen Teil jeder *vocatio ad ministerium ecclesiae* betrifft, als Ganze das Recht der Berufung zu. Dieses ist aber von den verschiedenen Gliedern der Kirche jeweils gesondert auszuüben, damit Ordnung gehalten wird. Wie die jeweiligen speziellen Beteiligungsrechte und -formen konkret definiert und praktiziert werden, unterliegt den unterschiedlichen Voraussetzungen und dem Wandel der Bedingungen. Generell gilt, dass der Kirchenführung (den Pastoren der verschiedenen Amtsebenen) die Prüfung, Ordination und Inauguration, der weltlichen Obrigkeit, sofern sie christlich ist, die Nominierung, Präsentation und Bestätigung sowie der Gemeinde (dem Volk) die abschließende Annahme und Zustimmung, im Sonderfall auch ein Vorschlagsrecht, zukommen. Die Verschränkung dieser Rechte und Partizipationsformen ist ebenfalls variabel, wie die biblischen Nachrichten und die Kirchenväter bezeugen, heute aber in den jeweiligen Kirchenstatuten oder Kirchenordnungen bereits festgelegt oder noch festzulegen.[65] Was dagegen definitiv nicht geht, ist die Aneignung aller Rechte durch eine bestimmte Instanz wie beim Papsttum, oder die Durchlöcherung der Regeln durch Privilegien, Konzessionen oder praktische Interventionen.

2.3 Vom Dogma zur Praxis

Der historischen Herleitung, Abgrenzung und teilweise Bekräftigung der Beteiligungsrechte der Bischöfe einerseits und der Patronatsherren andererseits widmet Gerhard viel Raum und Detailfreude. Als Bischöfe fungieren nach Luthers Entscheidung, die sich aus der damaligen Situation der Reformation ergeben hatte, die rechtgläubigen Landes- oder Stadtherren, also im Regelfall der Fürst oder der städtische Magistrat. Diese legen sich entsprechende Kirchenverwaltungen (an der Spitze: die Konsistorien) zu, die die Pastoren und deren kooperative Gremien, voran die Synoden, auf diese oder jene Weise inkorporieren. Die Tradition des Kirchenpatronats (*ius patronatus*) soll keineswegs völlig abgeschafft werden. Das hätte massiven Widerstand von Seiten der Inhaber dieses Rechts, also vor allem des Adels und von Fürsten, bedeutet, im Extremfall bis hin zur Ablehnung des Protestantismus und damit zu dessen Untergang. Vielmehr soll es beibehalten, aber für das Luthertum eingesetzt werden. Gerade für die lutherische Kirche gilt also die Definition des Rostocker Juristen und Mitbegründers des sogenannten Episkopalismus Matthias Stephani (1570–1646): Das Kirchenpatronatsrecht ist ein ehrenvolles und unverzichtbar nützliches, aber auch beschwerliches Amt mit der Aufgabe, im Konsens mit der jeweiligen Gemeinde die jeweilige Kirche materiell auszustatten, zu schützen und zum Heil aller zu fördern.[66]

In der Ausübung der jeweiligen Rechte an der Pastorenbestellung nach der vorgegebenen Ordnung sind zahlreiche Gefahren und mögliche Fallen zu beachten. Von denjenigen, die im Namen der Kirche nominieren, präsentieren, auswählen und berufen: dass diese Unternehmungen mit Bedacht und unter stetiger Anrufung Gottes um Beistand durch das Gebet und möglichst im breiten Konsens erfolgen; dass bei der Nominierung neuer Pastoren keinerlei sachfremde Überlegungen und Interessen, voran Verwandtschaft oder sonstige Verflechtung oder Intervention den Ausschlag geben; dass nur wirklich geeignete Kandidaten berücksichtigt werden, und dass die Rechteinhaber die Kirchenämter nicht käuflich machen und ihre Kandidaten durch Geld- oder Ehrengaben als käuflich exponieren, wie es im Papsttum in Gestalt der Simonie üblich sei.[67] Im Hinblick auf die Kandidaten ist dagegen sorgfältig aufzupassen, dass diese keine Bestechung oder sonstige Kniffe einsetzen, um zum Zuge zu kommen, was ihre Berufung illegitim machen würde, sowie ihre Dienste unter den richtigen Voraussetzungen anbieten: auf der Grundlage gewissenhafter Selbstprüfung, subjektiv erkannter und akzeptierter göttlicher Beauftragung, reiner Motivation und wirklicher Eignung; im Bewusstsein möglichen Neides oder gar Hasses seitens weltlich orientierter Mitmenschen; ohne Verletzung irgendwelcher kirchlicher Vorschriften; in demütiger Erwartung der strengen Prüfung und des Votums der am Vorgang rechtmäßig Beteiligten.[68] Gerhards Vorgänger Joachim Zehner zählt zusätzlich auf, was ein in Wirklichkeit nicht Berufener zu gewärtigen hat und woran man diesen deshalb erkennen kann: ständige Unsicherheit und Zweifel, deshalb Unfähigkeit zum wahren Gebet; Oberflächlichkeit in der pastoralen Arbeit, deshalb Fruchtlosigkeit und Erfolglosigkeit darin; an Häufigkeit und Schwere zunehmende Fehler, daher wachsende Neigung zur Flucht aus dem Amt.[69]

Auch die besten Regeln können freilich Zweifelsfälle, Kontroversen und Verstöße nicht ausschließen, die durch die Vielfalt der Umstände bereits entstanden sind und weiter entstehen werden: Wenn das Patronatsrecht ganz oder teilweise in nichtlutherische Hände fällt, unbeabsichtigt oder beabsichtigt Partizipationsrechte überdehnt werden; wenn Uneinigkeit über Prüfungsverfahren oder -ergebnisse entsteht; wenn berufene Pastoren die Annahme des Rufes verweigern, sich auf eine lukrativere Pfarrstelle bewerben oder gar ihr Luthertum verraten, also untreu werden; wenn Berufungsbeteiligte oder Pfarrstelleninhaber Erwartungen, Versprechungen oder Zusicherungen über die Stellennachfolge abgeben, obwohl diese eigentlich unzulässig sind und dem Geist des Kirchendiensts widersprechen; wenn sich später die Nichteignung oder Unwürdigkeit eines Berufenen herausstellt; usw.[70] Dabei gibt es durchaus Ausnahmen, so z. B. bei den Anwartschaften. Geeigneten und bewährten Helfern oder Vertretern (*adjuncti*, *substituti*) von kranken oder alten Pastoren kann eine Nachfolge mit gutem Gewissen auch frühzeitig anvertraut werden. Selbst die Frage, ob es zulässig sein kann, die Bestellung ins Amt von der Heirat der Witwe oder einer Tochter des Vorgängers abhängig zu machen, auf die im Folgenden noch genauer einzugehen sein wird, ist differenziert zu beantworten: Wenn der Ausersehene geeignet ist und die angemessene Versorgung der Witwe oder Kinder erwarten lässt, kann so verfahren werden. Zu vermeiden ist allerdings, dass durch wiederholte Verfahren dieser Art die Kirche ihre Berufungsfreiheit und Verpflichtung auf Berufung nur objektiv bestens Geeigneter verliert bzw. eine Art Erbfolge bzw. ein Erbfolgerecht entsteht.[71]

Für die *vocatio beati Lutheri* (Berufung des seligen Luther) beansprucht Gerhard im Sinne seiner in den *Loci* explizit erwähnten akademischen Disputation von 1617 erwartungsgemäß, dass eine außerordentliche, mittelbare und solemne Berufung „ad Ministerium & docendi officium" (zum Kirchendienst und Lehramt) auch unter Einbezug der Gemeinde vorgelegen habe, die auch von Seiten Luthers völlig ohne Fehl und Tadel vor sich gegangen sei.[72] War aber die Berufung Luthers nachweislich untadelig, so waren und sind es auch die unter seiner direkten oder indirekten, in seinem Geist vorgenommenen, ordentlichen Berufungen der erneuerten evangelischen Kirche, während sich im Papsttum Verfall und satanischer Abweg fortsetzen.[73] Das zeigt sich auch am Spektrum der Kirchenämter und an der Unterscheidung von Doktoren und Professoren (Theologen) von den Pfarrern (Pastoren) und sonstigen Kirchendienern (z. B. Küster). Sie entsprechen in der lutherischen Kirche dem biblischen Vorbild und dem Modell des frühen Christentums am engsten. Des Weiteren zeichnen sich die im Luthertum geübten Formen der Ordination, Investitur, Amtsübertragung usw., aber auch die Amtsenthebung oder sonstige Dienstbeendigung in all ihren Varianten durch Wohlgeordnetheit, Klarheit, zielbezogene Effektivität und wahren christlichen Geist aus.[74]

Die künftigen Pastoren, die also im Gegensatz zu den alttestamentarischen Leviten nicht mehr einer bestimmten Familie angehören müssen und wegen des freien Vokationsrechts der zuständigen Beteiligten – ein biblisches Vorbild ist die freie Apostelwahl Jesu – auch nicht angehören dürfen, müssen sich durch bestimmte Grundtugenden auszeichnen. Gerhard nennt in Übereinstimmung mit den Pastorenspiegeln erwartungsgemäß wieder u. a. Nüchternheit (statt Trinkfreude), angemessenes Selbstbewusstsein ohne Arroganz sowie zuverlässige Beständigkeit, ohne jedoch in Starrsinn zu verfallen. Die Kandidaten sollen außerdem in der Regel Erwachsenenalter erreicht haben. Frauen sind nach biblischem Zeugnis ausgeschlossen. Männer mit körperlichen Gebrechen sollen sowohl wegen Beeinträchtigung ihrer körperlichen Leistungsfähigkeit als auch ihres Ansehens möglichst nicht herangezogen werden, ebenso unehelich geborene, denen volle Autorität und Anerkennung zu finden selten gelingt.[75]

Der Kirchendienst teilt sich in einen internen und externen Dienst auf. Der interne besteht in der kirchlichen Kompetenz der Verkündigung, Auslegung und Verteidigung des wahren Glaubens, der Identifizierung und zumindest fallweisen Beurteilung glaubensneutraler Angelegenheiten (*adiaphora*) sowie der Ausübung des kirchlichen Mahn-, Beratungs- und Strafamtes. Bei ihm ist darauf zu achten, dass nur das geistliche Schwert (*gladius spiritus*) eingesetzt wird. D.h. es darf nicht in den Amtsbereich der weltlichen Obrigkeit (des politischen Standes) hinein interveniert werden. Das Verhältnis zur weltlichen Obrigkeit ist also in erster Linie als Arbeitsteilung zu betrachten. Die Pastoren beanspruchten nicht wie das Papsttum Vorrang vor dem weltlichen Stand und entsprechende oberste, absolute Gewalt. Dennoch sind sie in ihrem Arbeitsbereich allen Gläubigen vorgesetzt.[76]

Das wird auch in der externen Dimension des Kirchendienstes deutlich, die in der biblisch überlieferten Unterscheidung verschiedener Kompetenzen, Stufen oder Grade der kirchlichen Hierarchie zum Ausdruck kommt. Ein Teil dieser Ämter, nämlich diejenigen an der Spitze der Hierarchie, ist wieder nur auf Zeit zu vergeben. Die Pastoren dagegen sind dauerhafte, mit ordentlichen Stellen versehene Beamte, die für die und an den Gläubigen kontinuierlich und zuverlässig die entscheidende Arbeit zu verrichten haben. Gleichzeitig einen anderen Dienst oder ein anderes Gewerbe auszuüben, ist daher definitiv untersagt.[77] Allgemeines Ziel des Kirchendienstes ist prinzipiell die Ehre Gottes, zu vermitteln durch die Gewinnung der Menschen für Gott, deren Versöhnung mit Gott und dadurch Vorbereitung für das ewige Heil. Die diesem allgemeinen, übergreifenden Ziel dienenden konkreten Zwecke sind stetes Gebet und Bibellektüre; das Predigthalten bzw. die Bibelauslegung; die Verwaltung der Sakramente; untadelige Lebensführung nach Maßgabe der Zehn Gebote, der Moral, des Anstands und der Ehrbarkeit; die Ausübung oder Handhabung der kirchlichen Disziplin, d.h. die Verhütung und Korrektur von Abweichungen vom wahren Glauben und der christlich-moralischen Lebensführung bei den Gemeindeangehörigen; die Bewahrung der richtigen kirchlichen Riten; schließlich die Fürsorge für die Armen und der Besuch und die Tröstung der Kranken, in Sünde Gefallenen, Betrübten und Bekümmerten. Ferner gehört in das Vor- und Umfeld der richtigen Berufung in das Pastorenamt neben der Kenntnis dieser Dienstverpflichtungen, die im Übrigen auch zu Notzeiten (Pest, Belagerung) gelten – Flucht ist den Pastoren also auch hier ausdrücklich verboten –, das Wissen um die zwei wesentlichen Hilfsmittel Besoldung (*salarium*) und Ehe oder eheliche Partnerschaft (*conjugium*), die dem Amtsträger an die Seite gestellt sind.[78]

2.4 Herausforderungen und Anpassungen in der zweiten Jahrhunderthälfte

Gerhard hatte, wie seine Belege und Verweise zeigen, in sein breit rezipiertes, über das ganze 17. Jahrhundert hinweg dominierendes theologisch-kirchenrechtliches System nicht nur Vorstellungen Luthers und von dessen unmittelbaren Schülern aufgenommen, sondern auch Argumente aus Abhandlungen seiner eigenen Zeitgenossen. Die lutherische Debatte um die Berufung von Pastoren war jedoch noch erheblich breiter und vielfältiger, und sie entwickelte sich auch nach der weiteren Ausgabe des Gerhardschen Werkes von 1689 weiter.[79] Den gewichtigsten Beitrag lieferten neue akademische Traktate sowie Gutachten und Entscheidungen führender Theologischer Fakultäten, voran der Wittenberger, ferner die jetzt entstehenden Systematiken des lutherischen Kirchenrechts und nicht zuletzt entsprechende Bestimmungen in den Kirchenordnungen und -statuten. Aber auch Stimmen aus dem Kreis der Pastoren selbst, beruhend auf einschlägiger Praxiserfahrung, fehlten keineswegs. Die Verteidigung der Legitimität des lutherischen Pastorentums und von dessen Berufungsverfahren nach außen, gegen Papstkirche[80], Calvinisten und sonstige konkurrierende Glaubensgemeinschaften, bildete nach wie vor eine Teildebatte, deren Umfang und Bedeutung jedoch insgesamt abnahm. Die wichtigste Frage dabei, nämlich wieder diejenige nach der Berechtigung eines professionellen Pastorenstandes trotz allgemeinen Priestertums aller Christen und des Prinzips kirchengemeindlicher Selbstbestimmung, flackerte indessen auch intern immer wieder auf.

Zunächst hielt die lutherische Verteidigungslinie, die, wie wir gesehen hatten, auch im Calvinismus aufgebaut worden war. Mit dem quantitativen Wachstum der Kirchengemeinden nahmen und nehmen auch von außen angefachte Irrtümer, Spaltungen, Tumult und Streit zu, die durch die Kirchenzucht noch nicht überwunden werden konnten und in absehbarer Zeit auch nicht überwunden werden können. Es bedarf also weiterhin hervorragender, durch hervorragende Männer verantwortlich und ordentlich ausgewählter und berufener Lehrer, Mahner, Fürsorger, Führer und Beschützer. Nämlich so lange, bis die Gemeinden mit Gottes Hilfe dasjenige christliche Niveau erreicht haben, das vielleicht ihre volle Selbstverwaltung und Selbstbestimmung zulässt. Zu erwarten sind diese perfekten Verhältnisse für das Diesseits indessen eher nicht.[81]

Das schärfste Argument gegen diese Legitimitätsformel entwickelte in der Phase endgültiger Verfestigung des Pastorentums im ausgehenden 17. Jahrhundert der bereits erwähnte Pietismus, die mit den Namen Philipp Jakob Spener (1635–1705) und August Hermann Francke (1663–1727) verbundene lutherische Erneuerungsbewegung. Daneben waren weitere, ältere und jüngere spiritualistisch-enthusiastische Glaubensgemeinschaften beteiligt.[82] Ganz im Gegenteil sei es das etablierte Pastorentum, das seinen göttlichen Eifer, seine wahre Berufung verloren habe und im äußerlichen Dienst, Routine, Behäbigkeit, ja Wohlleben und Gewinnstreben, erstarrt sei. Deshalb müsse man wieder zur eigentlich göttlichen Berufung (*vocatio divina*) zurückkehren, die allein die Bestellung wahrer, selbstloser Helfer Christ garantiere. Wen Gott selbst für seinen Dienst geeignet halte, sei nämlich nicht nur am äußerlich sichtbaren praktischen Einsatz für die Kirche, sondern auch an der entsprechenden Ausstrahlung abzulesen, die diese eifrigsten Christen auszeichne. Intakte Gemeinden seien durchaus in der Lage, diese Ausstrahlung bei ihren wirklich göttlich erweckten Mitgliedern wahrzunehmen. Entsprechend seien sie auch dazu imstande und berechtigt, ja verpflichtet, mit Hilfe des Heiligen Geistes diese göttlich ausgezeichneten Personen für den Kirchendienst auszuwählen. Was gefordert wurde, war also die Rückkehr zum charismatischen und zum Gemeindeprinzip. Es versteht sich, dass die etablierten Pastoren darin nur einen grundsätzlichen Angriff auf ihren Stand erblicken konnten. Ihre überwältigende Mehrheit setzte deshalb alles daran, diese Bestrebungen als Abweichlertum und Ketzerei zu brandmarken und zu unterdrücken. Die Minderheit versuchte dagegen, der eigenen Profession durch Rückgriff auf diese Perspektiven neue, belebende Elemente zu verschaffen.

Insgesamt erwiesen sich diese Anpassungsversuche jedoch als mühsam. Denn zur gleichen Zeit gerieten die mittlerweile etablierte Ordnung und Praxis der Pastorenbestellung und des Pastorentums von außen her noch stärker unter Druck. Die weltliche Herrschaft entwickelte sich nach den Verheerungen des Dreißigjährigen Krieges rasant zum frühmodernen Staat. Sie suchte deshalb alle Verhältnisse und Angelegenheiten säkular-rechtlich zu durchdringen, zu kontrollieren und auf die Staatsspitze, den Souverän, auszurichten. D. h., sie drängte die geistlich-kirchliche Eigenbestimmung und die Relevanz des Pastorentums zurück. Daran, dass der Souverän und seine Helfer an der Staatsspitze offen christlich kritisiert oder gar mit einer Kirchenstrafe bedacht werden konnten, war bald kaum mehr zu denken, wie wir im einschlägigen Kapitel noch genauer sehen werden. Mehr noch, das gesamte kirchliche Strafamt musste mangels Akzeptanz bei den Gemeinden, wegen der Konkurrenz durch das weltliche Strafrecht sowie des wachsenden Verzichts des Staates auf zu scharfe christlich-moralische Disziplinierung überhaupt weitgehend aufgegeben werden. In den durch Herrscherwechsel und Territorialveränderungen jetzt konfessionell gemischten Staaten war ohnehin auf die Erzwingung konfessioneller Einheit zu verzichten, um nicht Verweigerung, Aufruhr, Aufstand oder Wegzug wertvoller Arbeitskräfte zu riskieren. Umgekehrt erwiesen sich gerade konfessionell abweichende Minderheiten, voran Immigranten, als wirtschaftlich besonders leistungsfähig und herrscherloyal, weshalb sie bevorzugt ins Land aufgenommen wurden. Das geistliche Beamtentum trat gegenüber dem jetzt in vollem Ausbau befindlichen weltlichen Beamtentum einschließlich des Militärs zurück. Das machte sich bemerkbar u. a. in relativ schlechter oder sich verschlechternder Bezahlung, daher teilweise in der zunehmenden Rekrutierung von bedürftigen, vor allem an sozialem Aufstieg interessierten Männern sowie deshalb im Niedergang des Ansehens des gesamten professionellen Standes.

Noch schlimmer war, dass jene Kritiker und Gegner der Orthodoxie, die vom Geist der Frühaufklärung erfasst wurden, grundsätzlich zu bezweifeln begannen, ob es zumindest in der Gegenwart des ausgehenden 17. Jahrhunderts noch nachweisbare göttliche *vocationes* gebe oder geben könne bzw. diese überhaupt jemals hinreichend nachweisbar vorgekommen seien. Das musste unweigerlich auch die grundsätzlich noch immer beanspruchte biblisch-göttliche Aura der Pastoren in Frage stellen. In seinen einschlägigen Artikeln „Vocatio" und „Vocatio (göttliche)" musste sich *Zedlers Universal-Lexicon* demzufolge sehr anstrengen, um das Konzept göttlicher Berufung zu retten. Seine ausführliche Merkmalsaufzählung kann jedoch kaum überzeugen. Am Ende sieht sich das einflussreiche Lexikon sogar veranlasst, wiewohl kritisch auf das Postulat eines anonymen Traktats von 1724 zu verweisen, nach dem „die von Christo gegebenen Schlüssel", also die göttliche Berufung, „mit den Aposteln aufgehört" habe und das „jus vocandi [ein] jus mere secularis", nur noch ein säkulares Recht, geworden sei.[83]

Ähnliche Zweifel resultierten aus dem Wandel des frühneuzeitlichen Gelehrtentums zur frühmodernen Wissenschaft. Autoritative Sätze und Autoritäten begannen zunehmend kritisch hinterfragt, auf ihre Logik, Vernünftigkeit und den diesseitigen Nutzen abgeklopft und gegebenenfalls verworfen zu werden. An die Stelle der christlichen Weltdeutung mit ihren jetzt als Aberglauben disqualifizierten Auswüchsen traten neue philosophische, um nüchterne Vernunftschlüsse bemühte Systembildungen. Davon konnte auch die Leitwissenschaft des konfessionellen oder orthodoxen Zeitalters, die im vorliegenden Fall lutherische Theologie, nicht unberührt bleiben. Sie geriet so einerseits kognitiv-inhaltlich, andererseits im Hinblick auf ihre wesentliche soziale Grundlage, die Rekrutierung aus ihren eigenen Reihen, d. h. den lutherischen Pastoren-, Professoren- und Beamtenfamilien, unter wachsenden Druck, weil jetzt nach neuen Leistungskriterien, darunter der Befähigung zur Kritik und zu vernünftiger Erkenntnis und Praxis, statt umfassender und dogmentreuer Bestätigung und Umsetzung des alten Wissens, beurteilt und ausgewählt werden sollte. Schließlich setzte zu Beginn des 18. Jahrhunderts ein Schub verstärkter Diesseitsorientierung in vielen Gesellschaftsschichten ein, der zur Bevorzugung weltlicher Klugheit und materiellen Interesses führte. Die jenseitsorientierten, frommen, um christliche Vorbildhaftigkeit bemühten Pastoren konnten sich damit zunehmend nicht mehr der Gefahr entziehen, als weltfremd, dumm bis tölpelhaft und dabei dennoch anmaßend-arrogant verurteilt und verächtlich gemacht zu werden. Eine wesentliche

Rolle spielten in diesem Prozeß die Höfe und ihre Kultur, auf die es als Herrschaftszentralen im Hinblick auf das Schicksal der Pastoren doch gerade ankam.

Nehmen wir diese Entwicklung noch etwas genauer unter die Lupe. Der Aufstieg des Staates führte u. a. dazu, dass die Pastorenbestellung in ihren jeweiligen Voraussetzungen und Phasen noch stärker als juristischer Vorgang definiert und gehandhabt wurde. Die dafür benötigten, möglichst präzisen Prämissen und Ableitungen ließen die Zweifel an der Beweisbarkeit und damit dem Vorhandensein tatsächlich göttlicher Komponenten indessen weiter wachsen. Der gesamte Komplex bewegte sich dadurch nochmals beschleunigt aus dem Kompetenzbereich der Theologen in denjenigen der Juristen. Die weiteren Entwicklungen machten aus der Gewißheit, göttliche Vokation erkennen zu können, die ernüchternde Einsicht, dass diese göttliche Intervention oder Mitwirkung allenfalls mit größerer oder geringerer Wahrscheinlichkeit vermutet werden konnte. Das Verfahren der Pastorenbestellung, ursprünglich und eigentlich auf Bestätigung einer vorgegebenen göttlichen Vokation ausgerichtet, musste endgültig in eine detaillierte, auf diesseitig nachvollziehbaren Kriterien beruhende, strenge Auswahl und Examination transformiert werden. Oder anders ausgedrückt: aus der Bestätigung der Legitimation mittels Verfahren wurde Legitimation durch Verfahren. Diese übergreifenden Entwicklungen enthüllen sich erst dem rückblickenden, methodisch geschärften Auge des Historikers. Zeitgenössisch zogen, gemessen am publizistischen Niederschlag und der polemischen Schärfe, einzelne Aspekte der Pastorenrekrutierung höchste Aufmerksamkeit auf sich. Bereits Johann Gerhard hatte u. a. die Frage behandelt, ob in das Pastorenamt im Allgemeinen oder auf bestimmte Pfarrstellen im Besonderen nicht oder nur wenig motivierte (*inviti*), aber durch Absolvierung eines Theologiestudiums sonst formal qualifizierte Kandidaten berufen werden könnten oder dürften. Die Antwort war erwartungsgemäß negativ gewesen: nur wirklich motivierte, engagierte, begeisterte und begeisternde Kandidaten dürfen berücksichtigt werden. Sie war freilich vom Aspekt der (mittelbaren) göttlichen Berufung ins Amt her gedacht. Unwilligkeit erschien in dieser Perspektive als Distanz zu Gott oder gar Verweigerung von Gottes Ruf und war damit Merkmal mangelnder wahrer Berufung. Je stärker das Pastorenamt als Chance für sozialen Aufstieg oder zumindest Sicherung einer Position wahrgenommen wurde, desto deutlicher gerieten dagegen Motivation und Engagement in dieses weltliche Bezugsfeld. Unwillig konnte ein Kandidat nur bei Vorhandensein noch günstigerer, anderer sozialer Chancen sein. Motivation und Engagement speisten sich aus dem diesseitigen Interesse, sich eben im Hinblick auf Anerkennung, Ansehen und nicht zuletzt Einkommen absichern oder noch verbessern zu können.[84]

Aus dieser Tendenz entwickelte sich auch eine Debatte zum Wesen, Stellenwert und zur Anspruchs- oder Berechtigungsreichweite des längst zur Voraussetzung jeden Pastorenamtes gewordenen Theologiestudiums. Jeder Student sollte sich darin erwartungsgemäß nach dem „seeligen Lehr-Vater" Luther richten. Dieser habe, wie noch 1696 zitiert wird, geraten, das Studium ständig mit „oratio, meditatio unnd tentatio", also Gebet, frommer Meditation und christlicher Selbstprüfung zu begleiten.[85] Dass seit Luthers Zeit allerhand Veränderungen der Disziplin eingetreten waren, so die fortgeschrittene Differenzierung in verschiedene Teilfächer, darunter die Moraltheologie und Predigtlehre, wurde zwar berücksichtigt. Sie alle angemessen zu studieren bedeutete aber eine erhebliche Studienerschwernis. Johann Samuel Adami (sächsischer Pastor und Dichter, 1638–1713) z. B. zählte das Theologiestudium seines Jahrhunderts deshalb 1689 zu den Plagen des Priestertums: es setze eine harte, oft durch brutale Lehrer geprägte Schulzeit voraus; man muß vielfach entwürdigende Initiationsriten durchlaufen, die die älteren Studenten den Neulingen abverlangen; es sind umfangreiche Examina abzulegen; statt mit lebendigem Wissen hat man es mit Pennalismus, drögem Eintrichtern und Reproduzieren viel zu komplizierten und vielfach unverständlichen Stoffes zu tun; nicht zuletzt ist die Studienzeit eine Zeit der Armut, des Hungerns und Frierens und des Dienstes für besser betuchte Mitstudenten, die den armen Studenten tyrannisieren und lächerlich machen.[86] Gleichzeitig lauern die universitätstypischen Gefahren, voran der übertriebene Ehrgeiz (*ambitio*), Karriereeifer (*aemulatio*), Titelsucht und Arroganz gegenüber den Ungebildeten sowie Ruhmsucht, adels- und jugendtypische Gewohnheiten (z. B. Duellieren und sonstige Raufhändel), dann spätestens mit dem Übergang zur Wissenschaft der Aufklärung lasterhafte Neugierde, Kritisiererei, Ketzerei und letztlich Atheismus. Theophil (Gottlieb) Spizel (1639–1691), Augsburger Pastor und früher Pietist, konstatierte 1676, dass das bereits von dem Kirchenvater Cyprian beklagte Hauptlaster der Kleriker, die maßlose Ambition, nunmehr alle akademischen Katheder erfasst habe: „O infinita semper ambitio!". Er beobachtete außerdem, dass zur Beförderung dieser Ambition, besonders für den Titel- und Stellenerwerb, alle nur denkbaren Mittel völlig ungehemmt eingesetzt würden, vom Geld bis zur Verwandtschaft. Schon an dieser Stelle, an der Universität, setzten also der direkte oder indirekte Titel- und Stellenkauf, die Simonie, und die Begünstigung von Verwandten und Freunden ein. Der Königsberger Diakon und Bibliothekar Michael Lilienthal (1686–1750) nahm in seiner *Dissertatio historico-moralis de Machiavellismo literario sive De perversis quorundam in republica literaria inclarescendi artibus* von 1713, die den Gelehrten hemmungslosen Eigennutz und unstillbare Sucht nach Ruhm und Nachruhm bescheinigt, auch und gerade die Theologen aufs Korn: Auch sie zeichneten sich durch „Tadelsucht" aus und meinten, „in der Welt nicht leben [zu] können, wenn sie nicht was zu curiren, taxiren, syndiciren, reformiren und critisiren haben".[87]

Eine andere, wie wir gesehen haben bereits im 16. Jahrhundert angesprochene, im Laufe des 17. Jahrhunderts vertieft behandelte Frage bezieht sich darauf, ob die Bewerbung (*ambitus*, verdeutscht meist: der Lauf, das Laufen) um eine Pfarrstelle zulässig und wünschbar sei. Diese Problematik wurde zeitgenössisch auch für die weltlich-staatlichen Ämter diskutiert. So legte etwa der Jurist Mentetius Kettwig (1674–1733) 1695 einen Vergleich der antiken und der aktuellen, in beiden Fällen wegen ihrer regelmäßigen Verbindung mit Bestechung und unzulässigem Ehrgeiz als höchst schädlich eingeschätzten Praxis der Bewerbung in diesem Bereich vor.[88] Im Hintergrund stand jetzt endgültig der kulturhistorisch höchst relevante Perspektivwechsel von der Betrachtung einer Amtstätigkeit als auferlegter Pflicht hin zur Erreichung und Ausübung eines Amtes als sozialer Aufstieg bzw. Karriereschritt. Als Antwort für den kirchlichen Bereich schälte sich einigermaßen mühsam eine Zulassung der Bewerbung unter sehr restriktiven Bedingungen heraus. Eigentlich und regelmäßig müsse davon ausgegangen werden, dass Gott die von ihm zum Pastorenamt Bestimmten selbst hinlänglich und rechtzeitig zu erkennen gibt. Den Kandidaten bleibt damit nur, wie wir bereits gesehen haben, zu ‚(er-)warten'. Auf der anderen Seite sind die Wirrnisse der Gegenwart jedoch so groß geworden und tritt zunehmend die Schwierigkeit auf, dass die Entscheidungsträger aus der Vielzahl der scheinbar möglichen Kandidaten nur schwer oder zeitraubend die richtige Wahl treffen können. In dieser Lage darf höhere Intervention dahingehend angenommen werden, dass Gott bestimmte Kandidaten dazu ermuntert, durch überzeugende Arbeitsproben und den professionellen Erfordernissen besonders angemessenes Verhalten auf sich aufmerksam zu machen. Die Gefahr, dass sich Kandidaten gezielt möglichst optimal darstellen, also hervorragende Eignung nur vorschützen (simulieren), bleibt freilich groß. Ob es immer gelingt, dieser Art von Einschleichern und Einschmeichlern durch umso schärfere Examination im kleineren und größeren Beteiligtenkreis auf die Spur zu kommen und sie dann auszuschließen, ist fraglich. So bleibt der Verzicht auf Bewerbung doch die bessere Lösung. Noch 1696 meinte der an das Lyceum nach Torgau berufene Leipziger Theologe und Philologe Gottfried Steinbrecher (1661–1712) in einer Widmung an die Torgauer Stadtherren diesen so ausdrücklich dafür danken zu sollen, dass sie ihn „ohn einiges Rennen und Lauffen hochgeneigt vociret" hätten.[89]

2.5 Korruptive Wege: Simonie, Verwandtschaft und Freundschaft

Noch schlimmer und häufiger vertreten, daher sowohl besonders ausführlich diskutiert als auch schärfstens verurteilt, sind indessen weitere Typen von Eindringlingen. Fast durchgehend an erster Stelle wird derjenige genannt, der sein Amt direkt oder indirekt mit Geld erkauft, sich also der Simonie schuldig macht. Bereits vor der Reformation richtete sich gegen diese nach einem Magier aus der Apostelgeschichte benannte, also auch noch mit Zauberei verknüpfte Verfehlung mehr oder weniger scharfe Kritik.[90] Offenkundig war das Phänomen aber auch im Luthertum erheblich weiter verbreitet als üblicherweise zugestanden.[91] Direkte Zahlungen konnten in Form von Geld- oder anderen materiellen Gaben an formale oder informelle Entscheidungsträger, als zugesicherte Erfolgszahlung oder als Abtretung von Besoldungs- oder sonstigen Einkommensteilen auf vereinbarte Zeit erfolgen. Indirekte Möglichkeiten bestanden in Zugeständnissen, bestimmte Lasten, so der Unterhalt bestimmter Personen oder kirchliche Kosten, etwa der Kirchenrenovierung, zu übernehmen. Im Fall der Lebenshaltungskosten für die Witwe oder sonstige Angehörige oder Klienten des Amtsvorgängers konnten diese Kosten durchaus erheblich sein. Wer von diesen Geschäften profitierte, war regelmäßig der Patronatsherr, weshalb kritische Abhandlungen aus Pastorenfeder die Simonie im Luthertum oft als allein durch das Patronatsrecht bedingt darzustellen versuchen. Dagegen ist festzuhalten, dass aber auch die Kirchengemeinde, die Kirchenhierarchie oder bestimmte Pastoren zumindest indirekt begünstigt werden konnten und deshalb auf entsprechende Abmachungen drangen oder entsprechendes Verhalten wenigstens nahelegten.[92]

Spätestens 1661 prangerte der scharfzüngige Hamburger Hauptpastor Johann Justus Balthasar Schupp (1610–1661), der die Lage kennen musste, die gängigen Schleichwege in das Pastorenamt aus der Perspektive des stellensuchenden Pastorennachwuchses in zeitgenössisch modernster und zugleich eindrucksvoll zynisch-bitterer Weise an. Er wolle „den Studiosis Theologiae" die „Rationem Status (zeigen), wie man heutigen Tags die Kirchen-Dienst suchen muß", schreibt er in seinem einschlägigen, zu Unrecht als bloße Satire beiseitegelegten, erst posthum publizierten Pamphlet *Ratio Status in promotione ministrorum Ecclesiae Lutheranae* (Abb. 4). Der engagierte Lutheraner setzte also am zu seiner Zeit und zumal im wirtschaftlich-sozial fortgeschrittenen Hamburg trotz heftigsten Widerstands der Kirchenvertreter gerade in Durchsetzung begriffenen Konzept des individuellen Eigeninteresses bzw. diesseitigen Gewinn- und Aufstiegsstrebens an, das damals ebenfalls als Ratio status (Status- oder Standesräson) bezeichnet wurde, während Staatsräson heute für den Staat im modernen Sinne reserviert ist.[93] Neben dem „casus genitivus", dem Fall persönlicher Beziehung, auf den gleich einzugehen sein wird, nennt er den „casus dativus", den Fall des Gebens und Nehmens, als einen der korruptiven Wege ins Pfarramt. Wenn es nicht anders geht,

> da muß man den Dativum decliniren und denen, so das Jus patronatus zu verwalten haben, die Hände schmieren mit güldenen Pocalen und silberne Kannen umb sich werffen [...].Ich halte aber [...] diesen Weg vor den besten, daß man eine Handschrifft auff ein oder zweyhundert Thaler nach Beschaffenheit des Dienstes praesentire, man kann das Gelt hernach zahlen oder nicht, sintemal bey den Juristen eine herrliche exceptio non numeratae pecuniae vorhanden.[94]

Auch die Predigt-und Mahnschriftsammlung des ebenfalls Hamburger Pastors und Schriftstellers Johann Riemer (1648–1714), des Nachfolger Schupps, *Blaße Furcht und grünende Hoffnung bey schlafflosen Nächten der bedrängten Christen zwischen Himmel und Hölle,* zuerst erschienen 1684, dann erneut 1695 und in dritter Auflage 1700, prangerte in ihrem Text zum dritten Pfingstfeiertag nach der einschlägigen Stelle Joh. 10,1 die bereits Luther herangezogen hatte, die unordentlichen Wege ins Pfarramt als Eindringen oder Einkriechen durch eine „Neben-Thür" an. Darunter sei u. a. die „goldene Pforte" oder „Geld-Thür", die alle Ämter für Geld käuflich deklariere und geistlichen Beistand als nur gegen Geldzahlung erhältlich suggeriere. Er prangert wie Schupp als Geldempfänger auch indirekt oder informell an Berufungsvorgängen Beteiligte an.[95] Die Simonie war daher auch ein wesentliches Thema der Rechtsdebatte, so etwa in der *Exercitatio secularis De Simonia,* die 1655 der Theologieordinarius und Superintendent Caspar Mauritius der Rostocker Theologischen Fakultät vorlegte. Sie nahm unter Bezug auf weitere Zeugnisse und Einschätzungen kirchenrechtlich und gewissenstheologisch auch das lutherische Simonieproblem unmissverständlich und kompromisslos ablehnend in den Blick:

> Zwar im Babstthumb ists nichts seltzames u. unerhöret, quia omnia vendit Papatus pecunia, wie der H. D. Luth. [...] zeiget. Was haben sie doch vor Mercantzerey mit den Bischoffs-Mänteln oder Pallien getrieben? [...]. Aber daß auch bey uns Evangelischen vil tentiret und practiciret werden, das ist unrecht, und im Gewissen nimmermehr zu verantworten. [...] Wann nun das Einkauffen [...] unter dem finsteren Bapstthumb für Sünde ausgeruffen worden, so wird man solches vielweniger bey dem Liechte des Evangelii können recht heissen.[96]

Der chronologisch nächste Beitrag, der *Discursus iuridicus De Ambitu Ecclesiastico Simonia* des Wolfenbütteler Seniorpastors und Helmstedter Rechtsprofessors Heinrich Hahn (1605–1668) von 1656 entwickelte die Argumentation weiter. Auch er fasste Simonie primär als Angebot und Praxis eines Bewerbers auf, für die Übertragung einer Amts- oder Ehrenstelle an ihn im Gegenzug Geld zu bezahlen. Im weltlichen Bereich, also bei einer Staatsstelle, deren Kauf hier knapp mitdiskutiert wird, mache sich ein derartiger Simonist des schweren Verbrechens der Majestätsbeleidigung schuldig; nicht Nützlichkeitserwägungen, sondern der absolutistische Autoritäts- und Entscheidungsanspruch sind also für den Autor ausschlaggebend. Im geistlichen Bereich hingegen läuft derartige Simonie auf Häresie, also Ketzerei, das zweite im Kanonischen Recht gebrantmarkte Kapitalverbrechen, hinaus. Der Simonist fordert den göttlichen Willen heraus, versucht in Gottes Entscheidungen zu intervenieren und vermischt wie gesagt Geistig-kirchliches in sakrilegischer Weise mit zutiefst Weltlichem. Das ist sowohl nach dem Kirchenrecht und dem hier noch religiös aufgefassten Naturrecht als auch nach dem positiven Recht, das für die Aufrechterhaltung der christlich-tugendhaft-moralischen Ordnung im Staat zu sorgen hat, in höchstem Maße unzulässig. Entsprechend scharf fällt wieder die Verurteilung des Papsttums als Hort der Simonie aus. Über die Unterscheidung von Simonie nicht nur als Tat, sondern auch als Mentalität (*simonia mentalis*) deutet sich allerdings sogar eine allgemeine Kritik der zeitgenössisch mächtig aufstrebenden Geldgesinnung oder des kapitalistischen Geistes an. Sowohl Clerici als auch Laici können sich dieses Verbrechens schuldig machen, das formal-vertragsförmig (*simonia conventionalis*) oder informell-faktisch (*realis*) im Geben und im Nehmen begangen werden kann. Nicht als Simonie zu werten sind neben der Besoldung der Kleriker freilich die verbreiteten regional- und ortsüblichen Geschenke an die Priester zumal dann, wenn die Empfänger sie direkt oder indirekt wieder der Gemeinde zukommen lassen. Hinsichtlich des Rechtes der Inhaber des Kirchenpatronats, Neubesetzungskandidaten eine direkte oder indirekte Zahlung abzuverlangen, ist Hahn geneigt, ein derartiges Recht immerhin als Ausnahme zuzulassen. Andere Autoren gehen auf diesen Komplex dagegen noch kaum ein. Schließlich behandelt Hahn aus den offenbar häufig mit Zahlungen verbundenen kirchlichen Leistungen Taufe, Hochzeiten usw. besonders ausführlich das Begräbnis. Auch die Entscheidung, wo auf dem Friedhof ein Grab angelegt wird, welche Ausstattung es erhält, wie aufwendig das Begräbniszeremoniell gestaltet wird usw., hängt oft mit Geldleistungen zusammen. Auch in diesen Fällen lassen sich die unterschiedlichen Möglichkeiten der Angehörigen der Ständegesellschaft nicht völlig unterdrücken.[97]

1705 nahm die Kieler *Dissertatio iuridico-politica de crimine simoniae, eiusque larva politica*, verantwortet von dem Philosophen und Juristen Christoph Heinrich Amthor (1677–1721), der bei Christian Thomasius studiert hatte, das Thema wieder auf. Sie plädierte erwartungsgemäß erstens für eine entschiedenere Unterscheidung zwischen (weltlichem) Verbrechen und christlich-moralischem Laster (Sünde), deklarierte zweitens das *crimen simoniae* als im weltlichen (zivilen) Recht unbekannt und versuchte drittens, zwischen dem äußerlichen Amt des Pastors und den eigentlichen geistlichen Leistungen zu differenzieren. Ergebnis war, dass von einem eigentlichen Kauf geistlicher Güter nicht mehr gesprochen werden konnte und der kirchliche Ämter- und Dienstleistungserkauf oder -verkauf so zwar ein Delikt oder Defekt blieb, aber kein zu ahndendes Verbrechen im diesseitigen Sinn mehr darstellte. Wer sich dieser Delikte schuldig machte, sah sich also allenfalls der kirchlichen Gerichtsbarkeit unterworfen. Viertens führten Amthor und Mummens die erweiterte Definition der Simonie (als geistlichkirchliches Delikt) fort, indem sie auch die mit Gegenleistung verbundene (offensive) Bewerbung und die mit „Dativum vel Genitivum" verbundene Stellenvergabe einbezogen.[98] Zehn Jahre später, also 1715, erschien in Halle, verfasst von keinem anderen als dem großen Juristen Justus Henning Böhmer (1674–1749) sowie Johann Georg Pertsch (1694–1754), Pfarrersohn und Kirchenrechtler, später Ordinarius an der Universität Helmstedt, die Untersuchung *De involucris simoniae detectis*; deren von Pertsch verfasste Neuausgabe von 1719 unter dem Titel *Commentatio iuris ecclesiastici de crimine simoniae* schwoll auf fast 400 Seiten an.[99] Dieses noch stärker von der angesprochenen staatlich-rechtlich-säkular-frühaufgeklärten Dynamik erfasste Werk plädierte detailliert dafür, die gesamten Stellenbesetzungen und überkommenen Patronatsrechte an den absolutistischen Staat zu übertragen. Es gab aber auch noch lange Stimmen, die sich gegen die Einschätzung der Simonie nur noch als Sünde, nicht mehr als auch weltliches Verbrechen oder zumindest Vergehen wandten. Als Beispiel sei die Abhandlung des dänischen Justizrats Johann Heinrich Kirchhof *Erörterung der Frage: Ob das Crimen Simoniae [...] kein Verbrechen mehr sey?* von 1766 genannt. Er identifizierte die Simonie als eine wesentliche Form von Verbrechen aus Geld- oder Profitgier, die auch den Staat existenziell bedrohten und deshalb entsprechend massiv bekämpft werden müssten: „Das Geld ist ein Gift, welches tausend gute Sitten verdirbt, und tausend gute Verordnungen und Gesetze vereitelt und zu Grunde gerichtet hat."[100]

Der am nächst intensivsten und höchst kritisch diskutierte Problemkomplex des Berufungsverfahrens ins lutherische Pfarramt war derjenige der Verwandtschaft (*cognatio*) und sonstigen sozialen Nähe (*affinitas, amicitia*). Dass Blutsverwandtschaft und durch (eingeleitete oder vollendete) Heirat erworbene Verwandtschaft Versorgung und Förderung der eigenen Angehörigen und insbesondere des eigenen Nachwuchses zur Verpflichtung machten, war in der gesamten Frühneuzeit selbstverständlich. Ebenso die Bevorzugung von Freunden oder Klienten, meist schon langjährig durch Hilfe und Leistungen verpflichtete und verbundene Personen, bei der Vergabe von Positionen und sonstigen Ressourcen. Auch die gemeinsame regionale Herkunft, oft im Hintergrund nachweislich oder vermeintlich ebenfalls verwandtschaftlich unterfüttert, stiftete ein entsprechendes Sonderverhältnis.

Der uns bereits bekannte Balthasar Schupp führt den Weg der Verwandtschaft sogar an erster Stelle der eigentlich unzulässigen bis sündhaften, korruptiven, nichts destotrotz aber gerne begangenen Nebenwege ins Pfarramt an, also noch vor der Simonie. Seine detallierten, eingehende Erfahrungen spiegelnde Ausführungen decken zahlreiche Varianten des Phänomens ab.

> Trägt sichs unterdessen zu, daß ein Pastor stirbt [...], da muß man sich bekannt machen mit der Wittib oder Tochter und reden von der Heyrat anfangen, die kann hernach die Leuth auff ihre Seiten bringen [...]. Es begibt sich auch zuweilen, dass wegen Freundschafft der Wittib ein Stück oder zehen vorgeritten werden, damit sie außlesen, welcher ihnen am besten gefält, da muß man seine Person als dann als ein Cavalier praesentiren und nicht als ein Schulschleicher, Schulfuchs, Arschpauker geschlichen kommen. [...] Das ist der Genitivus & promotio per vulvam, wie es jener Professor in Altdorf genennet. [...] Dieser Casus ist sehr tröstlich, daß auch alte verlebte Witwen von 60. und mehr Jahren sich dessen zu erfreuen haben, dann ob sie wol zwey oder drey Priester überlebten, nehmen sie doch den vierten, nach dem Sprichwort: Stirbt der Fuchs, so gilt der Balck. [Wenn ein Kandidat dagegen] einer rechtmessigen Vocation erwarten wollte, [...] dann wird er wol sitzen bleiben.[101]

Schupps Kollege Riemer lässt es ebenfalls nicht an Deutlichkeit fehlen.

> Viel klopffen an die Pforte der Verwandnis. Und wie Abimelöech: Last mich doch ein. Gedencket, daß ich eure Gebein und Fleisch bin B. Richt. 9/v.2. So rottet sich die gantze Freundschafft zusammen. Gewinnen die Stimmen. Übertäuben die Vota: wie die Pharisäer das Jüdische Volck bey Christi Creutzigung. Denn ihr Hertz neiget sich nach ihm. [...] Die Venus-Thür ist auch noch offen. Der Hohepriester hat sein Kammer-Mägden; ein Mühmchen; oder gar seine Tochter zur Thür-Hüterin bestellet. Da lässt sich der ungelehrte Bengel anbieten. Schreibet einen Brief. Schweret einen Eyd. Daß er keine andre heyrathen wolle. Der Kauf wird klar. Alsdann thut die Thür-Hüterin auf. So stehet der Seelen-Dieb in der Kirche.[102]

Die Variante der Einheirat über eine nicht unbedingt attraktive Pastorenwitwe oder -tochter schaffte es sogar in Wörterbücher: „Per genitivum befördern heisset, wenn sich einer in ein Amt einheyratet, und die Pfarre wegen der Knarre bekommt."[103]

Dass das Problem der Förderung primär über Verwandtschaft und sonstige soziale Sonderbeziehungen auch im staatlichen Bereich erkannt und diskutiert wurde, belegt u. a. die Abhandlung *De Impetratione officiorum per Matrimonio, vulgo: Promotione per Matrimonium* des Altdorfer Rechtsprofessors Heinrich Linck (1642–1696) von 1688. Diese akademische Studie entwickelte eine abgewogen-differenzierte, funktionalistische Argumentation. Worauf es ankomme, seien die Bedürfnisse des angestrebten Amtes und die sich daraus ergebenden Anforderungen an die künftigen Amtsträger. Sie setzen sich aus persönlichen Qualifikationen einschließlich guter Reputation und spezifisch professioneller Eignung sowie gegebenenfalls erwiesener Verdienste zusammen. Ferner zu beachten sind die Rechte und Bedürfnisse der Entscheidungsträger und der von der Entscheidung Betroffenen. In bestimmten Ämtern kann verwandtschaftliche Kontinuität, die auf Erbfolge hinausläuft, durchaus sinnvoll sein, in anderen dagegen nicht.

Was die protestantischen Pastorate betrifft, so sei zunächst festzustellen, dass insbesondere in der Mark Brandenburg, Pommern und bestimmten sächsischen Territorien die Tradition der Einheirat (Witwen- oder Tochterheirat) fest eingewurzelt ist und offensichtlich nicht schadet, sondern der Kirche zum Guten gereicht. Pastorentöchter sind schon familiär zur Unterstützung ihres Gatten erzogen und ausgebildet. Sie kennen die örtlichen Gegebenheiten. Das verheiratete Paar leistet gute Kirchenarbeit. Insbesondere die Bauern begrüßen es, sich bekannten Personen geistlich anvertrauen zu können, und sind Fremden und Wechsel immer abgeneigt. Entsprechend sei diese Praxis, wenn sie die Grundsätze der Kirche beachtet, durchaus zu tolerieren.[104] Grundsätzlich ebenfalls diese Position vertritt auch noch die *Commentatio iuris sacri De Vocatione ad Pastoratum sub conditione matrimonii cum defuncti pastoris vidua aut filia ineundi. Oder: Von der Vocation unter der Schürze* des sächsischen Juristen Gottlieb Slevogt (+ 1732) von 1726 und (Neuauflage) 1748, und zwar ausdrücklich in Übereinstimmung mit der Mehrheitsmeinung der Juristen.[105] Die Freiheit des Votums wird mithin an die soziale Wirklichkeit zurück- oder in diese eingebunden, wobei das Nutzenkalkül in den Vordergrund rückt.

Johann Riemer thematisiert freilich noch weitere Korruptionswege in scharfer, erfahrungsgesättigter Diktion:

> Viel [...] gehen ein durch die Noth-Pforte. Man muß ihm, spricht die Welt, zu Brodte helffen. Der arme Kerlen hat sonst keine Lebens-Mittel. [...] Andere besteigen die Macht-Pforte. Bedrohen die Gemeine. [...] Welche drengen sich durch die Recommendations-Thür. [...] Ich sage [ferner] unverholen, daß sich etliche zum Pfarr-Dienste sauffen. [Da sagt der Kirchenpatron:] Ich habe einen guten Kerlen. Er kann seine Humpe redlich austrincken. Die Bauren halten viel von ihm. Denn er ist kein Tockmäußer. Ich gebe ihm meine Stimme. Der Kerl ist vor die Bauren gut genug.[106]

Dass die Nebenwege ins Pfarramt den Nutzern dieser Wege, dem Amt und schließlich der lutherischen Kirche mittel- und langfristig gewaltig schaden, bleibt freilich den meisten Autoren keineswegs verborgen. Wir hatten schon gesehen, dass Gerhards Vorgänger Joachim Zehner dem in Wahrheit nicht berufenen Pastor wenig Berufs- und Lebensfreude voraussagt. Balthasar Schupp und Johann Riemer nehmen diese Argumentationslinie auf. Die „genitivische Beförderung" führe „offtermals in böse Ehe". Die ‚dativische Lösung' bringe mit sich, dass der Pastor nur noch an Geld denkt und von Geldsorgen geplagt wird.[107] Bekehrungserfolge und Erfolge in der fortschreitenden Verchristlichung der eigenen Gemeinde bleiben aus, stattdessen wird der Pastor zum Gespött seiner Schafe. Er wird dadurch depressiv. Die Feinde des Luthertums erhalten explosive Munition.

Abb. 5

Abb. 6

3 Professionelle Routine und heiliger Eifer: das Spektrum der Pastorentätigkeit

3.1 Grundzüge der lutherisch-orthodoxen Hochphase

Dafür, wie das Leben und die geistliche Betätigung eines Pastors der erneuerten Kirche aussehen sollten, hatte Martin Luther die Richtung vorgegeben. Seinen Nachfolgern war die Aufgabe überlassen, die jeweiligen, angesichts der sich verändernden Umstände und Anforderungen notwendig erscheinenden Konkretisierungen und Anpassungen vorzunehmen. Maßgebliche Vorschläge und Muster hatten in enger Anlehnung an Luther wie vermerkt noch die unmittelbaren Lutherschüler Sarcerius (erste Ausgabe 1559), Hemmingsen (zuerst 1562) und Porta (ab 1585) mit ihren umfassenden Pastorenspiegeln entwickelt. Deren Wirkung hielt auch im 17. Jahrhundert an. Dieses Säkulum sollte bis zum Auftreten des Pietismus und darüberhinaus einerseits die Tradition dieser Anleitungen fortführen, andererseits der Differenzierung und Spezialisierung der Tätigkeiten und Rollen entsprechend spezielle Traktate und Materialsammlungen hervorbringen.

Johann Ludwig Hartmann (1640–1680), Pastor und Superintendent in Rothenburg ob der Tauber, Freund Philipp Jakob Speners, Verfasser des bedeutendsten, weit über tausend Seiten umfassenden pastoraltheologischen Werkes der lutherischen Orthodoxie *Pastorale Evangelicum, seu Instructio Plenior Ministrorum verbi* (1678, weitere Auflage 1697), widmete sein gesamtes erstes Buch wieder der Indienststellung des Pastors mittels ordentlicher Vokation, Ordination und Investitur.[108] Er ergänzte die enge Verknüpfung von Bestellung und Tätigkeit durch erneute Betonung des besonderen, nämlich noch immer letztlich heiligen Charakters des Pastorenamts und der mit ihm verknüpften „Künste aller Künste, die Regierung der Seelen."[109] Das bestätigte durchaus die Linie, die schon zu Jahrhundertbeginn z. B. von dem österreichische Lutheraner Conrad Rauschardt eingeschlagen worden war. Dieser hatte seinen Pastorenberuf zwar unmissverständlich in den Kontext des biblischen Prophetentums gestellt. Dazu fügte er aber die relativierende Bemerkung, dass Propheten wie Pastoren nichts als Menschen seien, „so lang Leib und Seel bey einander sind, und ist Menschlichem Fehlen und Gebrechen unterworffen, daß also ja kein Englische Rein- und Heiligkeit bey einem zu finden".[110] Jetzt noch dezidierter zurückgewiesen wurde allerdings die Erwartung, dass sich die göttliche Berufung auch in der Befähigung zur Bewirkung von Wundern und Zeichen äußere. Nur Gott verfügt über derartige Kompetenz. Seit Johannes dem Täufer, der nach biblischer Aussage keine Wunder wirkte, auch um eine Verwechslung seiner Person mit dem wahren Messias auszuschließen, ist es „kein immerwehrendt und nothwendig Stück [mehr], den Beruff ohne Mittel von Gott empfangen mit Wunderwercken zu erweissen". Erst recht gilt dies für die Berufung mit Mittel, also durch das bewährte kirchliche System der Pastorenbestellung mit seinen diversen Stationen. Denn jetzt bedarf der dank Luther erneuerte Glaube keiner Bestätigung durch Wunder und Zeichen mehr, obwohl Gott diese aus eigenem Ratschluss jederzeit wieder zu den Menschen senden könnte. Ferner gilt wieder, dass angesichts der Befähigung des Teufels zu wunderhaftem Blendwerk solche Erscheinungen eher verwirrend oder gar gefährlich wären, wie sich auch an der Warnung vor falschen Propheten ablesen lässt. Dass die römische Kirche am Wunderglauben festhält und für bestimmte eigene Anhänger, nämlich die sogenannten Heiligen, derartige Fähigkeit reklamiert, bestätigt diese Auffassung nur. Oder anders ausgedrückt: Wer jetzt noch auf Wunder hofft oder Wunder braucht, um sich in seinem Glauben bestätigt zu sehen, ist in eben diesem Glauben noch nicht stark genug oder fehlgeleitet. So bleibt für den Lutheraner zeitgeschichtlich nur ein Wunder:

> Daß der einige, armselige, verachte und fast von aller Welt verlassne Münch Luther, Luther sage ich, bey unnd unter euch allein mit seiner Zung und Feder wieder alle Macht unnd Gewalt wieder alle Rathschläg und Vermögen unter so viel tausenderley Gefahr und Widerwertigkeiten das grosse Werck, so noch stehet und ob Gott will biß ans End der Welt bestehen wird, gantz verwunderlicher Weise verrichtet oder vielmehr unnd eigentlich zu reden, Gott durch ihn. [...] Dass noch Menschen zu finden, welche derselben [Lehre] bey pflichten unnd solches ohn einigen Zwang, ohn einiges Gebot, ohne einiges weltlichen und zeitlichen Nutzes unnd Gewinsts.[111]

Des Weiteren mehren sich die Hinweise darauf, dass die familiäre Herkunft und Sozialisation aus dem Pastorentum selbst als bedeutsame Vorqualifikation oder Grundlage erfolgreicher Amtstätigkeit und exemplarischer Lebensführung gilt. Wo die Herkunft aus dem Pfarrhaus fehlt, muss zumindest diejenige aus einem untadeligen lutherischen Elternhaus vorliegen. Der Schwäbisch-Haller Pastor Benignus Beeg versäumt es 1636 in seinem *Speculum Ministrorum Ecclesiae*, einer Pastorenleichenpredigt, zudem nicht, die Wahl des Vornamens Martin durch die Eltern des künftigen, gerade verstorbenen Pastors als „gutes Omen" zu würdigen.[112]

Der Aspekt der persönlichen Qualifikation oder des individuellen Charakters, in die Debatte eingebracht insbesondere über Melanchthons humanistisch-reformatorische Anthropologie, bleibt zwar insgesamt präsent. Aber er schwächt sich ab. Offenkundig nimmt die Vorstellung zu, dass einerseits Sozialisation, Ausbildung und die Amtspraxis selbst, andererseits Selbstdisziplinierung vor allem durch Gebet, aber auch entsprechende Gestaltung des Alltags, solche Dispositionen im gewünschten Sinne zu modellieren vermögen. Dass derartige

Prozesse nötig sind, steht fest. Die pauschale Annahme, dass Gott denjenigen, die er berufe, auch zu diesem Beruf „geschickt" mache, gilt nicht mehr. In der Definition der erforderlichen Geschicklichkeit werden zudem handfestere Kriterien wichtig, so das Alter und die Mündigkeit, aber auch die hervorragende Studienleistung. Das auch im Luthertum gelesene *Einfältige Bedencken, Warumb Pastorate und Predigämpter Unmündigen oder Minderjährigen und darzu unbequemen Personen noch deren anklebende Renten nicht zu gestatten*, verfasst von dem Herborner, also calvinischen Juristen Johann Wilhelm Rövenstrunck (1593–1655), spiegelt diese Entwicklung. Veranlasst durch missbräuchliche (kostensparende) Anwendung des Patronatsrechts, aber auch zwecks Verbesserung der Stellenchancen der besonders „scharpfsinnige[n] Köpfe" im Studium, versucht diese Schrift, Geschicklichkeit oder „Tüchtigkeit" eben durch diese Kriterien zu fassen und den Patronatsherren und Gemeinden entsprechend als Maßstab aufzuerlegen. Dass das Eignungs- und Leistungsprinzip von den beteiligten Akteuren nicht oder zumindest nicht hinreichend beachtet werde, führt Rövestrunck im Übrigen auf zivilisatorischen Verfall zurück.[113]

Keine Lehr- und Beratungsschrift versäumt es, auf die gewachsene und weiter wachsende Bedeutung des Theologiestudiums als Bedingung erfolgreicher Pastorentätigkeit hinzuweisen. Es handelt sich bei dieser akademischen Qualifikation also nicht nur um den Erwerb einer formalen Voraussetzung für die ordentliche Bestellung ins Amt, sondern um eine genuin inhaltliche Determinante des Amtes selbst. Davon geht auch der prominente Wittenberger Theologieordinarius Johann Andreas Quenstedt (1617–1688) in seiner *Ethica pastoralis & Instructio cathedralis sive Monita, omnibus ac singulis, Munus concionatorium ambientibus & obeuntibus, cum quoad vitam, tum quod concionem formandam scitu & observatu necessaria*, also ethisch-praktischen Anweisung für den Theologiestudenten und künftigen Pastor, von 1678 aus. Der künftige Pfarrer bedarf entsprechend vertiefter Qualifikations- und Kompetenzerwerbs, damit er der Kirche nützen kann. Was bereits nach Luther dazu gehört, sind vor allem entsprechende Sprachkenntnisse: „Die Sprachen sind die Scheiden, darinnen das Messer des Geistes steckt". Dann sind die Kenntnis der Logik oder Dialektik, Rhetorik, Physik, Metaphysik, Ethik, Politik, der Kirchen- und Profangeschichte sowie allerdings unvertieft der Mathematik gefordert. Selbstverständlich sind das unermüdliche Studium bzw. die systematische Aneignung der Bibel, ferner die Befähigung, die frommen, gelehrten und rechtgläubigen Interpreten und Kommentatoren der Bibel zur Beratung heranziehen und die Konkordanzen benutzen zu können. Daran schließt sich an die Lektüre und Kenntnis der Kirchenväter sowie der rechtgläubigen älteren und jüngeren Theologen, deren Werkaufzählung die lutherische Kanonbildung fortführt. Genannt sind zudem die Benutzung der zugelassenen *Loci communes*-Werke, allerdings „cum judicio", weil manche von deren Aussagen überholt seien. Schließlich wird eigens auf die Beachtung nicht nur der sachlichen Inhalte, sondern auch der Begriffe und Phrasen der Bibel, ferner auf die Befähigung zum richtigen Verständnis der historischen Abläufe und Gleichnisse in der Heiligen Schrift verwiesen. Zum Studium der Predigtlehre (*Theologia homiletica*), soll nur zugelassen werden, wer nachweislich über die relevanten Grundlagen und Verfahren der Redekunst verfügt, die man sich am besten durch Probepredigen im eigenen Kämmerlein aneignet. Das gesamte Studium und Studentenleben ist, wie schon Luther wusste („Wohl gebehtet ist halb studiret"), wieder mit Gebet und frommer Meditation zu begleiten, um Gottes Beistand zu gewinnen, aus dem wiederum die nötige Konzentration, Ruhe und Kraft erwächst.[114]

Die gleiche Wichtigkeit kommt der persönlichen und häuslichen alltäglichen Lebensführung zu, die noch immer vorbildlich sein soll. Hemmingsens Verhaltens- und Haushaltslehre, wie vermerkt in deutscher Sprache zugänglich seit der deutschen Ausgabe seiner Schrift von 1566, bildet offenkundig bis ins ausgehende 17. Jahrhundert das Grundmodell. Es wurde dann 1680 von Johann Ludwig Hartmanns gerade erwähntem *Pastorale Evangelicum* abgelöst, dessen Publikation nicht in Deutsch, sondern in Latein darauf hinweist, daß das von ihm transportierte Wissen dem einfachen Gläubigen nicht unbedingt zugänglich sein sollte. Das hat auch damit zu tun, dass Hartmann seinen mustergültigen Pastor noch deutlicher als Hemmingsen in den Kontext seiner spezifischen Zeit stellt. Entscheidend wichtig ist jetzt explizit der Verzicht auf diesseitigen Nutzen (Profit, Ehre, persönliche Autorität und Macht) geworden. Daraus ergibt sich u. a. die Vermeidung zelotischen Übereifers und demonstrativ überheblicher frommer Lebensführung, aber dennoch das ständige Bestreben, gepredigten Glauben und faktisches Handeln in Übereinstimmung zu halten. Was dazu hilft, ist ausdrücklich nach Luther zunächst wieder das unablässige, jetzt noch genauer auf die jeweiligen Umstände und Bedürfnisse abgestellte Gebet sowie die ebenfalls jederzeit mögliche fromme Meditation.[115] Dafür besonders empfohlen sind in vorgeschlagener Ordnung hauptsächlich die Psalmen. Hartmann verweist auch an dieser Stelle auf die entsprechend zu nutzende Auswahl-, Einführungs- und Kommentarliteratur. In gleicher Weise werden für die Lektüre des Alten wie des Neuen Testaments bestimmte Auszüge in bestimmter Reihenfolge vorgegeben. Dabei bezieht sich der Autor u. a. auch auf seinen an dieser Stelle weniger ausführlichen Vorgänger Hemmingsen. Naturgemäß haben Lektüre und lektürengestützte Meditation aber glaubenstreu zu erfolgen; das schlimmste Verbrechen sei, die erkannte Wahrheit zu vernachlässigen oder sogar zu verleugnen. Persönliche Bibelerkenntnis und lutherische Orthodoxie sollen sich also gegenseitig bestärken, Abweichung verhindert werden. Dazu trägt auch die richtige Wahl und Benutzung der Bibelübersetzungen in ihren verschiedenen Ausgaben bei, wobei an erster Stelle naturgemäß die Lutherbibel genannt ist.[116]

Anschließend wird die weitere Pflichtliteratur vorgestellt, darunter die Anweisungs- und Beispieltexte für die Predigt, und auf einschlägige Bibliographien verwiesen. Ein eigenes Kapitel ist dann wieder ausdrücklich mit Luther der *tentatio* gewidmet, dem unentwegten Bemühen um christliches Leben trotz aller Versuchungen und Anfechtungen, denen die Menschen im Allgemeinen und die Pastoren im Besonderen ausgesetzt sind. Dass Gott alles sieht und ahndet, wird mehrfach wiederholt. Neben Sorgfalt, Fleiß und Beständigkeit hat der Pastor in allen Bereichen Klugheit und angemessene Würde im Sprechen und Verhalten, von der Mimik und Gestik bis zur Kleidung, zu zeigen. Ebenfalls durchgehend erforderlich sind Mäßigung und Bescheidenheit in allen Affekten und Verhaltensweisen, um nicht arrogant oder sonst anstößig zu erscheinen. Aber auch zugleich dezente Anständigkeit und weltkundige Parkettsicherheit ist gefordert, ohne sich dem Teufel der Mode auszuliefern. Vor allzu vertraulichem Umgang vor allem mit suspekten Frauen wird ausdrücklich gewarnt.[117] Dem Tugendkatalog entspricht die Lasterliste, die mangelnden Eifer, Neid, Überheblichkeit und schwärmerische Einbildung besonderer persönlicher Erwählung, Neigung zu Luxus und sonstigen fleischlichen Genüssen, aber auch übertriebenen Ehrgeiz und Gier nach Privilegien und materiellem Gewinn sowie unvermeidlich Trunkenheit anprangert.[118]

Die Erörterung der Verhältnisse im Pfarrhaus setzt mit der Pastorenehe ein. Eine Gattin zu haben ist für den Pastor ebenso zulässig wie nützlich. Aber es muss trotz alttestamentarischer Gegenbeispiele auch aus praktischen Gründen bei der Monogamie bleiben. Zu wählen ist eine für das Regiment im Haus und für die Unterstützung des Pastors allseits geeignete Gefährtin: ebenfalls treu lutherisch; mit den entsprechenden weiblichen Tugenden ausgestattet; möglichst gewappnet gegen die Angriffe des Satans, der sich mit Vorliebe über die Frauen den Gottesdienern und Gläubigen nähert; ohne fleischlich irritierende Ausstrahlung; bereit und geeignet für ihren Part im kirchlichen Leben, wozu sie der Pastor zu ertüchtigen hat.[119] Auch die unerlässliche Kindererziehung hat natürlich im christlich-lutherischen, erneut ausdrücklich auf Paulus zurückgeführten Geist zu erfolgen. Im Vordergrund stehen dabei die Einpflanzung christlicher Disziplin, Gottesfurcht und von Gehorsam in erster Linie durch sanfte Führung, nicht scharfe Strenge. Nach dem nämlichen Muster hat sich die Führung des Hauses zu vollziehen. Wieder ist entscheidend, dass der Pastor und seine Familie durch ihr frommes Leben sich und dem Hausgesinde das richtige Beispiel geben und vor allem „sine scandalo" bleiben. Die Bedienten sind im Sinne christlicher Humanität ihren Kapazitäten entsprechend einzusetzen, also nicht zu überfordern, ihrer Aufführung entsprechend angemessen zu bezahlen und zur Teilnahme an den kirchlichen und öffentlichen Zeremonien zu verpflichten.[120]

Erst recht christlich vorbildlich und untadelig hat der Pastor nach außen zu kommunizieren und sich darzustellen, insbesondere in den gegenwärtigen korrupten Zeiten. Mäßigkeit und Würde sind entscheidend. Alles Verhalten ist wieder auf die jeweiligen Adressaten abzustellen, also die ständisch Höheren, Gleichen oder Niedrigeren, das Geschlecht und das Lebensalter. Den Höheren gegenüber ist der Pastor zur Ehrbezeugung verpflichtet. Er ehrt dabei nicht die Person, sondern das Amt. Respekt gebührt ebenso den Älteren. Das Gespräch ist inhaltlich und äußerlich anzupassen. Vor allem Frauen gegenüber ist auf freundliche, aber die Autorität des Pastorenamtes bewahrende Distanz zu achten. Die Kleidung des Pastors, die wie alle Kleidung des Christen einerseits unsere Sündhaftigkeit, andererseits unsere Erlösung durch Gottes Gnade zu signalisieren hat, soll zugleich Gravität und Bescheidenheit ausstrahlen. Dass um sie kein Kult gemacht werden soll und auf jeglichen Schmuck zu verzichten ist, ist ohnehin klar. Sie muss jedoch trotzdem den besonderen Stand und Beruf ihres Trägers zeigen, auch, um ihn wegen bäuerischen, weibischen oder militärischen Anklängen nicht der Lächerlichkeit preiszugeben. Hartmann dekliniert sogar die Form – Zweckmäßigkeit in Verbindung mit Würde, die aber nicht abschrecken darf – und die Farbe des Pastorengewandes durch.[121] Auf immerhin zwei Seiten entwickelt auch Hartmann ferner Empfehlungen für die angemessene Gestik des Pastors, die besonders deshalb wichtig ist, weil noch mehr aus ihr als anhand der Kleidung auf den Charakter und die Amtsführung des Pastors geschlossen wird. Deshalb ist die pastorale Lebens- und Amtsführung mit spezifischer Körperdisziplinierung und Körperbeherrschung verknüpft. Dabei gelten zwei Prämissen. Erstens darf die Gestik ausschließlich sein besonderes Amt ausdrücken, also keine andere Rolle nachahmen. Zweitens müssen die einzelnen Körperteile – eigens genannt sind die Augen und das Gesicht, also der Blick – dafür „decenter & modeste" (anständig und bescheiden) zusammenwirken. Unkoordinierte, übertriebene Bewegungen sind ebenso unangebracht wie verstörende, wechselhafte. Selbst die Körperhaltung will kontrolliert sein. Was fehlt, ist lediglich eine Erörterung der angemessenen Körpergröße und Körperform.[122] Auch eine Befassung mit der Sprechweise in inhaltlicher und äußerer Hinsicht fehlt nicht. Bestimmte Themen und Formen, darunter Spotten, Schmähen, Fluchen, unzüchtige Witze sowie weibisches, kindisches oder unangemessen strenges oder beängstigendes, in jedem Fall hoch emotionales statt sachlich-ruhiges Reden hat der Pastor in der Konversation grundsätzlich zu meiden. Oft ist auch besser Schweigen als Reden empfohlen. Die Art des Sprechens muss angepasst sein und immer die Würde Gottes und des Amtes, unbezweifelbare Christlichkeit und Ernsthaftigkeit auch im theologischen

Wissen, aber auch Nächstenliebe, Wohlwollen und schuldigen Respekt spiegeln, von der Deutlichkeit ganz abgesehen.[123]

Auf diese allgemeineren Regeln lässt Hartmann einen noch längeren Absatz zum notwendigen Verhalten des Pastors bei Gastmählern und sonstigen Geselligkeiten folgen. Unter keinen Umständen ist es zulässig, dass der Pastor übel beleumundete Orte und Stätten, etwa Bordelle, aufsucht. Aber auch nächtliche Gelage oder Gelage in kirchlichen Räumen sind immer infam. Bei den nach Ort und Zeit prinzipiell besuchbaren Gastmählern ist zwischen anständigen und ehrenvollen und deren Gegenteil zu unterscheiden. Arme Gastgeber dürfen weder überfordert noch vor den Kopf gestoßen werden. Regionale oder lokale Traditionen müssen geachtet werden. In jedem Fall sind immer nur kurze Besuche empfohlen und trinkselige Verbrüderungen verboten.[124] Weitere Mahnungen betreffen die Vermeidung des Eindrucks, dass der Pastor ein ignoranter „Neuling" in den Belangen seiner Gemeinde und darüber hinaus sei. Er hat sich also rechtzeitig alle wichtigen Informationen zu beschaffen und muss zu fundierter Abwägung, Beurteilung und Anwendung dieses Wissens fähig sein. Angesprochen sind außerdem die verschiedenen Erfordernisse und Möglichkeiten, sich auch bei Auswärtigen einen guten Ruf zu erwerben. Vorschnelligkeit, Unausgewogenheit, Altklugheit oder offenes Nichtwissen oder mangelndes bzw. unsicheres Urteilsvermögen, das auch auf Unbedarftheit im Bibel- und sonstigen christlichen Wissen schließen lässt, wirken sich ruinös aus. Schließlich geht es um die eigentlichen Amtsgeschäfte, deren Formen, Normen und Ziele sich von dem u.a. von Hemmingsen dargelegten Spektrum allerdings nicht grundsätzlich unterscheiden.[125]

3.2 Predigt und katechetischer Unterricht

Bereits die Pastorenspiegel des 16. Jahrhunderts widmeten der Predigt als dem Hauptaktivitätsbereich des Pfarrers, der demzufolge eben auch umstandslos als Prediger bezeichnet werden konnte und kann, wesentliche Aufmerksamkeit. Sie bezogen sich dabei unvermeidlich wieder zentral auf Luther, dessen Predigten und predigtähnliche Texte entsprechend zahlreiche Neuausgaben erfuhren, in wichtigen Teilen in eigene Predigten eingebaut wurden oder als Vorlagen dienten, an denen man sich eng orientierte. Darüberhinaus entstanden ebenfalls bereits im Reformationsjahrhundert weitere Predigtsammmlungen und Musterpredigten sowie parallel dazu Versuche, die theologische Gattung Predigt rhetorisch-methodisch genauer zu fassen und den gewandelten Umständen entsprechend fortlaufend zu optimieren. Dabei spielte naturgemäß wieder die Einsicht und Klage mit, nicht mehr über von Gott gesandte, entsprechend ‚geschickte'

Männer im doppelten Wortsinn, mithin die charismatische Predigtbegabung der Gründerväter, zu verfügen. Charisma sollte und musste vielmehr gerade hier durch Methode und Ausbildung ersetzt werden.[126]

Entsprechend fand mit Felix Bidembachs d. Ä. (1564–1612), des württembergischen Hofpredigers, *Manuale ministrorum ecclesiae* (zuerst 1604, weitere Auflagen 1605, 1613, 1619, 1659, 1668, 1700 und 1709) die Gattung der Mustertexte für Predigten und sonstige orale Gebrauchsformen ihren jahrhunderttypischen Anfang. 1605 publizierte Bidembach zudem ein eigenständiges *Promptuarium connubiale* für den Hochzeitbedarf, 1610 ein *Promptuarium exequiale* für die Beerdigung und im gleichen Jahr eine Sammlung für die Straf- und Abendmahlsvorbereitungspredigt (weitere Ausgaben 1616 und 1665).[127]

Für unseren Leitautor Hartmann gleicht der Prediger dem Kapitän, der das Schiff (seine Gemeinde) mittels seiner Anweisungen sicher durch Stürme und Klippen steuern muss und dafür göttliche Berufung zu dieser Aufgabe, gezielte Ausbildung darin, strenge Wahl und Zulassung dazu durch entsprechende Experten sowie Leidenschaft für seine Aufgabe benötigt. Das Predigtamt ist deshalb von allen anderen Amtsbereichen das wichtigste und zugleich das schwerste. Hartmann sieht es in seiner Gegenwart des ausgehenden 17. Jahrhunderts nicht nur in Verfall begriffen, sondern sogar ernsthaft bedroht. Nämlich erstens, weil die an der Prediger- bzw. Pastorenberufung Beteiligten vielfach die Qualifikation zur Predigt nicht an die erste Stelle ihrer Berufungskriterien stellen. Zweitens, weil die Lebensführung und das äußere Auftreten des Predigers zunehmend nicht mit den Predigtinhalten übereinstimmen, also nicht mehr überzeugend sind und damit an der Eigenschaft des Predigers als „legatus Dei" zweifeln lassen. Und drittens, weil viele Prediger überhaupt nicht in der erforderlichen Art und Weise predigen können oder wollen und deshalb zwischen Unsicherheit und Selbstüberschätzung hin und her schwanken. Auch dazu werden einschlägige Aussagen Luthers zitiert, so etwa:

> Das wollet mir glauben, daß Predigen nicht Menschen Werck ist. Denn ich, wiewol ich nun ein alter und wolgeübter Prediger bin, doch fürchte ich mich, daß ich nicht wol predigen kann, darüber aber hab ich mich oft entsetzt und gefürchtet, daß ich vor GOTTes Angesicht also hab sollen und müssen reden von der grossen Majestät und göttlichem Wesen. [...] Was sich geschickt und bequem ist nach Gelegenheit der Zeit, Orts und Personen, soll man lehren und predigen. [...] Man muß den armen Leuten weiß weiß, schwartz schwartz sagen aufs allereinfältigste, wie es ist, mit schlechten deutlichen Worten, sie fassens dennoch kaum, denn mit hohen prächtigen Worten einherfahren ärgert und bricht mehr denn es bauet. [...] Alle gloriosi [d. h. überheblichen, nur auf ihren persönlichen Ruhm fixierten, eben z. B. sich gelehrtensprachlich ausdrückenden] Theologi gehen bald zu Boden und zu Trümmern, denn der Ehrgeiz frisset sie, daß sie in Schanden gesetzt werden und verblendet seyn.[128]

Erfolgreiche Predigt besteht wie alle seelsorgerlichen Betreuungsaufgaben in Bekanntmachung des wahren göttlichen Wortes, Zurückweisung aller Verdunkelung und Falschauslegung dieses Wortes, Ermahnung zum christlichen Leben, Warnung vor Sünde sowie Tröstung der wie immer Betrübten und Angefochtenen. Diese Leistungen sind zu erbringen auf der Basis richtiger Kenntnis Gottes, klaren Wissens um die eigene Person und Qualifikation, christlicher Nächstenliebe, Beobachtung und Kenntnis der Merkmale und Tendenzen der eigenen Gemeinde sowie umsichtiger und vorausschauender praktischer Klugheit und pädagogisch-didaktischer Kompetenz. Zu handeln ist also nach Art des Arztes, der seine Therapie und Medizinvergabe den physischen und seelischen Bedingungen seiner Patienten anpassen muss.[129]

Da die Erfassung des göttlichen Wortes überhaupt Begreifen und Verstehen voraussetzt, muss dessen Vermittlung bereits in Kindheit und Jugend, also mit katechetischem Unterrricht durch den Pastor oder unter dessen Kontrolle, durchgeführt vor oder nach dem Gottesdienst in der Kirche und erforderlichenfalls unterstützt durch häusliche Vertiefung, einsetzen. Der Pastor muss also eng mit den Eltern und Schulmeistern zusammenarbeiten. Seine Lehre hat sich zunächst auf die Grundelemente des Glaubens zu beschränken, vor allem nach humanistischem Vorbild alters- und entwicklungsgerecht sowohl in inhaltlicher als auch äußerlicher Hinsicht. U. a. empfehlen sich Auswendiglernen und Auswendigrezitieren der wichtigsten, aber zuvor sicher verstandenen Glaubenssätze. Hinzu kommen Frage- und Antwortübungen im Hinblick auf biblische Schlüsselstellen auch in spielerisch-wettbewerblicher Art. Immer ist auf Übereinstimmung der Auswahl und Erläuterungen durch Eltern, Schulmeister und Pastoren zu achten. Im Zweifelsfall müssen die Pastoren das letzte Wort haben. Hartmann empfiehlt nachdrücklich die Einteilung der Knaben und Mädchen in getrennte Klassen nach dem jeweiligen Kenntnis- und Entwicklungsstand, die Führung von Schülerlisten auch um Absenzen festzuhalten, den mittleren Kurs zwischen Milde und Strenge, inhaltliche und methodische Abwechslung, die Vermeidung zu langer und komplizierter Lehrer- oder Pastorenvorträge, stets Vermittlung fürsorglich-väterlicher Zuneigung und Liebe, usw. Für die Jugend am wichtigsten ist auch wieder das vorbildliche Leben der Vorgesetzten und des Pastors. Zum katechetischen Unterricht als Predigtvor- und nachbereitung sollten spezifischer Tauf- sowie Eheunterricht treten, ebenfalls wieder inhaltlich und äußerlich optimal angelegt und durchgeführt. Schließlich hat der Pastor auf häusliche Bibellektüre, fromme Unterredungen am Familientisch und natürlich das stete häusliche Gemeinschafts- und Individualgebet zu dringen, um seine Predigt zu unterstützen.[130]

Für alle Predigten und predigtähnlichen Ansprachen des Pastors stehen nunmehr viele rhetorisch-oratorische Modelle zur Verfügung. Dennoch wäre es ein gravierender Irrtum anzunehmen, dass das äußerliche Erlernen der theologisch-pastoralen Rede zur Erfüllung der Predigtpflicht ausreicht. Es reicht definitiv nicht, sich die Bibel zweimal oder noch öfter anzueignen und und die *loci communes* oder theoretisch-dogmatischen Grundlehren der Kirche in sich hineinzusaugen. Vielmehr ist es für den künftigen Pastor darüber hinaus notwendig, dass er über die Befähigung zum jederzeitigen sicheren Reden und Auftreten vor Publikum verfügt. Zum „officium Verbi" der Verbreitung nur des wahren und vollständigen Wortes Gottes tritt also wieder ein „officium didacticum homileticum", die didaktisch richtige, äußerlich-formal-rhetorisch angepasste Aufbereitung des an die je gegebenen Umstände angepassten Wortes. Damit ist zuerst die Zusammensetzung der Gemeinde vor allem wirtschaftlich-sozial und nach dem Bildungsstand, deren Entwicklungsstand im Hinblick auf die angestrebte Verchristlichung, aber auch die Qualifikation der unterpastoralen kirchlichen Helfer gemeint. Darüber hinaus bezieht Hartmann die geheimen, deshalb sorgfältig zu eruierenden Laster und Konflikte in der Gemeinde, schließlich die besten Möglichkeiten, diese spezifisch anzupacken und mitzureißen, ein. Zu vermeiden sind dagegen irritierende, provozierende oder gar aufrührerische Predigten, wozu auch der Vortrag nutzloser oder schädlicher theologischer Kontroversen oder die Behandlung schamverletzender Themen wie Geschlechtskrankheiten, die Menstruation der Frau usw. zählen.[131] Alle Predigten müssen gut vorbereitet werden: in göttlichem Geist; unter Anrufung Gottes im Gebet; in bewusster Reflexion der angestrebten allgemeinen und spezifischen Zwecke und Umstände sowie der brüderlich-väterlichen Liebe und Verantwortung gegenüber der Gemeinde; nach dem Prinzip, den heiligen Text selbst, aber in (nichtvulgärer) Volkssprache, sprechen zu lassen, ferner nicht ihm in eigener Machtvollkommenheit einen Sinn zu unterlegen oder dessen Sinn durch Fachbegriffe (*verba technologica*) zu verunklären. Außerdem besteht die richtige Predigtvorbereitung in der Nutzung geeigneter Beispiele und Anregungen vorliegender richtiger Literatur, dabei vor allem der Vorgaben Luthers und der besten Predigtpostillen. Dennoch ist die unverwechselbare eigene Predigtversion am besten. Auch für deren Aufbau und Ordnung liegen mittlerweile zahlreiche, bei Hartmann namentlich aufgelistete Handbücher vor, die bereits im Studium benutzt und daher geläufig sein sollten. Bei den ordentlichen Predigten gibt grundsätzlich der Bibelbezug des Tages Einstieg oder Thema vor. Bei den außerordentlichen, deren Methodisierung und Standardisierung ebenfalls voranschreiten, ergibt sich das Thema aus dem jeweiligen Anlass: Taufen, Hochzeiten, Begräbnisse im Regelablauf des menschlichen Lebens, akzidentiell Inauguralereignisse (Ordinationen, Investituren, Einweihungen) und sonstige politische Gelegenheiten (Huldigungen, Landtagseröffnungen, öffentlichen Geburtstagsfeiern hoher Amtspersonen), ferner Erntedankfeiern, Brände, Überschwemmungen, Erdbeben u. ä.; auch für sie gibt es mittlerweile gute Ratgeber.[132] Zu beachten sind wieder die nötige Ausführlichkeit und die didaktische Effizienz der Länge der Predigt – „Viel mit wenigen Worten anzeigen können fein kurtz, das ist die Kunst und große Tugend, Thorheit aber ists, mit vielen Reden nichts reden", wird Luther zitiert – ebenso wie die davon abhängige Möglichkeit, durch variierende Wiederholung besonders wichtige Botschaften einzuprägen und zwischen langsam-eindringlicher und emotional zugespitzter Redeweise abzuwechseln. Wie jeweils vorzugehen ist, bestimmt sich auch vom Grundcharakter der Predigt her: Aufrüttelungs-, Mahn- und Warn- oder Straf-, Trost- oder Dankpredigt.[133]

Die vom jeweiligen Pastor im wahren Glauben zu leistende jeweilige Exegese der gewählten Bibelstelle bedarf genauen, im Detail beschriebenen Verfahrens. Über Luther hinaus führt wie vermerkt die Ausdifferenzierung einer spezifisch moralpastoralen Ebene. D. h. die Belehrung und Mahnung, die auf das Alltagsleben und somit weltlich-bürgerliche Disziplinierung zielen, sind nicht unbedingt sofort auf die höchsten christlichen Normen, die zehn Gebote, zu beziehen. Sondern sie sollen zunächst auf die Tugenden, Laster und Pflichten abstellen, deren Legitimation eher in weltlichen Normen wie Gerechtigkeit, wechselseitige Hilfe, Würde und Achtung, bei den Untertanen auch schuldigen Respekt gegenüber der Obrigkeit besteht. Der Schlüsselbegriff dafür ist derjenige der *correctio*. Wo sich die biblisch-christliche und diese moralische Normenwelt treffen, ist das Gewissen, an das die Predigt daher ebenfalls stets appellieren soll.[134] Vor allem Hartmann entfaltet an dieser Stelle ein Spektrum spezifischer Predigten, das die gesamte Zusammensetzung der zeitgenössischen Ständegesellschaft und ihres politischen Apparates abbildet.[135] Alle Vorträge müssen ihrem eigentlich kirchlich-geistlichen Ziel dienen, dürfen also nicht zu sanft sein oder gar zur Verzierung von profanen Gelegenheiten (z. B. Tanzveranstaltungen) oder zur bloßen Unterhaltung degenerieren.[136] Zum richtigen Predigen gehört aber auch wieder das äußerlich angemessene Verhalten des Predigers unter Einbezug der Kleidung. Auch hier entwickelt gerade Hartmann ein umfassendes Anpassungs- und Disziplinierungsprogramm, das von der Schulung u. a. der Sprechgenauigkeit, Tonhöhe, Sprechart und Atmung, des Räusperns und Hustens bis zur Einübung u. a. angemessenen Gesichtsausdrucks, Haltung der Nase, Augenspiels und Kopf-, Lippen-, Arm-, Finger- und Körperbewegungen reicht.[137] Nach erfolgter Predigt soll der Pastor sie ordentlich abschließen und nachbereiten: durch stilles Gebet; durch Selbstkritik bezüglich Inhalt und Performanz – der Pastor soll sein eigener „censor" sein – und Bitte um kollegiale Einschätzung; durch Besprechung mit Hörern; durch Nachdenken darüber, ob und inwieweit sie nützlich war, sowie durch Abgleich des Predigtinhalts mit dem eigenen Leben und Verhalten, um so zu fortschreitend besserer Übereinstimmung und damit Christlichkeit zu kommen.[138]

Ein frommes orthodoxes, aber auch durch den Pietismus angeregtes letztes Handbuch des lutherischen Pastors im 17. Jahrhundert legte 1690 Johann Friedrich Mayer (1650–1712) vor. Der geborene Leipziger hatte zunächst als Pastor in Grimma gewirkt, bevor er eine Wittenberger Theologieprofessur erhielt. Diese gab er wegen seiner kontroversen Scheidung zugunsten einer Hamburger Pastorenstelle auf, um von dort in das Amt des Generalsuperintendenten von Schwedisch-Pommern und eine Greifswalder Theologieprofessur zu wechseln. An Erfahrung fehlte es dem zeitweiligen Freund Speners also nicht. Das *Museum Ministri Ecclesiae, h.e. Instructio omnimoda et absolutissima Symmystae Evangelici* (Abb. 6) ist dem schwedischen König Karl XI., dem damaligen Dienstherrn des Autors, gewidmet. Den akademischen Ausführungen (daher der Titel *museum*, d.h. Schreibstube) ist eine Empfehlung des ehemaligen Kollegen Mayers, des Wittenberger Juristen Caspar Ziegler (1621–1690), vorangestellt, die in der Formulierung gipfelt: „Mayerus non habet parem". Mayers Schrift wird also von der Wittenberger lutherischen Zentrale empfohlen. Durch drei Indices erschlossen, entfaltet das über 1700 Seiten umfassende Werk in vier Teilen das gesamte Spektrum pastoralen Lebens und Strebens im Zeithorizont des ausgehenden 17. Jahrhunderts. Auf die Legitimität und Unverzichtbarkeit des Pastorenberufs wird weniger ausführlich eingegangen. Dafür erfahren jetzt der Vorgang der Berufung und deren formalrechtlich vorgeschriebenen Schritte, voran die jetzt deutlich höher bewertete korrekte Ordination, nachdrücklichere Darlegung. Das bedeutet, die Verfahrenslegitimität gewinnt wie schon vermerkt an Gewicht. Die Predigttätigkeit ist noch stärker in den Vordergrund gerückt. Der Katalog der Predigtarten ist umgestellt und erweitert. In den Ausführungen „de concionibus statum politicum concernentibus", also zu den an die weltliche Obrigkeit gerichteten Predigten, wird verstärkt zur Zurückhaltung und Vermeidung jeglicher Beschädigung des Ansehens der weltlichen Obrigkeit gemahnt. Die Strafpredigten sind näher an die Mahnpredigten gerückt; als neue, hervorgehobene Predigtsorte ist die „Jubel-Predigt wegen des heiligen Reformations-Werckes" ausgewiesen. Der dogmagetreuen und ausnahmslos schriftlich korrekt zu dokumentierenden Taufe, dem ordentlich durchgeführten Abendmahl und der ihm vorausgehenden Beichte und Absolution kommt ebenfalls hohe Aufmerksamkeit zu. Gesondert vorgeführt wird z.B. ein Formular für die Absolution eines berüchtigten und eines „blöden und verzagten Sünder[s]". Der vierte Teil zur pastoralen Alltagspraxis zielt u.a. auf die Nutzung und Kontrolle der pietistischen häuslichen Gebetsgemeinschaften, die mit anderen Worten nicht selbständig werden oder bleiben sollen. Er bietet aber auch Anleitungen, wie generell und akzidentiell mit den verschiedenen Gläubigengruppen, darunter wieder den Melancholikern, am besten zu verfahren ist. Das Handbuch differenziert und verstärkt den Zugriff und die Kontrolle des Pastors mithin weiter.[139]

3.3 Verwaltung der Sakramente

Alle Darstellungen dieses Aktivitätsbereichs des Pastors setzen mit einer Definition des Sakraments und mehr oder weniger ausführlichen Abgrenzungen des lutherischen Sakramentsverständnisses von der römischen Definition und gegebenenfalls anderen protestantischen Auffassungen ein. Bei Hartmann sind die Sakramente nach Luther „Zeichen und Zeugnis" des göttlichen Willens, den Menschen durch Gnade zum Heil zu führen. Als derartige Zeichen und Besiegelungen können sie grundsätzlich von allen Gläubigen zelebriert werden, wenn die Zustimmung der Gemeinde und/oder ein entsprechender höherer Ruf dazu vorliegt. Das ist im Gegensatz zu Laien aus der Gemeinde regelmäßig bei den Pastoren der Fall, ohne dass diese die Verwaltung und Austeilung der Sakramente wie in der römischen Kirche zu einer Grundlage priesterlichen Vorrangs und Sonderanspruchs machen bzw. machen dürfen.[140] Voll gültig ist die Sakramentsspendung allerdings nur dann, wenn sie äußerlich und innerlich ordentlich vorgenommen wird. Der Pastor muß sie nüchtern, in voller Frömmigkeit, ernst und konzentriert vollziehen. „Die äusserliche Zeichen und das Wort Gottes, so dazu kommet, müssen unverruckt, gantz und unzerstückelt bleiben." Dennoch hängt die Gültigkeit der Sakramente nicht von der Würdigkeit des Pastors ab, sondern allein von Gottes Stiftung und Willen. Des Weiteren muss ihre Verbindlichkeit dadurch bekräftigt werden, dass die lokalen Traditionen des Zeremoniells, sofern sie nicht abergläubisch oder ketzerisch sind, fortgeführt werden. Denn auch und gerade an dieser Stelle würden „innovationes" nur verwirren und irritieren. Daran knüpfen vielfach vertiefte Überlegungen zum mit der Taufe verknüpften Vorgang des Exorzismus an, also der Austreibung des durch die Ursünde in jedem Menschen verborgenen Satans. Schließlich gilt allgemein, dass Spötter und Verächter der Sakramente und der Sakramentsspendungszeremonien schärfstens ermahnt und gestraft werden müssen, im Extremfall bis hin zum zeitweiligen Abendmahlbesuchsausschluss oder gar zur dauerhaften Exkommunikation.[141]

Das wichtigste Sakrament ist die Taufe, die Aufnahme in die Gemeinde der Rechtgläubigen. Sie kann, da sie so entscheidend ist, schon nach Luther als Nottaufe selbst von einer Mutter vorgenommen werden, deren Neugeborenes im Tode liegt. Aber auch sie muss korrekt vorgenommen werden, um gültig zu sein. D.h., das Zeichen der Wassertaufe ist mit dem substantiellen Satz „Ich taufe dich im Namen des Vaters, des Sohnes und des Heiligen Geistes" zu kombinieren. Selbsttaufen sind demzufolge nicht möglich. Problematisch, skandalös bis vielleicht sogar ungültig kann auch eine durch einen Pastor vorgenommene Taufe sein, die der Pastor nicht mit der rechten, sondern der linken Hand unternimmt. Diese Art kann Irritation, Aberglauben und Verachtung auslösen; entsprechend Behinderte sollen daher besser nicht Pastoren werden.[142] Ebenso ausgeschlossen sind Taufen noch nicht vollständig Geborener, Toter und Wesen, die nicht Menschen sind, wozu auch Wechselbälger und Monster zählen. Sehr sorgfältig muss der Pastor prüfen, wann Erwachsenentaufen vorgenommen werden können und sollen, ob und wann er z. B. ungläubige oder fremdkonfessionelle Frauen taufen und damit zur Heirat mit einem Christen zulassen kann, ob die Taufe von Kindern nichtlutherischer Eltern auch gegen deren Willen echten Christlichkeitsgewinn verspricht, ob bereits vollständig ausgebildete, aber abgetriebene Säuglinge noch durch die Taufe gerettet werden können, usw. Ausführlich dargelegt wird meist auch, was bei der Wahl der Taufpaten, deren Verpflichtung zur christlichen Begleitung des Getauften und der Einbindung der Taufpaten in das Taufzeremoniell zu beachten ist. Empfohlen ist dem Pastor im Übrigen dringend, zur Sicherung ordentlicher Taufe und Aufnahme des von Gott neu geschenkten Menschen in die Schar seiner wahren Gläubigen bereits die Schwangeren und Gebärenden mit seinem Gebet, seiner Tröstung und Unterstützung, die auch ersthilflich medizinisch sein kann, zu begleiten. Schließlich werden der beste Ort (die Pfarrkirche im Gegensatz zu Flussufern o. ä. wie in der Bibel oder bei der Nottaufe das Privathaus), die beste Zeit und die Gestaltung der Taufe als gemeindeöffentliches Ereignis diskutiert.[143]

Auf die Taufe folgt individualbiographisch und sachlogisch das Bußsakrament, dessen Verwaltung dem Pastor fast noch mehr Gottvertrauen, Engagement und Klugheit abverlangt:

> Es soll ein jeder Kirchendiener zu seiner nothwendigen Erinnerung selbst wissen, dass das Beichtsitzen das allerschwerste und gefährlichste Stuck seines gantzen Kirchen-Amtes ist, damit er sich gar leichtlich zum allerhöchsten versündigen kann, wo er nicht den allerhöchsten Fleiß anwendet und mit grosser Fürsichtigkeit und Gottesfurcht hierinnen handelt,

wie von Hartmann ein zeitgenössischer Beichtspiegel zitiert wird. Das Bußsakrament setzt sich aus dem Sündenbekenntnis (*confessio*) des Beichtenden und der Absolution (Vergebung) durch den „Beichtiger" (Luther), d.h. in der Regel den Pastor zusammen. Dem Pastor kommt also ein Amt der Absolution mit höchster Verantwortung zu, in dem sich die Metapher des ‚Seelenarztes' nochmals genuin substantialisiert.[144] Zwar ist die Einzelbeichte vor dem Pastor nicht unbedingt notwendig. Sie ist aber angesichts alt- und neutestamentarischer Vorbilder, Luthers Votum („Ich wollte lieber die gantze Welt verlieren, als daß ich wollte dieser Beichte das geringste Stücklein eines aus der Kirche kommen lassen," bzw. „Ich will mir die heimliche Beicht nicht lassen nehmen, denn ich weiß was für Stärck und Trost sie mir gibt") und höheren Nutzens in verschiedenen Hinsichten der öffentlichen Kollektivbeichte doch vorzuziehen. Der Pastor kann Sünden und die Bereitschaft zu deren Bekenntnis so genauer erkunden, aber auch gezielter mahnen, warnen und die Absolution erteilen. Der Beichtende öffnet sich leichter und besser, erfährt persönlicher und deshalb nachhaltiger Gottes Vergebung und Trost. Auf dieser Grundlage kann die Reinheit und Ordnung der Kirche besser bewahrt werden. Der Pastor hat zum regelmäßigen und bei schwerer Sünde besonderen Bekenntnis zu mahnen sowie die Kenntnis der Sündhaftigkeit bestimmter Gedanken, Worte und Werke zu vermitteln. Er hat ferner die von ihm über Gerüchte und Umstände durch pflichtgemäße Nachforschung erkannten Sünder auf ihre Sünden und die Notwendigkeit ihres Bekenntnisses anzusprechen und alle schweren Sünder so lange vom Abendmahl auszuschließen, bis sie ihrer Beichtpflicht nachgekommen sind. Sündlosigkeit und deshalb entfallende Beichte kann es schon nach Luther keinesfalls geben:

> Ich will dir ungescheuet sagen: Fühlest du keine Sünden nicht, so bist du in Sünden gar todt, und die Sünde herrscht mit Gewalt über dich. Und daß ich der groben äusserlichen Sünden geschweige, als Lust zur Unzucht, Ehebruch, Zorn, Haß, Neid, Rache, Hoffart, Geitz, Wollust etc. so ist das schon allzuviel und grosse Sünde, daß du keine Lieb noch Lust hast zum Sacrament denn daran mercket man, daß du auch keinen Glauben hast, das Wort Gottes nicht achtest, Christi Leiden vergessen hast und voll Undanckbarkeit steckest, und aller geistlichen Greuel. [Erst] wenn du Nothdurfft [nach der Beichte] siehest und fühlest, so bist du würdig und geschickt genug [zum Abendmahl und zum christlichen Leben im Allgemeinen].[145]

Zu den allgemeinen Verpflichtungen des Pastors im Hinblick auf die von ihm durchzuführende Einzelbeichte gehört vielerlei. Er hat sie, bezogen auf den einzelnen Sündenfall und die sich steigernde Sündhaftigkeit sowie die Vorbereitung zum Abendmahl, rechtzeitig anzusetzen. Er ist verpflichtet, für sie einen günstigen Ort, regelmäßig den Beichtstuhl in der Kirche, notfalls aber auch einen Winkel im Pfarrhaus, eine ungestörte Stelle in der Natur oder bei Kranken im privaten Wohnhaus zu wählen. Er hat dafür zu sorgen, dass die gebotene Diskretion gewahrt bleibt, d. h. nicht andere mithören können. Er muss nüchtern sein und aufmerksam zuhören, darf vor allem nicht einschlafen. Er hat die Beichtenden zur angemessenen Haltung (Knien) und Konzentration im Beichtstuhl zu bringen und ihnen die je richtige Mischung aus Gottes Strafwillen und Vergebung zu vermitteln, wobei er auch immer auf die Gefahr plötzlichen Todes im Stand der Sünde hinweisen muss. Er ist verpflichtet, das Bekenntnis mit Gebet und allgemeinen Fragen nach dem christlichen Kenntnis- bzw. Bewusstseinsstand des Beichtenden einzuleiten. Er muss versuchen, unvollständige Bekenntnisse zu erkennen und zur Vervollständigung zu bringen. Beichtende, die von einem anderen Pastor zu Recht abgewiesen wurden, darf er nicht seinerseits aufnehmen, sondern an den Zuständigen zurückverweisen. Nicht zuletzt muss er wahre Reue zu erzeugen und zu erkennen versuchen, wobei er aber auf persönliche Emotionsäußerungen und sonstige Bekundungen zu verzichten hat. Schließlich muss er in Zweifelsfällen „gelehrter und anderer Leuth", insbesondere von Mitpastoren, „Rath erfragen." Ausführlich befasst sich jedenfalls Hartmann auch wieder mit der Applikation der Sündenerforschungen und dann der Absolution auf die ständischen Unterschiede. Obrigkeitspersonen, Vertreter der jeweiligen Berufe vom Advokaten und Arzt bis zum Soldaten sowie das weibliche Geschlecht bringen jeweils spezifische Sündengelegenheiten und -neigungen mit sich, die der Pastor mit einkalkulieren muss.[146]

Dem aufrichtigen und reuevollen Bekenntnis soll die Absolution folgen. Nicht wie der anmaßende römische Priester meint, er selbst und seine Kirche, sondern nur Gott erteilt sie, der sich regelmäßig und ordentlich eben der Pastoren dafür bedient, in *casu extremae necessitatis* (im äußersten Notfall) aber auch Laien für ihn agieren lässt. Entsprechend hat auch hier der Pastor pflichtgemäß und ordentlich zu verfahren. Bei denjenigen, denen er sie erteilen will oder die um sie nachsuchen, hat er darauf zu achten und herauszufinden, ob sie wirklich Rechtgläubige sind, ein vollgültiges Bekenntnis abgelegt haben und wahre Reue zeigen. Das läuft auf eine Konzentration auf die ihm bekannten Angehörigen seiner eigenen Pfarrgemeinde hinaus, weil anderen Pastoren zugeordnete Pfarrkinder regelmäßig gar nicht und Reisende und Fremde so nur ausnahmsweise zugelassen werden können. Nur bei dauerhaft unaufhebbaren Differenzen eines Gläubigen mit seinem eigenen Pfarrer kann zwecks Versöhnung eine Ausnahme gemacht werden. Sehr vorsichtig muss sich der Pastor verhalten, wenn ein Adeliger, also Angehöriger der weltlichen Obrigkeit, sich dem Sprengelzwang zu entziehen versucht. Dann bleibt letztlich nur die Weiterleitung des Falles an die nächsthöhere Instanz bis hinauf zum Konsistorium.[147]

Zu sehr in den Beichtenden und den um Absolution Bittenden zu dringen, um die genauen Umstände und die Tragweite der Sünden zu erforschen, auf die sich die Absolution zu beziehen hat, oder die Absolution selbst mit Mahnungen oder gar Drohungen zu versehen, die den Gläubigen in Schwermut stürzen oder in ihm Unmut, Hass und Verachtung des Pastors oder gar des Sakraments selbst erzeugen, ist nicht erlaubt. Ebenso das Gegenteil, also zu sanft zu bleiben und damit die Ernsthaftigkeit des Vorgangs zu gefährden. Vielmehr muss am Ende immer frommer Trost und Freude beim Absolvierten stehen, damit dieser ein neues christliches Leben beginnen kann. Diese können freilich nur vermittelt werden, wenn die Form und der Modus der Absolution stimmen. Frommer Ernst bei allen Beteiligten versteht sich von selbst, die Kirche bzw. der Beichtstuhl als Ort des Aktes ebenfalls. Die Lossprechung nach römischem Vorbild mit der Formel: „Ego te absolvo" (Ich spreche dich frei) ist abzulehnen, weil sie wieder den falschen priesterlich-papistischen Vorranganspruch spiegelt. Stattdessen ist die Formel „Ego te, authoritate, mandato & virtute Christi, absolvo ab omnibus peccatis tuis" („Ich spreche dich durch die Autorität, das Mandat und die Tugend Christi von allen deinen Sünden frei") zu verwenden, die erforderlichenfalls übersetzt, in jedem Fall in ihrem Sinngehalt erläutert werden muss. Über den gesamten Beicht- und Absolutionsvorgang hat der Pastor aus den verschiedensten Gründen, darunter auch wegen der Notwendigkeit, die öffentliche Ordnung zu bewahren, zu schweigen. Dieses Beichtgeheimnis hat er bereits nach Luther selbst vor Gericht zu bewahren, denn der Beichtende hat nicht ihm, dem Pastor, „sondern dem Herrn Christo" gebeichtet, „und weil es Christus heimlich hält, soll ichs auch heimlich halten". Schließlich erhebt sich erneut die Frage, ob der Pastor nach Beichte und Absolution von seinem Beichtkind einen sog. Beichtpfennig entgegennehmen darf. Eine derartige Gabe aus sich heraus zu verlangen, ist auf jeden Fall untersagt. Denn grundsätzlich riecht derartige Geldannahme immer nach Simonie. Dort, wo die Tradition besteht und der Beichtpfennig unverzichtbarer Teil des Einkommens des Pastors ist, kann sie indessen durchaus beibehalten werden, wenn kein wie immer geartetes wechselseitiges Geschäft daraus gemacht wird."[148]

Wie das Sakrament der Beichte bzw. Absolution die Taufe voraussetzt, so setzt das Sakrament des Abendmahls Taufe und Beichte bzw. Absolution voraus. Auch es muss vom wahren Christen gesucht und begehrt werden. Wer es nicht „zum wenigsten einmal oder vier deß Jahres" nimmt, „da ist zu besorgen, daß er das Sacrament verachte", wie Luther feststellte. Daraus leitet sich die erste einschlägige Pflicht des Pastors ab, nämlich unermüdlich dazu zu mahnen und zu ermuntern, Zögernde selbst aufzusuchen oder für die Übersendung eines Mahnbriefes des Superintendenten an sie zu sorgen, sowie die Vorbereitung, Durchführung und Nachbereitung des Abendmahls, ausgehend von dessen richtigem Verständnis, auf das Sorgfältigste und in frömmstem Eifer vorzunehmen. Vernachlässigt ein Kirchendiener diese Pflicht, lädt er sich wieder die Gefährdung der Heilserfüllung seiner Gemeinde auf sein Gewissen. Möglichst regelmäßig die Kommunion zu nehmen, gilt aber auch für ihn selbst; umstritten ist nur, ob er sie von einem Mitpastor empfangen oder sich selbst im Rahmen der Gemeindekommunion spenden soll, was in erster Linie praktisch, d. h. nach Gelegenheit, beantwortet wird. Darüber hinaus ist die Austeilung des Abendmahls dasjenige Sakrament, dass auch im Notfall nicht von einem Laien, sondern nur von einem ordentlich berufenen und installierten Pastor gespendet werden darf, was dessen Verantwortung und Sonderstellung erneut unterstreicht. Auch dem Hausherrn und Familienvater kommt diese Befähigung schon bei Luther eindeutig nicht zu.[149]

Zur Vorbereitung der Eucharistie gehören Vorsicht und fromme Klugheit, um zu verhindern, dass Unwürdige sich einschleichen: Kinder, Ungläubige, Blöde, pychisch Kranke aller Art, Alkoholiker, Wucherer, ferner „personae infames"

(Ehrlose) von Zauberern über notorische Huren bis zu Athleten, die ihren Lebensunterhalt durch blutige Schaukämpfe (Sport) verdienen. Bei den Abstinenzlern gilt, dass nur diejenigen, die aus natürlicher Schwäche oder infolge Krankheit auf jeden Weingenuss mit Erbrechen oder einem Anfall reagieren, nicht zum Abendmahl in beiderlei Gestalt gezwungen werden dürfen. Offenkundigen und notorischen Lasterhaften und Unbußfertigen, erst recht Exkommunizierten, muss der Pastor ebenfalls den Weg zum Tisch des Herrn verwehren. Und zwar selbst dann, wenn er sich dadurch in Gefahr begibt: „Solches bezeugen die herrlichen schönen Exempel der beständigen und freudigen Pfarrherrn, die sich ehe in Lebens-Gefahr haben begeben wollen, ehe sie den unbußfertigen Sündern haben den Leib des Herrn mittheilen wollen," zitiert Hartmann. Auf flüchtige Gerüchte und erkennbare Verleumdungen darf der Seelenhirte allerdings nichts geben. Kann er trotz aller Sorgfalt die Heuchler von den wahren Gläubigen nicht unterscheiden, so dass auch Falsche zum Abendmahl kommen, so fällt die schwere Sünde jedoch nicht auf ihn, sondern den betreffenden Heuchler. Dauerhafte Verwehrung des Zugangs zum Mahl des Herrn wegen dauerhafter Unbußfertigkeit und Sünde muß in die Exkommunikation münden. Sie hat allerdings höchstens ausnahmsweise der örtliche Pastor allein vorzunehmen. Vielmehr fällt sie in die Kompetenz des Konsistoriums, das der Ortspfarrer informieren und zum Handeln veranlassen muss. Der vorübergehende oder anhaltende Ausschluss vom Abendmahl ist im Übrigen nicht mit Tyrannei oder der Aufrichtung „eines neuen Papstthums" gleichzusetzen, auch wenn er erhebliche Folgen für die gesellschaftliche Position des Betroffenen hat. Der Pastor gehorcht dabei vielmehr nur Gott. Daher sind auch die weiteren Vorwürfe haltlos, er errichte „eine Marterbanck der Gewissen" oder maße sich „deß Schwerds an," das nur die weltliche Obrigkeit zu führen legitimiert ist. Für die Form der Durchführung des Abendmahls gibt es erneut klare Vorschriften, vom Sprechen der Einsetzungsformel über Brot und Wein bis zu den diversen Segnungen und zur ordentlichen Austeilung des Leibes und Blutes Christi an die Gläubigen in würdiger Weise.[150]

3.4 Weitere geistliche und die administrativen Dienste

Ob die Sakramentsteilnahme als unerlässliches Mittel zur fortschreitenden Verchristlichung der Pfarrgemeinde gut, verbesserungsbedürftig oder mangelhaft funktioniert, hängt wesentlich von der Ausübung der Kirchenzucht ab. Auch sie obliegt dem Pastor. Zumeist geht der Erläuterung dieser Zuchtpraxis eine ausführliche Ableitung der theologisch-kirchenrechtlichen Legitimität und des Charakters, dann der Abgrenzung dieser kirchlichen Gewalt gegenüber der Befehls- und Gestaltungsgewalt der weltlichen Obrigkeit voraus. Voraussetzung pflichtgemäßer und erfolgreicher Kirchenzucht ist die sorgfältige, unermüdliche Beobachtung der Gemeinde, die Erkundung ihrer Zusammensetzung, Merkmale, Probleme und Tendenzen. Sind der Verchristlichung und Christlichkeit entgegenstehende Phänomene erkannt, muss der Pastor als erste Disziplinierungsmaßnahme deren Verursacher oder Träger erst persönlich, dann erforderlichenfalls kirchenöffentlich schelten, allerdings immer in brüderlicher Zuneigung und Liebe, nicht von oben herab. Nutzt dieses Mittel nichts, kann er bestimmte Kirchenbußen auferlegen, darunter – sofern daraus nicht ein noch größeres Ärgernis entsteht – das öffentliche Bekenntnis zunächst vor dem Pastor und den Seniores (Ältesten) der Gemeinde, dann der gesamten Gemeinde, schließlich die öffentliche Abbitte und Versöhnungszusage im Streitfall. Bleibt auch danach der Erfolg aus, ist zu zeitlich befristeten Ausschlüssen vom Kirchenleben, auch schon dem Abendmahl, zu greifen. Die höchste Disziplinierungsstufe ist wieder die allerdings wie gesagt nicht vom einzelnen Pastor, sondern in der Regel von der höchsten Kircheninstanz, also dem Konsistorium als Kirchengericht zu verhängende, nur mit großem Bußaufwand rückgängig zu machende Exkommunikation. Auf der einen Seite muss der Pastor bei allen diesen Maßnahmen selbstverständlich mit frommem Ernst und pastoraler Klugheit handeln. Sie sind zudem stets auf die Rückgewinnung des Sünders für den wahren Glauben sowie das Heil der Kirche zu richten, ohne Einmischung eigener Affekte und Interessen. Auf der anderen Seite sind auch und erst recht bei diesen disziplinären Maßnahmen zielgenau der Stand und die konkreten Lebensumstände des jeweiligen Sünders ins Auge zu fassen und bei der Wahl der jeweiligen Disziplinierungsmittel zu berücksichtigen. Das bedeutet auch, dass die Kirchenzucht die öffentliche Ordnung und insbesondere den Komptenzbereich der weltlichen Obrigkeit bewahren und achten, ja die weltliche Obrigkeit in ihren entsprechenden Bemühungen unterstützen muss. Sowohl dafür als auch zur Belehrung der zu disziplinierenden Sünder sind alle Disziplinierungsmaßnahmen entsprechend formell und rituell zu handhaben. Sie müssen erkennbar auf diejenigen Defekte, die überwunden werden sollen, ausgerichtet sein. Zwar ist in den höheren Stufen die örtliche Gemeinde, also letztlich auch das Element sozialer Ehre und Schande, einzubeziehen. Aber keine Disziplinierung darf auf soziale Ächtung hin angelegt sein oder in dörflichen oder städtischen Konflikten Partei ergreifen. Entsprechende Vorwürfe oder Angriffe gegen den Pastor als Verantwortlichen sind dennoch unvermeidlich, weshalb dieser sich durch Gebet und unerschütterliches Gottvertrauen dagegen wappnen muß und notfalls den Beistand weiterer Pastoren oder der Kirchenleitung suchen soll.[151]

Das richtige Verhalten des Pastors ist in die korrekte Ordnung der Riten und Zeremonien im Kirchenleben einzubinden. Ohne Zeremonien ist es unmöglich, der Religion zu dienen, wird in Revision der Riten- und Zeremonienfeindschaft der reformatorischen Kampfphase Augustinus zitiert, weil sie die notwendige Kombination von Botschaft und Zeichen sicherstellen und Irritationen oder gar Konfusionen zu verhindern helfen. Die richtigen Zeremonien müssen mit Gottes Wort übereinstimmen, erkennbar der Ordnung und Ruhe nützen, würdig sein und der Kirche nicht lästig fallen. Sie haben in der Sakramentsverwaltung, dem Gebet und dem Gesang ihren Platz, indem sie allen Beteiligten bestimmte Verhaltensweisen vorschreiben. „In Oratione" (im Gebet) beispielsweise zeigt sich das richtige Zeremoniell im Niederknien, Senken des Hauptes und dem bewusst gesprochenen gemeinsamen Wort. Ritus und Zeremoniell bestimmen jedoch auch den Ort, die Ausstattung des Ortes (im Kirchenraum durch Altar, Taufstein und Kirchenschmuck) und die Zeit der entsprechenden Veranstaltung mit. Vom Pastor wird die strikte Erfüllung aller seiner ihm je nach Veranstaltung wechselnd zugewiesenen Rollen in diesen Zeremonien gefordert, und zwar nicht nur deshalb, um den übergreifenden Zweck und die je diversen Zwecke des geistlichen Dienstes zu erfüllen, sondern auch, weil er wieder als Vorbild für die eher unkonzentrierte, unruhige und unernste Gemeinde fungieren muss. Als letztlich Adiaphora, d. h. glaubensneutrale Mitteldinge, unterliegen besonders die am Rand des geistlichen Geschehens liegenden Riten und Zeremonien allerdings wieder menschlicher Gestaltung. D. h. sie können grundsätzlich geändert werden.[152]

Eigene Pflichten und Anpassungsnotwendigkeiten sind ferner mit der Armenfürsorge, der Sorge für die Kranken, Alten, Sterbenden, unter schwerer Schwangerschaft leidenden Frauen, Behinderten (Blinde, Taube), Angefochtenen und Schwermütigen sowie die in Sünde gefallenen (Malefikanten, zum Tode Verurteilte, Infame) Gemeindeangehörigen verbunden. Hartmann publizierte dazu noch im Jahr seines *Pastorale Evangelicum* ein eigenes, deutschsprachiges, über 800 Seiten zählendes Handbuch mit detaillierten, u. a. auch mit je geeigneten Gebeten angereicherten entsprechenden Ratschlägen und Empfehlungen. Der Pastor hat zur Erfüllung dieser Pflichten regelmäßige und außerordentliche Haus- oder je nachdem Hospital- und Gefängnisbesuche vorzunehmen, die gut vorzubereiten sind: „Ist nöthig, daß ein Seelsorger zeitlich wisse den Zustand seiner Pfarrkinder, was ihr Christenthum, Leben und Wandel betrifft". Unwilligen aufdrängen darf er sich dabei freilich nicht. Oberstes Ziel seiner Konversation und möglichst gemeinsamen Gebete mit dem Besuchten muss die Rettung der Seele des Besuchten sein. Zu ihr zählt aber auch diesseitige Ermunterung, Vermittlung baldiger Besserung ohne unrealistischen Optimismus, der in Enttäuschung und Verachtung umschlagen kann, sowie Tröstung. Deshalb soll der Seelsorger über medizinische Grundkenntnisse verfügen und hat er für die unterschiedlich Kranken (an Fieber, „Stein und Grieß", Koliken, Schlaganfällen Leidende) unterschiedliche seelsorgerische Behandlung vorzusehen. Mehr noch, der Pastor muss prüfen, ob der körperlichen Krankheit nicht sogar Sünde oder

Satan zugrundeliegt. Entsprechend schwierig sind Raserei und Besessenheit oder das Vorliegen zaubererischer Kräfte zu identifizieren und zu bekämpfen.[153]

Die außersakramentalen Dienste Verheiratung und Begräbnis wollen in gleicher Weise kirchlich-geistlich inhaltlich und rituell korrekt sowie praktisch klug geleistet sein. Besonders der Verheiratung müssen umfangreiche Beratung, Eignungs- und Gewissensprüfung sowie Erkundung und Steuerung ihrer möglichen Folgen für die Gemeinde vorgeschaltet werden. Einen Schwerpunkt macht die Prüfung nach eventuellen absoluten oder relativen Ehehindernissen aus: ob unzulässige Verwandtschaftsgrade vorliegen; ob bereits anderweitige Bindungen oder Verpflichtungen bestehen; ob beide Partner gut beleumundet sind; ob die beiden Eltern zustimmen; ob die Weichen für christliches Eheleben, guten Nachwuchs und christliche Erziehung gestellt sind; ob Konflikte in der Gemeinde zu gewärtigen sind oder durch die Ehe überwunden werden können, usw. Nach dem Eheschluss greift die allgemeine Regel Platz, dass sich der Pastor über die Aufführung aller seiner ihm anvertrauten Schafe Kenntnis zu verschaffen hat, indem er beobachtet, befragt, sich unterhält und gelegentlich Hausbesuche unternimmt. Da Sterbebegleitung und Begräbnis die diesseitige Vorbereitung auf das jenseitige Leben abschließen, sind auch dabei peinlich genau die vorgeschriebenen und lokal bewährten Regeln und korrekten geistlichen Zeremonien zu beachten. Sonst würde der Pastor sich durch Fehler oder Vergehen besondere Schuld auf den Hals laden, zumal die Trauergemeinde besonders genau auf sein Verhalten achtgibt. Das bedeutet auch, dass dem Pastor die Mimik und Gestik nicht entgleisen darf. Eine besondere Herausforderung stellt im Übrigen die Notwendigkeit dar, einerseits zwischen Trauerteilnahme, Tröstung und Vermittlung von Freude angesichts der Beendigung des Durchschreitens des diesseitigen Jammertals und jenseitiger Erfüllungserwartung die richtige Balance zu finden, andererseits in der Leichenpredigt nicht durch zu großes Lob oder im Gegenteil zuviel Verurteilung des Verstorbenen Ärgernis zu erregen.[154]

Schon grundsätzlich alle geistliche Dienstpflichten sind mit Verwaltungserfordernissen verbunden. Im Vordergrund stehen die korrekte Anlage und Führung der Kirchenbücher und des sonstigen dokumentarischen Schrifttums, in dem sich das kirchliche Leben spiegelt. Genuin administrative und dazu besonders sorgfältige Betätigung verlangen darüberhinaus die Verwaltung der örtlichen Schule und diejenige der kirchlichen Güter. Obwohl im günstigen Fall dem Pastor ein Schulmeister unterstellt ist, der die unmittelbare Führung der Schülerliste, des Verzeichnisses der zur Schule gehörenden Gegenstände und Güter sowie der Schulfinanzen obliegt, muss der Pastor doch in der Lage sein, auch darüber die Aufsicht zu führen. Für die Kirchengüter ist er in der Regel ohnehin der lokal unmittelbar Verantwortliche, was auch daran liegt, dass er aus ihnen regelmäßig auch einen Teil seines Unterhalts bezieht. Gemäß der kirchenamtlich-gemeindeöffentlichen Funktion des Pfarrhauses, aber auch wegen der Abgrenzung privaten Besitzes vom gemeindlichen, sind auch Ausstattungsinventare, gegebenenfalls unter Einschluss der Pfarrbibliothek, bei ihr vielleicht sogar Ausleihlisten, anzulegen. Dass unmittelbar finanzrelevante Tätigkeiten wie die Armenfürsorge über die Armenkasse genaue Buchführung erfordern, versteht sich. Davon, dass die Pfarrfrau nicht nur für die geistlichen Dienste Unterstützung leistet, sondern auch bei diesen administrativen Tätigkeiten hilft, wird selbstverständlich ausgegangen. Deshalb unterliegt auch sie auf ihre Weise unvermeidlich denjenigen Erwartungen und Vorschriften, die den Kirchendienst betreffen. Ihre untergeordnete, dienende Rolle bleibt dabei erhalten, auch wenn die Pfarrfrau über ihr Recht und ihre Pflicht, den Pastor in seiner Lebensführung nötigenfalls zu korrigieren, wie es ihrer Funktion als *adjutorium* entspricht, eine Einflußmöglichkeit eröffnet wird.[155]

Wie sich diese Verpflichtungen des Pastors in den Leichenpredigten spiegeln konnten, zeigt exemplarisch Philipp Hahns 1616 erschienene Lehrleichenpredigt. Das Werk stellt unmissverständlich die Predigt als Haupttätigkeit des guten lutherischen Seelenhirten in den Vordergrund. Als zweitwichtigste Verrichtungen nennt es Eheschluss (die Kopulation), Taufe und Begräbnis, wobei der Verfasser nicht davor zurückschreckt, diese Leistungen sogar numerisch auszuweisen: „neben seinen vielen Predigten [hat er in 46 Dienstjahren] 2349 Eheleute copuliret, 7177 Kinder geteuffet und über 16800 Leichen bestadten helffen." Die Abendmahlstätigkeit ist so alltäglich und umfangreich, dass sie nicht numerisch beziffert wird. Der Verstorbene brachte neben seiner eigenen ordentlichen (legitimen) Berufung aber auch die besondere Qualifikation ein, bereits Pastorensohn gewesen zu sein.[156]

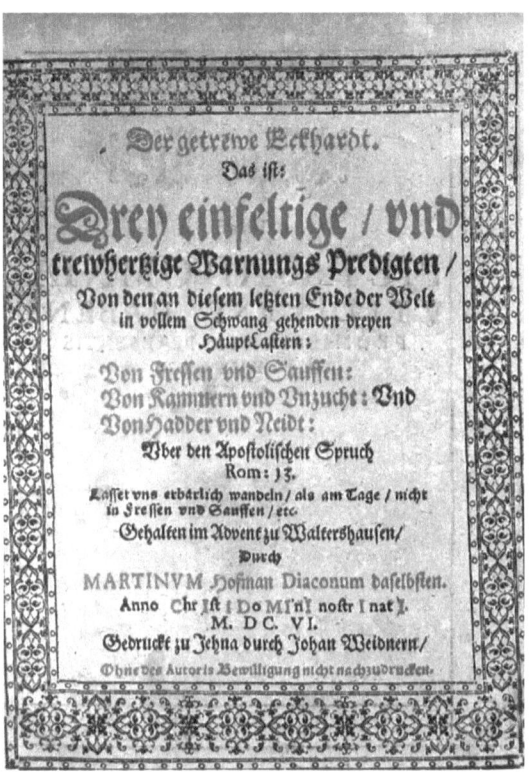

Abb. 7

DISSERTATIO THEOLOGICA CIRCULARIS
DE
SALTATIONE CHRISTIANO LICITA,

Ob einem Christen zu tantzen erlaubet sey?

QVAM
ADSPIRANTE SUMMI NUMINIS GRATIA,
ET MAX. REVER. FACULT. THEOL. CONSENTIENTE,
PRÆSIDE
VIRO MAGNIFICO SUMME REVERENDO ATQVE EXCELLENTISSIMO

DN. JOHANNE PETRO GRÜNENBERGIO,

SS. TH. DOCTORE ET PROFESS. LONGE CE-
LEB. CONSIST. IN HAC AD VARNUM URBE FLORENTIS
CONSILIARIO, DIOECESEOS MECLENB. SUPERIN-
TENDENTE VIGILANT. HODIEQVE FAC. TH.
DECANO MAXIME SPECTABILI,
DN. PATRONO, FAUTORE ET PRÆCEPTORE
AD CINERES USQUE COLENDO,
A. R. S. MDCCIV. DIE VIII. NOVEMBR. IN LOCO ORDINAR.
HORISQVE CONSVETIS BENIGNO COMMILITONUM
EXAMINI SUBMITTET

JUSTUS STATIUS,
DOBBR. MECL. SS. THEOL. STUD.

Roftochii, Nunc Recufa Anno 1719.

4 Vergebliche Mühen: Der Kampf gegen Unzucht, Tanz und Eigennutz

4.1 Grundlagen

Nach dem Verständnis der lutherischen Orthodoxie blieb auch der korrekt getaufte Mensch seinen natürlichen Lüsten oder, in der humanistischen Akzentuierung nach Melanchthon, seinen natürlichen Affekten unterworfen. Diese machen ihn anfällig für teuflische Versuchungen bzw. Laster und Sünden. Zur Untermauerung dieser Vorstellung führten in unserem Zusammenhang schon Sarcerius und Hemmingsen die individuelle und kollektive Erfahrung an. „[Es] leeret die tegliche erfarung in uns, daß die lust bleibet", notierte 1559 der erst Genannte, und noch deutlicher 1569 der zweite: „Die Affecte (können) aus menschlicher Natur nicht gentzlich [...] ausgefegt werden."[157] Hemmingsen unterscheidet interne, mit der menschlichen Leibesnatur vorgegebene Affekte (*affectus corporales*) von Affekten, die „von eusserlichen dingen her iren ursprung haben". „Der leiblichen Affecten Mutter ist" aber, „die Philautia, das ist (wie sie von den gelerten beschrieben wird) eine unmessige und blinde liebe seiner selbst", deren „früchte und kinder" alle übrigen Laster seien. Gemeint sind damit Wollust (Fleischeslust, „fleischliche Lustseuche", Unzucht), Fress- und Saufsucht (Völlerei), Streben nach sonstigem leiblichen Wohlleben, Geiz im Sinne von Geldgier und Gier nach Anhäufung materiellen Besitzes, schließlich diesseitige Ehrsucht oder Ruhmbegierde.

> Und wissen sich solche kinder zu beschönen mit dem wort Leibesnotturfft. Von solchen entspringet nachmals eine grosse anzal allerley laster und Sünden. Denn die Philautia, indem da sie sich beschönet, und fürgibt, als müsse sie den Leib versorgen und regiren, bringet zu wegen, das der Mensch allgemach in wollust und unmessigkeit sich versencket. Solche verderbliche Seuche eigener liebe soll ein Seelsorger soviel im immer möglich, dempffen, auff das nicht die Seel dardurch in das ewige hellische fewr gefürt werde.[158]

Gegen die diesseitig-fleischliche *philautia* und ihre Folgelaster soll der Pastor sich und seinen ihm anvertrauten Schäflein zunächst stets „die hohe Dignitet und wirdigkeit des Menschens, der mit dem thewren Blut Christi gereiniget unnd erlöset, unnd nun zum Tempel des lebendigen Gottes geworden ist", vor Augen halten. Spezifisch zu wappnen hat er sich und seine Pfarrkinder gegen die mit der Philautia einhergehende sexuelle Wollust, die bereits nach den heidnischen Philosophen „nicht den Menschen, sondern [nur] den unvernünftigen thieren zu vergönnen sey" und als „ein futter und beförderunge alles [weiteren] übels" zu gelten habe. Deshalb gilt sogar grundsätzlich:

> [Noch] viel warhafftiger ist das gesagt, dass [nämlich] dis gegenwertige unser leben des Teuffels Fischnetze oder garn sey, bedecket mit schendtlicher, abschewlicher Wollust, gleich als mit einer speise, und wer dieselbe anbeiset und verschlinget, der wird in den Abgrund der Hellen gezogen.

Denn Wollust hat zudem noch Suchtcharakter: „Wenn er sie [die Speise Wollust] gleich erlanget, so bald sie fürüber ist, findet sich der hunger wider und wird nimmer sat."[159]

Aus der anschließenden Empfehlung, Wollust nicht nur durch Gebet, Gottesdienstteilnahme und Vermeidung von Müßiggang zu bekämpfen, sondern auch durch Meidung oder Ausschaltung aller äußeren Anreize dazu, ergibt sich der Blick auf die zweite Affektengruppe. Sie ist diejenige der durch äußere Umstände verursachten tierischen (*affectus animales*). Hemmingsen führt unter dieser Rubrik erstens den Zorn in seinen verschiedenen Spielarten bis zum heimlichen Groll und zur verborgenen Feindschaft, aber auch zum gerechten Zorn angesichts unbelehrbarer Sünde an. Zweitens nennt er Begehrlichkeit oder Begierde (*concupiscentia*) ebenfalls in ihren natürlich-zulässigen (z.B. nach Essen und Trinken aufgrund des unabweisbaren, natürlichen körperlichen Bedarfs) und unnatürlich-sündhaften, d.h. unmässigen oder dezidiert verbotenen Varianten (z.B. Begehren nach des nächsten Weib oder Hab und Gut). Seine Argumentation gipfelt in der traditionellen Gegenüberstellung von gottbezogenem Geist und diesseitsbezogenem, sündenträchtigen Fleisch. Sie führt ihn zu der ebenso bekannten Mahnung, die Regungen des Fleisches durch „Bewegungen des Geistes" zu überwinden, die durch „Reinigkeit des Gemütes und des Leibes", bewirkt werden sollen und vielleicht könnten.[160] Was seine orthodoxen Nachfolger hinzufügten, waren eine fortschreitende Systematisierung und weitere analytische Auffächerung dieses Ansatzes einerseits sowie Erweiterungen und Konkretisierungen der christlichen Mittel zur Bekämpfung der menschlichen Sünd- und Lasterhaftigkeit andererseits. Als übergreifende Bezeichnung für alle Bemühungen um Wappnung gegen Sünd- und Lasterhaftigkeit und ständige Verbesserung der Christlichkeit setzte sich dabei endgültig die Kategorie ‚christliche' bzw. ‚kirchliche Disziplin' (*disciplina christiana vel ecclesiastica*) oder ‚Zucht' durch. Entsprechend bestand die Aufgabe, Kompetenz und Profession des Pastors in der Durchsetzung, Aufrechterhaltung und steten Verbesserung dieser Disziplin oder Zucht. Das hatte zur Folge, dass auch der Begriff ‚Unzucht' im doppelten Sinne verstanden werden konnte: als allgemeine Bezeichnung für Verfehlung christlichkirchlicher Zucht, als spezielle Kategorie für den gefährlichsten Sündenpfuhl, den Komplex der unweigerlich aus der Philautia erwachsenden Sünden wider das sechste Gebot.[161]

4.2 Das Ringen um die „Keuschheit des Priesters"

Wichtigstes Anliegen musste sein, den Pastor selbst gegen Unzucht und fleischliche Lust zu wappnen bzw. zu christlicher Zucht und fortschreitend verbesserter Disziplin zu bringen. Dies galt umso mehr, weil der Kampf gegen priesterliche Unzucht zu den Triebkräften der Reformation gehört hatte. Fast alle einschlägigen lutherischen Traktate verzichten deshalb auch jetzt nicht darauf, die Papstkirche als Hort hemmungsloser Hurerei anzuprangern, die wegen des Zölibats eingerissene Unzucht zu einer Wurzel kirchlichen Niedergangs zu erklären und vor dieser Folie den lutherisch-protestantischen Weg als einzig wahre, christliche Lösung anzupreisen.

Als wesentlichen neuen Rahmen und Grundlage des Umgangs mit dem Sexualtrieb des Pastors betrachtete die Orthodoxie wie bereits vermerkt ihr gesamtes Säkulum hindurch die Pastorenehe, verstanden als gottgewollte christlich-rechtliche Institution legitimer Reproduktion. Begründet wurde diese Lösung nicht nur allgemein biblisch-theologisch, sondern auch berufsspezifisch praktisch. Das geht beispielsweise aus dem einschlägigen Diktum des angeblich zuerst 1439 in „Münch-Latein" verfassten, 1540 mit einer Vorrede Martin Luthers übersetzten und gedruckten sowie 1701 unter dem Verfasser- oder Herausgebernamen Johann Gottfried Zeidler erneut aufgelegten Traktats *Neun Priester-Teuffel. Das ist ein Send-Schreiben vom Jammer, Elend, Noth und Qual der armen Dorf-Pfarrer* in Bezug auf die Pfarrköchin als Versucherin und Plagegeist des Priesters hervor: „Gleichwie es unmöglich ist, Pech anzugreiffen, und doch sich nicht damit zu besudeln, also darff sich auch niemand einbilden, daß einer bey einem Weibe wohnen und sich nicht mit ihr beflecken sollte".[162] Ein freiwilliger Zölibat, die „willige Keuschheit" nach Martin Luther, kann so nur im extremen Ausnahmefall in Frage kommen. Er würde den Pastor auch um unverzichtbare pastorale Erfahrung, etwa hinsichtlich des Umgangs mit Schwangeren, und die ebenso unverzichtbare, tägliche Mithilfe seiner Gefährtin in der Amtstätigkeit bringen.[163]

Die sexuelle Betätigung in der Pastorenehe unterliegt freilich strikter christlicher Reglementierung. Unsere Autoren werden nicht müde, „Maß, Art und Bescheidenheit", wozu auch mehr oder weniger lange Verzichtphasen zählen, im „ehelichen Werk" einzufordern und nennen dieses ordentliche Werk mit Luther „des Priesters Keuschheit".[164] Zu den Maßnahmen zählen erwartungsgemäß die Enthaltung von allem Aufreizenden im Reden, in der Kleidung und in den Gebärden bzw. im Verhalten überhaupt. Empfohlen wird ferner zumindest für die Frau indirekt sogar das den Akt begleitende Gebet: „Lea Jacobs Weib [hat] bey währendem ehelichen Wercke gebetet, von Gott [sei dieses Gebet] angenommen [worden] wie an anderem Orte gesprochene Gebet".[165] Dass bestimmte Arten der Sexualität, so vor allem die Sodomie, zeitgenössisch einerseits Sammelbegriff für alle ‚widernatürlichen' Praktiken, andererseits Bezeichnung spezifisch für Homosexualität, und verständlicherweise außerehelicher Geschlechtsverkehr, Hurerei in allen ihren Schattierungen, ausgeschlossen sind, versteht sich. Hinzu kommen dann die präventiven und nachsorgenden geistlichen Übungen und Reinigungen im Pfarrhaus. Sich auf diese Postulate einzulassen und ihren Gatten in dieser spezifischen Keuschheit des Pastors vorbehaltlos zu unterstützen, zählt zu den Pflichten und Idealen der Priesterfrau, wie u. a. aus Adamis bereits erwähnter einschlägiger, offensichtlich erfahrungsgesättigter Abhandlung *Die exemplarische und GOTT gefällige Priester-Frau* von 1699 und 1702 (Neuauflage) hervorgeht. Hier taucht allerdings zunächst der Pastor selbst nach einem Bibelwort als einer der „vollen müssigen Hengste" auf, „die nach ihres nechsten Weibe wiehern", während als Hauptlaster der Priesterfrau die Trunkenheit als „Mutter aller Schandthaten, ein Zunder der Geilheit, ein Schiffbruch der Keuschheit" genannt wird. Des Weiteren gilt, dass

> auch die Priester-Weiber nicht alle gleichen Sinnes (sind). Manche wird durch List bethöret; manche durch Geschenke geblendet; manche auff andere Weise verführet. Und erreichet der unreine Geist bey mancher seinen Zweck umbso viel leichter, je weniger sich ihre Eltern bey der Kinder-Zucht der höchstnöthigen Christlichen Sorgfalt beflissen.[166]

Auch bei Pastorentöchtern, die als Ehefrauen besonders begehrt sein sollten, können durchaus Defizite vorliegen. Dass die Pfarrersfrau sich anständiger Kleidung zu befleißigen hat, auf Schmuck verzichtet, sich bescheiden-anständig christlich bewegt und ausdrückt, keine ausufernden Gastereien oder gar Tänze im Haus duldet, das Pfarrhaus ausschließlich mit christlichen Bildern schmückt, auf Gebete und frommen Gesang dringt, usw., ist ohnehin klar. Dennoch bleibt die grundsätzliche Gefahr bestehen:

> Es giebt an vielen Orten [– sogar] in denen priesterl. Ehe-Gärten [–] „Weiber, die manchem [– selbst dem Pastor –] im Huren-Schmuck begegnen, die listig, wild und unbändig sind, dass ihre Füsse im Hause bleiben nicht können, die zu den närrischen Jünglingen oder auch wohl zu alten Schälcken sprechen: Kompt last uns gnug buhlen biß an den Morgen, und laßt uns der Liebe pflegen. Denn der Mann ist nicht daheim.[167]

Auch in seiner Abwesenheit hat der Pastor daher für Kontrolle seiner Frau und seines Gesindes zu sorgen. Nämlich u. a. dadurch, dass er das Pfarrhaus als offenes, für seine Gemeinde einsehbares Haus führt und damit keine Gelegenheit zu verdächtiger Heimlichkeit gibt, seine Frau nach seiner Rückkehr nach Erledigung seiner Aufträge und der verbrachten Zeit befragt, schließlich, indem er die Pflicht seiner Gefährtin bestärkt, in erster Linie zu Hause zu bleiben.

Noch größere Aufmerksamkeit widmen viele Texte der daran anschließenden Erfordernis für den Pastor, alle Lustanreizungen auch im Umgang mit der weiteren Außenwelt zu meiden. Der möglichste Ausschluss von Begegnungen mit liederlichen, d.h. aufreizend gekleideten, übel beleumundeten, offen hurerischen, angetrunkenen, durch Tanz erregten oder durch Witwenschaft ausgehungerten Mädchen und Frauen gar noch in abgeschlossenen Räumen war schon erwähnt. Um derartige Konfrontationen von vornherein auszuschließen, ist wieder effektive Disziplinierung und Zucht aller Gemeindeangehörigen und gesunde Zurückhaltung gegenüber Fremden oder sonstigen von der eigenen christlichen Disziplinierungsarbeit nicht oder wenig erfassten Personen gefragt. Die Beichte muss so durchgeführt werden, dass erregende oder verführerische Gespräche in puncto sexti nicht stattfinden. Dass Gastmähler und sonstige Gesellschaften auch wegen ihrer Unzuchtpotentiale zu meiden oder höchstens punktuell zu besuchen sind, hatten wir schon erfahren. Am besten ist, in der Öffentlichkeit immer als Repräsentant des heiligen Amtes aufzutreten, um sich so mit einer distanzierenden Aura zu umgeben, und die eigene menschliche Person nur dann, wenn es pastoraldidaktisch nützlich erscheint, erkennbar zu machen. Dazu stehen als Mittel wieder das Gebet, Jenseitsorientierung und die diversen Reinigungsübungen zur Verfügung.

Diese Lösung geriet bald unter Druck. Zunächst maßgeblich noch vor und um 1600: Schon Andreas Hoppenrods mit einem Vorwort von Cyriac Spangenberg 1565 publizierte Abhandlung *Wider den Huren Teuffel und allerley Unzucht. Warnung und Bericht* meinte konstatieren zu müssen, dass „jtzt alle Welt" im „Laster der Unzucht schwimmet", d.h. sich im ausgehenden Reformationsjahrhundert, der nahenden Endzeit, diese Ursünde wieder massiv ausbreite und daher sogar das Pastorentum erfasse. Unter die Ursachen dafür zählt er neben der schon immer vorhandenen verführerischen Schönheit von Frauen die ebenso bekannten, aber zu seiner Zeit angeblich zunehmenden Ausreden: dass in der Jugend begangene Sünden im Alter noch fromm ausgeglichen werden könnten, dass vieles erfolgreich verheimlicht werden könne, dass durch anschließende Heirat vorausgehende Unzucht quasi heilbar sei, sowie dass „der grosse Hauffen der Weltkinder [...] in gleicher Unzucht lige", und zwar „eben die, so es andern verbieten sollen", die Oberen also den Unteren negatives Beispiel gäben.[168] Die Gegenmittel christliche Erziehung, Disziplinierung der Frau und des Gesindes schon im Haushalt (die sogenannte „Hauszucht"), Durchsetzung anständiger Kleidung, Verbot des Aufsuchens verdächtiger Lokalitäten, Verzicht auf schmeichelndes Lob äußerlicher Schönheit, Vermeidung von Müßiggang und nächtlichen Gelagen, Verbot unzüchtiger Bilder und Schriften, konsequente öffentliche Kontrolle und erforderlichenfalls unnachsichtige und härteste weltliche Bestrafung bzw. Voraugenhalten der jenseitigen Strafe ewiger Verdammnis seien allerdings zunehmend ineffektiv. Dafür macht Hoppenrod hauptsächlich die inzwischen eingetretene Nachlässigkeit der Obrigkeiten, indirekt also auch wenig engagierte oder wenigstens kaum erfolgreiche Pastoren, verantwortlich.[169] Den gleichen Tenor stimmt der Sammelband *Theatrum diabolorum. Das ist: [...] Beschreibung allerley grewlicher [...] Laster, so in den letzten* [d. h.: jüngsten] *Zeiten an allen orten und enden fast gebräuchlich*, Erstdruck 1569, letzter Druck eines zweiten Teils 1588, an.[170] Noch unmissverständlicher wurde der Jenenser Diakon Martin Hofmann 1606 in seinem *Der getrewe Eckhardt, das ist: Drey einfeltige und trewhertzige Warnungs-Predigten Von den an diesem letzten Ende der Welt in vollem Schwange gehenden drey Haupt-Lastern: Von Fressen und Sauffen, Von Kammern und Unzucht und von Hadder und Neid* (Abb. 7): „Der unreine und sawre Geist aus dem VenusBerge [ist] leyder leyder [heutigen Tages] gar losgelassen". Das „Sodomitische unzüchtige Huren- und Buben-Leben [hat] wie eine Sünd-Flut bey hohes und nidriges Standes Personen", aber besonders bei der Jugend und bei den Witwen und Witwern alle Tugend weggeschwemmt, Eltern, Pastoren und die weltliche Obrigkeit haben versagt.[171] Auch das kirchliche und weltliche Recht teilte diese Zeitdiagnose weitgehend, wie aus einschlägigen zeitgenössischen Dokumentationen und Abhandlungen hervorgeht, und intensivierte deshalb seine entsprechenden Aktivitäten.[172]

Dann unterminierte der 30jährige Krieg die christliche Disziplin. Die Zahl der Klageschriften darüber, dass die pastorale Zucht nur noch sporadisch ausgeübt werden könne, Pfarrhäuser in Schutt und Asche gelegt, Pastoren amtsflüchtig oder die Gemeinden zerstreut und ihre Angehörigen verwirrt, verroht, der Kirche und weltlichen Obrigkeit entwöhnt, mißtrauisch, aufbegehrend, nur noch um das eigene diesseitige Überleben und unmittelbaren Lebensgenuss bemüht seien, ist kaum abschätzbar.[173] Allerdings konnten diese Vorgänge als äußere Störungen aufgefasst und die Lösung deshalb in der Rückkehr zum bewährten Modell gesehen werden.

Schließlich ergaben sich in der zweiten Hälfte des 17. Jahrhunderts neue Bedrohungen. Die an der förmlich explodierenden Machiavellismusdebatte ablesbare verstärkte Orientierung am diesseitig-materiellen Wohlergehen, meist thematisiert als Epikureismus, schloss auch eine beschleunigte Freisetzung individuellen sexuellen Lebensgenusses ein. Sie mischte sich mit dem Hedonismus, der Freizügigkeit und wachsenden Rezeption, ja freudigen Vergötterung der modellbildenden französischen Adels- und Hofkultur.[174] Die wesentliche innerliche Fortentwicklung dagegen bewirkte der Pietismus. Viele seiner Vertreter bezogen den Vorwurf bloß noch äußerlicher Regelbefolgung und eigentlich innerlicher Hohlheit an die Orthodoxie auch auf den Bereich von deren Umgang mit der Sexualität. Insbesondere eine noch entschiedenere Verchristlichung, ja Sakralisierung der Ehe, und damit exemplarisch der Pastorenehe, war ihnen daher ein zentrales Anliegen. Die Auffassung und Einschätzung des „ehelichen Werkes" gerieten so nicht mehr nur zu einem christlich disziplinierten diesseitigen Vollzug göttlichen Willens, sondern teilweise sogar zu einem Akt religiös-enthusiastischer Verschmelzung nach dem Beispiel des Pfingstereignisses oder der Vereinigung Gottes mit seiner Kirche. Diese neuartige Überhöhung hatte zwar in gewisser Weise auch eine tendenzielle Gleichstellung der Frau zur Folge. Vor allem aber intensivierte sie die Vertreibung der natürlichen Fleischeslust aus dem pastoralen Ehebett.[175]

4.3 Unzuchtbekämpfung in der Pfarrgemeinde

Auch für die innere Rüstung gegen und äußere Vermeidung von Lüsternheit, Unzucht und Hurerei bei der ihm anvertrauten Pfarrgemeinde hatte der Pastor die bereits angesprochenen Instrumente zur Verfügung. Sie bedurften aus seiner Sicht aber besonders konsequenten und zugleich differenzierend-zielführenden Einsatzes. Denn während bei den Pastoren günstigere, der angestrebten Christlichkeit förderlichere Voraussetzungen bestanden, setzte sich die Pfarrgemeinde in der pastoralen Wahrnehmung des gesamten Jahrhunderts aus unterschiedlichen, je spezifisch unzuchtanfälligen oder gar notorisch unzüchtigen Gruppen zusammen.

Auf die ambivalente, latent oder offen negativ-pessimistische Einschätzung des weiblichen Geschlechts war bereits verwiesen worden. In ihrem Rahmen wurde des Weiteren altersspezifisch zwischen Mädchen und (unverheirateten) jungen Frauen einerseits sowie alten Frauen, dann personenstandsspezifisch zwischen verheirateten Erwachsenen und Witwen, ferner soziokulturell zwischen Unterschichtangehörigen, Bürgerlichen, Adeligen sowie Einheimischen und Fremden unterschieden. Bei den Männern ergab sich eine analoge Differenzierung. Aber auch besonders anfällige oder problematische Familien waren von anständigen, zuverlässig christlichen abzuheben. Des Weiteren bezog der auf die Gemeinde gerichtete Diskurs auch wieder die Unterscheidungen bestimmter Situationen oder Gelegenheiten ein. Die zeitgenössisch als am gefährlichsten eingeschätzte war die von unserem Erasmus Sarcerius schon 1551 verdammte Fasnacht.[176] Auf die Identifizierung und Erörterung entsprechender Unzuchtpotentiale und -formen folgte dann die Applizierung der je geeignet erscheinenden Präventionsmittel und Remedien.

Der Hofprediger Michael Sachs (Saxo) hebt in seinem *Drey güldene Kleinod christlicher Eheleute* von 1593 unter Bezug erwartungsgemäß auf Luther zunächst auf die rechte Ehe ab. Sie ist als Gottes Geschenk, Auftrag und Verpflichtung zu verstehen, die deshalb unweigerlich hartnäckig von Satan und dessen Anhängern attackiert werde. Er vergleicht diese Ehe mit dem „wunderbaren, hohen, schneeweißen, hellglenzenden, wol- und weitriechenden und zu vielen Dinge sehr nützen Gewechse der weissen Lilgen" (Lilien). Entsprechend gelte es dieses Gewächs zu ehren, rein zu halten und zu pflegen nach seiner natürlichen Bestimmung „zu ordentlicher Vermehrung Menschlichen Geschlechts unnd zu Erhaltung Liebe und Einigkeit in der Haußhaltung". Wenn „wir [so] die Natur gehen lassen, wie sie gepflanzet ist, da sind wir keusch unnd züchtig". Und weiter:

> Daraus nun christliche Eheleute diese tröstliche Versicherung zu nehmen haben, daß sie nicht daran sündigen, sondern Gott ein angenehmes Werk thun, wenn sie in Zucht unnd Ehren sich zusammenhalten und sich wol und freundlich miteinander begehen.[177]

Eheliches und außereheliches, hemmungsloses Lustausleben, wozu der Satan ständig verführen will, ist mit diesem Ideal nicht vereinbar. Findet es dennoch statt, drohen die erwähnten diesseitigen und jenseitigen Strafen, von Seuchen und sonstigen Krankheiten über Unordnung, Verwirrung und ständiger Streiterei im Haus bis zum Familien- und Dynastieuntergang. „Die Kinder der Ehebrecher gedeyen nit, der Same auß unrechtem Bette wird vertilget werden, unnd ob sie lange leben, müssen sie doch endlich zu schanden werden".[178] Empfohlen wird daher dreierlei: erstens, wie Tobias und Sarah es nach biblischem Zeugnis gehalten hätten, nach dem Akt ausführlich zu beten und sich dadurch zu reinigen; zweitens wie schon angesprochen sich wechselseitig, die Kinder und das Gesinde vor allem Unzüchtigen zu bewahren, und drittens wie ebenfalls bereits bekannt konsequent gegen die unzuchtträchtigen Grund- und Begleitlaster „Bauchsorge", Unsicherheit und Zweifel, übermässige Sorge und Verdrossenheit vorzugehen.[179] Sachs 1596, 1602 und 1611 vorgelegter *Zuchtspiegel aller christlichen Gesellen und Jungfrawen* verschärft dieses Programm und konzentriert es auf die besonderen Gefährdungen und Reinigungs- bzw. Abwehrbedürfnisse der männlichen und weiblichen Jugend. Bei ihr macht sich besonders stark der natürliche Lustaffekt bemerkbar, der im Alter nachlässt. Deshalb betrachten viele Jugendliche Unzucht als ihr legitimes Privileg, auch in der bereits erwähnten falschen Sicherheit, diese Sünde später noch ausgleichen zu können. Gleichzeitig wächst die Jugend aus der häuslichen Kontrolle heraus, was ihr mehr Orte und Gelegenheiten zur Unzucht verschafft. Zudem lebt sie in den Tag hinein, ohne an Folgen zu denken, und ist sie geneigt, geistliche und weltliche Autorität gering zu schätzen oder völlig zu verachten.[180] Martin Hofmann bemüht in seinem oben erwähnten Traktat unter Bezug auf das biblische Buch der Sprüche sogar die Ästhetik: „Ein schön Weib ohne Zucht ist wie eine Saw mit einem güldenen Haarband". Neben der Jugend nimmt er bevorzugt die Witwen aufs Korn, deren eheliche Erfahrung für ihn mithin besonders verdächtig ist:

> [Sie] „sollen nicht in Wollüsten leben, und für Geilheit und Fürwitz mit Singen, Tantzen und Springen viel Jubilierens machen, sondern keusch und züchtig, still und einsam seyn und so lang sie in Witwenstand leben, sich zu keinem Mannsvolck begeben.

Er hebt als besonders schlimme Variante der Unzucht außerdem die Blutschande hervor, die den Ausschlag für die Verhängung der Sintflut gegeben habe. Als Remedien kann er freilich nur wie üblich das Instrumentarium der Prediger und Lehrer nennen, die Eltern und Inhaber der weltlichen Macht zu verstärkter Anstrengung aufrufen und im Übrigen die Schrecken der diesseitigen und jenseitigen Strafen beschwören.[181]

Im ausgehenden 30jährigen Krieg, 1646, wandte sich der Altenburger Theologe, Superintendent und Hofprediger Martin Caselius (1608–1656) in seinem *Zucht-Spiegel* wieder spezifisch „an das christ- und ehrliebende Frawenzimmer", und zwar ausdrücklich „in Deutschland", also in zusätzlich patriotisch-frühnationaler Färbung. Den Hintergrund seiner „Erinnerung" bilden erstens der Krieg bzw. dessen materielle und immaterielle Verwüstungen, voran die Verwirrung der Kenntnis um den richtigen Platz sowie die Unterminierung der Zucht der Frau, zweitens bereits das Eindringen neuer französischer Moden und sonstiger Unarten.[182] Sie zeigen sich nach der Vorrede, die Angehörige der Theologischen Fakultät der Universität Jena beisteuern, und nach der Einführung des Autors insbesondere an der Teilentblößung der Frau:

> Ein Anfang des Lasters ist unter den Bürgern, oder für ihren Augen, seinen Leib entblössen. [...] Wenn eine Weibes-Person ihr Kleid wegleget, so leget sie zugleich weg ihre Schamhafftigkeit. Ist demnach zu beklagen, daß dißhero an manchen Orten etzliche Frawen und Jungfrawen von oben her, forne und hinden sich entblösset.

Caselius führt dieses Verhalten auch darauf zurück, „damit" diejenigen Frauen, die sich dieser gefährlichen Praxis befleißigen, „vor andern als wunderschöne Damen mögen gelobet, gerühmet und geliebet werden". Dieses Verhalten und die es steuernde „Hoffahrt" – hier im ursprünglichen Sinne verstanden – führen aber unvermeidlich zur Unzucht und damit ins jenseitige Verderben. Dennoch versucht Caselius die Abfassung und Drucklegung seiner Abhandlung sorgfältig gegen Kritik, besonders den Vorwurf der Beeinträchtigung der Ehre adeliger Damen, abzusichern; diesem Zweck dürfte auch die Miteranziehung der Jenenser Theologen dienen.[183] Der erste Teil ist gleich der Hoffart im Allgemeinen und eben „sonderlich der Alamodischen Entblössung der Hälse, Schultern und Brüste" gewidmet. Dieses Laster und dessen Mode gefährden nicht nur jegliche Christlichkeit, sondern sie „tragen" wegen des mit ihnen verbundenen Ankaufs und Gebrauchs fremder Produkte und Imports fremder Sitten nicht unwesentlich „zur Verwüstung des Deutschen Landes" bei, das ohnehin wegen des andauernden

Krieges zu einer „Einöde" verkommen ist.[184] Die angesprochene Entblößung ist „ein unchristlich Werck, welches der Kleiderordnung des Allerhöchsten Gottes schnurstracks zuwider läufft." Sie ist heidnisch, teuflisch, „töricht und unbedachtsam", unpassend für die deutschen Verhältnisse, reizt zur bösen Lust an, macht ihre Trägerinnen schandbar und verächtlich und vermindert deren Chancen guter Heirat. Im zweiten Teil versucht Caselius in oft kaum unterdrücktem Zorn alle „Einwürffe und Ausflüchte" zu widerlegen, die für die Entblößung ins Feld geführt werden: Dass nicht die entsprechenden Damen böse Lüste pflegten, sondern ihre Betrachter (aber: sie geben Ärgernis); dass es Mehrheitsbrauch sei bzw. von einer Mehrheit gebilligt werde (ändert an der Sündhaftigkeit nichts); dass man sich zu Hofe an die Gepflogenheiten der Welt anpassen müsse (nein!); dass bedeutende Personen damit einverstanden seien; dass die Pfaffen sich nicht einmischen und erst einmal ihre eigenen Töchter und Gattinnen zügeln sollten, usw.[185]

Caselius und seiner wackeren Mitstreiter Einwände und Widerstand waren jedoch kaum Erfolg beschieden. Auch die argumentativ erweiterte und leicht zugespitzte Neuausgabe des Werkes (*Der Züchtige Schauplatz des teutschen Frauenzimmers*) zwanzig Jahre später konnte das Überhandnehmen der Hoffart und provozierenden Hofmode selbst außerhalb des Hofes nicht stoppen. Ebenso nur sehr begrenzt wirkungsvoll blieben die weiteren Predigten und Alarmschriften, die sich nunmehr des Problems annahmen, so z. B. *Die zu ietziger Zeit liederlich- und leichtsinnig Entblöseten Brüste des Frauenzimmers Und Die darauf gehörige und hochnöthige Decke; [...] Des Frauenzimmers bloße Brüste Ein Zunder aller bösen Lüste*, 1685 und 1686 (anonym). Die wogenden Brüste, neugierig machenden Fuß-, Bein- und Schultereinblicke, kaum mehr verhüllten Rücken und Hinterteile, aber auch verführerischen Frisuren (*Des heutigen Frauen-Zimmers Sturm-Haube. Das ist kurtzes Bedencken von den Hohen Köpffen und Haupt-Schmuck, von einem Liebhaber Gottes [...] allen Predigern nützlich zu lesen*, 1690), denen sich die Pastoren und ihre entschiedensten Anhänger konfrontiert sahen, ließen sich nicht mehr bedecken. Auch die von allen Autoren eingesetzte rhetorisch-didaktische Strategie, nach Benennung des jeweiligen Problems oder einer ganzen Problemklasse des Unzuchtskomplexes und nach Aufzählung der je benötigten christlich-humanistischen Selbstdisziplinierungs- und Vermeidungsmaßnahmen, auf die fürchterlichen Strafen für Unzucht und Wollust und die höchste Belohnung für christliche Zucht, Disziplin und Keuschheit hinzuweisen, fruchtete nicht. Ebensowenig überzeugte das Argument, dass die Unzucht nur ein oberflächliches oder vorübergehend-flüchtiges Glücksgefühl erzeuge, auf das unweigerlich Verwirrung, Trauer, schließlich sogar Verrücktheit folgten.[186] Der Kampf gegen die Unzuchterregung und vollendete Unzucht, für Unzucht vermeidende und erfolgreich unterdrückende christliche Lebensgestaltung ging also langsam, aber sicher verloren. Er scheiterte hauptsächlich daran, dass sich der Adel dem christlichen Kontroll-, Herrschafts- und Gleichmachungsanspruch der Pastoren entzog, aber im Fall der weiblichen Enthüllung auch deshalb, weil das besonders pikante und voyeuristische Thema, um das es ging, von den freien Autoren, die zu dieser Zeit erheblich an Zahl zunahmen, aufgegriffen und literarisch-publizistisch verstärkt wurde. Als Beispiel genannt sei das wieder anonym publizierte, von dem später auf eine Pfarrstelle gewechselten Lehrer Daniel Hartnack (1642–1708) verfasste Sammelwerk *Sonderbahre Theologische und Historische Curiositäten, Darinnen [...] gehandelt wird Von Geistlosen Geistlichen, Regenten-Pflicht, Haus- und Kinder-Zucht, Freche Huren-Trachten der Fontagen, Klage der relegirten Mäntel, Tantzen, Frantzösischen Teutschlande, unverschämten Damen mit blossen Brüsten, [...] Gold-Machen, Kunst reich zu werden [...]* von 1699 und 1713.[187]

Besondere Qualität kommt der 1661 in Stuttgart publizierten Abhandlung *Sodom deß abscheulichen hochsträfflichen Lasters der Unzucht. Allen stinkenden Unflätern und Huren-Böcken zur Mahnung abgerissen* des Esslinger Pastors und Superintendenten Adam Weinheimer (1614–1666) zu. Denn Vorrede und Widmung an die Esslinger Strafherren (Inhaber des reichsstädtischen Strafamts) lassen nicht nur auf einen aktuellen Fall von Homosexualität in der Esslinger Oberschicht schließen. Vielmehr postuliert Weinheimer an zahlreichen Stellen auch eine weite Verbreitung dieser besonders verdammenswerten Sünde, über die man deshalb nicht spreche („stumme Sünde"): „Aber es gibt's leyder! Die Erfahrung vil zu vil!", wir leben geradezu in „sodomitischen Zeiten".[188] Zudem bietet der Esslinger eine ziemlich systematische, dabei empirisch-praktisch untermauerte lutherische Unzuchtlehre. Das Unzuchtverbot ist nicht nur aus dem 6. Gebot, sondern auch aus dem mosaischen und paulinischen Postulat, „wir sollen heylig sein wie Gott" bzw. „wir sollen ein neues Leben führen," sowie der geforderten Distanzierung vom Heidentum, dessen Charakteristikum die Unzucht sei, abzuleiten. Es gibt geistliche (das ist die Abgötterei) und fleischliche Hurerei in den verschiedensten Arten und Täterprofilen: übliche Ehebrecher (unter ihnen auch explizit „evangelische Pfaffen"), übliche Huren, Notzüchtiger, Verkuppelte, Soldatenmätressen, „zauberische Liebzwinger", Blutschänder, „Weichlinge, die es machen wie Onan" – diese Unzuchtsünde sei nach Luther „grewlicher denn Blutschand und Ehebruch" –, Sodomiten („so gemein ist solch Laster [...] noch auff den heutigen Tag bey uns Evangelischen") und Knabenschänder, ferner Zuhälter, „Ärzte und Apothecker, welche den geilen und müssigen Hengsten zu Verstärkung ihrer schändlichen Brunst und Lust-Seuche Recepte schreiben und verfertigen", Verfertiger obszöner Bilder und Texte, „leichtfertige Leckmäuler, die mit Griffen und Betastungen" reizen, „heimlich Verliebte und Verlobte", „alle bundbrüchigen Verlasser und JungfrawenAeffer", leichtsinnige junge Gesellen", "vorehelige Bräut und Bräutigam".[189] Die fleischliche Unzucht wird, was als solches ebenfalls nicht neu ist, in spezifischen Formen angeregt: durch die Mode einschließlich der also auch in Esslingen zu beobachtenden großzügigen Dekolletés, Schminken, bei den unbändigen und unehrlichen Tänzen, durch „Flattierer und Hoffierer", in amourös-leichtfertigem Denken und Sinnen. Ihr Ursprung geht natürlich auf den Teufel als „außgeübte[m] Naturkündiger", also Kenner der menschlichen Schwächen, zurück. Er verknüpft die Unzucht mit einer ganzen Reihe von Nebenlastern: Fressen und Sauffen, Vermessenheit und Vorwitz im Sinne von Neugier und Neuerungssucht (Mode), Müßggang, „faul Geschwätz und garstig reden", „leichtsinnige Lieder und hürerische Historien", übermässige Kleiderpracht nach Art der „Allamode Knechte und Mägde". Zwar war und ist dieses Laster „zu allen Zeiten und in allen Ständen gemein", aber es herrscht „insonderheyt bey dieser letzten zuchtlosen Welt", deren Ende in einer neuen Sintflut bevorsteht – auch Weinheimer überträgt den apokalyptischen Akzent des ausgehenden 16. auf seine Gegenwart des ausgehenden 17. Jahrhunderts.[190]

Den Abschluss der engagierten Abhandlung bildet wie üblich erstens eine Beschwörung der dem Unzüchtigen im Diesseits und Jenseits drohenden Strafen. Zu den diesseitigen Konsequenzen zählt der Reichsstadterfahrene auch den Verlust der Kreditwürdigkeit und endlich das „Falliment", also den geschäftlichen Bankrott. Zweitens fügt Weinheimer einen kurzen Abschnitt mit Rezepten zur „Anmachung zur Heiligkeit insgemein" ein, worunter auch der Verzicht auf allzu viel Lachen und leichtfertiges Singen – zu bevorzugen sind Psalmen und anderes Geistliches –, ferner wie schon geläufig Haar- und Kopfbedecken, „reines Essen" und ziemende Kleidung zählen. Drittens beklagt sich der Prediger aber über die Hindernisse, die „Epicurs neue Anhänger", konkret die weltliche Stadtelite, gegen seine Ausübung des pastoralen Mahn- und Strafamtes aufstellen:

> Straffet man die Welt-Kinder und unzüchtigen Huren-Böcke auf offener Cantzel, so wills der Blutschänder Herodes [d. h. die selbst betroffene, sündige weltliche Obrigkeit] nicht leiden. Verweiset mans einem privatim und absonderlich, er gehe an verdächtigen Ort, er müsse Ehebruch treiben; so schweret er Stein und Bein; es soll ein ehrlicher Mensch herfür kommen, der etwas Böses von ihm gesehen habe.

D. h. der Ertappte dringt auf offene Identifikation eines Zeugen, was diesen in Schwierigkeiten bringen kann.[191]

Die pietistische Radikalisierung des Eheverständnisses im Sinne von deren Heiligung durch restlose Vertreibung natürlicher Unzucht und Lust setzte bereits in den 1680er Jahren ein. Sie war die Folge des verschärften Versuchs, Weltlichkeit ganz abzustreifen und zu wahrer Verbindung mit Gott zu kommen. Philipp Jakob Speners 1691 gedruckte *Christliche Trau-Sermonien bey Copulations-Actibus*, also Hochzeitsgebete und -predigten, hoben auf dieses Programm ab. Sie bezeichneten ausdrücklich die „geistliche Hochzeit Christi mit der Kirchen" als Vor- und Ebenbild der Ehe, ordneten den „Zweck solcher persönlicher Vereinigung" in die Erlösungsgeschichte ein und sprachen „von der ehe wahrhaffter Heiligkeit." Darüber hinaus legten sie dar, „wie die Ehe geheiligt werde durch göttliches Wort und Gebet", was auch Verpflichtung zum Gebet im ehelichen Werk bedeute. Und nicht zuletzt ließen sie wachsende Sympathien für die heilige Ehelosigkeit durchblicken.[192] Zur Vollendung gelangte die spiritualistische Sakralisierung der Ehe und des Ehevollzugs dann bei Gottfried Arnold (*Das eheliche und unverehelichte Leben der ersten Christen*, 1702 und 1732) sowie in der einschlägigen Lehre Nikolaus Ludwig Graf von Zinzendorfs (1700 – 1760), des Hauptes der Herrnhuter Brüdergemeine. Für sie ist konstatiert worden, dass „Sexualität [...] als Liturgie begriffen" wurde. In Fortführung bereits mittelalterlichen Ehemystizismus – die weltliche Ehe eben als Symbol und Mittel der Vereinigung mit Gott – gelangten die Gläubigen z. B. zur Praxis, vor dem ehelichen Gemach, in dem die Ehe vollzogen wurde, geistliche Lieder zu singen. Und aus der fromm-meditativen Betrachtung der Wunden des gemarterten Jesus ergab sich manchmal sogar eine Art Erotisierung vor allem der als vulvenartig angesehenen Lanzenwunde. Sakralisierung des Sinnlichen und radikale Entsinnlichung bedingten sich wechselseitig.[193]

1714 und 1723 wurde in Hamburg die *Treu gemeinte Warnung vor der Unreinigkeit: Darinne nicht nur aller dahin gehörigen Laster mit sich führende Schande und daraus entstehender Schade, aus der Natur so wohl als aus der Heil. Schrift [...] vorgestellet [...]* publiziert. Die Abhandlung des Neuburger reformierten Predigers Jean Frédéric Ostervald trug nicht nur zur Lancierung des Schlüsselbegriffs ‚Reinheit' auch im Luthertum bei, sondern verschob den Akzent des Umgangs mit der Unzucht weiter auf den diesseitig-sozialen Schaden sowie die besonders verletzende persönliche Schande, den bzw. die dieses Laster anrichte.[194] Diese Entwicklung war wesentlich, denn sie beschleunigte die Trennung von religiöser Normativität, moralischer Vernunft, Naturakzeptanz und gesellschaftlich-staatlichem Interesse. Unzucht erschien zunehmend nur noch dann strafwürdig, wenn sie öffentliches Ärgernis erregte und gesellschaftlich-politisch nachweislich als schädlich einzustufen war, dagegen grundsätzlich insofern zulässig oder gar willkommen, wenn sie den zwangfrei Beteiligten Lust und Freude verschaffte. In der *Prüfung der bisher gewöhnlichen Begriffe von der Ehe und von der Keuschheit wie auch des Satzes des Kanonischen Rechts, dass der Beyschlaf ohne Absicht der Zeugung schändliche Handlung sey*, verfasst von dem Lehrer und Pastor Daniel Heinrich Purgold (1708 – 1788), wird 1773 das Fazit gezogen:

> Die göttliche Weisheit [...] verbietet kein Vergnügen, als das, welches ein besseres und dauerhafteres Vergnügen hindert. Sie verbietet den Ehebruch, weil dieser die Erziehung der Kinder, die Erbfolgen, die gemeine Sicherheit und Ruhe stört. Sie verbietet den wilden

Zusammenlauf, weil derselbe unglückliche Kinder und Mütter, auch oft unglückliche Väter machet, und sie vom Ehestand abhält, der eine Ordnung Gottes, und das Wohl des menschlichen Geschlechtes ist.

Aber die Bibel

rechtfertiget die Zärtlichkeit der Eheleute nicht nur blos in Absicht der Zeugung, sondern überhaupt. [So] erhellet, daß procreatio sobolis nicht der einzige Zweck des concubitus der Eheleute sey, sondern auch die Befriedigung des zur Hervorbringung einer freundschaftlichen Ehe in sie gelegten natürlichen Triebes. Gott giebt uns nicht nur Pflichten sondern auch Vergnügen, um die Pflichten mit Lust zu erfüllen. [...] Der Genuß der vom Schöpfer gegebenen angenehmen Empfindungen, muß uns eine Verherrlichung seiner Liebe werden, und alsdenn ist das grösster Gottesdienst.

Und schließlich an dieser Stelle folgerichtig an die Adresse der pietistischen Keuschheits- und Eheschwärmerei gerichtet:

Wir haben der Zintzendorfischen Träume vom Ehestande nicht nöthig, um die Zärtlichkeit frommer Ehegatten unschuldig zu machen. Wenn ich beym Kuß meiner Freundin die Güte Gottes fühle, so ist der Kuß an sich schon heilig.[195]

4.4 Wider den verderblichen Tanz

Wir hatten schon gesehen, dass unseren Pastoren der Besuch von Tanzveranstaltungen verboten war, im Pfarrhaus kein Tanz geduldet werden sollte und zu den Amtspflichten des Pfarrers die Abhaltung der Jugend vom Tanz gehörte. Die wichtigste Begründung dafür war die Überzeugung, dass der Tanz und seine üblichen Begleitumstände eine wesentliche Quelle der Unzucht darstellten und mit dem heiligen Amt und der Würde des Pastors nicht vereinbar erschienen. Der Druck zahlreicher, im ausgehenden 17. Jahrhundert sich mehrender einschlägiger kritischer Schriften verrät, dass sich hinter diesen Auffassungen und Maßgaben eine eigene Auseinandersetzung verbirgt.

Über die jeweiligen Zitierungen lässt sich erschliessen, dass der Diskurs bereits in der zweiten Hälfte des 16. Jahrhunderts einsetzte. Zu den frühesten Beiträgen zählte der *Tantzteuffel. Das ist wider den leichtfertigen, unverschempten Welt-Tantz und sonderlich wider die Gotteszucht und ehrvergessene Nachttentze* des schlesischen Pastors Florian Daul von 1567, in zweiter Auflage erschienen 1569.[196] Auch dieser Verfasser fühlt sich in die „letzten und bösen zeiten, [da] in der Welt, an allen orthen, die grewlichsten Laster unnd Sünden sehr gemein und uberhand genommen haben", versetzt, also in der letzten Phase vor dem Weltende. Dessen bewusst, hätten viele „gelehrte trewhertzige Männer" Warnschriften gegen alle Arten von Teufeln oder Lastern geschrieben. Nach seiner Erkundung bei Buchhändlern und Druckern sei jedoch der Tanzteufel, das Laster des Tanzes, noch nicht thematisiert worden. Aus eigenem Antrieb und auf Drängen von Freunden nehme er sich deshalb dieser Problematik an.[197] Den Einstieg in die Erörterung bildet die Beobachtung, dass zeitgenössisch zahllose Gast-, Zech- und Tanzhäuser gebaut, die Reparatur und der Bau von Kirchen jedoch vernachlässigt würden. Grund dafür sei, dass in den Gasthäusern „grosser Gewinn, Zinß und Genieß" erzielt werde, der durch die Kirchen, Pfarrhäuser und Schulen erarbeitbare jenseitige Gewinn jedoch kaum mehr Beachtung finde. In diesen auf materiellen privaten Profit ausgerichteten, verdächtigen Häusern werden vor allem nachts eben „unzüchtige, leichtfertige unnd unfletige Tentze" veranstaltet. Das Pamphlet ist demnach gegen das ländliche und kleinstädtische, nach eigener Einschätzung letztlich unausrottbare, unchristliche Tanztreiben gerichtet. Die Tänze sind toll und mit „unmenschlichem Geschrey" die ganze Nacht über verbunden, so dass sie die ehrlichen Übernachtungsgäste und die Nachbarschaft „plagen". Sie bringen unkontrolliert beide Geschlechter zusammen. Sie sind regelmäßig mit Trunkenheit verbunden („Tantz seufft viel Bier") und arten deshalb unweigerlich in Unzucht aus. Der Bierbedarf führt zur Qualitätsverschlechterung des Biers und dessen Genuss zu Krankheiten. Die Unordnung im Gasthaus fördert Weiberregiment, das erst recht Unzucht fördert. Mehr noch, die Beteiligten „tantzen dem Prediger und Pfarrherrn zu krieg und vordruß, weil ers nicht leiden will und viel darumb mauls haben". Auf dem Heimweg frühmorgens sind sie mit Absicht laut, „damit es ja der Pfarrherr hören sol" bzw. „ja Pfarrherren und Prediger, die gern fried und ruh hetten, alt, schwach und kranck seyn und solch Gottloß, viehisch, teufflisch wesen nicht sehen noch hören können, desto mehr geplaget werden". Selbst die Pfarrtöchter werden zur Beteiligung animiert, und wenn sie dabei sind, wird ihre Beteiligung als Legitimierung des Treibens angesehen. Dadurch werden die Strafandrohungen des Pastors und der weltlichen Dorfobrigkeit hohl und keine ernsthaften Strafen mehr durchgesetzt, was schließlich in den Ruin der ganzen Dorfgemeinschaft führen muss.[198]

Dieses Treiben abzuschaffen, ist schwierig, da sich die Gastwirte und Veranstalter entweder weigern, weil sie es selbst genießen oder aus finanziellen Gründen nicht aufgeben wollen oder – im Fall der Pächter (Mietwirte), die an die Besitzer hohe Abgaben zahlen müssen – nicht aufgeben können. Tanzverbote der höchsten Obrigkeiten scheitern deshalb regelmäßig. Die Autorität des Pastors schwindet. Seine Mahnungen, Warnungen, Strafandrohungen, ja öffentliche Bekanntmachung der Übeltäter verhallen wirkungslos. Indem Daul nach Anprangerung dieser Zustände auf die Unterschiede zwischen ehrlichen oder „züchtigen Täntzen" – tanzen „par und par im Reyen, fein züchtig, vernünfftig und höflich nacheinander gehen ohne drehen, ohne kwirgeln, ohn pochen, hoch springen, ohn schreyen, ohn schwingen, [nur] hin und wider werffen und rucken" am hellen Tag und vor großem, anständigen Publikum – sowie dem dörflich-kleinstädtisch frevelhaften Treiben eingeht, schlägt er den einzig verbliebenen Lösungsweg ein. Er besteht darin, ehrbaren Tanz zuzulassen und zu fördern, um dessen Gegenpart allmählich abschaffen zu können. Die breit geschilderten Verlockungen und Gewohnheiten, die den Neigungen und Affekten der jungen Leute so gut entsprechen, und der Tatbestand, dass die Jugendlichen diese ihre Praktiken so heftig gegen die Erwachsenen und Autoritäten verteidigen, lassen den Pastor jedoch ratlos zurück. Er kann nur noch an die weltliche Obrigkeit appellieren, die aber wie von ihm erkannt im Netz ihrer eigenen Interessen gefangen ist.[199]

1594 rückte die Tanzdebatte noch weiter in das theologisch-kirchenpolitische Feld. Der Verfasser des Schlüsselwerkes *Ein gotseliger Tractat, von dem ungotseligen Tantz* von 1594, das 1602 eine Neuauflage und 1673 in überarbeiteter Form eine Neuausgabe erfuhr, war kein lutherischer Pastor, sondern nach eigener Angabe zunächst calvinischer Jurist und Amtmann der Grafschaft Wied, dann Markgräflich Badischer Rat und Obervogt in Pforzheim.[200] Der breiten Rezeption des Werkes in lutherischen Kreisen tat dies keinen Abbruch. In der Widmungsrede an seine Landesherrin schildert der Autor Johann von Münster zu Vortlage (1560 – 1632) seine persönliche Entwicklung zum Tanzgegner. In der französischen und schottischen reformierten Kirche sei der Tanz längst abgeschafft, während er im deutschen Calvinismus noch geduldet und praktiziert werde. Mehr noch, „lessest du davon ab, und wegerst dich zu tantzen; so wirst du und vielleicht deine Religion mit dir je lenger je mehr verachtet, bespottet, und daß die vom Adel dieselbe nicht leichtlich annemen, verhindert und auffgehalten werden." Im Gegensatz zu dem bei Daul in den Blick genommenen bäuerlich-kleinstädtischen Tanz geht es also hier in erster Linie um den Adels- und Hoftanz. Ihn kirchlich zu verbieten, schmälert die Chance, den Adel für den wahren Glauben zu gewinnen. In diesem Dilemma habe der Autor begonnen, alle Äußerungen der „alten und newen Scribenten" zum Tanz zu sammeln, mit dem Ergebnis, überall, so auch ausdrücklich bei den heidnischen Schreibern, Vorbehalt und Ablehnung zu finden. „Da fieng ich an durch Gottes gnad bey mir zu entschliessen, daß ich [...] hinfurt zur zeit meines lebens keinem menschen hohes oder nidrigen stands zu gefallen tantzen wollte." Um diese Entscheidung überzeugend begründen zu können, habe er sich einen „gedenckzedel" mit den „fürnemsten Puncten und Sprüch wider den Tantz entworffen", woraus schließlich trotz zahlreicher Einwände und wohlmeinender Bedenken die vorliegende Abhandlung entstanden sei. Die dargelegten Argumente seien sowohl biblischen Zeugnissen als auch Beiträgen der evangelischen Konfessionen und selbst des Papsttums, ferner dem weltlichen (kaiserlichen) Recht und den antiken Philosophen entnommen. Es geht dem Verfasser aber explizit keineswegs nur darum, Gelehrte zu überzeugen.

Vielmehr wolle er seine Schrift auch dazu einzusetzen, in der Grafschaft Wied den Tanz endgültig abzuschaffen. Deren Kirchenvertreter und Untertanen sollen im Übrigen durch die Argumentensammlung explizit davon überzeugt werden,

> daß ich jhnen den tantz nicht umb ihres geldes (das sie im fall der ubertrettung meinen gnedigen Herren geben müssen), sondern umb ihres guten Gewissens willen und der zukünfftigen straff Gottes zu entgehen und unser nachbarn ergernis vorzukommen, ernstlich verbotten habe.

Die Verurteilung des Tanzes möge ihm außerdem nicht als Verachtung oder Verdammung derjenigen ausgelegt werden, die noch tanzen. Schließlich erklärt von Münster seine Widmung an die Landesherrin offen als Schachzug, um sich Protektion zu verschaffen:

> [...] trag ich doch die vorsorg, daß das Frawenzimmer und Höflinge zu Hof allenthalben mir werden spinnenfeindschafft und ungunsten zulegen, von wegen dises schreibens wider den Tantz. Darzu ich einer gnedigen und hocher beschützerinnen bedarf, die auch dasjenige, so sie vertheidigen, sol selbst verstehen können.[201]

Tatsächlich bietet unser Autor in elf „Hauptstücken" eine umfassende Tanzlehre, auf die sich die nachfolgenden Debattenbeiträge gut beziehen konnten. Schon der etymologische Einstieg unterscheidet zwischen profanen und geweihten sowie ordentlichen und unordentlich-schändlichen Tänzen. Auch wendet sich Münster scharf gegen den zeitgenössisch angeblich verbreiteten Brauch, unter dem Begriff ‚Hochzeit' nicht mehr primär die eheliche Vermählung oder den Eheschluss zu verstehen, „sondern einen Tantz." Das zweite Hauptstück fächert die diversen Tanzarten systematisch auf: gottselige und ungottselige (jüdische, heidnische – darunter muslimische –, vorgeblich christliche), die wiederum geistliche oder leibliche sein können. Selbstverständlich lässt von Münster die Gelegenheit nicht aus, dabei auf die angeblichen lästerlichen Tänze von Pfaffen, Nonnen und Mönchen z. B. bei Primizfeiern hinzuweisen, die durch „etliche Diener des Evangelii" bei ihrer ersten Predigt nachgeahmt würden:

> [Eine Gasterei,] in welche[r] die Prediger (eben wie ein weltlicher breutigam zu thun pfleget) selbst den ersten tantz und Reigen thun und weidlich herumb springen. Pfui dich, welch ein Predigers und Lehrers Stück ist das? [...] Ein recht Christlich hertz kann diesem gastgebot und Tantz eines jungen Predigers ohn zorn Gottes, verachtung des heiligen Predigtamts und beschmeissung seines gewissens auch ohn ergernis und erhaltung und ernehrung dieses groben Päpstlichen irrthums nicht beywohnen.

Aber auch katholische Untertanen feierten nach dem Hochamt, bei Heiligengedenktagen usw. trotz Verbots durch Konzilsbeschluss Gesellschaften, „auff welchen bulenlieder gesungen oder unstetige bewegungen des leibs durch Täntze und Reigen" praktiziert werden.²⁰²

Mit der Bezeichnung der Tänze des hohen und mittleren Adels als „keyserliche, königliche" usw. „werden aber dise Täntze nicht besser dann die andern", denn „je höher der sünder geachtet wirt, je höher und grösser die sünde auch geachtet wirt". Oder anders ausgedrückt: „Potentes potenter torquebuntur. Das ist: Die gewaltigen werden gewaltig gestraft werden." Von den niederen adeligen, bürgerlichen und „bawrischen" Täntzen sind zwar die bäuerlichen die „aller unfletigsten [...]. Dann dieselbe mit ruffen, schreyen und seltzsamen geberden mehrmals gehalten werden." Dennoch „geben" diese „oftmals weniger sünd und ergernis", weil ihre Untaten weniger raffiniert sind, bei ihnen die Unwissenheit noch weit verbreitet ist und sie sich nach dem „schlechten exempel" der eigentlich verantwortlichen „Gewaltigen" richten. Das dritte Hauptstück besteht aus einer detaillierten Durchmusterung der Definitionen, Bezeichnungen und Begründungen des „gotlosen Tantz[es]". Münster setzt mit der Sachbestimmung des Augsburger, dann Berner Reformators Wolfgang Musculus (1497–1563) ein, die auch andere Autoren des 17. Jahrhunderts rezipieren. Der gottlose Tanz sei nichts anderes

> als eine leibliche bewegung des Täntzers, gestellet und gerichtet zwar nach einer sichern aber mancherley weise, zal, ordnung und gestalt zu tentzen, beyde unter Man und weibspersonen, die sich nach dem geläut und schal eyteler und mehrer theils leichtfertiger gotloser liedlin oder gesänge umbher führen und tummeln, allein zu dem end, daß darauß eine wollust und freud den Täntzern selbst und jren zusehern gegeben oder genomen werde.

Worum es geht, ist also „eine auffgiesung der eytelkeit, welche im hertzen verborgen ist, und durch unsinnige eusserliche geberden offenbaret wirt."²⁰³

Ihr folgen zahlreiche einschlägige Zitate aus der Bibel, von Kirchenvätern, Konzilsbeschlüssen, päpstlichen Dekreten, antiken Philosophen und Renaissancehumanisten, schließlich calvinischen und anderen Reformatoren. Natürlich kam der gottlose Tanz mit dem dekadenten Papsttum ins Christentum, gestiftet vom Teufel. Unser Tanzgegner muss jedoch auch einräumen, dass

> aber die Natur selbst verursacht hat, daß die Täntze sind erfunden worden. Dann dieweil die Menschen von natur dazu geneigt, wann sie betrübt gewesen, daß sie eusserlich zeichen und geberde der betrübnis haben: wann sie auch frölich gewesen, daß sie auch euserlich zeichen der freud haben vernemen lassen. So ist dazu die Kunst leichtlich gekommen und hat gelehret durch einen gesang oder spil die eusserlichen geberden meisterlich und zierlich zu regiren, welches man einen Tantz und Reigen nennet.

Dass diese Naturtendenz entartet, ist dann wieder mehr oder weniger direkt teufelsbewirkten „helffenden ursachen" zuzuschreiben: Vergessenheit Gottes und mangelnde Gottesfurcht, unmässige Gasterei bzw. Gelegenheit dazu an günstigen Orten, „allerley wollust", „tollheyt des gemüts", Trunkenheit, „weibische verwendigkeit", Hoffart, Leichtfertigkeit und Vermessenheit, Anziehungskraft der Tänzerinnen, Enthemmung durch die Nacht, Aufreizung durch Musik, schlechtes Beispiel der „grossen Herrn" und Versäumnis der Regenten, derartigem Treiben Einhalt zu gebieten.[204] Ähnliche Detailfreude und beeindruckendes Differenzierungsvermögen weist das anschließende Kapitel zu den Formen des Tanzes auf, das auch die regionalen und nationalen Traditionen einbezieht. Ein besonderes Anliegen ist es dem Verfasser, die fahrenden Spielleute (Pfeifer, Sänger) als infam und gefährlich nicht nur in christlich-moralischer, sondern auch finanzieller (Geldabfluß, Verarmung gerade wenig betuchter, aber ablenkungsbedürftiger Untertanen) und politischer (Ruhestörer, Unruhestifter) Hinsicht zu entlarven. Er zielt damit realistisch auf die wesentliche soziale Gruppe der Anreger und Ermöglicher weltlichen Tanzes. Des Weiteren erkennt und verurteilt unser Autor den psychisch-sozialen Zwang, sich an bestimmten Tänzen beteiligen zu müssen, sich ihnen also nicht entziehen zu können. Dabei schäme sich mancher Tänzer sogar nicht, „die jungfraw oder fraw, sobald sie ihm den tantz geweigert hat, auffs maul, wider alle billigkeit, redligkeit und Recht, zu schlagen." Ein besonderer Dorn im Auge sind Münster der französische Tanz bzw. dessen besonders leichtfertige, üppige und aufreizende Formen. Auf italienische und spanische Varianten geht er nach eigenem Bekunden lediglich der Kürze halber nicht ein.[205] Auch das folgende Kapitel widmet sich den Unterschieden im Tanzen, konkret, „wo, wann und zu welchem end der tantz gehalten werde." Das aufgezählte Spektrum reicht vom Straßentanz bis zum Tanz zu Hofe, vom Familienfest bis zum eigentlich anlasslosen Trunkenheitstanz und vom Tanz zwecks Empfindung von „freud und wollust", zwecks Erlebens friedlich-harmonischen Umgangs miteinander, zwecks „gezierung" von Hochzeiten und Gastereien, zwecks Bestätigung von Bündnissen, Freundschaften und Rechten bis zwecks lediglich Aufrechterhaltung und Bekräftigung der Tanztradition. Eigens erwähnt werden ferner die zunächst ebenfalls unschuldigen Zwecke, zwischen „jungen gesellen und jungfrawen [...] eine züchtige liebe an[zu]zünden und eine Christliche Ehe zu stifften" sowie „den leib gerade zu machen", also die Tänzer sportlich zu ertüchtigen. In Wirklichkeit schlage jedoch auch jeder noch so gut gemeinte Tanz in Unordnung und Unzucht um. Deshalb sei es eben doch „nicht recht", „daß eine Christliche und Evangelische Obrigkeit einen solchen Tantz in ihrem land und Gebiet zulasse."[206] Diese Wirkungen jeglichen Tanzes werden im achten Hauptstück erneut sehr genau beobachtet und unter hohem Zitatenaufwand aus den genannten Quellen dargelegt. Alles Trachten und Sinnen bezieht sich auf den Tanz. Die Tänzerinnen und Tänzerinnen feuern sich unter Beteiligung der Zuschauer hemmungslos gegenseitig an. Das leichtfertige und unzüchtige Verhalten und Reden nimmt mit

Fortgang der Nacht zu. Sie enden insbesondere wegen der Leichtfertigkeit und Hemmungslosigkeit von Mädchen und Frauen vielfach in Buhlerei und Ehebruch. Statt Harmonie entstehen Eifersucht, Hader und Streit, schließlich Gewalttätigkeit und Mord und Totschlag. Jeder möchte dabei sein und sich auszeichnen, was u. a. zu Verschuldung führen kann, usw. Am nächsten Tag und danach sind Freude und Wollust vergessen, aber nicht Eifersucht, Beleidigung und Streit. Diese setzen sich, auch verstärkt durch Übertreibungen und Gerüchte, fort und erfassen die gesamte Gemeinde.[207]

Für sein Plädoyer durchgreifenden Verbots allen Tanzes wichtiger als diese Wirkungen sind dem Verfasser die im nachfolgenden Kapitel sorgsam aufgefächerten, durch Exempel ergänzten und erläuterten biblischen und sonstigen christlichen, aber auch heidnischen (antik philosophischen und humanistischen) sowie juristischen Gebote, Verbote und Strafen. Aber auch er belässt es nicht bei diesen allgemeinen Darlegungen, sondern unterbreitet anschließend alternative Vorschläge zur christlich richtigen, moralisch akzeptablen und dennoch angenehmen, anlassangemessen freudigen Gestaltung von Hochzeiten, Gastereien und sonstigen Festen. Wie diese in Gebete und sonstige Anrufungen Gottes eingebettet, streng geordnet und kirchlich kontrolliert werden sollen, braucht hier nicht genauer dargelegt zu werden. Nur so viel sei erwähnt: Von den Körperbewegungen bleiben letztlich fast nur die Kniebeugen übrig. Die Musik wird freudig-fromm, es darf aber üppiger als sonst gegessen und getrunken werden – zumal wenn Arme dazu geladen sind – und ehrbarer, anständiger Kleiderschmuck insbesondere der Frauen ist durchaus zulässig. Das letzte Kapitel räumt wieder mit den Argumentationen auf, die üblicherweise zur Verteidigung des Tanzes vorgebracht werden, also den „Eynreden". Hier weist Münster schon an erster Stelle die Behauptung zurück, beim Tanz handele es sich um ein *Adiaphorum*, also ein glaubensneutrales Mittelding. Gelegentliches, individuelles freies Springen oder Hüpfen vor Freude ist nicht mit organisiertem, die Geschlechter vermischendem Tanz unter den geschilderten problematischen Umständen und mit den angesprochenen sündhaften Folgen zu vergleichen. Das Tanzverbot bedeute ferner auch keine Einschränkung der christlichen Freiheit. Im Fall des Tanzes sticht auch der Hinweis nicht, dass die Abschaffung einer Praxis nur wegen ihres Missbrauchs nicht überzeuge. Die Einführung des Tanzes in der frühen Christenheit und die lange Tradition dürfen nicht davon abhalten, eine böse und gefährliche, zudem jüngst noch schlimmer gewordene Gewohnheit beizubehalten. Die Zusammenführung der jungen Leute zwecks guter Ehestiftung muss anderweitig organisiert werden. Der Beitrag des Tanzes zur körperlichen Gesundheit ist einerseits zu bezweifeln, andererseits leicht zu ersetzen, usw.[208]

Wenig später nahm auch der uns schon gut bekannte Rothenburger Stadtpfarrer und Superindentent Hartmann das Thema auf. Sein *TantzTeuffel in III.*

Theilen nebst einem Anhang vom Praecedentz-Teuffel, auf inständiges Begehren auffgesetzt, gedruckt in Hartmanns Wirkungsstadt 1677, knüpft am höchst alarmierenden Tatbestand an, dass die zeitgenössischen Kriege die rechte Christlichkeit nicht befördert, sondern im Gegenteile schwer korrumpiert und geschädigt haben und weiter schädigen. Unter die

> Greuel, als Ursach so vielfältigen Unheils, [sei] auch nicht unbillig zu zehlen der schändliche Mißbrauch des Tanzens, welcher in manchen Orten so tief eingewurzelt, daß weder die heilige Zeit des Sonntags, noch die erbärmliche Kriegsnoth und höchstgefährlichen Läuffte bey so vielem warnen und kläglicher anhalten treuer Seelsorger solches Unwesen können abtreiben.

Mehr noch,

> je mehr Gott mit Straffen anhält, je mehr sie sündigen, und wachsen ihre Laster unter der Straff, daß einer meinen sollte, es werde die Untugend aus den Straffen gleichsam geboren. Und hat die Boßheit endlich dergestalt überhand genommen, daß man leichtlicher die Stadt ohne Einwohner, denn einen einigen Einwohner ohne Laster finden könnte.

Um wenigstens den noch einigermaßen für die göttliche Botschaft Zugänglichen Orientierung und Belehrung zu verschaffen, sei es daher erforderlich, nach vorausgehender Publikation eines Fluch-Spiegels und einer Abhandlung gegen den „A la mode-Teuffel" jetzt endlich den gefährlichen „Tantz-Teuffel" vor Augen zu führen.[209] Schon im ersten Teil der Darstellung dieses für den Verfall der Christlichkeit als besonders wesentlich angesehenen Lasters, dessen Definition und Phänomenologie, bezieht sich der Lutheraner Hartmann auf den ausdrücklich als „reformierter Autor" gekennzeichneten Johann von Münster. Auch der anschließende zweite Teil zu den Bemäntelungen, Beschönigungen und Entschuldigungen des Tanzes folgt ihm, wiewohl mit markanten Abweichungen. Dagegen weist der dritte, im vorliegenden Rahmen besonders interessante Teil zur „Abstellung vermittelsten Geistlichen, Weltlichen und Hauß-Stands Nothwendigkeit und Nutzbarkeit" auch von Münster weniger behandelte Aspekte auf.

Was Münster und seine rigorosen Anhänger ablehnen, wird von Hartmann bekräftigt: das Tanzen ist eine „res adiaphora" und als ehrbare „saltatio civilis seu politica" (bürgerliche oder politische Tänzerei) durchaus zulässig. Jedenfalls dann, wenn sie zur angemessenen Zeit sowie nicht allzu häufig praktiziert wird und ordentlich, an gebührendem Ort und „in Gegenwart ehrlicher Personen" von Leuten, die es in ziemlicher Weise tun können, also jungen Vertretern beiderlei Geschlechts, stattfindet, so vor allem bei „ehrlichen Hochzeiten". Alte machen sich mit Tanzen dagegen lächerlich und gefährden sich körperlich selbst. Dass

Kinder unschuldige Tanzspiele aufführen dürfen, versteht sich, wie bereits Luther feststellte, ohnehin.

> Tantzen ist ein Weltwesen. Drumb es von Weltlichen Personen zu verrichten. Geistliche Personen, Münch, Nonnen, Pfaffen desgleichen alle andere Prediger und Kirchendiener [hingegen] sollen des Tantzes müssig gehen. Dann wie keiner der Gott dienet, sich in Weltliche Händel nicht einmischen soll, [...] Also gebühret ihnen auch nicht, sich ins Tantzen und Reigen einzumischen, welches ein Weltlich Stuck.

Die lutherische Zwei-Reiche-Lehre schafft also auch für das Tanzen einen Spielraum, der allerdings den üblichen christlichen Ansprüchen und Normen unterliegt. Die Inhaber der weltlichen Obrigkeit dürfen kein schlechtes Beispiel geben. Sie unterliegen der Mahnung, Warnung und im Extremfall grundsätzlich kirchlicher Bestrafung, exerziert von den Pastoren. Sie müssen sich stets klar darüber sein, dass gerade das Tanzen unmerklich zu Leichtfertigkeit, Üppigkeit, Buhlerei, Unzucht und Ehebruch verführt. Auch „gelehrten Leuten stehet der Tantz übel an, weil die verständiger [sind bzw. sein müssten] als andere". Grundsätzlich unerlaubt oder zumindest als schändlich müssen auch im lutherischen Horizont alle diejenigen Tänze bleiben, die allein auf „eusserliche Freude" oder des „Fleisches Kützel und Muthwillen" abstellen. Deshalb lässt Hartmann wie Münster erhebliche Vorbehalte gegen Spielleute und wilde Tanzmusik erkennen und stimmt er dessen Hinweisen auf die böse Eigendynamik nächtlichen Tanzens zu, die er im Übrigen auch schon bei dem Lutheraner Cyriacus Spangenberg und anderen beschrieben findet.[210]

Wie kann das alamodische, besonders aus Frankreich kommende unanständige Tanzen, das definitiv nicht als Adiaphorum, Element christlicher Freiheit oder nützlich eingeschätzt werden kann, erfolgreich zurückgedrängt und abgeschafft werden? Auch Hartmann stehen nur die üblichen Mittel der Beobachtung, anschließenden Warn-, Mahn- und Strafpredigt oder privaten Ermahnung, Warnung und Strafandrohung, dann das Instrumentarium der eigenständig oder unter Beteiligung anderer Kirchenvertreter verhängten Kirchenstrafe, schließlich der Appell an die weltliche Obrigkeit und deren Unterstützung zur Verfügung. Er benennt diverse Hemmnisse dieser Verfahren, deren Beachtung bzw. Überwindung sie deutlich effizienter machen könnte. So etwa wieder, dass die Bestrafung von Tanz nicht „pars salarii" (Gehaltsanteil) der Amtsdiener und damit lediglich zur Geldquelle wird. Dass die Verbots- und Beschränkungsdekrete oft genug vorgelesen werden, um die Ausflucht der Unkenntnis auszuschließen. Dass Trauer-, Gedenk- und sonstige stille Zeiten mit plausiblem Tanzverbot ausgeweitet werden. Dass die Teilnahme eigenen Gesindes an auswärtigen Tanzveranstaltungen durch andere Verpflichtungen zur gleichen Zeit und rigorose Anwesenheitskontrolle abgeschafft wird, usw. Ein besonderes Problem bildet auch in diesem Durchgang das Kirchweihfest mit seinen althergebrachten, also schwer völlig abzuschaffenden, aber eigentlich nicht mit dem geistlichen Charakter des Anlasses zu vereinbarenden Gemeindefesten.[211]

Ende des 17. Jahrhunderts geriet die lutherische Tanzlehre endgültig in den Sog der Auseinandersetzung zwischen Orthodoxie und Pietismus um das richtige Verständnis der Adiaphora. Einer der Hauptbeteiligten, der Leipziger Pädagoge, Theologe und Prediger Albrecht Christian Rotth (1651–1701), entwickelte zunächst in einer Predigt, dann in deren erweiterter Druckfassung eine neue Auffassung. Gerade in der Gegenwart „zunehmender Atheisterey und eines Epikurisches Wesens", die nach verschiedenen prophetischen Weissagungen die zeitliche Erfüllung indizierten und deshalb erhöhte „christliche vigilantia" (Wachsamkeit) forderten, sei eine genaue Kenntnis der „res indifferentes" (wertneutralen Dinge) nötig. Dabei müsse aber auch die von Gott gegebene menschliche Natur Berücksichtigung finden.[212] Essen, trinken, pausieren, sich einem bestimmten weltlichen Nutzzweck zugunsten des eigenen Selbsterhalts, der eigenen Ehre oder Lust zu widmen sind nicht nur zulässig, sondern auch notwendig.

> Denn wenn ich leugnen wollte, daß der Mensch etwas zu seinem Nutz dürffte vornehmen, so würde ich alle Handthierungen, Kauffmannschafften, Künsten, Handwerke und andere Gewerbe auf einmal aufheben.

Entsprechend sind die der menschlichen Praxis „frey gelassenen Dinge" großzügig zu definieren. Christus, der nicht geheiratet, keine Kinder gezeugt, nicht gebaut und gepflanzt und kein Regiment verwaltet hat, kann und darf nicht undifferenziert nachgeahmt werden. Vielmehr meine „ihm nachzufolgen, in allen menschlichen Verrichtungen seine Tugend, Sanftmut, Lastervermeidung, Rechtschaffenheit" usw. zu üben. Die „weltlichen Lüste" zu „verläugnen" macht also keinen Sinn. „Man kann [vielmehr] eine Lust und Freude auch über Dinge, die in die Welt gehören, ohn Sünde haben." Gott hat seinen Gläubigen auch den Freudenbecher gereicht. Zu den derartigen zulässigen, von Gott gewährten, den „vergönneten Lüsten", die „objective und causaliter" genau zu definieren sind, gehören die Lust am Essen und Trinken. Aber auch die Freude am ehrlichen Tanz und am ehelichen Beischlaf, soweit sie der „christlichen Ergetzung" dienen.[213]

Dieser Auffassung des Gegners von Christian Thomasius, der die lutherische Orthodoxie zu zerschmettern begonnen hatte, wie des Pietismus, dem jede Entheiligung zuwider war, traten verschiedene Anhänger der Orthodoxie entgegen.[214] Die *Dissertatio theologica circularis De saltatione Christiano licita* (Abb. 8), die 1704 von dem Theologieprofessor Johann Peter Grünenberg im lutherischen Rostock publiziert wurde, hob die Auseinandersetzung methodisch auf das akademische

Niveau, um sie inhaltlich auf den mittleren Kurs Luthers zurückzuführen.[215] Im gleichen Jahr der ersten Neuauflage dieses lateinischen Beitrags, 1719, wandte sich hingegen der Brandenburger pietistische Pastor Christoph Matthäus Seidel (1668–1723) als Schüler Philipp Jakob Speners wieder gegen das Tanzen, indem er die aus der Bibel bezogenen Entschuldigungen und Erlaubnisse dafür als Missbrauch der heiligen Schrift zu erweisen suchte. Die Argumentation gipfelt wieder in der Feststellung, dass Tanzen gegen das Gebot der allzeitigen „geistlichen Wachsamkeit und Bereitschaft zur Zukunft in Christo" verstoße.[216] Den jetzt auch mit Vernunftgründen untermauerten Standpunkt, nach dem nur der Missbrauch die Tanzfreiheit einschränke, aber an der Darstellung der „Vollkommenheit des Körpers" nichts zu verurteilen sei, vertrat erneut 1736 der knappe Druck *Erbetenes Urtheil über den bishero hefftig bestrittenen Punckt vom Tantzen* des Zastrower Pastors Johann Andreas Kilian.[217]

4.5 Der Kampf gegen das diesseitige Gewinnstreben

Zu den Lastern oder Sünden, die aus der vom Teufel ständig angefachten fleischlichen Begierde und diesseitigen Eigen- oder Selbstliebe (*philautia*) entstehen, zählte, wie wir gesehen haben, nicht zuletzt das diesseitige Gewinnstreben als Streben nach Reichtum und/oder sozialem Aufstieg. Entsprechend musste sich die Warn-, Mahn- und Straftätigkeit der Pastoren auch und gerade auf diesen Sündenkomplex richten. Und zwar zumal deshalb, weil sich im 17. Jahrhundert die bereits angesprochenen historischen Entwicklungen einstellten, die auch diesen Komplex direkt oder indirekt erheblich förderten: die Kriege als diesseitige Überlebensherausforderungen, aber auch unbeabsichtigte Produzenten neuer Aufstiegs- und Profitchancen; die ebenfalls von den Kriegen beschleunigte Durchsetzung und Verbreitung der Statusräson (ratio Status), des Konzeptes der Kalkulation und strategisch-taktischen, rein erfolgsorientierten Verfolgung der Statussicherung und eben des Aufstiegs- (Statusverbesserungs-) und materiellen Profitinteresses, dem wir im Kapitel zur Pastorenberufung schon begegnet sind; wieder das Vordringen der statusräsonal bis machiavellistisch-epikureisch-hedonistisch geprägten französischen Adels- und Hofkultur; schließlich das Aufkommen und die Verbreitung des frühmodernen Natur- und Vernunftrechts, welches das Recht und die Pflicht diesseitigen Selbsterhalts und vernünftig-ehrenvoller Eigenliebe in aus Pastorensicht durchaus problematischer Weise lancierte und legitimierte.

Gegen der „Juncker Geitz und Wucherteuffel so jetzt in der Welt in allen Stenden gewaltiglich regieret" wandte sich bereits die gleichnamige Warn- und Klageschrift des mutmaßlichen Predigers Albert von Blanckenberg, die 1569 und

1587 im ersten Teil in der verbreiteten Sammlung *Theatrum diabolorum* des Frankfurter Buchhändlers Sigmund Feyerabend abgedruckt wurde. Als nach biblisch-christlicher Norm unzulässige bis eindeutig satanisch inspirierte Formen dieses Gewinnstrebens insbesondere beim Landadel angeprangert wurden darin zunächst die Steigerung der eigenen Einkünfte durch unmäßige Besteuerung und sonstige Abgabenerpressung. Aber auch übermäßiges Zinsnehmen auf Höfe und Schuldenmachen zumal zur Finanzierung üppigen Lebens, das auch noch die Lebensmittelproduktion und -verteilung zugunsten der Armen vernachlässigt oder einschränkt, werden genannt. Die Zeitdiagnose ist eindeutig: „Geitz und Wucher [...] hat die Menschen eingenommen, das nichts denn eine Geltliebe ist in der Welt". Dabei wissen die Christen genau:

> Der Geiz ist ein wurtzel alles ubels. Denn die da reich werden wollen, die fallen in versuchung und stricke, unnd viel thörichter und schändtlicher lüste, welche versenken den Menschen ins verderben und verdammnis.[218]

Im zweiten Teil des *Theatrum diabolorum* (zuerst 1575, dann in der Gesamtausgabe 1587) zielen zwei Trakate auf den Komplex: der *Neidthart oder Neidteuffel* des Pastors von Bischleben Johannes Rhode und der *Sorgteuffel wieder die heidnische Bauchsorg der leiblichen Nahrung* des Andreas Lang. In beiden Fällen werden die aus Pastorensicht übertriebene, gottvergessene, deshalb sündhafte fleischliche Diesseitsorientierung und darin die Gier nach Reichtum und anderen zeitlichen Gütern mit den üblichen biblisch-christlichen Argumenten scharf verurteilt.[219] Näher an der zeitgenössischen Spezifik des christlich, moralisch und juristisch unerlaubten Besitz-, Vermögens- und Unterhaltserwerb angesiedelt ist demgegenüber der Traktat *Non dimittitur peccatum, Nisi restituatur ablatum. Das ist Schrifftmässiger Beweiß und gründlicher Underricht, Daß die Leute, Welche durch unziemliche Mittel Gelt, Gut, Reichthumb und Nahrung gewinnen, keine Vergebung der Sünden darbey erlangen [...] können, so lang sie solches unrechte Gut wissentlich bey sich behalten und brauchen* von 1622. Ihr Verfasser ist der promovierte Theologe und Ohrdruf-Gothaer Hofprediger Johann Weber (1583–1645). Er sieht in seiner Widmungszuschrift unter Bezug auf Luther die Regierung der Welt durch „zwei Secten" voraus. Das seien der Enthusiasmus, womit er den sektiererischen inneren Erleuchtungsfanatismus, konkret zu seiner Zeit den Weigelianismus, meint, sowie – und das ist der hier für uns einschlägige Fall – wieder der Epikureismus, dem es in völliger Gott- und Weltgerichtsvergessenheit nur um weltliche Sicherheit und eigene Üppigkeit gehe. Das epikureische „höchstschädlichste Unwesen" besteht darin, „auff mancherley Wege und durch allerhand böse Mittel Geldt, Gut und Reichthumb zu gewinnen", wodurch aber „erstlich und zu förderst GOTT und das gute Gewissen beleidiget, wie auch der wahre Glaube und Seeligkeit verlohren" werde. Die weiteren Konsequenzen sind ebenfalls klar: „Darnach wird hierdurch die Liebe des Nechsten auch gäntzlich außgeleschet und das hertzliche Mitleiden, welches zwischen Christen sey soll, allerdings fast auffgehoben", schließlich alle Gerechtigkeit zerstört. Vier unziemliche und sündhafte eigensüchtige Akkumulationsformen prangert der Autor an: unbegründete, maßlose Preiserhöhung im Handel; Raub, Diebstahl und unbegründete Abgabenauflage; Produktfälschung (Verwässerung von Wein, Münzfälscherei und Verkauf von wertlosen Substanzen als Edelmetall); unzulässige Ertragszinsen oder Pachtwucher. Der anhaltende Besitz des unrecht erworbenen Gutes hat nicht nur soziale Folgen in Gestalt der Verachtung und des Hasses der betroffenen Mitmenschen. Vielmehr verunmöglicht er auch jegliche erfolgreiche Beichte, die tätige Reue voraussetzt, und mit der fehlenden Beichte die erfolgreiche Absolution und die Zulassung zum Tisch des Herrn, also zum Abendmahl. Die Untäter vermeiden den Gottesdienstbesuch mit dessen unweigerlicher Mahn- und Strafpredigt und entziehen sich der kirchlichen Strafe, die aufmerksame Pastoren verhängen und stets verhängen müssen. Die Wiedergutmachung, auf die der Titel der Abhandlung rekurriert, bleibt also der einzige Weg, wieder zur wahren Gemeinde Gottes zurückzufinden. Das theologische Postulat „Restitutio malo ablati est de necessitate salutis" (ohne Wiedergutmachung kein Heil) enthält allerdings den Zusatz „quantum possibilis est" (soweit die Wiedergutmachung oder Besitzrückgabe möglich ist). Kein Übeltäter wird also ins Elend und in den dauerhaften Ausschluss aus der Gemeinschaft der Gläubigen gestoßen, sondern in einem eigenen Kapitel beschriebene praktische, auszuhandelnde Lösungen sind angestrebt. Über diese hat allerdings zuletzt immer der Pastor zu entscheiden. Der in der Handelsstadt Erfurt vorgelegte Druck verfolgt also eine mittlere Linie hinsichtlich des Aufschwungs der frühneuzeitlichen Markt- und Staatswirtschaft; er begleitet sie lutherisch-kritisch, ohne sie vollständig abzulehnen.[220]

1655 war mit der Leichenpredigt *Ratio Status cum Deo: Wie und woher Dennoch Stets an Gott blieben Der [...] Herr M. Gottfried Trenckner der Kirchen zu Erbisdorff Brand und St. Michael treufleissiger Diaconus [...]* des Freiberger Pastors Sebastian Gottfried Starcke eine Erörterung erschienen, die sich des verbreitetsten Mittels zur Beförderung des diesseitigen Eigeninteresses, eben der Staats- bzw. Statusräson, für den jenseitig-christlichen Zweck zu bemächtigen versuchte. Denn die bewusste Wahrnehmung, Einschätzung und Kalkulation möglichster Verbesserung des eigenen Standes konnte ja auch auf die jenseitige Erfüllung bezogen und insofern hilfreich sein.[221] Noch unmissverständlicher deklinierte 1676 der Standes- und Berufsgenosse Starckes, der aus Ungarn vertriebene – und insofern persönlich von existenzieller Statusveränderung betroffene – lutherische Pastor und spätere Superintendent Daniel Klesch (1624–1697), in seinem *Apostolica Status Ratio In Politeumate Coelico Pauli [...] Das ist: Geistlich-Apostolischer*

*Staatist: Aus dem Himmlischen Bürger-Recht St. Pauli Phil. III, 20. [...] Der falschen Welt-Staatisterey entgegen gesetzt die richtige und falsche Staats- und Statusräson durch.*²²² Der zweite Leitbegriff des Status-und Staatsräsonsdenkens, derjenige des Interesses, wurde im pastoralen lutherischen Bereich auch durch die beiden Beiträge beflügelt, die 1674 in Kassel publiziert wurden: William Guthries *Das große Interesse eines Auffrichtigen Christen Oder der Probir-Stein des Gnaden-Teils in Christo* und Johann Deusings *Das grosse Interesse eines gewissenhaften Kauffmanns. Das ist: Eine christliche Unterweisung [...] Item, wie man sich in einem jedweden ehrlichen Beruff verhalten müsse, aus verschiedenen englischen Büchern zusammengetragen.* Aus dem ökonomisch-sozial fortgeschrittenen England kommend, versuchten diese beiden Publikationen, einerseits durch Unterscheidung wahren christlichen von lediglich weltlichem Interesse, andererseits durch Versöhnung ehrlichen Kaufmannsinteresses mit den christlichen Normen, auch dieses Interessenkonzept für ihr praktisch-konkretes Verchristlichungsanliegen zu retten. Damit hatte die entscheidende Phase des Kampfes gegen die weltliche Habsucht und das Aufstiegsstreben sowie deren sündhafte Mittel im letzten Drittel des 17. Jahrhunderts eingesetzt.²²³

Von den Drucken, in denen sich diese Auseinandersetzung vollzog, können wir hier nur wenige herausgreifen. Wir nehmen uns einige derjenigen vor, die in den engeren Bereich der Pastorendebatte gehören. Die 1674 ohne Druckortangabe unter dem Pseudonym Florentin Wahrmund publizierte *Nagelneue BaurenAnatomia Oder: Repräsentation deß Bauren-Staats: In welcher Der heutigen Bauren Arglistigkeit, Bosheit, Schalckheit, Büberey, Grobheit: Wie auch ihr gantzes Thun und Wesen, ihre Ratio Status [...] Gantz unpartheyisch zu jedermanns Warnung und dienlichen Nachricht auß treuem Wolmeinen entdecket* stammte zwar von dem reformierten hessisch-nassauischen Dorfpfarrer und Schriftsteller Aegidius Henning (1632–1686). Sie wurde aber auch im lutherischen Bereich eifrig gelesen, weil ihre Schilderung des Dorflebens und der Widrigkeiten, dieses zu verchristlichen, ein einmalig plastisches Bild vermittelten. 1684 und 1714 erfuhr sie leicht veränderte neuerliche Ausgaben.²²⁴ Hennings Ausführungen, die versteckte Bewunderung der Bauernschlauheit, vor allem aber pastorale Entrüstung und Frustration erkennen lassen, schreiben den Bauern erwartungsgemäß beschränkten geistigen und Lebenshorizont, Grobheit sowie Einsatz von Lüge, Intrige und Arglist bei der Verteidigung des Eigenen und beim Erwerb von möglichst viel Zusätzlichem zu. Genaue Glaubensvorstellungen versuche man ihnen vergeblich einzutrichtern. „Es scheinet, die Bauern haben das Italiänische Sprichwort: tanto val l'huomo, quanto sistima, so viel gilt der Mensch, als er sich selbst hält, gehöret." Sie entheiligen den Sonntag durch Hofarbeit, lasterträchtiges Faulenzen oder Fress- und Saufgelage. Sie fluchen, lügen und verachten jede Obrigkeit und alles Städtische. Familienfehden werden unbarmherzig ausgetragen und dauern jahrzehntelang. Nur nach außen entwickeln sie über ihre kommunale Ordnung Geschlossenheit und Entschlossenheit, sich aufs Äußerste zu verteidigen. Mit anderen Worten, die Bauern hängen einer Art natürlicher Statusräson an, die sich auf das fleischliche Wohlergehen im Diesseits beschränkt, aber durch Einsatz aller nur denkbaren Praktiken und Tricks umgesetzt wird, auch wenn spontane Affekte die Konsequenz des Handelns stören. Der Pastor wird eher als Fremdkörper, Element der verhassten Obrigkeit und leistungsloser Mitesser betrachtet. Deshalb ist „daraus zu schliessen, daß sie ehender den Seelen- als den Sauhirten [...] fahren lassen. Geistliche Herren gibt's genug, aber man kann nicht so leicht einen guten Hirten bekommen, und wann man ihn hat, so muss man ihn in Ehren halten". Mahn- und Strafpredigten werden eher als Schmähung aufgefasst, auf die durch Störung des Gottesdienstes, Verspottung des Pfarrers, heimliche Sachbeschädigung u. ä. geantwortet wird. Diejenigen wenigen Dorfangehörigen, die es mit dem Pfarrer halten, werden als Verräter beschimpft und gemobbt. So bleibt als „rechte Art die Bauren zu bekehren" nur, „man muß ihnen Donner und Hagel, das ist das Gesetz, verkündigen und schärpffen" und sich dafür mit der weltlichen Obrigkeit verbünden.[225] Der *Teuffelische Dreyzanck. Das ist Drey vom Teuffel entsprungene und der heutigen Welt auffgedrungene S* des Kantors und Lehrers für die unteren Schulklassen Johann Georg Schiebel von 1678 verdammte passend dazu die nach seiner Wahrnehmung selbst auf dem flachen Land verbreiteten neuen Praktiken ungehemmter Verfolgung des Eigennutzes, die ohne Gewalt auskommen, aber gleichwohl sündhaft sind: Das Simulieren, also Vorschützen falscher Tatsachen, freundschaftlicher Verbundenheit, eigener Interesselosigkeit und Unverwickeltsein in bestimmte Vorgänge; das Schrauben, d. h. spitzfindiges, intrigantes, herabwürdigendes und aufwiegelndes Aufziehen, Gerüchte streuen, Stänkern, Durchhecheln, Aufhetzen usw.; schließlich das Schmähen, also Lästern, Beschimpfen, übel Nachreden und Herabwürdigen von im Wege stehenden Personen oder Konkurrenten. Die unaufhörliche Jagd nach der diesseitigen „Nutzbarkeit" macht auch die Mahner und Diener des Jenseitigen, also die Pfarrer und Theologen, verächtlich. Wer simulieren, schrauben und schmähen kann, bildet sich zudem ein, alles besser als die anderen machen und erreichen zu können, während der brave, tugendhafte und mit seinem Schicksal zufriedene Christ als dumm und hinterwäldlerisch erscheint.[226]

Auch die Regenten, also die Souveräne und ihre obersten Helfer, blieben von der pastoralen Mahnung und Schelte in puncto Eigennutz, weltlicher Selbsterhaltung und fleischlicher Üppigkeit nicht verschont. Hier gestalteten sich Ansatz und Argumentation jedoch erheblich komplizierter. Denn der weltlichen Obrigkeit als eigenem, von Gott eigenständig legitimierten Stand kamen ja spezifische Aufgaben zu, die wiederum mit bestimmten Zugeständnissen verbunden waren. Das *Idolum Principum; das ist der Regenten Abgott, den sie heutigen Tags anbetten, und Ratio Status genennet wird*, ohne Autoren- und Verlagsangabe publiziert 1678, entwarf trotz literarischer Einkleidung in eine Fabel- oder Geschichtensammlung ein unbarmherzig offenes Bild der Zustände zu Hofe und an der Staatsspitze. Das war unzweifelhaft der Grund, weshalb sich der Autor verstecken musste. Gewidmet „denen Höflingen, auch andern, welche von der gleichen Sachen Bericht haben möchten, nützlich und gemüthsergötzend zu lesen", deklarierte das Werk gleich anfangs, dass „die Ratio Status anjetzo in der Welt nicht allein geehret und vermehret, ja für das unwiderruffliche Gesetz gehalten wird", während umgekehrt „die Wa[h]r- und Redlichkeit im geringsten nichts mehr" gelte. Dann führt es verschiedene Varianten der Anwendung dieses neuen politisch-sozialen Grundgesetzes vor, als Hauptakteure auch ungenannte Fürsten. Deren Anwendung von „allerhand Staats-Mäntel[n] und Larven" erweist sich als erfolgreich. Ein hoffnungsvoll aufstrebender junger Rat, der noch christliche Normen vertritt, wird gleich eingangs zynisch „zum Schul-Amt befördert, damit er da die Kinder die Hauptstücke der Christlichen Lehr lehren möchte." Für die Erwachsenen und Kundigen ist diese christliche Normativität also belanglos geworden, die Arbeit der Pastoren ebenso.[227] Noch deutlich mehr christlichen Einsatzeifer, aber zugleich begrenzte Erfolgserwartung zeigt die 1678/79 publizierte *Rationis Status Anatomia. Heutiger verkehrter Estaats-Leut Natur, Censur und Cur: nach dero Hertzen, Zungen, Augen, Hände und Geberden entworffen* des uns wohl bekannten J. L. Hartmann. Nur ein Jahr später justierte Hartmann in einem neuen Beitrag seinen Fokus auch auf das Privatinteresse, das im Prinzip stände- und rollenunabhängige individuelle Pendant zur Staatsräson als politisch-herrschaftlicher Maxime. Sein *Privat-Interesse eigennutzigen Teufels Natur, Censur und Cur nach der ungerechten Guts Beschaffenheit und Mannigfaltigkeit der Wiedererstattung, Nothwendigkeit, des Betrugs, Abscheulichkeit und der Ausflüchte Nichtigkeit* leuchtete auf über 300 Seiten die aus Sicht des Rothenburger Pastors und Superintendenten überall, aber besonders auf dem Markt eingerissene Besitz- und Aufstiegsgier nebst deren gesellschaftlichen, moralischen und christlichen Folgen an unzähligen Beispielen scharf aus.[228] Der Zusammenfassung gängiger Ausflüchte und Entschuldigungen auch für eigennützig profitorientiertes und deshalb sündliches Verhalten, die der Fehrbelliner Pastor Balthasar Köpke 1691 veröffentlichte, um seinen Mitpastoren eine Handreichung zur richtigen und effektiven Beantwortung dieser Vorbringungen zu bieten, lag dann neuer Optimismus zugrunde. Er wurzelte offenbar in dem Eindruck, dass die Bildungsarbeit der Pastoren und das Voranschreiten einer gewissen Vernunft den Gläubigen die Augen besser für Widersprüche in den eigenen Äußerungen und die Vielfalt der kurz-, mittel- und langfristigen Folgen rücksichtsloser Profitverfolgung öffneten.[229]

Um diese Zeit waren jedoch philosophisch, natur- und positivrechtlich längst die Weichen für eine grundlegene Differenzierung und Umwertung der Selbstliebe (*philautia, amor sui ipsis*) gestellt. Sie spiegelt sich exemplarisch in der *Dissertatio iuridica De Philautia Von der Eigenliebe* des Jenenser Juristen Peter Müller, die 1678 erstmals publiziert und 1680, 1714, 1747 und 1767 neu aufgelegt wurde. Selbstliebe und Selbstsorge sind „in se & naturaliter" weder lasterhaft noch künstlich, d. h. keine Hervorbringungen bestimmter Personengruppen späterer Jahrhunderte. Sie sind vielmehr natürlich angelegt. Deshalb kommt es auf ihren Grad oder ihre Intensität und die Objekte an, auf die sie sich richtet. Als „Philautia circa vitam", die sich auf lebenserhaltende Ernährung, körperliche Unversehrtheit u. ä. bezieht, ist sie göttlich und naturrechtlich vorgeschriebene Selbstsorge, die im Notfall sogar extremes Verhalten, z. B. Mundraub, Notwehr und Widerstand gegen die Staatsgewalt, einschließt. Gleiches gilt für die „Philautia circa famam", d. h. die Sorge für guten Ruf, Ehrbarkeit und Ansehen. Sie kann sogar z. B. ein Streben nach entsprechenden Ehrentiteln oder sonstige Ehrbezeugungen, etwa Vorrang im Zeremoniell, erlauben und schließt die Pflicht zur Verteidigung der eigenen Ehre und der Ehre der Familie ein, besonders prekär etwa im Fall des Ehebruchs der eigenen Frau. Die „Philautia circa res et fortunas" (bezüglich Eigentum und materiellem Vorwärtskommen) öffnet ein weites Feld zulässigen Gütererwerbs und Aufstiegsstrebens. Entscheidend ist, dass dabei nur zugelassene Mittel eingesetzt, maßvolle Ziele anvisiert und diejenigen Normen und Regeln eingehalten werden, an denen die Selbstliebe an ihre Grenzen stößt. Dazu gehören das diesseitige Gemeinwohl und die jenseitige Erfüllung, die ganz am Ende der Abhandlung wenigstens noch appellartig Erwähnung finden.[230]

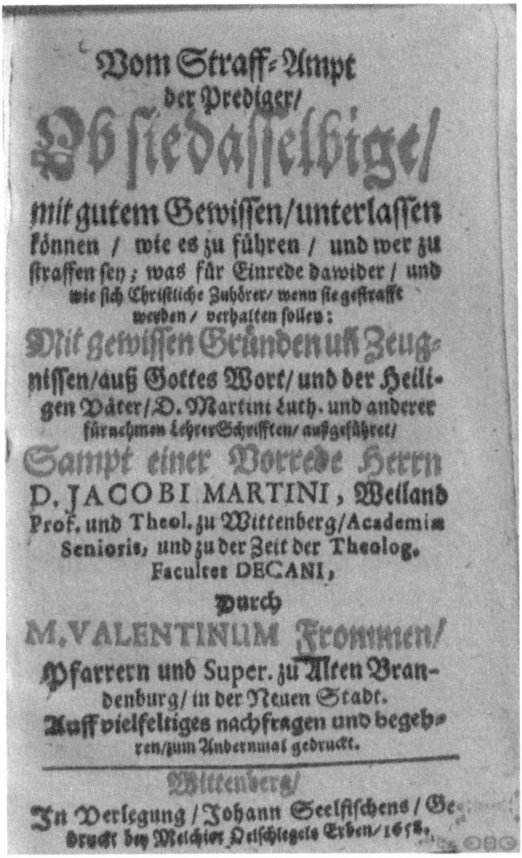

Vom Straff-Ampt
der Prediger/
Ob sie dasselbige/
mit gutem Gewissen/unterlassen
können / wie es zu führen / und wer zu
straffen sey; was für Einrede dawider / und
wie sich Christliche Zuhörer/ wenn sie gestraffe
werden / verhalten sollen:
Mit gewissen Gründen uñ Zeug-
nissen/auß Gottes Wort/ und der Heiligen Väter/ D. Martini Luth. und anderer
fürnehmen Lehrer Schrifften/ außgeführet/
Sampt einer Vorrede Herrn
D. JACOBI MARTINI, Weiland
Prof. und Theol. zu Wittenberg/ Academiæ
Senioris, und zu der Zeit der Theolog.
Facultet DECANI,
Durch
M. VALENTINUM Frommen/
Pfarrern und Super. zu Alten Bran-
denburg/ in der Neuen Stadt.
Auff vielfältiges nachfragen und begeh-
ren/zum Andernmal gedruckt.

Wittenberg/
In Verlegung / Johann Seelfischens / Gedruckt bey Melchior Oelschlegels Erben/ 1658.

Abb. 9

HECTOR· GOTHOFR· MASII
SS. Theol. D. & Prof. P. in Acad. Hafn.

INTERESSE
PRINCIPUM
CIRCA
RELIGIONEM
EVANGELICAM

AD

SERENISSIMUM ac POTENTISSIMUM
DANIÆ REGEM

HAFNIÆ,

Literis JOH. PHIL. BOCKENHOFFER, Reg. Maj. & Acad. Typogr.
Proſtat apud J. M. LIEBE, Regiæ Acad. Bibliop.
ANNO M.DC.LXXXVII.

Abb. 10

5 Das Verstummen der Wachhunde: Vom Strafamt zur Herrschaftszuarbeit

5.1 Das Problem

Der reformatorische Christlichkeitsaufbruch ging von der Gleichheit aller Menschen als Sünder vor Gott aus. Er behandelte in seinem Verchristlichungswerk deshalb grundsätzlich auch alle Menschen gleich. Für die Pastoren bedeutete das, dass ihrer Sakramentsvergabe-, Lehr- und Strafkompetenz ebenso grundsätzlich alle Menschen unterlagen. Über Martin Luthers Kombination der traditionellen Zwei-Reiche- und der von ihm entwickelten Version der Drei-Stände-Lehre ergab sich jedoch eine wesentliche Spannungslage. Nicht nur die geistliche Obrigkeit, die Pastoren, verfügten über gottgewollte Legitimität und Berufung zu ihrem Amt.[231] Auch die weltliche Obrigkeit, ausgeübt zeitgenössisch von den Fürsten, Stadtherren, Adel und deren Helfern, war gottgewollt und von Gott beauftragt. Obwohl grundsätzlich getrennt, überlagerten und verknüpften sich zudem die jeweiligen Aufgaben und Ämter unter der alles umfassenden Perspektive, jenseitige Erfüllung durch richtiges, gutes, christliches Leben im Diesseits zu ermöglichen. Die weltliche Obrigkeit hatte äußere Ordnung, Sicherheit und Frieden durchzusetzen und zu gewährleisten. Die geistliche Obrigkeit musste in diesem auf diese Weise gesicherten und geschützten Rahmen für den rechten Glauben und das Seelenleben sorgen. Was den Pastoren zustand, war damit, einzuschätzen, ob und inwieweit die weltliche Obrigkeit ihrer Aufgabe nachkam, und durch Anwendung der ihnen zustehenden Mittel Mahnung, Warnung und kirchliche Bestrafung auf Verbesserung zu dringen. Um ihrer Aufgabe nachkommen zu können, mussten weltliche Ordnung und Obrigkeit aber auf den vollen Gehorsam ihrer Untertanen zählen können. Diese Gehorsamspflicht galt auch grundsätzlich, da wie gesagt das weltliche Reich und seine hierarchische Ordnung Gottes Wille und Verfügung entsprechen und daher jeder Verfall weltlicher Ordnung als satanisch bedingt und jede Förderung derartigen Verfalls durch Ungehorsam als Sünde betrachtet werden müssen. Ausdrücklich war deshalb auch andersgläubige und tyrannische Herrschaft zu dulden. Es sei denn, diese versuchte mit Gewalt Glaubensverrat und Gewissensbruch zu erzwingen, welchem heilsbedrohenden Zugriff sich die Gläubigen durch Exil oder Märtyrertod entziehen durften. Luther hatte die Applizierung der christlichen Bewertungsmaßstäbe auf die Politik durch die Pastoren angesichts seiner Erfahrungen mit Bauernkrieg, städtischem Aufruhr und ‚falschen Propheten' eng ausgelegt: „Du darfst die Obrigkeit nicht schelten, wenn du zuzeiten von Fürsten und Tyrannen unterdrückt wirst, und dass sie ihre Gewalt missbrauchen, die sie von Gott haben, sie werden wohl müssen Rechenschaft davon geben." Seine unmittelbaren Nachfolger neigten wegen der existenziellen Gefährdungen, denen sie ihre endlich wieder gefundene wahre Kirche in den Religionskriegen ausgesetzt sahen, dagegen zu erweitertem Verständnis. Die Folge waren verschärfte Obrigkeitsmahnung, -kritik, -beratung und -anweisung und sogar Widerstandslehren.[232] Wie gestalteten und entwickelten sich diese Spannung und Optionsbandbreite im Spiegel unserer berufsnahen, praxisbezogenen Pastorenpublizistik, die im 17. Jahrhundert die Entstehung des frühmodernen Staates und des Absolutismus begleitete und verarbeitete?

5.2 Ein ambivalentes Erbe

Dass nach lutherischem Verständnis keine Obrigkeit den Predigern die predigtöffentliche Verdammung des Papsttums verbieten durfte, war von Anfang an klar, aber durchaus nicht unproblematisch. Denn der Aufruf zur Umkehr und die Androhung schwerer göttlicher Strafe trugen durchaus zur Delegitimierung weltlicher Obrigkeit oder gar zu Aufruhr und Aufstand bei. So bedurfte es vor allem um 1600, als die reformatorische Euphorie im Abklingen begriffen war, doch einiger Erhärtung der Auffassung, dass der Kampf gegen das Papsttum direkt und uneingeschränkt Gottes Wille und somit auch in der Form der öffentlichen Anklage seiner weltlichen Anhänger keineswegs unrecht sei – eine Argumentation, die u. a. der Theologe und Pastor Sigismund Cephalus 1601 lieferte und sein Mitbruder, der württembergische Hofprediger Felix Bidembach, 1611 in den ersten Band seiner weit verbreiteten *Consiliorum Theologicorum Decas* aufnahm.[233]

Zu den vorausgehenden einschlägigen Beiträgen des 16. Jahrhunderts, die nach Luthers Tod publiziert worden waren und auch im 17. Jahrhundert gelesen wurden, zählte der Traktat des Gnesiolutheraners Johann Wigand (1523–1587), Pastor in Mansfeld und Magdeburger Superintendent, von 1563 (zweite Auflage 1564) *Vom Straff Ampt der Sünden. Ob und wie diejenigen, so in ordentlichem Predig Ampt sein, nach und mit Gottes Wort falsche Lehr und Lehrer, Sünde und Sünder straffen und die Busspredigt thun sollen.* Anlass der an die Pastorenkollegen gerichteten Abhandlung ist die auch in Magdeburg gemachte Erfahrung, dass „etliche verkert Gelerten und gewaltige oder sonsten Weltkinder" die „Mitbrüder", nicht nur „hassen und anfeinden." Vielmehr seien auch viele „aus ewrem [ihrem] Ampt gesetzt" worden und müssten unter „schmehlich eusserlich zureden verjagt und im elende sein". Gerade die pflichtbewussten und treuen Pastoren müssten den „hass der Gewaltigen, Verfolgung und allerley elend auff sich" nehmen, „nur darumb, das sie an Gottes statt und aus Gottes befehl den Leuten jre Sünde furhalten und jnen Gottes Zorn" in Aussicht stellen, sollten sie sich nicht bekehren.[234]

Die von Wigand wahrgenommene Problemlage besteht mithin genau darin, dass die Ermahnung und Bestrafung der Mächtigen im Lande auf Widerstand und Gegenwehr stößt, die bis zur Amtsenthebung und Vertreibung der in Gottes Namen Mahnenden und Strafenden reichen.

An der heiligen Pflicht und Befähigung der ordentlich berufenen Prediger, falsche Lehre und Lehrer sowie Sünde und Sünder nach Gottes Wort unmissverständlich in der Bußpredigt zu benennen und zu strafen, kann kein Zweifel bestehen. Dass es selbsternannte „Weltverstendige Leute sie sind nu zu Hofe oder auff Rahtheussern, welche mit iren klugen anschlegen und rethen nicht allein die Welt und Prophan sachen regieren, sondern auch den Fuß in die Kirchen setzen wollen," sowie „Philosophi, welche der vernunft lere folgen und dieselbige auch in Christi regiment in der Kirchen wollen einmengen", besser zu wissen und zu handeln beanspruchen, ändert an dieser nur den Pastoren zukommenden Aufgabe nichts. Dieser Tatbestand macht sie aber umso schwerer. Mehr noch, mittlerweile haben sich zwei Pastorengruppen herausgebildet. Die einen sind dadurch gekennzeichnet, dass sie

> entweder aus schwachheit oder bosheit, angesehen der zeit und leute gelegenheit und notturft, den Weltleuten und Philosophischen nachhengen, willigen und [alles] auff allerley recht [machen], wie mans gerne haben will, [und] von solcher gelindigkeit gunst, ehre, gut [so profitieren,] das einer Heuser, der andere etlich hundert taler, der vierdt eine andere gaben bekompt oder ja auff das aller wenigste der gefahr uberhaben und frey ist, [also] ansehelihe hohe Leute [werden], die oben an sitzen.

Die anderen, die guten Pastoren

> sind [hingegen] arme Leutlein Kinder, geringe von verstand, ansehen und gut, die es doch mit Christo, seinem Predigtstuel, Wort und Gottesdiensten herzlich gut meinen und wollen den Teuffel nicht leiden, im hofieren oder sich für im entsetzen, er sehe gleich als ein Lewe [...] oder als ein Engel,

wofür sie jedoch nichts anderes „erlangen mit irer standhafftigkeit [als] hass, unehre [und] Apostelsfüsse", also unbeschuht und arm zur Wanderschaft gezwungen werden.

Natürlich zählt sich Wigand zu den treuen, beständigen und beherzten Predigern, denen auch seine Ratschläge gelten. Der pastorale Gebrauch „der zungen und des zweyschneidenden Schwerts, das da heisset Gottes Wort [...] und seine maß und weise hat, [ist] weit von frechheit, fluchen, schweren, auffrhur und andern bösen stücken", also Aufbegehren gegen die weltliche Obrigkeit entfernt. Der Einwand „etlicher Jünckerlein [...], die Prediger sollen den leuten mit straffen kein gewissen machen", um sie nicht zu verängstigen und über die Verbreitetheit der Sünde aufzuklären, was zu Resignation und Nachlässigkeit führen muss, widerspricht dem klaren göttlichen Auftrag der Prediger. Ebenso ist die Behauptung der „weltverstendige[n] Philosophi und böse[n] Aulici Theologi" zurückzuweisen,

> es gebühre dem Predigampte nicht mehr denn das man in genere, in gemein, anhin straffe, solches könne man wol mit gutem Gewissen thun, weiter könne noch solle man nicht schreiten, uber diese für gespannten Schnur sol man nicht hawen, nicht ad speciem gehen, und also Sünder und Sünde abmalen, das man verstehe, wen und was man meine. Denn es sey nirgend befohlen, es sey nur eine frechheit und zungensucht, welche einer vom andern lerne, es bringe grossen unraht und schaden, im Weltlichen Regiment und im gantzen leben.

Denn würde man diesem Postulat folgen, ließen sich z. B. auch die teuflische Papstkirche und deren Sünden nicht mehr klar verurteilen und verlören alle Gebote für die konkrete Gegenwart an Verbindlichkeit. Hinter den zunehmenden Bestrebungen der „Weltleute", den Predigern „ire freiheit zu reden, die inen zum höchsten verdrislich und zu irem fürhaben und handeln gantz unbequem, zu brechen und hindern, sie aus dem Sattel zu heben, und [zum] schweigen [zu bringen]", steckt also ewartungsgemäß kein anderer als der Teufel. Freilich bleibt dem aufrichtigen, pflichtgemäß handelnden Pastor nicht viel mehr, als die Kritiker und Gegner des Buß- und Strafamtes auf die Vorgaben Gottes und die Folgen einer Behinderung oder gar Stilllegung dieses Amtes hinzuweisen. Die „Prediger [einzu]schuchtern" heißt die Sünde freizugeben. Mit der unausweichlichen Folge göttlichen Gunstentzugs, moralisch-sozialen Verfalls, der Anarchie, des Verlustes von Herrschaft und Staat, schließlich ewiger Verdammnis. Auf der anderen Seite müssen die Prediger bei ihrer Buß- und Strafarbeit trotz aller geforderten unerbittlichen Konsequenz jeweils „gelegenheit und zeit", die Schwere und Frequenz der Sünde, die Beschaffenheit des Sünders (schwach bzw. einsichtig oder verstockt) sowie deren öffentliche Wirkung berücksichtigen und ihr Strafarsenal jeweils angemessen, von Stufe zu Stufe verschärft, von allgemeiner Benennung zu konkreter voranschreitend, anwenden. Sie sind daher mit den Ärzten, Schafhütern und sonstigen Wächtern vergleichbar.[235]

Auch der junge Prediger muss in seiner Amtstätigkeit akzeptiert, darf nicht als Grünschnabel denunziert und abgelehnt werden. Dass durch pflichtgemäße Buß- und Straftätigkeit „die hohen Stende mehr verbittert werden, und man allerley ungnad und Verwüstung sich befahren müsse", ist ebenfalls nur eine Klügelei. Damit würden sie sich der Gefahr aussetzen, als Tyrannen zu gelten, und ohne Buß- und Strafdruck würden sie sich erst recht zu Tyrannen entwickeln. Das Schelten der Prediger in ihrer Amtsverrichtung ist nicht mit dem Schelten der „Bademagde oder Holtzhipler" in eins zu setzen und aus diesem Grund abzulehnen. Dass die Prediger verurteilten, was in Wirklichkeit Adiaphora, wertneutrale Dinge seien, trifft nicht zu bzw. kann höchstens bei Fehlverhalten zutreffen. Wo Sünden zweifelhaft und Sünder unbekannt sind, ist natürlich allgemein zu buß- und strafpredigen. Verstockte Sünder sind öffentlich und entsprechend schärfer anzugehen. Bekehrte Sünder können und sollen gegebenenfalls als positive Beispiele öffentlich genannt werden. Bei jeder öffentlichen Nennung von Sündern, die grundsätzlich immer nur zwecks Besserung dieser Sünder und zum Nutzen der Kirchengemeinde insgesamt erfolgen darf, ist natürlich immer Vorsicht und Mäßigkeit angebracht.

Noch schwieriger wird es, wenn die weltliche Obrigkeit auch nach kirchenöffentlicher namentlicher Verdammung eines notorischen Sünders, der sich zudem einer besonders schweren Sünde, so etwa des Ehebruchs, schuldig macht, nicht ihrer anschließenden weltlichen Verfolgungs- und Strafpflicht nachkommt. Dass die Prediger in ihre Straftätigkeit keine eigenen Affekte einfließen lassen sollen, ihre Rede dabei eindeutig, klar und gegebenenfalls scharf sein muss, aber nicht in Schrillheit, Übertreibung und Unversöhnlichkeit ausarten darf, wird mehrfach wiederholt. Von den übrigen Anwürfen und Beschuldigungen scheint Wigand insbesondere derjenige wichtig zu sein, dass sich die Prediger in alles einmischen und überall Meister sein wollen.

> Was sagen sie, der Pfaff will alles meistern, greifft in ein frembd ampt, will uns sagen, wie wir Regenten regiren, wir Hendler keuffen und verkeuffen, Wir Handwercker in unserem beruff uns halten sollen, er sollte seines Predigens warten und uns mit frieden lassen. Antwort, In ein frembd Amt fallen ist unrecht [...] Aber nach einem jeglichen Stand aus und nach Gottes Wort seine Sünde anzeigen und berichten, wie man Gottes befehl nachkommen, das Gewissen verwaren solle, das ist kein fürwitz oder polypragmosyne.

Am Schluss bleibt dem Erzlutheraner freilich nur wieder das Gebet:

> Gott der vater unseres Herrn Jesu Christi wolle beide, Oberkeit und Unterthanen allen zugleich, Christliche hertzen verleihen und seinem Predigstuel, welchen er geordnet, beystehen, denselbigen zu mehrung seines Reiches, und dargegen zur schwechung des Reiches des leidigen Teufels nicht lassen gar unter die Füsse tretten, Amen.[236]

Erstmals 1565, dann erneut 1571, 1585, 1590, 1602 und 1608 erschien eine spezifische Abhandlung zur zeitgenössisch offenbar zunehmenden Problematik obrigkeitlicher Pastorenver- oder -absetzung infolge u. a. unliebsamer Ausübung des Buß- und Strafamtes, verfasst von dem Luthergefährten und Braunschweiger Superintendenten Joachim Mörlin (1514–1571). Der Abhandlung *Von dem Beruff der Prediger, und wie fern Weltliche Oberkeit Macht hat, diesselbigen jres Ampts zu entsetzen. Nötiger Christlicher Bericht aus Gottes Wort* waren zwei einschlägige Briefe Luthers beigefügt.[237] Die Notwendigkeit der Erörterung ergebe sich einerseits daraus, dass die Welt „jetzund zu gar verderbt ist und Gottes zorn mit aller Gewalt daher brennet von wegen unseres undancks". Es geht also wieder um eine endzeitliche Phase, in der jeder das Seine tun muss, um seine und möglichst viele andere Seelen zu retten. Andererseits haben die Ränke des Papsttums und neue Sekten ihre teuflische Macht so erheblich gesteigert, dass „die fromen, trewen Diener Christi dem nicht kondten pariren", und „ists nun auff das eusserste kommen, das man sie aus irem inen von Gott befohlenem Ampt [...] mit Weib und Kinder ins elende gejagt, [und sucht], wie man sie in aller Welt verhessig mache."

Diese Anmaßung wird sogar noch als rechtmäßig dargestellt:

> Dürffen die Juristen (sage nicht von allen) zu Herrn hoff, die sachen auch noch fein schmücken, als für gar recht und wol gethan, dass sie den armen Herrschafften damit ein hertz ein predigen, Ein Obrigkeit (sagen sie) hat ja macht, Prediger zu beruffen, darumb hat sie auch macht, Prediger abzusetzen. Hat also für Gott nichts auff sich, wenn ein Prediger nicht will, wie es im seine Weltliche Herrschafft fürgibt, das dieselbige Herrschafft einen solchen Esel, Bacchanten, Stürmer, Auffrhürer, Münsterischen harten Kopff, Seichtgelehrten etc. zum Teufel von der Cantzel stößt, denn solcher wörter und dergleichen schwemmen Hertz und mund dieser Leute vol, gehen damit uber.

Anliegen Mörlins ist es daher zunächst nachzuweisen, dass derartige Denunziation und Absetzung von Pastoren nicht Gottes Wille sind. Erst danach, im zehnten Kapitel, kommt das eigentliche Problem zur Sprache, nämlich „Wie und worumb ein Pfarherr widerumb zu entsetzen, [und] was der Proceß [dabei] sey".[238] Bezeichnenderweise mahnt Mörlin an erster Stelle unter direktem Rekurs auf Luther dazu, den ordentliche bestellten, guten Pastor zu achten und zu ehren. Denn

> Summa, sie sind Legaten und Botschaffter an Gottes stad, in sachen, nicht zeitliches gut, Sondern die ewige versönung und Seligkeit belangend, [weshalb] dem lieben GOTT mehr gelegen an einem fromen trewen Pfarherrn weder an aller Obrigkeit in der gantzen Welt. Wer derhalben im dieselbigen seine Legaten betrübet und verachtet, der verachtet i[h]n [Gott] selber.

Sich aller Angriffe gegen Pastoren zu enthalten, reicht jedoch nicht. Vielmehr dürfen die wahren Gläubigen ungerechtfertigten Absetzungs- und Verjagungsanordnungen der Obrigkeit nicht gehorchen, sondern müssen ihnen den Gehorsam verweigern.

> Würde [...] solches durch Hertzog N. [so das von Luther bezogene Beispiel] fürgenommen, das er zwingen wollte zu exequiren solch gebot, Da müssen sie im schlecht gehorsam absagen, Denn sie köndten es mit Gott nicht thun. Also auch Tomo. V fol. Ccclxi [der zeitgenössisch gültigen Ausgabe der Werke Luthers]: Ir solt nicht loben oder verwilligen in ir schendliche Missethat und bosheit etc.

Die lutherische Widerstandsform des passiven Widerstands gegen die weltliche Obrigkeit wird also auch, was häufig übersehen wird, auf die Absetzung rechtschaffener Pastoren bezogen. Gläubige und Mitpastoren werden des Weiteren zur eigenen Prüfung entsprechender Vorwürfe und Vorgänge sowie der Rechtsförmigkeit des Absetzungsprozesses aufgefordert:

> Wenn du was böses liesest oder hörest von einem Prediger, und das er darüber seines Ampts entsetzet oder verjaget und betrübt sey, Lieber frage bald, Ist der Mann dieser Stücke für hin zu Recht aus Gottes Wort nach beschehener Klag und antwort, Rede und Widerrede uberweiset und überführet? Ist das nicht geschehen, So las schreiben und schreien, gros oder klein, viel oder wenig, Freund oder feind, wer da will, sagt Paulus. Nim du die klag nicht an, Das hörestu wol von Gottes wegen, der wils nicht haben [...] Die Person sol mit Zeugen uberführet werden.

Aus dem ersten angefügten Lutherbrief ergibt sich im Übrigen, dass die Mitpastoren einen anstelle eines verjagten Predigers ins Amt gebrachten Pastor streng ins Verhör nehmen und zum freiwilligen Rücktritt zu bringen haben. Die Gemeindemitglieder sollen den örtlichen Kirchenbesuch verweigern und in eine benachbarte Kirche ausweichen. Klappe das nicht, müsse die Nichtannahme des Predigers durch die Kirchengemeinde und die regionale Pastorenschaft gegenüber der weltlichen Obrigkeit formell erklärt werden. Der zweite Lutherbrief unterstreicht nochmals, dass ein Pastor „seines Amptes nicht sol entsetzet werden, wenn etliche Gewaltige einen gram auff in werfen, das er offentlich Laster (doch in Gemein) wie er von Ampts wegen schuldig, hart straffet".[239] Bei enger wörtlicher Auslegung des Postulats „doch in Gemein" wäre eine direkte, offene namentliche Nennung obrigkeitlicher Sünder und Sünden, wofür mehr oder weniger offen Wigand und Scheidlin plädierten, allerdings ausgeschlossen. Eine Teilproblematik des Buß- und Strafkomplexes stellt die Frage dar, ob heimliche Sündenanzeigen, also Denunziationen, nicht nur beim Pastor, sondern auch bei der weltlichen Obrigkeit zulässig, rechtmäßig und ehrenhaft sind. Eine ebenfalls in die Sammlung Felix Bidembachs aufgenommene Stellungnahme schon von 1532 bekräftigt die positive Antwort auch für den Beginn des 17. Jahrhunderts: Es ist „nicht unrecht, Unehrlich oder Verräterey [...], öffentliche Laster (besonders das Gotteslästern, sauffen und zutrincken [...]) auß Befelch der Obrigkeit in Geheim anzeigen." Denn worauf es ankommt, ist die Vermeidung göttlicher Strafe für das gesamte Gemeinwesen sowie dessen fortschreitende Verchristlichung. Zu ihnen beizutragen, macht den Denunziator an dieser Stelle zu einer Art Gehilfe oder gar Amtsträger des göttlichen Willens.[240]

5.3 Vom Reaktivierungsversuch zur Resignation

Die Formalisierung des Strafamts und dessen Anpassung an die gegebenen Verhältnisse primär gegenüber den einfachen Gläubigen schritten nicht zuletzt angesichts wahrgenommener, durch Pastoren verursachter Mängel (Vernachlässigung, Einmischung von „Privat-Affecten") voran. Das belegt eindrucksvoll der amtliche *Bericht von dem Straff-Ampt. Wie dieselbe von Lehrern und Predigern so wol offentlich als absonderlich gegen ihre Pfarr-Kinder zu führen sey. Zum Synodal-Beschluß im Fürstenthumb Gotha gehörig* von 1645. Von allzu schneller und

> allzu scharffer procedur in öffentlichen Bestraffungen der sündhafften oder auch diesfalls verdächtigen und berüchtigten Personen ohne vorangehende privat-Erinnerungen (zumalen wenn der sachen nicht gewiss ist)[, was] die Gemüther derselben desto mehr exaspiret, verbittert und zu eigener Rache, Lästern, Schmähen und andern unchristlichen Beginnen durch des Teuffels Antrieb gereitzet werden,

wird dringend abgeraten. Darüber hinaus muss generell wieder deutlicher werden, dass alle Straftätigkeit aus Liebe zum Gemeindemitglied erfolgt, wozu auch eben gehört, persönliche Gefühle und Ab- oder Zuneigungen nicht zum Ausdruck kommen zu lassen. Eingeschärft werden daher Langmut, „Lindigkeit", Zuneigung und Fürsorge trotz gleichzeitiger Konsequenz und entschiedener Strafbereitschaft, aber auch, persönliche Vorbildhaftigkeit wiederzugewinnen oder beizubehalten. „In specie" werden genaue Prüfung der anzeigenden und angezeigten Personen oder eines relevanten Gerüchtes, der Vorwürfe oder Anklagen, der Umstände der behaupteten Laster oder Sünden, deren Gewichtigkeit usw. nach genauem Verfahrenskatalog angemahnt. Auf Geschwätz von Gesinde, Kindern und Halberwachsenen, „so bey dem Pfarrer- aus- und einzugehen pflegen, ja auch zu weilen von der Pfarrer eigenen Weibern und Kindern" ist wenig zu geben. Im Gegenteil, der Pastor muss dazu mahnen, wenn der Anzeiger „keine Gewißheit habe, sein Maul zu halten." Personen schlechten Rufs ist noch weniger Glauben zu schenken, Gerüchte sind immer kritisch zu prüfen und gegebenenfalls energisch zu bekämpfen. Bestätigt sich ein Anfangsverdacht und ergibt eine Befragung des Verdächtigen unter vier Augen eine „spontanea confessio", muss zunächst auf eine stille Umkehr hingearbeitet werden. Leugnet der Beschuldigte dagegen hartnäckig und verlangt er die Offenlegung der Namen der Beschuldiger,

> so hat sich der Pfarrer deswegen bescheidentlich zu entschuldigen, mit Bericht, es stehe ihm nicht an und lasse es sein Ampt nicht zu, ein solches zu thun und hierdurch ferner Unheil zu erwecken, sondern nur hertzlich und trewlich zu vermahnen, welches denn in aller geheimbd von ihm als Seelsorger und Beichtvater geschehe.

Glaubwürdiges Abstreiten der Vorwürfe soll das Verfahren „nach der allgemeinen Regel" beenden, auch um Beschädigung der Autorität des Pfarrers infolge Aufgedecktwerdens falscher Anklage zu vermeiden. Wenn Beschuldigte sich als „hefftig widersetzlich und zornig erweissen und entweder wider die ihr eingebildete Angeber, oder von Pfarrern selbst mit Lästern und rachsüchtigen Dräwungen sich herauslassen würden", so sind diese erneut ernstlich zu ermahnen. Im anhaltenden Mißerfolgsfall ist auf die Weiterleitung der Angelegenheit an die nächsthöhere Instanz hinzuweisen. Dort hat sich betreffende Pastor, wenn die Sache trotzdem weiter geht, auch Rat und Hilfe zu holen, bevor die vorgesehenen nächsten Schritte – Untersuchung durch das zuständige Kirchengremium, Strafbeschlussfassung, Strafexekution erforderlichenfalls mit weltlicher Hilfe, schließlich Übergabe an die weltliche Strafjustiz – beschritten werden.[241] Der einzelne Pastor soll mithin auf die Befassung mit eindeutig nachgewiesenen Fällen und zur Geduld und Behutsamkeit verpflichtet sowie durch Weiterleitung des Falls in die Kirchenhierarchie möglichst aus der Schusslinie gebracht werden. Gleichzeitig wird die weltliche Gewalt insgesamt stärker, aber erst im sorgfältig geprüften Notfall, einbezogen. Das erfährt auch durch die rechtswissenschaftliche Stellungnahme Bekräftigung, die am Ende zitiert wird. Was aber nicht passieren darf, ist die indirekte, schleichende Aufgabe der Kirchenzucht. Die geistlichen Buß- und Strafherren sollen zwar nicht als strenge Züchtiger auftreten.

> Will es denn [aber] nichts helffen, so sollen sie frewdig und muthig seyn, und nimandes schonen, und das Gesetz deutlich predigen und den Gottlosen das Gewissen eng machen, bis sie sich bekeren oder gar Heyden werden.[242]

Wie sah es auf der Gegenseite, bei den Autoren der weltlichen Obrigkeit, also der Politik und des Staates, aus? Mit Theodor (Dietrich) Reinkingks *Biblische Policey* legte die lutherische *Politica christiana*, das bibelgestützte Politikdenken, ein maßgebliches, nach der Erstausgabe 1651, also noch unter dem Eindruck des Dreißigjährigen Krieges, in zahlreichen Auflagen bis 1701 verbreitetes, auch in der Publizistik der Pastoren gerne zitiertes Grundlagenwerk vor. Darin lesen wir zum Strafamt der Pastoren durchaus Entschiedenes: Der geistliche Stand muss selbstverständlich „acht haben auf weltliche Händel und der weltlichen Obrigkeit actiones". Die Bibel bietet zahlreiche Beispiele für die „eyffrigen, scharffen Schloß- oder Hoff-Predigt[en]", die dabei nötig werden können. Konkret und aktuell: Wenn die weltliche Obrigkeit

> einen unnöthigen Krieg erheben oder sich demselben ohne Noth immisciren wollte, ist (der Prediger) nicht allein befugt, sondern Ampts halben schuldig, darvon mit christlichen schrifftmäßigen Erinnerungen abzumahnen und solches auch nach gestalteten Sachen in öffentlichen Predigten. [...] Imgleichen wann andere Laster als Hurerey, Ehebruch, Todt-

schläge, Balgereyen, Wucher, Schinderey, Auffruhr und dergleichen Seuchen bey Herren-Höfen, in den Städten und auff dem lande vorgehen und nicht ernstlich bestraffet werden, als denn müssen die Prediger ihre Stimme erheben wie eine Posaune, getrost ruffen und auch nicht schonen Esai. c. 58.

Und weiter im Hinblick auf diejenigen Prediger, die dennoch schweigen:

Dergleichen Mund-Prediger und Placentiner finden sich viel, die gar kein beliebens haben, den hasenkopff zu streiffen, lassens gehen, wie es geht, aber male. [...] Isaia [sagt:] Alle ihre Wächter sind blind, sie wissen alle nichts (das ist, sie wollens nicht wissen und sehen), stumme Hunde sind sie, die nicht straffen können, es sind aber starcke Hunde vom Leibe,

also wegen ihrer Herrschernähe wohl genährte. Dennoch gilt aber auch wieder, dass

in Bestraffung der weltlichen Obrigkeit behutsam [zu] verfaren [ist], damit ihre Obrigkeitliche Authorität bey den Unterthanen nicht verkleinert und dieselben etwa zu Auffruhr veranlasset werden.[243]

Zuerst 1648, dann wieder 1658 meldete sich in dieser Lage der Brandenburger Pastor und Superintendent Valentin Fromme (1601–1679) zu Wort. Seine Darlegung *Vom Straff-Ampt der Prediger Ob sie dasselbige mit gutem Gewissen unterlassen können, wie es zu führen und wer zu straffen sey; was für Einrede dawider und wie sich Christliche Zuhörer, wenn sie gestrafft werden, verhalten sollen* (Abb. 9) erfuhr durch Voranstellung einer Vorrede des Dekans der Theologischen Fakultät der Universität Wittenberg von 1647 autoritative Geltung. Wer keine Gelegenheit hat, auf die einschlägigen Äußerungen Luthers oder anderer Gelehrte zurückzugreifen, solle sich dieses Bandes bedienen.[244] Auch Fromme sieht sich erwartungsgemäß in „böse Zeiten" gesetzt, in denen

alle Laster dermassen überhand genommen, dass Untugend für Tugend, Unzucht und Schande für Ehre, und was Sünde ist für keine Sünde fast mehr will gehalten werden. Redet ein Prediger dawider, wie er denn Gewissenshalben nicht schweigen kann, so hat er den Teuffel und alles Ungemach auff dem halse, und wird ihm das Leben so schwer gemacht, das er wünschen möchte aus der Welt zu seyn.

In dieser Lage helfe nur, wieder wie Luther zu „Zorn und Eyffer" zurückzukehren, ohne sich von diesen überwältigen zu lassen. Denn, so sagt Luther, „wenn ich wol tichten, schreiben, beten und predigen will, so muß ich zornig seyn, da erfrischet sich mein gantz Geblüte, mein Verstand wird gescherfft und alle unlustige Gedancken und Anfechtungen weichen." Insbesondere das Strafamt muss wieder ordnungsgemäß, angemessen und in allem Ernst ausgeübt werden. Einerseits, um sich selbst ein ruhiges Gewissen zu verschaffen und das Amt umso konsequenter ausüben zu können. Andererseits um Respekt dafür zu erwerben und zu erhalten, weil „wol nicht leichtlicher ein Unwille zwischen Lehrern und Zuhörern entstehen mag als wegen des Straffens." Übt er es richtig aus, kann der Pastor vor Belangung durch die zivile Gerichtsbarkeit wegen dieser Amtstätigkeit sicher sein. Zuständig für ihn ist grundsätzlich nur das Konsistorium, in Ausnahmefällen auch das allerhöchste Landesgericht, aber nicht die örtlichen Untergerichte, die diejenigen Personen betreffen, die sich durch die Straftätigkeit unmittelbar betroffen fühlen könnten. Fromme versteht sein „Tractätlein" im Übrigen zugleich als „eine Lehrschrift, eine Widerlegungsschrift, eine Trostschrift, eine Ermahnungs-Schrifft und Warnungs-Schrifft". Es soll also nicht nur informieren und beraten, sondern auch das schwere Strafamt erträglich, psychisch verarbeitbar machen.[245] Die Kapitel handeln im ersten Durchgang von den theologisch-kanonischen Grundlagen des Strafamtes, von dessen Trägern, also den Pastoren, davon, dass das Amt unverzichtbar ist, ferner der Art und Weise richtiger Amtsausführung und von den Personen, die gestraft werden. Dann folgt eine ausführliche Darlegung wieder der „Exceptiones oder Einreden", die gegen die Strafpraxis üblicherweise vorgebracht werden und wie sie zu widerlegen sind. Schließlich wechselt Fromme die Perspektive, um darzustellen, aus welchen Gründen sich die Gläubigen „gerne" von den Predigern bestrafen lassen sollen. Die meisten Argumente sind uns bereits bekannt. Aber manches tritt plastischer zutage. „Straffen" ist eine Spur eindeutiger als zuvor bei den Betroffenen höchst unbeliebtes, aber unverzichtbares „Züchtigen, Bessern". Wer als Prediger das Strafen vernachlässigt oder gar aussetzt, „verkehret gegen die Ordnung Gottes". Das Strafamt hat also nicht zuletzt angesichts des dramatischen Niedergangs der Christlichkeit „heutigen Tages" ein größeres Gewicht im Spektrum der Amtsverpflichtungen erhalten und muss eindeutiger als zuvor der Absolution und Trostspendung vorausgehen. Gerade deshalb ist es aber auch bei den „Politici und Weltleuten", die im weltlichen Regiment sitzen, so verhasst.

> Wil man [doch] den Predigern jetzunder [auch noch] vorschreiben, ziel und maß geben, wie sie ihr Ampt in der Kirchen zu führen sollen, und nehmen die Amptleut nicht selten klagen der Unterthanen wider die Pastores an, die von der Cantzel herfliessen, da sie doch wissen sollten, daß ihnen solches nicht gebühret. [Oder noch deutlicher gesagt,] weltliche Regenten [wollen] die Arcam foederis, das ist die Lade des Bundes [Gottes und des auserwählten Volkes] selber tragen, nicht zwar, daß sie begehrten selbst zu predigen, sondern daß sie den Predigern das Maul stopfen und gebieten wollen, was sie predigen oder nicht predigen sollen."[246]

In welche Richtung diese Ansprüche gehen, liegt auf der Hand:

> Bey den grossen leuten dieser Welt dürffen sie [die Prediger] den Schwären nicht anrühren, sie dürffen die Berge nicht schelten, Mich.6., [aber sie sollen] straffen gleich das arme geringe Völcklein bey welchem keine gefahr zu fürchten ist. [Tatsächlich] gereth es gleich bißweiln so wol, daß der Priester gegen den gewaltigen das Maul ein wenig auffthut, so ist es dennoch nicht mehr denn ficti Herculis Keule, die keinen nachdruck hat, sondern sie rauschen und lauffen bald überhin, wie der Han über die glüende Kohlen, wie man pflegt zusagen.

Nach der Predigt, „an der Taffel", ließen sich viele untertänige Prediger dann auch so vernehmen:

> Ich hoffe ja nicht, gnädiger Herr, das ich in dieser Predigt E.F.G. zu nahe geredet. Und solches wollen die hohen und grossen Leute also haben, daß man ihnen also heuchlen und anders nicht, denn was ihnen gefällt, sage.

Die gewachsene Obrigkeitsnähe und freiwillige Untertänigkeit vieler Prediger ließen sich auch an der Kleidung ablesen. Mancher, „der aus der Academischen Leichtfertigkeit herkommet", schäme sich, anschließend das bescheidene traditionelle Amtskleid anzuziehen. Stattdessen statte man sich herrschaftlich prächtig aus. „Man hat [sogar] auch wol ehe gesehen, daß einem Priester zu einem sonderlichen Symbolo der rothe König an die Kleider ist geheftet worden", er sich also äußerlich erkennbar als herrschaftlicher Beamter darstellte.

Was Fromme diesen aus seiner Sicht zunehmenden Fehlentwicklungen entgegensetzen kann, ist freilich erneut nur Bekanntes. Unter den erwähnten Einreden fällt u. a. auf, dass das Argument „Die Obrigkeit straffet das böse; der sol die Lasterhafftige Person namkundig gemacht werden", und zwar aufgrund eigener Nachforschung und Entgegennahme von Meldungen, also nicht über den Pastor, an die zweite Stelle des einschlägigen Katalogs, also weiter nach vorne gerückt ist. Die Vorwürfe, „die Prediger affectiren ein dominium, und wollen der Zuhörer Herren seyn", sowie „Die Zuhörer bleiben wol gar aus der Kirchen" und „Die heutigen Prediger sind keine Propheten und Apostel", könnten also keine vergleichbare göttliche Sendung für sich beanspruchen, erfahren intensivere Behandlung. Weiter ist zur geläufigen Klage, dass die Pastoren „aus Affecten" und um sich „an ihren Beleidigern [zu] rächen" straften, der Zusatz getreten, sie „reden von Besoldung und klagen über Unterhalt", mischten also noch deutlicher ihre diesseitigen und materiellen Interessen ein. Aus der Forderung, „Der Prediger sol für die Seele des Zuhörers nicht sorgen, darumb er mag sein Straffen lassen" lässt sich nicht nur neuerlicher Vorbehalt gegen das professionelle Pastorentum, sondern auch die beginnende Privatisierung des Glaubens ablesen. Zuletzt ist bemerkenswert, dass die Forderung nach Rücksichtnahme auf die weltliche Obrigkeit detaillierter aufgefächert wird. „Die Zuhörer sind theils ObrigkeitsPersonen", die aufgrund ihres Standes besondere Rücksicht verdienen; das ist die geläufige Argumentation. Sie sind aber auch jetzt explizit „des Predigers Patroni, welche er vor dem Volck zu ehren und nicht zu straffen, ihnen auch zu pariren und in Amptssachen zu antworten schuldig ist". Mithin wird sowohl das Eigeninteresse des Predigers deutlicher betont als auch wieder der nunmehr, im Zeichen des Absolutismus, weiter ausgedehnte Kontroll- und Gehorsamsanspruch des Staates ausdrücklich einbezogen. Die Motive, die Fromme im letzten Teil zwecks Vertiefung der Akzeptanz des kirchlichen Strafwesens bei den Gemeindemitgliedern anführt, beziehen sich dennoch wieder entscheidend auf das Jenseits, nicht auf diesseitige Gewinne oder Kosten.[247]

Der sich nunmehr rasch entfaltende Staat suchte aber nicht nur seine Kontrolle des kirchlichen Strafwesens auszubauen. Er bot im Gegenzug den kirchlichen Bußpredigern und Strafherren auch Vorteile. Das belegt exemplarisch Johann Georg Simons und Justus Georg Falckenreichs Abhandlung *Actiones iniuriarum sacerdotes concernentes* von 1676, die 1739 unter leicht verändertem Titel neu aufgelegt wurde. Der Vorteil bestand in diesem Fall im strafrechtlichen Schutz vor Angriffen seitens öffentlich als Sünder angeprangerter oder bestrafter bzw. anderweitig sich durch das private oder amtliche Verhalten eines Pastors beleidigt fühlender Personen. Diese kamen offenbar nicht gerade selten vor. So werden Schmähungen und Beschimpfungen innerhalb und außerhalb der Kirche, die Abfassung und Verbreitung von Schmäh- und Denunziationsschriften, aber auch körperliche Angriffe bis hin zu Prügelüberfällen in der Kirche oder im Pfarrhaus berichtet. Obwohl grundsätzlich an der religiös-göttlichen Sonderstellung des Priesters festgehalten wird, ist bei der Bestrafung in der Regel das herkömmliche weltliche Strafrecht heranzuziehen, bei dem es allerdings auch immer noch z. B. auf den kirchlichen oder nichtkirchlichen Ort der Unrechtshandlung ankommt. Die Sonderstellung des Pastors als von Gott gesandte Person schwindet also. Ihn dem Schutz des *crimen laesae majestatis*, also der besonders hart zu strafenden Majestätsbeleidigung zu unterstellen, wie es sich bei den hohen Beamten abzeichnet, geht auch aus dem Selbstverständnis der Pastoren heraus nicht, das darin besteht, eben nicht als übliche Staatsbeamte vereinnahmt zu werden.[248] Obwohl parallel die Feststellung und Ahndung von privaten und amtlichen Delikten der Pastoren weiterhin durch das zuständige Konsistorium oder Oberkonsistorium erfolgte, war definitiv die Weiche für eine entscheidende Mitwirkung und die oberste Kontrolle des kirchlichen Strafwesens durch die weltliche Obrigkeit gestellt.

Freilich nicht ohne eine ernsthafte fromme Gegenbewegung, wie die Darlegung *Gewissenhafte Anmerckungen Von dem Amte einer Christlichen Obrigkeit, sonderlich in Beziehung auf göttlich- und weltliche Rechte eingeführte Straffen der*

Übelthäter betreffend zeigt, die 1698 publiziert wurde. Ihr Verfasser war der pietistische Philosoph, Hofprediger und Generalsuperintendent der Nassau-Saarbrückisch-Usingischen lutherischen Landeskirche Johann Christian Lange (1669 – 1756). Er zog aus dem Befund, dass die rigorosen Todes-, scharfen Leibes- und Verbannungsstrafen, aber auch die Folter weder die Kriminalitätsrate reduzierten noch Seelen für das ewige Heil zu retten in der Lage waren, einen umgekehrten Schluss. Diese Kapitalstrafen seien deutlich zurückhaltender zu verhängen und dafür der kirchlichen Buß- und Straftätigkeit mehr Raum zu geben. Oder anders ausgedrückt, der Einsatz der weltlichen Strafe gegen das zeitgenössische „gottlose Wesen" hat sich als wenig effektiv und in Hinsicht der Seelenrettung als kontraproduktiv erwiesen. Deshalb muss der kirchlichen Strafe wieder die ihr zukommende Chance gegeben werden. Das bedeute nicht, von weltlicher Strafe abzusehen, aber diese Strafen sollten so beschaffen sein, dass sie christliche Umkehr, „wahre Besserung" ermöglichen:

> Andere nachdrückliche Strafen entweder an Gut und Ehr, oder auch am Leibe, durch Gefängnis, öffentliche Vorstellung am Pranger, öffentliches oder heimliches Staupen, wie auch Verdammung ad publicas opera, nach Proportion des geschehenen verbrechens und andern considerablen Umständen.

Des Weiteren

> müßte eine Christliche Obrigkeit über solche weißlichst determinirte Straffen ohne unzimliches Ansehen der Person getrewlich halten, so daß die Vornehmen und Reichen um gleicher Verbrechen willen mit Ernst zugleich nachdrücklicher oder wohl noch grössere Straffe ziehe, und um Ehr und Reichthumbs willen derselben nicht verschone, damit diese kein Privilegium der Boßheit haben und die Armen über ein ungerechtes Gerichte [...] keine Klage führen mögen.

Christliche Gleichheit und besänftigende Gerechtigkeit sind also wiederherzustellen. Der Abbau der herkömmlichen Kapitalstrafen darf aber nur allmählich und unter Beibehaltung ihrer wesentlichen Rituale und Zeremonien von Statten gehen, um den Eindruck schwächerer Strafverfolgung zu vermeiden und den Abschreckungseffekt beizubehalten. Parallel ist öffentlich auf die Sorge der christlichen Obrigkeit „vor das Seelenheil der Übelthäter" hinzuweisen. Die Sträflinge müssen den Pastoren zur Gewissensprüfung und den Gemeinden zum gemeindeöffentlichen Schuld- und Reuebekenntnis überstellt werden. Ist dieses Bekenntnis erfolgt, soll die Strafabbüßung kirchlich-geistlich begleitet werden und die Wiederaufnahme in die dörfliche oder städtische Gemeinschaft durch kirchliches Zeremoniell erfolgen. Der z. B. zur besonders günstig erscheinenden Zwangsarbeit Verurteilte hätte dann nicht nur einen „leiblichen Zuchtmeister", sondern auch einen Seelsorger an seiner Seite, der ihm viel besser zur Umkehr verhelfen könnte. Erfolgreich zur rechtschaffenen Umkehr Gebrachten könnte die Strafe verkürzt „oder auch nur in öffentliche Kirchen-Buße verwandelt" werden. Allerdings schlägt Lange auch vor, ehemaligen Mördern ausdrücklich „lebenslang" eine „besondere Art der Kleidung oder sonst dergleichen Zeichen" zu tragen aufzuerlegen, „daran sie jederman erkennen und sich durch ihr Exempel von Sünden hüten möge." Wenn sich später herausstellt, dass die Reue und Umkehr nur geheuchelt waren, drohen freilich härtere Strafen, wenn auch nicht „die oben taxirte Leib- und Lebensstraffen."[249]

Diesem pietistischen Wiederverkirchlichungs- und Zivilisierungsversuch war wenig Erfolg beschieden. Die herkömmlichen Inquisitions- und Strafformen wurden erst später abgeschafft oder zumindest entschärft, und dann in ganz anderem Geist, demjenigen der Aufklärung. Stattdessen schritt die Verstaatlichung des kirchlichen Strafwesens weiter voran. Daran beteiligt war erneut Christian Thomasius, der so die Aufgabe des öffentlichen persönlichen Strafamtes der lutherischen Kirche mit vorbereitete. In seiner akademischen Abhandlung *De usu practico denunciationis evangelicae*, die er 1749 in Halle präsentierte, griff er die kirchenöffentliche Sünderbenennung (*denunciatio*) als von Innozenz III. eingeführtes papistisches Herrschaftsinstrument an, das nur scheinbar der brüderlichen Besserung diene. Das sei schon daran zu erkennen, dass es zwar von den Klerikern gegen die Laien eingesetzt werde, den Laien gegen die Kleriker aber untersagt sei. Ferner gehe es dabei nicht um genau definierte Sünden. Sondern diese entscheidende Grundlage werde bewusst obskur gehalten, um das Strafamt möglichst willkürlich nutzen zu können. Es handele sich damit um ein in höchstem Maße irreguläres, illegitimes und schädliches Instrument in Wirklichkeit ausschließlich im Interesse des Papsttums. Die weltliche Obrigkeit darf es deshalb niemals akzeptieren. Es ist keineswegs mit der zwangsfreien pastoralen Mahnung zur Umkehr im protestantischen Bereich zu verwechseln.[250] Dieser Einschätzung schloss sich im Ganzen 1753 auch die für das Luthertum nach wie vor besonders wichtige Wittenberger Rechtswissenschaft an. Augustin von Leyser und sein Schüler Johann David Fischer fassten in ihrer Abhandlung *De Convitiis Concionatorum oder Wie weit ein Priester mit Straffen auf der Kanzlei gehen könne* diesen pastoralen Optionsspielraum denkbar eng. Wer Fürsten- und Staatsfeindliches von sich gibt, sind die Jesuiten, Sekten, Atheisten und andere nichtlutherische Kräfte. Schlagen lutherische Pastoren über die Stränge, werden sie von ihren Gemeinden und Mitbrüdern korrigiert, zur Abbitte oder sogar zum Amtsverzicht gebracht. Äußerer Interventionen bedarf es also in der Regel nicht. Das gilt auch für anstößige Lebensführung von Pastoren, die demzufolge ebenfalls erst im äußersten Extremfall zum Anlass staatlich angeordneter Versetzung oder Absetzung dienen kann.[251]

Sieben Jahre später konnte der heute fast nur noch als Kirchenhistoriker beachtete Helmstedter und Göttinger Theologe bzw. Universitätskanzler Johann Lorenz von Mosheim (1693–1755) in seinem *Allgemeines Kirchenrecht der Protestanten* die Bilanz ziehen. Die Geistlichen haben kein Recht zur Einmischung in Angelegenheiten der weltlichen Obrigkeit bzw. des Staates. Vielmehr steht ihnen (lediglich) „das Recht zu lehren" zu.

> Mit diesem Rechte ist [unzweifelhaft zwar auch] das Strafen verbunden. [Diese Kompetenz] darf aber nicht zu hart und strenge erklärt werden. Strafen heißt hier einen überzeugen und überführen, daß er wider sein eigenes Bestes handelt. Dieses Recht haben die Geistliche, aber das räumet ihnen keine äußerliche Gewalt über die Gemeinden ein. Im bürgerlichen Verstande heisset strafen, einem ein Uebel zufügen, weil er das Gesetz gebrochen hat. Diese gemeine Bedeutung hat die Römische Kirche, nach ihrem Begriffe von der Kirche, angenommen. Man ist lange in unserer Kirche bey diesem Begriffe geblieben. Man glaubte daher, man müsse die Sünder tapfer durchziehen, recht keifen und schmähen. [...] Zu Lutheri Zeiten hatte das Wort strafen neben seiner scharfen Bedeutung [aber auch schon] die gelinde, da es so viel bedeutet, als iemand überzeugen, daß er irre, oder Unrecht gethan hat. In dieser alten Bedeutung hat Luther das Wort genommen. Allein man hat diese alte Bedeutung nach und nach vergessen, und mit dem Worte nur noch die andere scharfe verbunden, nämlich, jemand ein Uebel zuzufügen, das er mit seiner Sünde verdienet. [...] Unsere Geistlichen übeten das Strafamt durch schelten und keifen. [...] Allein wir haben mit der Zeit, die Rechte der Geistlichen besser kennen lernen. Wir wissen itzo die Schrift besser auszulegen. Das öffentliche persönliche Strafamt ist gar nicht in der Schrift gegründet, und der Prediger hat nicht das Recht, seine Landesherrschaft öffentlich und persönlich zu strafen. Das kommt aber nicht daher, weil er sein Landesherr ist; sondern weil den Geistlichen dieses Recht garnicht, auch nicht in Ansehung des gemeinesten Christen zukommt. Das öffentliche Strafamt gehet nur auf die allgemeinen Sünden und Fehler überhaupt. Dieses gehöret auf die Kantzel. Allein die besondern Sünden gehören zu dem besondern Strafamte, und dieses muß auch nur in der Stille geübet werden.

Denn – und damit macht sich das aufgeklärte Vernunft- und Nützlichkeitsdenken bemerkbar –

> was keinen Nutzen bringt und zu vielem Bösen Anlaß geben kann, das kann Christus und die Apostel nicht befohlen haben. [...] Durch die besondere [d.h. private, persönliche] Bestrafung kann weit mehr gutes gestiftet werden. Die Schaam welche bey den öffentlichen persönlichen Bestrafen entstehet, setzet das Gemüth des Sünders meistentheils außer Stande, den Vorstellungen nachzudenken. Die Reue, die daraus entstehet, ist nicht so wohl eine Reuhe über die Sünde, als ein Aergerniß, daß dieselbe ruchbar worden. [...] Durch das öffentliche persönliche Strafamt zogen sich die Geistlichen Feinde zu, schadeten sich und richteten Streit und Empörungen an. Wenn aber insbesondere das öffentliche persönliche Strafamt gegen die Landesobrigkeit gerichtet ist, so fällt der Schaden noch mehr in die Augen. Es wird bey den Untertanen ein Unwille erweckt.[252]

5.4 Das Luthertum als Idealkonfession des Absolutismus

Bereits seit den 1680er Jahren hatte sich am Rande und außerhalb des Diskurses um das Strafamt eine noch fundamentalere Debatte entwickelt. Ende 1685 legte der aus Württemberg stammende Theologe Andreas David Carolus (1658–1707) an der Wittenberger Universität die Abhandlung *De Religione Lutherana disquisitio politica* vor. Diese Erörterung sah den „Lutheranismus" hinsichtlich seines Verhältnisses zu Politik und Staat bzw. zum höchsten diesseitigen Gesetz, dem Gemeinwohl, von fundamentaler Kritik, Krisen und Ängsten geplagt. Zu Recht, denn neben spektakulären Fürstenkonversionen zurück zur römischen Kirche bedrohten ihn der Zustrom der aus Frankreich verstoßenen Hugenotten und der dadurch beschleunigte Aufschwung des Calvinismus in Brandenburg-Preußen. Dieser schlug sich insbesondere im Angriff der hobbesianisch-absolutistischen calvinischen Politiktheorie des europaweit vernetzten Theologen und Historikers Johann Christoph Beckmann (+1717) von der Universität Frankfurt an der Oder nieder. Diese war vor der Gründung der Universität Halle von den herrschenden Hohenzollern zur stillen Calvinisierung des Landes bestimmt worden.[253] Im dritten Kapitel fühlte sich Carolus deshalb zu einer Zusammenstellung der geltenden lutherischen Politikauffassung in 20 Punkten veranlasst. Von in Ableitung aus dem Strafamt legitimierter geistlicher Obrigkeitskritik gar noch in expansiver Auslegung ist nicht die Rede. Vielmehr geht es um den Nachweis der vollen Tauglichkeit der lutherischen Konfession für den frühmodernen Staat. Erwähnt sei nur die umständliche Widerlegung des Vorwurfs, das Luthertum sei für die „familiae illustrium" ungünstig oder schädlich, weil er sie um geistliche Pfründe bringe und – angesichts der herrschenden barocken politischen Repräsentationskultur – zum Luxusverzicht bzw. zur Armut zwinge.[254]

Im Vordergrund der sich nunmehr entfaltenden Debatte stand die Frage, welche der beiden evangelischen Konfessionen den Untertanengehorsam am besten fördere. Beckmann hatte im calvinischen Frankfurt bereits 1684 eine Abhandlung *De turbamentis vulgi* publiziert. Ihr fügte er noch im selben Jahr die dritte Auflage der *Dissertatio de Pietate Subditorum erga Principem* bei, beides hochabsolutistische Plädoyers, die dem Fürsten nicht lutherische *oboedientia passiva* (passiven Gehorsam), sondern calvinische *oboedientia activa* (aktiven Gehorsam) versprachen. Praktisch-produktiven Gehorsam aus lutherisch-pietistischem Geist mit der Aussicht baldiger erheblicher Verbesserung sowohl des ökonomischen als auch des geistlichen und weltlichen Standes und von deren jeweiligen Obrigkeiten, also des Staates insgesamt, propagierte ebenfalls 1685 der uns bereits bekannte Ahasver Fritsch in seinem über 100 Seiten umfassenden Druck *Subditus peccans, sive de peccatis Subditorum*, verlegt in Nürnberg.[255] Die entscheidende Phase bahnte sich 1687 mit dem Erscheinen des Traktats *Interesse principum circa religionem evangelicam* an (Das Interesse der Fürsten an der evangelischen Religion; Abb. 10). Dessen Verfasser, der dänische Hofprediger Hector Gottfried Masius (1653–1709), schrieb ebenfalls aus der Situation calvinischer Bedrohung lutherischen Staatskirchentums heraus, weil auch sein König, dem die Abhandlung gewidmet ist, Hugenotten aufgenommen hatte. Er konzentrierte sich jedoch darauf, die Vorzüge des Luthertums für den absolutistisch-monarchischen Staat darzulegen statt die aus dem Calvinismus rührenden Gefahren auszumalen.[256] Im aktuellen Jahrhundert sei das, was alles Sinnen, Bestreben und Handeln bestimme, das „Interesse" oder die Nutzenkalkulation. Mit anderen Worten, die aus Machiavellismus und Staatsräsonlehre stammende Kategorie hat auch nach diesem Zeugnis die Gesellschaft bereits voll erfasst. Das zentrale diesseitige Interesse der Fürsten sei aber die Sicherheit ihrer Herrschaft, und sie garantiere keine andere Konfession besser als die lutherische: „Nulla in mundo Religio tantum favet Magistratui Politico quantum Evangelica, quam Lutheranam vocamus" (Keine Religion ist für die politische Obrigkeit günstiger als diejenige evangelische, die wir lutherisch nennen).[257] Die folgenden acht unterschiedlich umfangreichen Kapitel kombinieren theologische, philosophische, politikwissenschaftliche und historisch-empirische Beweisführungen dafür in überbordender Fülle, vielen Wiederholungen und keineswegs ohne Widersprüche und Fehler. Im Kern konzipiert die ausschweifende Darlegung eine entschieden absolutistische Variante der lutherischen Politiktheorie, wie sie explizit feststellt: „Absoluto Dominio nulla etiam Religio praeter Lutheranam sincere favet" (Der absoluten Herrschaft ist keine Religion wirklich günstiger als die lutherische).[258]

Auch Beckmann und seine Anhänger blieben im zentralen Punkt der Untertanenpflicht hart: „Voluntas Dei est, ut absoluta subjecti oboedientia simus" (Gottes Wille ist es, dass wir absolut gehorsam sind).[259] Noch weitere reformierte und lutherische, heute vergessene Beiträge dieser Jahre hoben auf dieses eiserne Prinzip ab. Daneben betonten sie aber auch wieder eher praktische Vorteile der jeweiligen protestantischen Konfession: das Fehlen einer auswärtigen Obrigkeits- bzw. Gehorsamkeitsanspruchsinstanz wie im Falle der römischen Kirche das Papsttum; wahre Förderung des Gemeinwohls bzw. jetzt der allgemeinen Glückseligkeit gegenüber römischer Ausbeutung zugunsten des Klerus; die Erziehung zur Arbeit im Kontrast zum faulen römischen Mönchtum und Klerus bzw. katholischer Faulheit an zu vielen kirchlichen Feiertagen; zivilisatorisch-moralische Bildung einschließlich Förderung nationaler Literatur gegen römische Dekadenz; usw.[260] 1694/95 kam indessen der ehemalige englische Botschafter in Kopenhagen Robert Molesworth zu dem Schluss, dass das staatlich-absolutistische Luthertum in Dänemark zu nichts anderem geführt habe als dass „The Danes do now really love Servitude". Es war unvermeidlich, dass Wittenberg darauf antwortete. Friedrich Strunz Abhandlung *An Religio Lutherana mater sit et nutrix tyrannidis Politicae?* von 1703 verwies auf die lutherische Erziehung zur Gewissensprüfung und den lutherischen Gewissensvorbehalt, ohne diese relativierenden Komponenten allerdings wirklich überzeugend für alle Lutheraner, nicht nur deren Elite, reklamieren zu können.[261]

Abb. 11

Abb. 12

6 Die Kosten: Selbstdisziplinierung, Melancholie und Devianz

6.1 Der pastorale Teufelskreis

Bereits nach Einschätzung Luthers war, wie wir gesehen haben, die Neugründung des Predigt- und Pfarramts mit epochal mehr Anstrengung, Arbeit und satanischer Anfechtung seiner Träger verbunden. Diese Herausforderungen verschärften sich im 17. Jahrhundert, als die Glaubenserneuerungseuphorie endgültig abflaute, Papstkirche und interne wie externe Sektenbildung keineswegs aufhörten und je länger desto mehr die weltliche Gewalt sich als gefährlich eigen- und herrschsüchtig erwies. Um sie bewältigen zu können, mussten die Pastoren ihre Berufsausübung und gesamte Lebensführung noch stärker an ihnen ausrichten, ihre Leistungen steigern und sich entsprechend psychisch und physisch noch nachhaltiger auf sie einstellen. D. h. aber: sich disziplinieren. Diese Selbstdisziplinierung war ihrerseits mit entsprechenden psychischen Kosten verbunden, nämlich mit den von Luther als Anfechtungen gekennzeichneten Formen von Melancholie oder, wie wir heute sagen, Depression. Sie konnte außerdem auch scheitern, also zur teilweisen oder vollen Amtsunfähigkeit, im äußersten Fall zur kirchlichen wie rechtlichen Strafbarkeit führen. Welche hierfür einschlägigen Phänomene lassen sich in unseren Pastoren- und Theologenschriften fassen, die ja als Beratungs-, Warn-, Mahn- oder Informationstexte aus der Praxis für die Praxis mehr oder weniger deutlich auch Selbstzeugnischarakter aufweisen?

Für das Vorbild Luther ist der Befund bekannt. Als Mönch stand der spätere Reformator in der Tradition der klösterlichen *Acedia*. Das war die sündhafte verdrießliche Trägheit, Schwermut, Trauer oder gar Verzweiflung des Klosterangehörigen, mittels derer der Teufel den bereits dem Welttreiben entrückten Mönch doch noch hindert, zu Gott zu kommen. Für den Wittenberger war die Grenzerfahrung innerer Lähmung ein notwendiges Vorstadium der Annahme durch Gott einerseits und ein immer wiederkehrendes Rückfallstadium beim Nachlassen in der auf Gott zu richtenden Glaubens- und Lebensanspannung andererseits. Deren Gegenmittel konnte nur die Selbstdisziplinierung sein. Fromme Melancholie war deshalb durchaus positiv zu werten, wie in dem Satz „Besser ist ein trauriger Geist als weltliche Sicherheit" zum Ausdruck kommt. Dennoch ist dem Menschen im Allgemeinen und dem Pastor im Besonderen auferlegt, sich gegen derartige, ja leicht ins Sündhafte umschlagende und deshalb gerne vom Teufel instrumentalisierte und weiter angefachte melancholische Anfechtung zu wehren. Dazu gewährte Gott ebenfalls Hilfen. Erstens mit den über den Humanismus bereit gestellten antiken, jetzt christlich verstandenen Techniken fröhlich zu sein, zu scherzen, Musik zu machen, zu reisen, gute Gesellschaft und Tischgespräche zu pflegen, gut zu essen und zu trinken oder gegebenenfalls gezielte Diät zu halten, kurz, sich „göttlich und ehrlich zu freuen". Zweitens mit den genuinen Mitteln des reformatorisch wieder gefundenen Christentums, also allen nur denkbaren Varianten der Bibellektüre, des Gebets und der Meditation, des frommen Gesangs und der christlichen Konversation, aber auch, wie wir oben gesehen haben, der bewussten Anfachung christlichen Zorns und Eifers. Drittens aber auch mittels der wichtigsten Konsequenz der lutherischen Verchristlichung der Welt, nämlich der Berufsidee. Die religiöse Überhöhung der Erwerbsarbeit über den unmittelbaren Zweck der Bedürfnisbefriedigung hinaus bot Chancen psychisch-physischer Stabilisierung im Alltag schon für die Gläubigen im Allgemeinen und erst recht für die Pastoren. Denn sie konnten diese Überhöhung ihrer Tätigkeit noch steigern, so vor allem durch ihr Selbstverständnis, zumindest mittelbar ja von Gott selbst in ihr Amt berufen worden zu sein.[262]

6.2 Umsetzungen im ausgehenden 16. Jahrhundert

Die Anweisungsschriften für den Pastor, die Erasmus Sarcerius, Niels Hemmingsen und Conrad Porta konzipiert und publiziert hatten, liefen, wie wir gesehen hatten, auf ein umfassendes Programm pastoraler Selbstdisziplinierung hinaus. Gebote und Erwartungen Gottes, entsprechende moralische Pflichten, mit dem Amt verbundene Funktionsleistungen und kirchlich-professionelle Klugheitsmaximen erfassten das Denken und Fühlen wie das Verhalten im Alltag und in besonderen Situationen. Hinzu kam das Postulat explizit vorbildhaften Lebens in allen Bezügen, darunter im Sprechen[263], und die offizielle (kollegiale, kirchenhierarchische und obrigkeitlich-staatliche) sowie inoffizielle (durch die Gemeindemitglieder und die allgemeine Öffentlichkeit) Aufsicht, Kontrolle und Erwartung. Sie waren ja noch entgrenzt durch die weitgehende Unmöglichkeit, sich ein privates Leben zu sichern, oder, aus umgekehrter Perspektive, wegen des spezifischen Öffentlichkeits- und Sozialcharakters des Amtes, der konstitutiven Verpflichtung auf geistliche wie weltliche Nächstenfürsorge. So überrascht es kaum, dass auch Sarcerius, Hemmingsen und Porta bereits ausführlich Bewältigungshilfen anbieten.

Grundsätzliche Bedeutung kommt der unermüdlich selbstsuggestiv wiederholten Überzeugung zu, dass Gott diejenigen, die er zu Arbeitern in seinem Weinberg beruft, auch entsprechend ausstattet und unterstützt:

> Denn der Gott, welcher sie gesandt hat und in das Kirchenampt gesetzet, der wirdt sie auch nicht verlassen. Sondern sie trösten, schützen, schirmen, regieren, leiten füren und hand-

> haben. Item sie mit allen notwendigen Güttern und gaben versehen, die sie zu rechter volziehung ihres Ampts werden von nöten habern. Und ist auch das der höchst trost, den alle tüchtiger Kirchendiener, die Gott gesandt hat, allhier auff Erden haben, denn sie ja gewißlich Gott nicht gesand hat, das er sie in jrem Ampt will versincken und zu boden gehen lassen.[264]

Auch persönlich empfundene, wahre Berufung durch Gott ertüchtigt also bereits. Dann sind Amt und Leben direkt unter Gottes Aufsicht zu stellen, wie wir schon gehört haben: „Befleißige dich Gott zu erzeigen einen rechtschaffenen und vortrefflichen Arbeiter der da recht theile das Wort der warheit".[265] Das bedeutet auch wieder, bei allen Herausforderungen und Gelegenheiten Gott um Beistand anzurufen. Hemmingsen unternimmt dies für sein eigenes Werk gleich eingangs und bietet wie vermerkt zu jedem weiteren Aktivitätsbereich exemplarische Lösungen. So heißt es unter anderem im Schlussgebet zum einsamen, gottbezogenen Leben des Pastors daheim:

> Lieber Gott, gib mir ein gute, heilige gedancken, zünde in mir an rechtschaffene reine Affecten, bekere meinen Willen zu dir, auff das ich wölle, was du wilt. Und weil denn mein Leib eine behausunge meiner seelen ist, so verschaffe durch deine gnade, das ich solchen keusch und rein behalte, auff das also in einem reinen leibe eine heilige reine Seele wohne, und ich unstrefflich sey an Seele, Geist und Leibe, und dich allzeit mit Leib und Seele preise.[266]

Hemmingsen ist es auch, der am stärksten auf ein grundsätzlich zurückgezogenes oder introvertiertes Pastorenleben pocht – „das er daheim bleibe und dasselbst stille und einsam lebe" –, öffentlich also nur als Amtsperson auftritt. Die Gründe dafür sind vielfältig: erstens, um die Nähe zu Gott und Aufsicht durch Gott nicht durch äußerliches, weltliches Treiben zu stören; zweitens, um durch die gottnahe Einsamkeit die nötige Kraft und Zuversicht für das exemplarische Leben und das Amt zu sammeln; drittens aber eben auch, um sich selbst disziplinieren zu können. Das ist die oben in Kapitel 1 bereits angesprochene Lehre der Erziehung und Beherrschung des eigenen „Gemüts" durch Gewissenserforschung, Steuerung der Wahrnehmung und Einschätzung und entsprechende Urteilsbildung, entscheidend aber Bußübungen, Lesen der heiligen Schriften und Beten.

> Die Busse bringet ihm zu wegen, das die unreinigkeit und befleckunge, so noch in ihme ubrig, ihm nicht zugerechnet wird. Stetiges lesen dienet jm wider allerley dunckel und verfinsterunge. Das Gebet erlanget die gnedige hülff und hand Gottes, durch welche die sinnen zum lernen und studiren zugerichtet werden.[267]

Empfohlen wird ferner nach Kirchenväterzeugnis das Auswendiglernen und Singen bestimmter Psalmen – da „durch solche abwechselunge der vers, da man einen umb den andern singet, uberdrus vermieden und die Singer desto lustiger würden" – bzw. die fleissige Benutzung des Psalmenbuches, also des Psalters.

> Denn er heilet [...] die alten wunden der Seelen, und die newen verbindet er balde, was schwach und kranck ist, das erquickt er, was gesund ist, das erhelt er, und die Affecten, durch welche die Seelen der Menschen hie in diesem Leben vielfeltiger weise angefochten werden hebt er auff und wehret ihnen, so viel wie immer möglich, etc.

Hemmingsen schlägt dazu ein nach dem Tagesablauf gegliedertes Psalmenlese- und -vorsageprogramm vor, das sich am besten auf die Psalmenedition des Georg Major[268] stützen soll. Entsprechend genau fällt auch sein allgemeines Lektüre- programm aus. Da die Gedanken „dreyerley ursprung haben", nämlich „von Gott her, [...] vom Teuffel, [...] von uns selbst", ist auch in Bezug auf sie entsprechende Selbstdisziplinierungsarbeit zu leisten.

> Erstlich sol [der Pastor den] schedlichen [...] gedancken entgegen halten das wort die gewalt und die warheit Gottes. Denn alles was sich in solchen gedancken reget und legt wider die Artickel unsers Glaubens dasselbige muss man mit Gottes Wort dempffen und unterdrucken. Darnach sol er jnen entgegenhalten den Consens und einhellige stimme der algemeinen Christlichen Kirchen, das ist die Zeugnis, bekrefftigung und Exempel der lieben Heiligen Gottes. Über das sol er allezeit in solchem Kampff wider die argen gedancken sich fleissig wehren mit einem andechtigen jnnerlichen und ernstem Gebete. [...] Die Gedancken, so von den sinnen herkommen, sind die welche von den obiectis und gegendingen, die unsern sinnen fürfallen und zu handen kommen, sich verursachen und dem gemüt eingebildet werden, oder die in uns entstehen werden, so offt als uns etwas fürkompt, dardurch unser gemüt zu den gedancken gereitzet wird.

Da diese Reizung über die „fünf Fenster" Augen, Ohren, Geruch, Geschmack und „Fülen und Emfinden" erfolgt, müssen diese Sinne entsprechend erzogen und diszipliniert werden. Das bedeutet u. a. das Abwenden des Blicks von Unzüchti- gem bzw. zur Unzucht Anreizendem, das Abwenden des Ohrs von Schmeichelei, Verführung usw. Die nötige Disziplinierung bezieht sich aber auch auf die

> gedancken so vom gedechtnis herkommen. [...] Die gedechtnis solcher dinge, [...] die wir vorzeiten entweder selbs begangen, oder gehört, oder gesehen haben [...], macht erstlich nur schlechte blosse gedancken im gemüte, und wenn solche gedancken eine zeitlang im gemüte verharren, machen sie einen Affect, regunge und begirde. Wenn du solcher begirde etwas nachgibst, gewinnet sie die oberhand wieder den Willen, und reisset den Willen mit sich zu seinem fürnemen, also, das du den willen der dir gebieten sol und will, vergebens zemest und zurücke haltest. Wenn derhalben solche gedancken aus dem gedechtnis dir fürfallen, so schlage sie nur aus dem Sinne, unnd wende dich zu was anders und bessers, auff das sie nicht bey dir behafften und bleiben.

Schließlich hat der Pastor die Gedanken zu beherrschen, „so von der Complexion und Natur des Menschen herkommen". Gemeint sind die unterschiedlichen Hu- moraltypen des „Melancholicus", „Phlegmaticus", „Cholericus" und „Sangui- neus". „Unter welcher Complexion sich nu ein Pfarherr befindet, und seine gebrechen fület, soll er demselbigen fürsichtiglich und beyzeit abhelfen, damit sie nicht yberhand nehmen."[269] Was die körperlichen und geistigen sündhaften Affekte oder Laster im engeren Sinne betrifft, die von der bereits behandelten Unzucht über das diesseitige materielle Gewinnstreben, Zorn, Unmäßigkeit oder Maßlosigkeit in jeder Hinsicht, also Trunkenheit usw., bis zu Kumulativlastern „epicurisch[e], phariseisch[e], Eusserlich[e] oder Weltlich[e]" Leibesdienste reichen, so entwickelt Hemmingsen ausführlich die klassisch humanistische Rezeptur, die schlechten Varianten durch die günstigen oder guten zu bekämpfen, also z. B. Völlerei durch Fasten. Gegen die

> eusserliche leibliche Übunge, welche im einer fürnimpt, dardurch geschickt und behende zu werden, als da ist ringen und fechten, oder sonst was künstlichs. Oder die einer fürnimpt von wegen seiner gesundheit, als da ist spacieren, sich bewegen, oder sonst etwas zimlichs fürnemen,

hat unser Autor grundsätzlich zwar nichts einzuwenden: „Solche und dergleichen Bürgerliche ubungen verwirfft man nicht, denn sie sind jederman nütz und gut, er sey wes Standes er wolle."[270] Aber diese körperliche Ertüchtigung hat gegenüber der frommen geistlichen doch entschieden zurückzutreten, und von einem Sportprogramm für den überlasteten, depressiven oder ausgebrannten Pastor ist nirgends etwas zu lesen.

Wer sich von den Nachfolgern Luthers nach der Lektüre des thematisch übergreifenden Werkes von Hemmingsen spezifisch für die Überwindung lähmender Traurigkeit und Melancholie interessierte, konnte ab 1571 auf die Abhandlung *Regula vitae et morum* des Salzwedeler Predigers, Lehrers und Verfassers seelsorgerlicher Traktate Stephan Praetorius (1536–1603) zurückgreifen, die im Anhang wenig überraschend *Lutheri quaedam epistola de vitanda tristicia et Melancholia* (Luthers Brief über die Vermeidung von Trauer und Melancholie) enthielt. Dem Befürworter ernsthafter persönlicher Verchristlichung war die wahre Seelenruhe, die aus dem guten Zusammenkommen mit Gott (*bene convenire cum Deo*) erwächst und nur auf dieser Grundlage anhalten kann, ein entscheidendes Anliegen. Aber wie Luther und Hemmingsen befürchtete er, dass derartige christlich-fromme Ruhe mit unguter, satanstrachtiger Zurückgezogenheit, Lähmung im von Gott aufgegebenen Beruf und Schwermut verwechselt werden bzw. zu schnell in diese Richtung umschlagen könnte. Wie der Wittenberger, dessen Epistel von 1534 einen Fürsten und dessen Familie vor diesem Wege bewahren wollte, plädierte er daher für wohl verstandene, ausgleichende christliche Freude. „Der wahre Christ" und recht ein wahrer christlicher Fürst, so mahnt Luther, „soll fröhlich sein in Ehren": sich freuen, reiten, jagen, gute Gesellschaft genießen, „Freude und Muth in Ehre und Züchten" haben, sich auch scherzend unterhalten, „obgleich ein Wort oder Zötlein [schon schnell] zu viel" sein kann. Freude und Fröhlichkeit sind also keineswegs Sünde. Schwermut und Melancholie „und andere [beschwerliche] Sache selbes" wird „das Alter [...] wol überflüßig bringen", gegen diese spezifische, lebenslaufbedingte Eindüsterung ist mithin wenig zu machen.[271]

6.3 Systematisierungen und Praxisverbesserungen im Schatten des Krieges

Mit der dreiteiligen *Schola tentationum* des Humanisten und Pädagogen Otto Casmann (1562–1607), der am Gymnasium in Stade als Rektor und Naturphilosoph wirkte und das frühneuzeitliche Konzept der Anthropologie mit prägte, erhielt die reformatorische Lehre der Anfechtungen und Anfechtungsbekämpfung 1604 eine systematisch-akademische, dem Lateinkundigen zugängliche Grundlage.[272] Eine weitere Station theologisch-praktischer Trostgewinnung und Verteidigung gegen geistliche Anfechtungen markierte die 1620 publizierte *Altera pars praxeos ecclesiasticae: De spiritualibus tentationibus. Das ist Christlicher, nützlicher und tröstlicher Unterricht darinnen vermeldet wird, was geystliche Anfechtungen seyn, woher sie kommen und wie man sie durch Gottes Gnade überwinden möge.* Ihr Verfasser war der thüringische Pastor Christian Avian (+ 1626). Er bezieht sich wieder gleich eingangs auf Martin Luther und fügt hinzu:

> Man liest, daß D.Luther gesaget, wenn er noch eine weile leben solte, so wollte er ein Buch von Anfechtungen schreiben. Wollte Gott, daß ers verbracht hette. Denn gleich wie andere seine Schrifften lauter Geist und Leben sind, also wurde er auch an seinem solchen Tractat ohn zweiffel sein Meisterstück bewiesen haben. Ob er aber nu gleich kein solch Büchlein in Schrifft hinder sich gelassen, mit dem Tode ubereilet. Jedoch können wir hin und wieder aus seinen Schrifften so viel Unterrichts haben, daß wir verstehen mögen, was er geistliche Anfechtungen nennet unnd wie man solche Leute, die der Satan mit geistlichen Anfechtungen angreifft, trösten solle. Auch wie sie solcher beschwerunge loß werden mögen.[273]

Sein demzufolge dezidiert lutherisches Werk ist nach eigenem Bekunden aus seiner Konfrontation mit schrecklichen Anfechtungsfällen in seiner Kirchengemeinde entstanden. Es bezieht sich also im Wesentlichen auf die Gläubigen, nicht die Inhaber des Pastorenamtes. Es spiegelt aber die aufwendigen, energiezehrenden pastoral-empathischen Befragungs-, Betreuungs- und Therapieverfahren, die vom Pastor an dieser Stelle abverlangt werden und für deren Erbringung er sich selbst an die Grenze seiner Leistungsfähigkeit führt. Luther wird damit zum zweifachen Vorbild: als Lehrer der Versuchungen und ihrer Bekämpfung im Allgemeinen, und als Beispiel für den Pastorenstand, der diese Lehre den Glaubenden beizubringen und sich dabei selbst bewähren muss. Der Reformationsgründer avanciert dadurch auch an dieser Stelle zum Ideal schlechthin. An seinem Leben und Werk ist das „wahre Christenthumb" nachzuvollziehen: „Wenn mich der Satan nicht also geplaget hette, hette ich ihm auch nicht so schaden gethan." Keine Anfechtungen zu haben ist also ein schlechtes Zeichen, sie nicht zu bekämpfen, also zu „liegen unnd schnarchen, oder faul werden," sogar passive Gotteslästerung. Und da Gott durch Entsendung und Zulassung von Anfechtungen insbesondere die frommen und eifrigen Christen prüft und zu fortschreitend verbesserter Christlichkeit bringen möchte, werden zumal die Pastoren so angegriffen. Die Antidote sind freilich die uns schon bekannte Mischung aus Bewusstmachung biblisch-christlichen Trostes und sozio-kommunikativer Psychotherapie.[274]

Aus einem existenziellen persönlichen Schicksalschlag ging die chronologisch nächste, für das 17. Jahrhundert bedeutendere *Fuga Melancholiae, cum speculo tentationum spiritualium, et poculo consolationis* (Flucht vor Melancholie, mit einem Spiegel der geistlichen Anfechtungen und einem Becher der Tröstung) hervor. Ihr Verfasser, Sigismund Scherertz (1584–1639), war 1622 durch die neue Habsburgerherrschaft in Böhmen aus seiner Prager Pastorenstelle vertrieben worden. Er hatte erst später in Lüneburg wieder eine Anstellung als Prediger und Superintendent gefunden. Der Erstausgabe 1633 folgten 1648 und 1652, 1662 und 1682, dann sogar 1715 weitere, teilweise ergänzte Ausgaben; es handelt sich hier also um ein besonders verbreitetes und deshalb als einflussreich einzuschätzendes Werk.[275]

Scherertz sieht Melancholie oder Traurigkeit als Inbegriff christlichen Lebens im Diesseits. Er findet nicht weniger als zehn Gründe dafür, warum es

> Gott gefället, die Seinen in dieser Welt also zu züchtigen und zu üben," [nämlich] „auf daß er (1) das sündliche Fleisch in ihnen heylsam bendige und tödte, (2) sie in seiner Furcht und Demuth gnädig erhalte, (3) ihre geliebten Seeln durch diß innerliche Creutz-Feuer fein läutere und veredle, (4) ihren Glauben und Geduld probire und bekandt mache, (5) desto inbrünstigere Seuffzer aus ihrem hertzen locke, (6) sie den Gottlosen zur Bekehrung exemplarisch vorstelle, (7) auch nach erduldeter Trübsal sie desto herzlicher erlöse und erquicke, (8) dieses irdische und betrügliche Leben ihnen väterlich verleyhe, (9) das verlangen nach dem Himmlischen und Ewigen in ihnen erwecke, (10) auch daß er ihrer ewig verschone und sie mit unaussprechlicher Glory vor seinem Angesicht mit allen Auserwählten erfreue. Und solchem Leyden der Traurigkeit können wir nicht entfliehen, wir müssen es in diesem Leben geduldig ertragen.

Neben oder vor der Grundstimmung Trauer in der diesseitigen Welt gibt es freilich auch besonders traurige historische Phasen, womit natürlich die Zeit des Dreißigjährigen Krieges gemeint ist. Weltliche Trauer kann also auch zum Indikator bevorstehenden Weltendes werden.[276] Auch Scherertz Rezepte, umgesetzt als durchgezählte einschlägige Meditationen, setzen sich freilich nicht nur, aber doch im Wesentlichen aus bekannten Mitteln zusammen: Hören und Lesen besonders erquicklicher Stellen der Bibel, voran wieder der Psalmen, die wieder exemplarisch ausgelegt werden; Beschwörung Gottes als Freude bzw. die Aneignung göttlich-christlicher Glaubens- und Erlösungsfreude, bekräftigt durch ein mit abgedrucktes entsprechendes Dankgebet; fromme Ablenkung, mit Abdruck eines „Gebet[s] um Abwendung der Traurigkeit"; Bekämpfung der Ursachen von Traurigkeit und Melancholie jetzt auch ausdrücklich unter Anwendung pastoraler Medizin:

> Ich gedencke an einen feinen gelehrten Prediger, der da sagte: So offt er krancke und melancholische Leute in seine geistliche Cur bekäme, trachtete er für allen Dingen darnach, daß er einen versuchten Medicum erlangen könnte, der das Geblüt durch Artzney bey dem Patienten reinigte, und ihm eine Ader, so es sich nur leyden wollte, ließ springen. Ich habe Acht darauff geben und es selbsten an vielen vorgenommen, es hat allezeit diß consilium und Zurahten das Seine wol gethan, und will es auch treulich rahten allen melancholischen Leuten, daß sie ja die Artzney nicht hindan setzen: Denn wenn die adhibiret und gebrauchet ist, so hafftet auch die geistliche Artzney bey der Seelen desto eher und mehr, und kann ein fröliches Hertz mit Gottes Hülffe wieder hervorgebracht und vorige Freude erlanget werden.

Ferner meint unser Autor vor teuflischen Getränken und Verwünschungen warnen zu müssen, die zumal im Krieg durch Hexen und Zauberer beigebracht würden, um Traurigkeit und Glaubensleere zu erzeugen. Durch Unglücke bewirkte Traurigkeit und Verzweiflung sind wieder dadurch abzubauen, dass ihnen christlicher Sinn abgewonnen wird.[277] Wer zu bestimmten Stunden, Tagen und Phasen von Melancholie befallen wird, muß sich um vorsorgliche Maßnahmen, vor allem Aufsuchen günstiger Orte, bemühen. Mutwillige und imaginierte Melancholien sind leichter, vor allem durch Bewusstmachung der Zusammenhänge, zu bändigen. Schwerer ist der Kampf gegen Todestraurigkeit, gegen den nur die Beschwörung des anschließenden eigentlichen, ewigen Lebens hilft. Äusserliches Verbergen von Melancholie bezieht Scherertz auf den Kampf gegen Satan, dem so Erfolg und erweiterte Einflussnahme entzogen würden. Dieses Verfahren führt in eine prozessuale Auffächerung der Trauerbekämpfung hinüber: möglichst früh beginnen, bestimmte Zeiten und Gelegenheiten nutzen, Verwandte und Freunde zur Hilfe holen, etc. Nach diesen Durchgängen widmet sich der Autor zunächst vor allem den Erscheinungsformen der Furchtsamkeit und des Kleinmuts. Darauf folgen in einem eigenen, mit einem Morgen- und Abendgebet abgeschlossenen Teil wieder Auszüge aus lutherischen Trosttexten, voran des Reformators selbst. Alle Kapitel, Abschnitte und Gebete sind indexmäßig erschlossen; wir haben ein Handbuch für den einschlägigen Gebrauch vor uns.[278]

Wenigstens kurz zu verweisen ist an dieser Stelle auch auf die bekannteste Abhandlung zur Melancholie in West- und Mitteleuropa, *The Anatomy of Melancholy; what it is, with all Kindes, Causes, Symptomes, Prognosticks, and Severall Cures of it*, erschienen zuerst in Oxford 1621, bereits 1656 in sechster Auflage und auch auf dem Kontinent bald gut bekannt. Und zwar aus zwei Gründen: ihr Verfasser Robert Burton (1577–1640) war nach unserer Argumentation keineswegs zufällig protestantischer (anglikanischer) Geistlicher. Das Werk, dem Humor und Ironie nicht fehlen, enthält auch umfangreiche Ausführungen zu Gott und zur Religion als Melancholieursache. Burton erklärt, die Theologie als Königin der Wissenschaften anzuerkennen. Er begreift sich aber explizit als melancholischer Theologe, der sich mit der Melancholie als Krankheit der Seele wie des Körpers befasst. Religiös bedingt kann die Melancholie oder Schwermut wieder aus zwei Gründen sein: Durch allzu übermächtiges, dennoch als unzureichend erahntes oder erkanntes Streben nach Liebe zum wahren Gott; durch satanische Verführung zum falschen Gott durch falsche Mittel, nämlich Aberglaube, leere Zeremonien, blinden Übereifer, Wunderglauben, Neugier usw. Zu den Personen, die aus eigenen Absichten heraus zur falschen Gottesliebe verführen, zählt Burton neben den machiavellistischen Politikern auch

> some of our Priests (who make religious policy), [that] domineer [even] over Princes and Statesmen. [...] They tyrannise over men's consciences more than any other tormentors whatsoever, partly for their commodity and gain. [...] For sovereignty, credit, to maintain their state and reputation, out of ambition and avarice, which are their chief supporters: What have they not invented in all ages to keep men in obedience, to enrich themselves? [...] The common people will sooner obey priests than captains, and nothing so forcible as superstition, or better than blind zeal to rule a multitude, have so terrified and gulled them, that it is incredible to relate.

Wer Aberglauben und Furcht verbreitet, wird aber selbst davon erfasst und gleitet ebenfalls leicht in Schwermut ab. Burton lastet diese Bestrebungen und Prozesse zwar wie es sich für den guten Protestanten gehört in erster Linie den Heiden, dem Papsttum und den Sekten an. Dennoch liegt zumal nach seinem Eingeständnis, einige der eigenen Priester teilten sie, die weitere Übertragung auch auf den Protestantismus nahe. Die von ihm benannten generellen Symptome „love to their own sect, hate of all other religions, obstinacy, peevishness, ready to undergo any danger or cross for it" sind keineswegs spezifisch oder trennscharf genug, um diese Fortführung auszuschließen.[279]

6.4 Transformationen nach 1648

Das Postulat christlicher Geduld zur Ertragung aller diesseitiger Widrigkeit und Anfechtung nahm sich 1661 das Werk des Hallenser Hofpredigers und späteren sächsischen Generalsuperintendenten Johannes Olearius (1611–1684) vor. Sie sei in der Gegenwart weitgehend verloren gegangen. Deshalb bedürfe es neuerlicher Einübung in sie, was eben das *Gymnasium patientiae. Christliche Geduldt-Schule, sammt Hertzerquickendem Trost heylsamer Erinnerung und nothwendiger Gebetlein aus Gottes Wort verfasset und auff allerley sowohl allgemeine als gewisse Standespersonen betreffende Fälle, Creutz, Noth und Wiederwertigkeit an Seel und Leib, Haab, Ehr und Gut im Leben und Streben Auch vermittels unterschiedlicher Register auff die Ubung der wahren Gottseligkeit bey täglichem Lesen der H. Schrifft und Betrachtung der ordentlichen Sonntags-Evangelien gerichtet* bieten möchte. Worum es sich handelt, ist also ein alltagspraktisches Lehr- und Übungsbuch mit weiterführenden Lesehinweisen für die einfachen Gläubigen wie für Standespersonen. Dabei sind auch die Pastoren bedacht. Sie haben „nichts gewisses als Unglück, Haß, Verfolgung und Widerwertigkeit vom Teuffel und Menschen zu gewarten". U. a. versucht der Teufel, wie Luther zitiert wird, regelmäßig den Beginn der Predigt zu verhindern. Aber auch bei den anderen Amtsgeschäften ist sein Angriff besonders deutlich zu spüren. Den dagegen zu setzenden Trost möchte Olearius wenig originell aus der Vergegenwärtigung der Stiftung des Pastorenamtes durch Gott auf ewig, der Besinnung auf rechtmäßige Bestellung für dieses Amt und dem Voraugenhalten jenseitiger Belohnung bezogen wissen. Weiter heißt es:

> Das ist unser Trost, daß wir wissen, wir werden nicht alle Leute fromm machen, denen wir predigen, noch ob dem Ambt ohne Verfolgung bleiben, ja es werden viel auch derer, die wir gewiß meinen im Netz zu haben, heraus fallen und Christus wird dennoch die seinen durch unser Ambt herzubringen und erhalten.

Die gleichen Mittel sind gegen die Trauer einzusetzen, die daraus erwachsen kann, dass die Kirchendiener „nicht alle gleich reich sind als Juristen, Medici und die mit andern Sachen und Händeln umbgehen", also die Kaufleute. Neben der Bibel-, Kirchenväter- und Lutherlektüre als Basis empfiehlt Olearius aus anderen Schriften bezogene Texte, aber auch selbst formulierte Besinnungssprüche und Gebete. Der Benutzer seiner Geduldschule konnte also im Register seine Trauervariante und deren angenommene Ursache nachschlagen und dadurch zu den je zugeordneten christlichen Heilmitteln gelangen.[280]

Nach eigener Angabe auf Befehl seines Landesfürsten Herzog Ernst dem Frommen von Gotha verfasste und publizierte 1663 der Hofprediger Christoph

Brunchorst noch in seinem Todesjahr die *Christliche Vorstellung Der hohen geistlichen Anfechtungen, wie nemblich Der allein weise Gott hin und wieder etliche seiner gläubige Gnaden-Kinder aus väterlicher Verhängnis darein geraten lässet, jedoch aber ihnen in solchem schweren Kampff und Streit so gnädiglich beystehet, daß sie nicht verzagen, sondern durch seine Göttliche Hülffe wunderbahrlich daraus errettet werden und den Glaubens-Sieg erhalten* (Abb. 11). Auch dieses Werk war aus aktuell wahrgenommenen Ursachen veranlasst und sollte eine praktische Handreichung zur Überwindung der in den Blick genommenen Anfechtungen sein. Das Wüten des Teufels nehme in „diesen letzten bösen Zeiten" – das typische apokalyptische Motiv – erneut zu.[281] Worum es Brunchorst geht, sind allerdings nur die titelgebenden „hohen geistlichen Anfechtungen." Nicht diejenigen sollen sich also angesprochen fühlen, „die sich darüber trüben, daß es ihnen in dieser Welt nicht nach ihren Wünschen gehet", die also lediglich von „weltlicher Traurigkeit" befallen sind. Desgleichen sollen diejenigen außen vor bleiben, die „aus übeler Complexion ihres Leibes [...] in einem halben Delirio (stecken) und sich darbei traurig und furchtsam erweisen" oder nach großer Sünde von plötzlichem Erschrecken und Betrübnis erfasst werden. Brunchorst hat vielmehr die Frommen und deren von Gott gesandte Prüfungen und Anreize zu noch weiter verbesserter Christlichkeit im Blick:

> Die rechte geistlich hoch Angefochtene sind einig und allein dieselben bußfertige, gläubige, Gottselige fromme Menschen, welche Gott der herr aus grosser feuriger Liebe und Himmelsväterlicher Wolmeynunh ihren Glauben auff die höchste Weise zu prüfen, zu bewähren und auserwehlt zu machen seinen schweren unerträglichen Göttlichen Zorn und Ungnade wie auch eitel Sünde und Unglauben, sonderlich den abscheulichen Greuel der innenwohnenden Erbsünde, nebenst der grausamen List und Macht des bösen Feindes, in ihrem Hertzen und Gewissen hart fühlen und erfahren, auch wol gar darbei schändliche Gotteslästerliche Gedancken dergestalt empfinden lässet, dass sie für grosser Angst und Bangigkeit, für grosser Furcht und Bekümmernis, für grosser Traurigkeit, Zweiffel und Zagen, so sehnlich achtzen und seufftzen, so erbärmlich und jämmerlich winseln und klagen, heulen und weinen, und sonst so elendiglich sich bezeigen, daß es so zureden einen Stein erweichen möchte.

Seine pastoraltheologische Therapie ist damit klar. Jeder Anfechtung, die auf den Kernbereich christlicher Überzeugung und Lebensgestaltung zielt, stellt er die einschlägigen christlichen Normen, Postulate und Gepflogenheiten gegenüber. Von den Predigern werden demzufolge genaue Erkundung des jeweiligen Seelenzustands, Empathie, Vermittlung von Trost auf jegliche denkbare Weise einschließlich des Kirchengesangs und vor allem Geduld verlangt.[282] Dass die „Angefochtenen [und] Schwehrmüthigen" eigener Mahnungen, Ratschläge, Beispiele, Sinnsprüche usw., also vielfältiger psychokommunikativer Hilfen bedürfen, unterstrich 1680 in seinem *Hand-Buch für Seelsorger* auch wieder J. L. Hartmann.

Seine Ratschläge, die auch den Prediger als Patienten ansprechen, atmen in besonderem Maße wieder die pastorale Praxis: wie man dem Schwermütigen möglichst genaue Antworten entlockt, äußerliche Trauergründe auf ihren realistischen Kern zurückführt und die Trauer damit bereits relativiert und eingrenzt, usw.[283]

Dass die Unterscheidung äusserlich-diesseitiger Trauer- oder Betrübtheitsgründe von religiös-theologischen ein zunehmendes Anliegen darstellte, belegt auch der erstmals 1684 erschienene, dann 1686, 1706, 1707 und 1710 erneut publizierte *Antimelancholicus oder Melancholey-Vertreiber* (Abb. 12) des Meißner Pastors, Leipziger Hebräischprofessors und dann Lübecker Superintendenten August Pfeiffer (1640 – 1698). Das im Titel ausdrücklich „den Candidatis Ministerii und angehenden Predigern als Promptuarium consolationum" gewidmete Werk ist gleich in die zwei einschlägigen Teile gegliedert. Der erste Teil befasst sich in 30 Kapiteln, deren Paragraphen jeweils ein entsprechendes Merkgedicht vorangestellt ist, mit ebenfalls 30 „leiblichen Anliegen, die Haab und Gut, Amt und Ehre, Weib, Kind und Gesinde, Leib und Leben und in Summa zeitliche Zufälle betreffen". Der zweite Teil behandelt 30 „Sorten von allerhand Geistlichen Seelen-Anliegen und wichtigen Religions- und Glaubens-Scrupeln". Diese Unterscheidung ist nicht mit der Zuweisung einmal weltlicher, dann geistlicher Heilmittel identisch. Pfeiffer appliziert vielmehr auf alle von ihm behandelten Fälle, die er ohnehin wesentlich auch unter Auswertung der Bibel beschreibt, geistliche Mittel, bietet aber bei den „leiblichen Anliegen" zunächst weltlich-praktische Lösungshinweise. Als Beispiel sei das Kapitel XXI des ersten Teils genannt: „Von der Melancholey wegen des muthwilligen und ungetreuen Gesindes. § 1 Der Melancholicus klagt seine Noth: Gott im Himmel seys geklagt, wie mich mein Gesinde plagt." Diese Plagen bestehen z.B. in der Ausrede, wegen Gicht in den Händen nicht schnell und geschickt genug Handarbeit leisten zu können. Gegen eine derartige Behauptung spreche der sonst gesunde und frische Leib. Um diese Ursachen für Melancholie des Hausherrn zu beseitigen, schlägt Pfeiffer einerseits nachhaltige Einschwörung des Gesindes auf seine biblisch-göttlich vorgesehene Berufsrolle, andererseits bessere Fürsorglichkeit und geschicktere Führung ebenfalls im Rahmen der göttlich vorgesehenen Berufsrolle beim Hausherrn vor. Das Konzept Melancholie erfährt so erhebliche alltagsbezogene Ausweitung. Zum wichtigsten Bekämpfungsmittel avancieren wiewohl noch in biblischer Problembeschreibung kluge Sachlogik und Berufsrollenvergewisserung, die weniger vom Prediger und sonstigen Autoritäten, sondern vom jeweils kundigeren Beteiligten selbst zu leisten sind. Eine ähnliche Tendenz weist der zweite Teil auf, wo u.a. zeitgenössische Kritik an unterstellten religiösen Anfechtungen in Merksprüchen verdichtet direkt zurückgewiesen wird. So z.B. im Kapitel XXV zur Melancholie wegen Höllenangst: „Der Melancholicus entdeckt seinen Kummer: Fahr ich denn zur Hölle hin, Drum daß ich kein Bettler bin?" Auf die vor allem bibelgestützte Erläuterung, dass auch christlich gute Reiche in den Himmel kommen, wird aber auch der Einwand des Atheisten, konkret des berüchtigten Matthias Knutzen (1646 – nach 1674)[284], zitiert: „Was soll die Melancholey, Wer weis ob eine Hölle sey?" Auch darauf folgt dann eine hauptsächlich biblische Affirmation der Höllenexistenz. Prediger kommen als Melancholiebefallene nur selten vor, so z. B. bei Ausbleiben einer Berufung oder bei anhaltender scheinbarer oder tatsächlicher Erfolglosigkeit in der Amtsausübung. Ihre Rolle als eifrige Trauerursachenerforscher und Trostbringer findet dagegen öfter Erwähnung.[285]

Johann Samuel Adami stilisierte in seiner Klageschrift *Der wohl geplagte Priester* von 1689 nach älteren Vorbildern den Pastor zum unaufhörlich geplagten Hiob: „Wenn ein Sturm des Creutzes vorüber, und ich dencke, ich habe nunmehro gewonnen, es wird keine Noth mehr haben, so ist eine neue Angst, eine neue Plage da, die auffs neue an mich setzet und auf mich loß gehet." Seine Darlegung auch persönlich erfahrener Anwürfe, Kränkungen, Anfechtungen sowie Angst- und Depressionsattacken erscheint ihm selbst so intensiv, dass er sich gleich eingangs gegen den naheliegenden Negativeffekt abzusichern veranlasst sieht: „Ehe ich den geplagten Priester vorstelle, muß ich gleichwohl etwas reden von dem Ehrwürdigen Ampte, das er in der Welt bekleidet, damit niemand etwan von diesem heiligen Ampte abgeschrecket werden möchte." Dennoch bleibt es mit Luther dabei: „Der Schweiß im Haußstande ist groß, im Regimente noch grösser, im Predigt-Ampte der allergrößte".[286]

6.5 Von der Trauertheologie zur christlichen Erquickung

Die ausdrücklich an die Pastorenaspiranten und Pastorenanfänger gerichtete Einführung in die pastorale Gewissensarbeit des Jenenser Theologieprofessors Friedemann Bechmann (1628–1703), die 1692 erstmals erschien (letzte Auflage 1713), befasste sich erwartungsgemäß auch mit dem Aspekt der Anfechtung und deren Folgen Trauer und seelische Lähmung. Der Autor hebt wieder auf die Unterscheidung spiritueller und weltlicher Anfechtungen ab. Zuständig ist der Pastor jetzt eindeutiger als zuvor aber nur für die spirituellen Fälle, also diejenigen, die sich auf christlich-göttliche Angelegenheiten beziehen. Des Weiteren fällt auf, dass Bechmann deutlicher die erfolgreiche Bekämpfung der seelischen Trauer akzentuiert und dazu ein vorher weniger genutztes Lutherzitat heranzieht: „tristitia nihil prodest" (Traurigkeit nutzt nichts). Im Übrigen wiederholt Bechmann die lutherische Überzeugung, dass gerade die Gläubigen von Anfechtungen und Welttrauer befallen werden. Deshalb sind unweigerlich besonders Pastoren betroffen, woraus sich wiederum die Notwendigkeit ergibt, dass gerade sie sich die Techniken der Bekämpfung und Überwindung zuverlässig aneignen. Von der fallweisen Therapie soll es also zur strukturellen gehen. Schließlich schärft Bechmann ein, dass sich der Pastor bei der Diagnose und Therapie klug verhalten soll, wozu auch der Verzicht auf Übertreibung zählt.[287]

Was bei Bechmann lateinisch-theologisch als Professionswissen abgehandelt wird, bietet wenig später, im Wendejahr 1700, der Pastor von Bloswitz Nicolaus Haas (1655–1715) zweibändig ausführlich in seinem *Der Getreue Seelen-Hirte Welcher seiner Schäflein in Noth und Tod pfleget* in deutscher Sprache. Behandelt wird in Form eines systematischen Vademecums wieder die richtige Tröstung der Kranken und Gebärenden, der „wegen allerley Leibes- und Seelen-Anliegen schwermuthigen und angefochtenen", der Häftlinge und der Todgeweihten. Die Detailfreude hat erneut zugenommen. Behandelt werden „des Seelsorgers Seuffzer zu Gott" vor den Besuchen, sein „Gruß und Anrede" der Besuchten, die Führung des Trostgesprächs und die Art des Gebets je nach Krankheitsform – vom schmerzhaften Sturz über Pest, „Frantzosen [d.h. französische Krankheit, die Syphilis] durch üppiges Leben zugezogen", Abnahme eines Körperglieds bis zu denjenigen, dem „man die Hirnschale öffnet" usw. –, schließlich die richtige Verabschiedung. In gleicher Weise aufgefächert ist der Umgang mit den ohne derartige Gründe Schwermütigen, deren Ansprache und Behandlung je nach Anfechtungs- und Erscheinungsform sich zu einem umfassenden Katalog ausweiten und damit erneut die enormen Anforderungen an den Pastor, der alles richtig machen möchte, unterstreichen. Thematisiert werden z.B. die Fälle, in denen der Betroffene nicht weiß, warum er eigentlich von lähmender Trauer befallen ist; solche, die auf Gewissensbissen beruhen, auf Teufelspakte, wegen mangelndem Kirchenbesuch und Verweigerung der Annahme des Predigtwortes, etc.[288] Parallel zu diesem pastoralpraktischen Schrifttum bildete sich auf der theologisch-systematischen Ebene seit den ausgehenden 1680er Jahren die sogenannte *Theologia paracletica* als spezifische Teildisziplin der Tröstung in Anfechtung und Kummer aus. Ihr Verdienst lag darin, das Gebiet präziser zu definieren und abzugrenzen sowie innerlich genauer aufzuschlüsseln, was allerdings zu unterschiedlicher Praxisnähe oder -ferne führte. Heinrich Müllers *Geistliche Erquickstunden Oder Haus- und Tischandachten* berücksichtigten im pietistischen Geist das gelehrt-theologische Element dagegen überhaupt nicht mehr. Vielmehr boten sie nicht weniger als 300 Gebete, die die Spannungslage zwischen göttlicher Traurigkeit und weltlicher „Lustigkeit" in ganz verschiedener Weise, darunter mehrfach im Hinblick auf die Pastoren, ansprachen und auflösten.[289] Gottfried Olearius, Theologe und Konsistorialmitglied in Leipzig, steuerte 1718 eine *Anleitung zur geistlichen Seelen-Cur* bei, die die wissenschaftlich genaue Kenntnis aller Grundlagen zur unerlässlichen Bedingung des Anwendungserfolgs erhob. Neben der Unkenntnis und Unfähigkeit des betreffenden Pastors, dieses

Wissen zu erwerben, nennt Olearius als weitere Hemmnisse „falschen Zusatz menschlicher Theydungen, Einmischung eigener Affecte, oder Auslassung und Ubersehung solcher Stücke, welche doch nothwendig zur Sache gehören", sowie „durch Aergernis an dem der Lehre entgegen stehenden Leben." Wieder wird vom Pastor nahezu Übermenschliches verlangt. Nämlich einerseits innere Distanz zwecks unbeeinflusster diagnostischer Erkenntnis und Therapie, andererseits – vom eigenen vorbildhaften Leben ganz abgesehen, um glaubwürdig Akzeptanz und Autorität beim Seelenpatienten zu finden – doch auch wieder „wahrhafftiger Eifer [...] und Begierde" zu helfen,

> eine hertzliche und inbrünstige Liebe gegen den Patienten, das aus derselben fliessende Seelen inniglich Erbarmen und Mitleiden über dessen Zustand; eine aus solchen Affecten entstehende Gedult und Sanfftmut dessen Schwachheiten zu tragen, seine Klagen zu hören, die Hindernisse, auch die er selbst machet, aus dem Wege zu räumen, seinen Unwillen zu besänfftigen, seine wiederholten Fehler zu verbessern, auch selbst allerley Ungemach und Gefahr mit ihm auszustehen. Ferner eine unermüdete Beständigkeit und unablößliches Anhalten, wenn wir auch anfangs wenig zu gewinnen scheinen; eine sorgfältige Wachsamkeit über alle dessen Bewegungen; eine gründliche Demuth, welche ohne herrschsüchtige Meisterschafft mit mildem Umgange den Patienten gewinnet [...]; eine beständige Erinnerung und Antrieb des Hertzens zu Gott vor die Noth des Patienten zu beten; eine inbrünstige Freude über die zunehmende Näherung des Reiches Gottes an seine Seele, etc.

Der praxiserfahrene Theologe betonte darüber hinaus mehrfach die Bedeutung der Prävention. Also die Verhütung oder vorausschauende Milderung von Anfechtungen durch gute christliche Aufrüstung „bey gesunden Tagen", sowie die Notwendigkeit, möglichst genau den Grad der jeweiligen Anfechtungsbefallenheit zu ermitteln, um dann den üblichen Katalog der trauerproduzierenden Anfechtungsformen und von deren Heilmitteln zu entfalten. Auch der Zuspruch für einen sterbenden Kirchendiener ist nicht ausgelassen. In dessen Vordergrund steht erwartungsgemäß, dass nunmehr, mit dem Ruf Gottes ins Himmelreich, „er nicht zu neuer, ungewohnter, beschwerlicher und ermüdender Arbeit, sondern zu seiner ewigen Belohnung" gelange und „keine sorgsame Amts-Gedancken und quälende Wünsche sein Hertz [fürderhin] beunruhigen" würden.[290] In welche Richtung der stärkere Trend ging, indiziert freilich die Schrift *Edles Kleinod Der Vergnüglichkeit und Zufriedenheit, Vormals von einem Hochberühmten Engelländischen Gottes-Gelehrten angewiesen und beschrieben Jetzt aber Bey Gelegenheit der gegenwärtigen schweren Zeiten Aus dem Stande der Vergessenheit hervor gezogen*, eingeleitet von dem uns schon bekannten Pastor und Philosophen Nicolaus Haas. Jeder wahre Christ kann „mitten unter dem Creutze sein Vergnügen an Gottes Gnade finden, wenn er sich nur recht darein schicken wolle", mit dem ihm von Gott befohlenen diesseitigen Platz und Beruf zufrieden ist. Derartiger Seelenfrieden ist nicht immer und sofort falsche Gewissheit jenseitiger Erlösung. Er ermöglicht vielmehr durch Gottes Gnade dasjenige Maß an Vergnüglichkeit, das zur Bewältigung des richtigen diesseitigen Lebens beiträgt oder sogar unverzichtbar ist. „Die Vergnügung ist ein Ding, vornach wir alle trachten, und uns nicht schämen, solches zu gestehen. Derowegen wird es wohl keyn unangenehmer Dienst seyn, so sich iemand äusserst bemühet, die Menschen darzu anzuweisen", solange es im Rahmen von Gottes Willen geschieht.

> Gegenwärtige unsere Zeiten sind also beschaffen, daß man denen Leuten umso viel mehr die Zufriedenheit in dem Willen und der Gnade des Allerhöchsten zu wünschen hat, ie weniger dieselbe bey so vielerley Trübsalen und ängstlichen Warten derer Dinge, die noch kommen möchten auf Erden, vergnüget sind.

Der wahre, sich in Gott trotz aller Anfechtung geborgen fühlende Christ kann gelassen und christlich vergnügt dem düsteren Treiben der Welt zusehen.[291]

Dass zur Vermittlung dieser jetzt dezidiert tröstlichen Botschaft einerseits nach wie vor die skizzierten Heilmittel insbesondere für Kranke und andere Sonderbelastete notwendig waren, liegt auf der Hand. Entsprechend erschienen weiterhin einschlägige allgemeine und spezifische Ratgeber uns schon bekannten Zuschnitts. Zudem hielten die Produktion, dringenden Gebrauchsempfehlungen und demzufolge gewiss auch die Nutzung der Psalter, der ausdrücklich zum Trost in Anfechtung und Trauer bestimmten Psalmensammlungen, derer sich freilich schon die mittelalterliche Kirche bedient hatte, unvermindert an.[292] Andererseits verlangte die vom Calvinismus aufgeworfene Frage nach dem Zusammenhang von diesseitigem Elend oder Erfolg mit jenseitiger Erfüllung, auf deren Debatte im vorliegenden Zusammenhang nicht eingegangen werden kann, nach systematischer dogmatisch-theologischer Klärung.[293]

6.6 Formen der Devianz

Wenn die für die erfolgreiche Amtsausübung und vorbildliche Lebensführung unerlässliche, umfassende Selbstdisziplinierung nicht klappte, Melancholie und Depression nicht überwunden werden konnten – was geschah dann? Auf die naheliegenden Abweichungen von den Normen und Idealen oder deren Verletzungen sind wir schon mehrfach eingegangen. Viele Pastoren flüchteten in Alkoholismus oder, was insbesondere die pietistische Kritik aufgriff, beschränkten sich auf äußere Pflichterfüllung, nachdem sie innerlich quasi gekündigt hatten.

Das lässt sich beispielsweise auch in der anonymen *Priester Klage Und derselben ubele Nachsage. Das ist: Eine in zwey Theil abgefaste Betrachtung über der Priester Stand [...]* von 1705, 1713 und 1715 (Neuauflagen) nachvollziehen. Der

Verfasser lässt einerseits fromme, pflichtbewusste und eifrige Pastoren über ihre gott- und gewissenlosen Kollegen klagen, die sich wegen angeblicher theologisch-akademischer Überlegenheit aufplustern, intrigieren und denunzieren, um lukrativ befördert zu werden, dabei zwar glänzende, jedoch unfromme Predigten halten, die aber oft abgeschrieben sind, usw. Andererseits listet er Vorwürfe und Unterstellungen auf, die Gemeindemitglieder an die Adresse der Pastoren richten. Darunter findet sich unter anderem die „Nachsage", das „sich Priester unanständiger Ergetzlichkeiten gebrauch[t]en." Dazu schreibt der Autor:

> Man möchte wohl gar in Zweiffel ziehen, ob ein Priester sich jemals könne auch einer ehrlichen und sonst anderen zuläßigen Ergetzlichkeit bedienen; Wenn man bedenkt die schwere Verantwortung und Rechenschaft, die er seines Amtes und Seelen-Sorge zu geben hat, und wie leicht es geschehen kann, daß bey solcher Ergetzlichkeit ein Excess vorgehe und jemand damit geärgert werde. Doch wird eine Fröhlichkeit im Herrn einem Priester nicht verwehret. Man weiß von denen gottseligsten Theologis, daß sie sich einiger Christl. Ergetzlichkeit bedienet, und zwar die meisten haben solche in einer anmuthigen Music gesucht, zum Theil selbst Music abgegeben und sowohl instrumentaliter als auch vocaliter mit musiciren helffen. Sie haben sich auch offt alleine in ihren Musaeis auffn Clavichordio, Clavicymbel oder Positiv ergetzet. Und wer will ihnen solche Ergetzung verwehren oder verargen? Denn dadurch wird niemand geärgert; Es müsste denn seyn, daß ein Priester immer über einem solchen Instrument lege und darauf leyerte, Welches wenn es die Leute hörten würden sie freylich schlimm davon reden und sprechen: Unser Pfarrer liegt den gantzen Tag über seinen Positiv oder Clavicymbel. Und das wäre auch ärgerlich und sündlich. Bißweilen aber nur die Music gebraucht, mag sie wohl vor eine Priesterliche Ergetzung passiren.

Die Realität ist jedoch ernüchternder.

> Allein einige Priester gebrauchen gar schlimme und schändliche Ergetzungen. Sie machen sich eben mit solchen Dingen lustig, mit welchen sich gottlose und Welt-Kinder erlustiren und Ergetzungen darinne suchen; Als mit Fressen, Sauffen, Tantzen, Spilen etc. [...]. Einigen Priestern wird auch diß Ubel nachgesagt, daß sie mit den Büchsen umher lauffen wie die Jäger, in gleichen mit nach Scheiben schiessen. [...] Von einem Priester, der ein rechter Vir quadratus und in Summa gravitate einher gehet (daher ihm mancher gar vor einen Superintendenten angesehen) hat mir jemand erzehlt, so darbey gewesen, daß er der blinden Kuh mit gespielet, übergebücket und sich von den anwesenden Weiber s.v. Arsch-Pritscher geben lassen. [...] Von einem sonst frommen Priester, der sein Ambt wohl in acht genommen und darinne sich gantz eiffrig erwiesen, auch fleißig studirt, ist mir bekandt, daß derselbe bißweilen gern bey guten Freunden war, oder sie bey sich in seiner Pfarre hatte, und wenn ihm die Lust in den Kopf stieg, so trieb er Schertz und Possen-Reden mit ihnen, wider Pauli Worte Eph. 5.4.. Er redete alber, wie die Kinder zu reden und zu albern pflegen, auch eine neu fingirte unteutsche Sprache. Den andern Tag aber sonne er allererst nach, was er gethan, wurde gantz melancholisch darüber, lieff herum, wunde die Hände und that als wennn er verzweifeln wollte, deswegen man genug mit ihm zu thun hatte, daß man ihn wieder gutes Muths machen konnte. Nun nahm er sich zwar allezeit vor, er wolle dergleichen sein Lebtage

nicht wieder thun, solchen Schertz und Narrentheidung nimmermehr wieder treiben und sich damit in Seelen-Betrübniß stürtzen; Alleine er ließ sich doch ehemals darzu wieder verleiten und machte sich aufs neue die drauff folgende Gemüths-Verdrießlichkeit und Traurigkeit.[294]

Auch andere Formen der Devianz kamen vor, wie uns u. a. spätere strafrechtliche Traktate zeigen. Unter den diesbezüglichen akademischen Untersuchungen erscheinen dabei besonders zwei Beiträge wichtig: Christoph Matthäus Pfaffs, des Tübinger und Gießener Theologen *Academischer Discours von den Mängeln der Geistlichen, und wie denselben abzuhelfen* von 1721, und die kirchenrechtliche Abhandlung *Tractatio iuris ecclesiastici De Excessibus et poenis Clericorum, Von Denen Verbrechen und Straffen der Geistlichen* des Danziger Rechtsprofessors Samuel Friedrich Willenberg (1663 – 1748), die erstmals 1737 publiziert und 1740 in einer erweiterte Neuauflage vorgelegt wurde.[295] Beide Traktate atmen bereits den Geist der Aufklärung, derjenige Pfaffs in Verarbeitung pietistischer Anstöße.

Pfaff beklagt in seiner Vorrede, dass viele Geistliche

obgleich sie die Gebothe zur Tugend hersagen, und von der Nothwendigkeit der Gottesfurcht und des thätigen Christenthums, wie sie es nennen, gar viel in öffentlichen Versammlungen zu reden wissen, dennoch selbst von ihren Lastern und Neigungen toll und voll sind, und was sie andern erfordern, nicht mit dem kleinsten Finger anrühren.

Seine rückhaltlose Auflistung der Gebrechen und Mängel des Pastorentums, die nicht erfolge, um „dem Pöbel [zu] flattiren", sondern seinem heißen Bemühen um Wiederherstellung wahren Priestertums entspringe, bezieht er einerseits auf professionsunabhängige menschliche Schwächen, in seiner Formulierung: auf das „menschliche Gemüthe." Andererseits gesteht er falsche Ausbildung, falsche Rekrutierung (nämlich über Simonie und Nepotismus), Überlastung und vor allem Frustrationserlebnisse, unüberwindliche Plagen und Belastungen zu, die auch Gutwillige zur Resignation bringen. Schon im Studium führt die Schwierigkeit der Erkenntnis der wahren göttlichen Lehren zu Pedanterei, geistlichem Hochmut, Disputiereifer, wechselseitigem Haß und gelehrtem Neid, Skeptizismus und manchmal sogar Verachtung des Glaubens insgesamt. Diese Erfahrung unterstützt in Verbindung mit natürlicher Bequemlichkeit und dem zeitgenössischen Drang zum Wohlleben die Veräußerlichung der pastoralen Pflichten. Folge ist eben der Verlust der inneren Motivation, des göttlichen Eifers und Feuers. Von der pastoralen Praxis hat man grundsätzlich die „allerfrostigsten Vorstellungen", die „Göttlichen Wahrheiten [werden] kaltsinnig [vor]getragen und durch ihr laues, oder gar gottloses Leben" verwüsten diese Pastoren das Leben der Kirche statt es ständig anzufachen und zu verbessern. „Bey dem Patienten lieset (der Priester) seine Gebethe gantz kaltsinnig aus dem Buche daher, und suchet aus seinem Gedächtniß einige Trost-Sprüche hervor, die er ihm dann vorsaget". Bei der Buße sind zwei falsche „Parteyen" entstanden, nämlich „die laxiores und die rigidiores", die beide den richtigen Mittelweg verfehlen.

> Endlich erinnern wir euch, daß die Leich-Predigten, und darinn gehäuffte Selig-Preisungen der Verstorbenen der Kirche nicht wenig Schaden bringen. Denn wenn die Gottlosen also beständig canonisisirt werden, darum, daß sie fleißig den äussern Gottes-Dienst mitgemacht, so können ja ihre noch lebenden Brüder nicht anders schließen, als das thätige Christenthum sey so nöthig nicht. Gute Seelen aber müssen entweder gedenken, der Prediger verstehe das wahre Christenthum nicht, oder betriege den großen Hauffen muthwillig, seinem Interesse nicht gegen zu handeln; daher denn schlechte Erbauung ganz offenbahrlich zu erwarten.[296]

Noch entschiedener äußert sich der Jurist Willenberg. An diejenigen Männer, die „ad curandam animarum salutem" (zur Seelsorge) im Staat berufen sind, sind die bekannten besonderen Anforderungen zu stellen. Die benötigten Qualitäten sind zwar grundsätzlich Gaben Gottes, der die entsprechenden Männer beruft. Aber sie sind von den Berufenen, die ja Menschen sind und deshalb allen menschlichen Schwächen unterliegen, jeweils treu und nachhaltig zu pflegen und zu üben. Wer also eher ein bequemes Leben liebt, ist für das geistliche Amt nicht geeignet. Exzesse, die von Klerikern begangenen werden, haben zudem als schwerwiegender zu gelten als von Laien begangene, weil es nicht auf die Exzesse selbst, sondern darauf ankommt, was die Übeltäter bei den Mitmenschen anrichten.[297]

An erster Stelle der Delikte, die aus mangelndem Eifer, Nachlässigkeit, Überforderung oder unter satanischem Einfluß von Klerikern gegen die kirchlichen Normen und Vorgaben begangen werden, stehen erwartungsgemäß wieder Simonie und die verschiedenen, mehr oder weniger schweren Formen der Häresie, also der Ketzerei. Atheismus, die Leugnung der Existenz Gottes, kommt ebenfalls verstärkt vor. Nämlich indirekt, indem der Pastor keine Pflichterfüllung leistet, die seine Schafe von der Existenz Gottes zweifelsfrei überzeugt, sondern Zweifel daran sät, bestärkt oder zumindest nicht beseitigt, oder direkt, indem er z. B. Frauen zum Ehebruch ermuntert. Ebenfalls als schwerer Exzess hat zu zählen der Verzicht darauf, den anvertrauten Gläubigen mittels der Predigt und im persönlichen Gespräch die Sündhaftigkeit bestimmter Auffassungen und Verhaltensweisen im Kontext der Gegenwart konkret begreiflich zu machen, sie also unaufgeklärt Sünden begehen zu lassen. Oder umgekehrt ihnen die Sündhaftigkeit ihrer Zeit so schrecklich vor Augen zu führen, dass sie den richtigen Weg nicht mehr erkennen und verzweifeln. Z. B. die pflichtgemäßen Hausbesuche und Erkundungen nach dem Befinden der Hausbewohner können zu oberflächlich und lediglich nach Vorschrift oder hochfahrend von oben herab statt in brüderlicher Zuneigung und Fürsorge durchgeführt werden. Von denjenigen Übeltaten, die ein

Pastor wie jeder andere Mensch begehen kann oder unter bestimmten Umständen wie andere absichtsvoll begeht, führt Willenberg u. a. den Treue-, Eid- und Vertragsbruch, Diebstahl, Ehebruch, Totschlag, ferner Betrug und Fälscherei, schließlich sogar Majestätsbeleidigung auf, ohne dabei auf die Spannung zum Strafamt einzugehen. Dass die meisten dieser Delikte zunächst kirchenrechtlich und im Rahmen der dafür zuständigen Kirchengremien zu behandeln und zu ahnden sind, versteht sich. Ebenso wie der weitere Fall, dass dann, wenn die Belange der diesseitigen öffentlichen Ordnung, des Staates, unmittelbar betroffen sind, eine Überweisung an eben den Staat stattzufinden hat. Von den Strafen besonders relevant erscheinen die zeitweilige Suspendierung vom Amt, die Strafversetzung (die berühmt-berüchtigte Pönitenz-Pfarre, eine besonders herausfordernde, aber unterbezahlte Pfarrstelle meist abseits auf dem Lande, die kein anderer Kandidat übernehmen möchte), die Degradierung (Herabstufung zu einer niedrigeren Amtstätigkeit z. B. als Diakon oder Schullehrer), die dauerhafte Entfernung aus dem Pastorenamt, die Exkommunikation, die lebenslange Einkerkerung und ganz im äußersten Fall auch die Hinrichtung. Indem Willenberg im Falle von Ketzerei zumindest in ihren schweren Formen, also öffentlichen Glaubensabfall und öffentliche Verbreitung von Atheismus, für die Hinrichtung plädiert, weil sie die Seelen von der ewigen Erfüllung abhält und dadurch „in republica seditiones & turbas excit[...]at" (im Staat Aufstände und Unruhen hervorruft), erweist er sich noch als Anhänger des Konfessionsstaates, obwohl er die Begründung für Verbrechen und Strafe merklich auf das Diesseits verschiebt.[298]

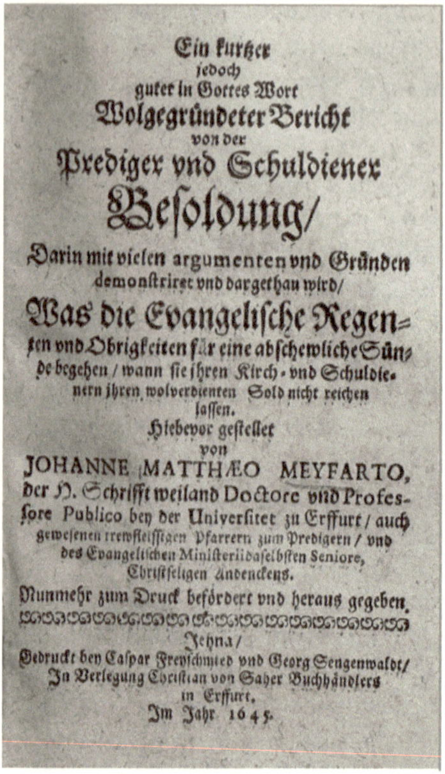

Ein kurtzer
jedoch
guter in Gottes Wort
Wolgegründeter Bericht
von der
Prediger vnd Schuldiener
Besoldung/
Darin mit vielen argumenten vnd Gründen
demonstriret vnd dargethan wird/
Was die Evangelische Regen=
ten vnd Obrigkeiten für eine abschewliche Sün=
de begehen/ wann sie ihren Kirch- vnd Schuldienern ihren wolverdienten Sold nicht reichen
lassen.
Hiebevor gestellet
von
JOHANNE MATTHÆO MEYFARTO,
der H. Schrifft weiland Doctore vnd Professore Publico bey der Universitet zu Erffurt/ auch
gewesenen trewfleissigen Pfarrern zum Predigern/ vnd
des Evangelischen Ministerii daselbsten Seniore,
Christseligen Andenckens.
Nunmehr zum Druck befördert vnd heraus gegeben.

Jehna/
Gedruckt bey Caspar Freyschmied vnd Georg Sengenwaldt/
In Verlegung Christian von Saher Buchhändlers
in Erffurt,
Im Jahr 1645.

Abb. 13

Dissertatio Inauguralis Juridica,
DE
OFFICIO PRINCIPIS EVANGELICI CIRCA AUGENDA SALARIA ET HONORES MINISTRORUM ECCLESIÆ.

QVAM
RECTORE *MAGNIFICENTISSIMO*,
SERENISSIMO PRINCIPE AC DOMINO,
DN. PHILIPPO WILHELMO,
PRINCIPE BORUSSIÆ, MARCHIONE BRANDENBURGICO
ET DUCATUS MAGDEBURGICI GUBERNATORE, &c. &c. &c.

PRÆSIDE
DN. CHRISTIANO THOMASIO, JCto,
SERENISSIMI AC POTENTISSIMI REGIS BORUSSIÆ
Consiliario, Professore Publico Ordinario,
ac Facultatis Juridicæ p.t. Decano,
IN ALMA FRIDERICIANA
P R O   L I C E N T I A
Summos in utroque Jure honores & Doctoralia Privilegia
rite capessendi
IN AUDITORIO MAJORI
Horis ante & pomeridianis d. 4. Novembr. Anni MDCCVII.
Publico Eruditorum examini submittet
JOHANNES de GROIN, Clivo-Clivensis.

HALAE, MAGDEBVRGICAE, LITERIS SALFELDIANIS.

7 Nicht nur um Gotteslohn: Das Einkommen

7.1 Ausgangslage

Von den Grundwerken der zweiten Hälfte des 16. Jahrhunderts, von denen die Wahrnehmungen, Einschätzungen und Gestaltungen des 17. Jahrhunderts ausgingen, äußert sich Conrad Portas *Pastorale Lutheri* am ausführlichsten zur Frage der Unterhaltung und Besoldung der Prediger. Dessen einschlägiges zwanzigstes Kapitel behandelt zunächst die biblischen Vorgaben. Schon im Alten Testament, dann wieder im Neuen sei unmissverständlich angeordnet: „Gehet hin und prediget, nemet und esset, was man euch gibt, denn ein Arbeiter ist seines Lohnes wert," und weiter: „Der Herr hat befohlen, die das Evangelium predigen, sollen sich auch des Evangeliums nehren." Oder in den Worten Luthers, der auch hier zitiert wird:

> Gleichwie die Kirchendiener aus Gottes Gebot und befehl schuldig sind, allen Gottes ehre, rhum und preis, und der Leute Heil und Seligkeit zu suchen und zu fördern, Also haben auch die Kirchen und Gemeinen von Gott befehl, daß sie ihre Diener nehren und christlich versorgen und erhalten sollen.

Die Begründung dafür ist klar. „Gottes Wort ist ein thewrer und edler Schatz." Wem es gewährt wird, dem muß es also auch wert genug sein, dessen Verkünder angemessen und würdig zu unterhalten. Angemessen bezieht sich dabei darauf, dass die Prediger einerseits nicht zu anderen Tätigkeiten gezwungen werden dürfen, die ihre Haupttätigkeit beeinträchtigen, andererseits aber auch nicht zur Reichtumsanhäufung verführt oder in Stand gesetzt werden sollen. Würdig heißt der Ehre Gottes entsprechend. D. h. der Unterhalt darf sich nicht auf das unabdingbar Notwendige beschränken, sondern muss eine Lebensweise sichern, die dem Status der Prediger als von Gott Gesandten entspricht. Das biblische Zeugnis hält aber auch Beispiele dafür bereit, dass Gläubige, denen der Unterhalt von Priestern so wenig wert war, dass diese darbten oder sogar verhungerten, von Gottes Strafe getroffen wurden. Trotz dieser bedrohlichen Aussicht zeige aber die gegenwärtige Welt sogar in wachsendem Maße den Pastoren gegenüber Undankbarkeit und Verachtung, so dass vielen nur bleibt, sich mit der eigentlichen Belohnung, der ewigen Seligkeit in der jenseitigen Welt, zu trösten.[299] Schon Porta muss sich aber in mehrfacher Hinsicht beklagen. „Niemand (soll sich an dem) stoßen und ergern, das etwa fromme Gottesfürchtige Fürsten und Regenten trewe Kirchendiener ehrlich halten und stadlich versorgen". Für manche ist also auch der gewährte Unterhalt nach Art und Umfang ein Stein des Anstoßes.

Scharf zu verurteilen ist, dass „auf dem Lande der Adel und die Scharrhansen, in Stedten die gewaltige Geschlechte[r] und Burger" die „Kirchen spolieren und die Geistlichen Güter zu sich reissen" unter dem Vorwand, die kirchlichen Belange zu fördern, in Wirklichkeit aber, um eigenen Gewinn zu machen. Auf den weiteren Einwurf, nach biblischem Zeugnis müsse auch der Prediger sich von seiner eigenen Hände Arbeit ernähren, führt unser Autor einerseits wieder das Argument an, dass dadurch die Hauptaufgabe des Predigers nicht mehr ungehindert erfüllt werden könnte. Andererseits versucht er zu vermitteln, dass Predigt bei weitem keine leichte oder zumindest leichtere Arbeit im Vergleich zur Handarbeit sei, sondern im Gegenteil „die schwereste mühe und arbeit". Ferner konstatiert er einen Anspruch aller Studierten auf höhere und besser bezahlte Ämter, wobei das Theologiestudium für jede richtige und erfolgreiche Pastorentätigkeit unverzichtbar sei.

> Und wird gewiß geschehen, das die Kirche durch solche Karckheit, so man gegen die Kirchendiener übet, wird verwüstet, und mit ungelernten groben Eseln müssen bestalt werden, wie die Exempel allbereit für Augen sind, da man sihet, wie die Lehre durch Regiment ungelernter Leute verfinstert und alle gute freye Künste verdruckt und verachtet werden.[300]

Einen weiteren Einwand, nämlich dass die Pastoren durch hohe Bezahlung „zu Herren" würden, weist Porta mit dem Hinweis zurück, dass von wirklich üppiger Bezahlung keine Rede sein könne und die wahren, sich auf Reichtum stützenden Herren andere seien. Arme Prediger, die über geringe Besoldung klagen, dürfen vor diesem Hintergrund auch nicht gleich als geizig im Sinne von gierig denunziert werden. Einiges für sich hat der Hinweis, dass „viel Prediger mehr auff das Einkommen und Besoldung als auff das Ampt an ihm selbs" schauen. Es handele sich dabei aber um sündhafte Abweichung und trotz zunehmender Geldgier in der Welt, der sich auch die Kirchendiener nicht völlig entziehen können, immer noch um Ausnahmen. Sie würden durch brüderliche Ermahnung, kirchenrechtliche Ahndung oder spätestens im Jenseits schwer bestraft. „Der Geitz ist eine Wurzel alles ubels, welches da etliche gelüstet, und sind vom Glauben irre gangen und machen inen selbs viel schmertzen. Es ist ein großer Gewinn, wer gottselig ist, und lasset ihm genügen."[301]

Portas Ausführungen spiegeln den mitteldeutsch-lutherischen Erfahrungshorizont mit seinen unterschiedlichen Formen und Entwicklungsgraden kirchlicher und politischer Ordnung. Hemmingsen ging dagegen von der dänischen Szenerie, also einem staatlich bereits ziemlich gefestigten, finanzkräftigen Königreich, aus. Zu unterscheiden sind auch nach ihm „zweyerley belohnunge". Nämlich der „leibliche" Lohn im diesseitigen Leben und „der ander lohn, welcher jne im künfftigen Leben zugesaget wird. Der leibliche lohn weret hie auff Erden eine kleine zeit, Aber der Geistliche lohn weret ewiglich." Der „zeitliche lohn ist viererley. Denn Gott gibt jm das er habe seine Narunge, Ehre, gutes Gewissen und vermehrung der gaben." Diese vier Belohnungen sind, so argumentiert Hemmingsen erstaunlich modern, dazu eingerichtet, „auff das ein Pfarherr [...] zu [richtiger und erfolgreicher] verrichtunge seines Ampters sol beweget werden" bzw. „dardurch gereitzet werde, sein Ampt rechtschaffen auszurichten." Die biblischen Zeugnisse, die auch Hemmingsen anführt,

> lehren aber [...] von dreien dingen. Erstlich das der Christlichen Oberkeit jres Amptes halbe gebüre und zustehe, den Dienern des Evangelii jre gebürliche unterhaltungen zuordnen und zugeben. Zum andern das die Zuhörer von wegen des natürlichen und göttlichen Rechtes schuldig und pflichtig sein jren Predigern gebührlichen lohn zureichen. Zum dritten das die Diener des Wortes wol befüget sein jren lohn und besoldungen zu nehmen und denen, so nicht von gutem willen geben, was sie zu geben schuldig sein, abfordern.

Der Hofprediger betrachtet also eine staatlich-kirchengemeindlich gemischte Unterhaltspflicht für gegeben und übereignet den Pastoren das Recht, ihren Unterhalt gegebenfalls sogar unter Einsatz der Kirchenstrafe einzufordern. Nähere Erläuterungen dazu, wie dann verfahren werden soll und inwieweit Erfolgsaussichten bestehen, bietet er jedoch nicht. Was dann auch bei ihm nicht fehlt, ist die Klage über mangelnde Gebebereitschaft und um sich greifende eigensüchtige Geldgier. Auch bei der zweiten Belohnungsart, der Ehre oder Ehrbezeugung durch die eigenen Gläubigen und die Welt insgesamt, die der Autor ständegesellschaftlich zielsicher aufgreift, besteht zwar Anlass zur Klage. Hemmingsen verweist dabei jedoch wider Erwarten lediglich ausführlich auf die Gefahr, dass der Pastor überheblich und ehrsüchtig wird, während er hinsichtlich der Anerkennung der Prediger z. B. als „Geistliche Veter" keine Probleme erwähnt. Mit der Ehre steht das gute Gewissen in Verbindung, weil dieses seinen Träger in Stand setzt, seinem Amt richtig und umfassend zu genügen. Aus dieser untadeligen Amtsführung wiederum erwächst die vierte Belohnung, die „vermerhunge der gaben. Wer die kleinen und geringe Gaben, damit jn Gott hat begabet, recht brauchet und wol anwendet, dem wird Gott durch seinen Segen dieselbige von tag zu tag mehren und stercken." Als Beispiel dient wieder Luther, der nach eigenem Zeugnis aus seinen geringen Gaben dank Gott nichts weniger als das umfassende Werk der Reinigung des Christentums „von den grewlichen und schrecklichen irthumen des Bapsttumbes" machte. „Diesen heilige Man Gottes sollen fromme Pastoren jnen als ein Exempel fein vorbilden". Und von dieser diesseitigen Belohnungsart der Vermehrung der eigenen geistlich-pastoralen Gaben führt der Weg dann direkt zur eigentlichen, wahren, ewigen Belohnung, dem Empfang der „unverwelcklichen Krone der Ehren" im Jenseits. Sich alle diese Belohnungen vor Augen zu halten und damit die materielle diesseitige Entlohnung gebührend zu relativieren, erleichtert das Amtsgeschäft und das pastorale Leben, das ansonsten zur schweren Last wird und zu Verdruß führt.

> Da wirdts endlich geschehen, das er seine arbeit, welche bey den leuten scheinet verloren sein, gar gerne und fleßig thu, sonderlich weil im bey Gott seinem Herren so ein trefflicher lohn beygeleget ist.[302]

7.2 In der Not des Krieges

Johann Gerhard, der uns schon bekannte Systematiker der Orthodoxie, subsummierte im 1619 erschienenen sechsten Band seiner *Loci theologici* das Thema der Besoldung (*salarium*) der Pastoren und sonstigen Kirchenbedienten unter die Rubrik „adjuncta Ministrorum" (Beigaben der Kirchendiener). Er handelt es allerdings nur sehr kurz ab, vor allem deshalb, weil sich seine Bemühungen ja auf die theologisch-dogmatische Systembildung richten. Auch er unterscheidet naturgemäß zwischen „praemium divinum & humanum" (göttliche und menschliche Belohnung). Die diesseitig-menschlichen Belohnung besteht wieder im würdigen Unterhalt und in der Ehre. An erster Stelle wird bei ihm allerdings die Frage danach gestellt und positiv beschieden, ob die Kirchendiener Bezahlung überhaupt annehmen dürfen. Das gelte im Rahmen der mit dem Amt verbundenen Rücksichten und Einschränkungen auch für Pastoren aus reichen Familien bzw. anderweitig persönlich gutgestellte Kirchenmänner. Dagegen ist zumal von autoritätsmindernden und sonst suspekten anderen Erwerbsformen grundsätzlich abzusehen. Offensichtlich zählt dazu auch, von einer reichen Ehefrau unterhalten zu werden.[303]

Gerhards knappe Ausführungen waren noch vor dem vollen Ausbruch des großen Krieges 1618 bis 1648 geschrieben gewesen. Unser nächstes Zeugnis, Johann Matthäus Meyfarts (1590–1642), des Erfurter Theologieprofessors und Pastors von dessen Witwe herausgegebene Schrift *Ein kurtzer jedoch guter in Gottes Wort wolgegründeter Bericht von der Prediger und Schuldiener Besoldung, darin mit vielen Argumenten und Gründen demonstriret [...] wird, Was die Evangelischen Regenten und Obrigkeiten für eine abscheuliche Sünde begehen, wann sie ihren Kirch- und Schuldienern ihren wolverdienten Sold nicht reichen lassen* (Abb. 13) spiegelt dagegen die Situation vor dem noch kaum erwartbaren Kriegsende, konkret 1645.[304] Das ursprünglich religiös geprägte Ringen ist längst zu einer existenziellen politisch-militärischen Auseinandersetzung ausgeartet. In ihr versuchen die beteiligten Mächte alle Ressourcen zu mobilisieren, um nicht unterzugehen. D. h. sämtliche finanziellen Mittel werden für die aktuelle Kriegführung und den Ausbau der Herrschaftszentralen, der Höfe mit ihrem für die

Pastoren besonders anstößigen machtstaatlichen Repräsentationsprogramm, eingesetzt. Für die kirchliche Arbeit bleibt dagegen kaum mehr etwas übrig. Und diese langfristig angelegte, religiös-kulturelle Aktivität gilt vor dem Hintergrund der aktuellen Existenzsicherungsbedürfnisse als deutlich weniger relevant. Hinzu kommt, dass der längst begonnene Wechsel in der Art der Bezahlung vom traditionellen Zehnten und den sonst üblichen, auch in Naturalien entrichteten Abgaben zur rein geldlichen Besoldung aus der Staatskasse ohnehin mit Einbußen verbunden ist. Was Meyfart dagegen setzt, bewegt sich zwar insgesamt im Rahmen des Erwartbaren, wird aber in äußerst scharfer Diktion vorgetragen. Es handelt sich bei der Einkommensfrage also um eine aus pastoraler Sicht durchaus brennende Problematik. Die Fürsten und Obrigkeiten versündigen sich gegen die ausdrücklichen biblischen Gebote Gottes sowie, da sie ausgerechnet die Prediger vernachlässigen, mehr oder weniger direkt an Gott selbst: „Unter dem Armuth der Prediger wird Christus mit seinem ewigen Vater vernichtet". Die „evangelische Obrigkeit", die ihre Prediger „in eußerster Armuth sitzen, oder doch herumb schweiffen, wo gar nicht sterben lesst", treibt es sogar schlimmer als die Heiden. Entsprechend hat Gott bereits Strafen verhängt und wird er weitere verhängen.

> Alß in vorigen Jahren Proffessores auff Universitäten und Gimnasien wie Praeceptores bey den Classen sehr verachtet wurden und mit Kupfer Müntze [ohne Edelmetallgehalt, also wertlosem Geld] sich mussten bezahlen lassen, kam Gott und wußte es redlich zu vergelten, sintemal die schlimmsten Krieges Gurgeln kundten über Evangelische Fürsten und Herren ein lächerliches Aushönen treiben [...]. Wenn ich die scharffen Worte Gottes noch einmal reifflich betrachte, bedüncket mich immerdar, es seyn noch hefftige Landplagen dahinden und plötzlich zu erwarten. [...] Ich glaube, es dörfften Oerter gefunden werden da manche Nimroder und Hoffschrantzen an vollen Tischen sitzen und hergegen die Prediger am Hunger tuche nagen. Muß demnach eine Zeit folgen und Gott den Arm brechen der Obrigkeit und ihren nechsten Diener und schaffen, daß kein Alter in ihrem Geschlechte zu finden sey: die Rache Gottes bleibet nicht aus. [...] Wehe euch etzliche Evangelische Obrigkeiten ihr verachtet und verstöret die Priester, diesselbigen werden von den Bäpstischen verfolget mit Fewer und Schwerd; Ihr verfolget sie mit Armuth und darumb müsset ihr wiederumb verfolget werden.

Die „Teuschung und Beraubung Gottes", die in der Vorenthaltung „der Besoldung und Unterhaltung, welche [bereits] den Priestern und Leviten anstatt der Zehenden und Hebopffer verordnet seyn", besteht, wird schwerste Folgen haben: „Darum seyd ihr Evangelischen Deutschen zum guten Theil verphluchet, daß euch alles unter den Händen Zerrinnet, dann ihr teuschet Gott allesampt."[305] Wenn die evangelischen Obrigkeiten ihre Kirchendiener verarmen lassen, „geben sie [dazuhin] den Feinden der Wahrheit ie mehr und mehr Ursach, die Evangelische Bekändnuß selbst zu lästern und an ihr ein Abschew zutragen." Das aber ist eine der größten Sünden, die nicht entsprechend unbestraft bleiben wird, und zwar auch dahingehend, dass Gott „an ihrem Leben und an dem Leben ihrer Kinder Rache üben könne", sie also persönlich und mit ihnen ihre Dynastien vom Tode bedroht sind. Dass sich die Regenten erhebliche Gewissensqualen zuziehen durch ihr Handeln, wodurch sie an erfolgreicher Herrschaft gehindert werden, versteht sich ohnehin. Meyfarts Androhung schrecklichster Gefahr für den Kerninteressenbereich der Regenten, die er am Schluss wiederholt, geht jedoch noch weiter. Auch die Untertanen werden sich am schlechten Beispiel ihrer Regenten orientieren, selbst demjenigen, der unverzichtbare Arbeit leistet, nichts abzugeben. Da diese Vorenthaltung verdienten Lohns auf Vertragsbruch, Betrug auch in Hinsicht auf Nichtzahlung etwaigen Verzögerungszinses und Raub hinausläuft, werden auch anderer Raub und Rechtsbruch gefördert. Letztlich läuft die Zulassung von Verarmung und Hunger auf Mord hinaus. Die Aufrechterhaltung bis dahin mühsam erarbeiteter Christlichkeit wird unmöglich. Am Ende steht nicht nur bei der Obrigkeit der Verlust der eigenen Herrschaft, sondern der Zusammenbruch der diesseitigen Ordnung überhaupt: da „wird der Untergang nicht ferne seyn". Hunger behindert fromme Übung und erzeugt teuflische Phantasien. Das unschuldig vergossene Blut der Gestorbenen schreit zum Himmel. Diejenigen, die „so mit Waffen, Hunger und Armuth ermordet [werden] umb des Worts Gottes willen", sind Märtyrern gleich, die Gott aufs Grausamste rächen wird. Demjenigen aber, der sich durch Einbehaltung ihm nicht zustehenden Geldes als Wucherer erweist, droht dessen Schicksal, wie es im einschlägigen Psalm heißt:

> Seiner Tage müssen wenige werden und seyn Ampt müsse ein anderer empfahan, seine Kinder müssen Waisen werden und sein Weib eine Witbe. [...] Seine Nachkommen müssen ausgerottet werden, ihr Nahm müsse im andern Glied vertilget werden.[306]

Erwartungsgemäß wird auch die Gattung der Leichenpredigt dazu genutzt, die Unerlässlichkeit richtiger Belohnung für die Pastoren mehr oder weniger direkt einzubläuen. Beispiele sind das *Salarium Pastorale. Das ist: Geistliche Pfarrers Bestallung. Auß dem Propheten Jeremia am 15. Capitel erkläret* des hessischen Hofpredigers Johannes Vietor von 1623, die an einen weltlichen Beamten addressierte Beerdingungspredigt *Christlicher Beampten und Dienern 1. Abdanckung, Abscheid und Tod, 2. Amptsverwaltung und Dienst, 3. Bestallung und Gnadengeldt* des Berliner Pastors Matthias Roloff von 1626 sowie die Ausführung *Piorum & Fidelium Ecclesiae Doctorum Salarium; Frommer und Getrewer Lehrer und Prediger Besoldung*, die 1648 der Nördlinger Pastor und Superintendent Georg Albrecht in den Druck gehen ließ. Vietor leitet aus der Zusage Gottes an Jeremias, ihm zu helfen und ihn zu erretten aus der Hand der Bösen, für alle frommen Prediger neben Beistand und Trost in betrüblichen Zeiten und Hilfe bei der Berufung ins Amt vor allem göttliche Unterstützung beim Erwerb und der Aufrechterhaltung guter Ehre in der Gemeinde ab. Auch die Leichenpredigt selbst diene diesem Ehrengedächtnis. Roloff meint konstatieren zu können, dass „zwar hie in der Welt die trewe Diener und Beampten Gottes entweder eine geringe oder gantz wiederwertige Bestallung und Gnadengeld" hätten. Die jenseitige „Bestallung und Gnadengeld" sei aber umso reicher, nämlich „1. Eine königliche, 2. Eine reich vergeltende, 3. Eine immerwehrende, 4. Eine gewisse, und 5. Eine erbliche unnd ewige". Er überträgt mittels des lutherischen Ideals der Berufserfüllung das Modell des Priesters also auf die zivile Beamtenschaft. Am Anfang der Predigt Georg Albrechts wird zwar wenig überraschend die jenseitige Belohnung des frommen Predigers beschworen, nämlich wieder nach dem Buch Daniel in Anspielung auf den ständegesellschaftlich-zeitgenössisch so wesentlichen Wert höchster Ehre und dauerhaften Ruhms: „Die Lehrer aber werden leuchten wie deß Himmels Glantz, und die, so vil zur Gerechtigkeit weisen, wie die Sternen immer und ewiglich!" Aus der Ermahnung an die Gläubigen, Gott dankbar zu sein für die Gewährung guter Prediger, wird dann aber auch wieder die dezente Aufforderung, diese Dankbarkeit auch durch gebührenden Respekt und willigen Unterhalt zu erweisen.[307]

7.3 Auf dem Weg zur Verstaatlichung

Eine frühe systematische Darlegung der Einkünfte des lutherischen Klerus haben wir 1650 (zweite, hier benutzte Auflage 1687) mit dem *Tractatus De Salariis clericorum, in quo Materiae de Salariis, Accidentiis, Decimis, aliisque proventibus Clericorum, eorumque privilegiis, bonis ecclesiasticis, anno deservito, & anno gratiae, etc. methodice tractantur* (Traktat über die Saläre der Kleriker, in welchem die Materien der Besoldung, Akzidentien, Zehnten und anderen Versorgungen der Kleriker sowie deren Privilegien, Kirchengüter, Jahresgaben etc. methodisch behandelt werden) des Kirchenrechtsprofessors und Mitglied des Pommerschen Consistoriums und Hofgerichts Franz Stypmann (1612–1650) vor uns.[308] An der Notwendigkeit und Legitimität angemessener und sicherer Pfarrerbesoldung ist nicht zu zweifeln. Dafür gibt es zu viele einschlägige Bibelzeugnisse, historische Belege und unbezweifelbar bestehende rechtliche Verpflichtungen vor allem in Pommern. Und die Unverzichtbarkeit der pastoralen Tätigkeit für die diesseitige Ordnung und jenseitige Erfüllung steht fest. Der zeitgenössische Streit, den Stypmann zum eigentlichen Anlass seiner Untersuchung nimmt und den er ausdrücklich auf die Umwälzungen und Herausforderungen des Krieges zurückführt, kann sich also nur auf die Art und Weise und die Höhe der Entlohnung beziehen. Sie genau zu prüfen ist erwartungsgemäß auch wieder deshalb erforderlich, weil das Papsttum so viel Missbrauch getrieben und die Priester zur hemmungslosen Gier verführt hat. Zu unterscheiden sind die ordentlichen und festen (*certa*) Einnahmen (*salaria*) und die außerordentlichen, nach Anfall und Höhe unsicheren (*accidentalia*). In Pommern und anderorts setzen sich die Einkünfte sowohl aus geldlichen Zahlungen als auch Naturalien zusammen. Die Naturalabgaben, die meist aus den altkirchlichen Feudalien übernommen sind, aber rechtlich vielfach auf unsicherem Boden stehen, werden zunehmend geldlich abgegolten, ohne jedoch völlig umgewandelt zu werden. Nicht alle Einkünfte sind streng genommen für den Pastor persönlich bestimmt. Sondern vieles soll dem allgemeinen, allerdings in der Regel vom Pastor oder vom Pastor im Einvernehmen mit dem Inhaber des Kirchenpatronats oder/und in Absprache mit der höheren kirchenadministrativen Instanz zu bestimmenden kirchlichen Bedarf der Gemeinde zugutekommen. Nicht nur daraus können sich allerhand Streitereien ergeben, die dem pastoralen und kirchlichen Ansehen schaden. Der Pastor kann seiner Reputation vielmehr auch dadurch erheblichen Schaden zufügen, dass er seine anerkannten akzidentiellen Einkünfte, zu denen auch kraft Gewohnheit freie Mahlzeiten und Getränke gehören können, zu rigoros oder ohne Beachtung der Situation der Zahlenden einfordert, oder gar eigentlich freiwillige Leistungen zu verpflichteten macht. Dadurch exponiert er sich dem gerade in der Gegenwart naheliegenden Vorwurf, geldgierig zu sein.

Der Entrichtung der Abgaben durch die einfachen Gemeindemitglieder, also die Bauern oder kleinen Tagelöhner, Knechte, Handwerker und Kaufleute, muss die erkennbar nicht nur pflichtgemäße, sondern engagierte pastorale Leistung gegenüberstehen. Sonst würden die Pastoren als dem Wohlleben ergeben, faul oder gar eigentlich überflüssig erscheinen. Dabei spielt auch wieder eine Rolle, dass es handarbeitenden einfachen Gläubigen schwerfällt, die Mühsal und Leistung nichtkörperlicher Arbeit einzusehen. Allerdings nimmt Stypmann auch zur Kenntnis, dass in ländlichen Gegenden auch Pastoren oder dem Pastor direkt untergebene Bauern („eigene Buren") Landwirtschaft betreiben. Das ist wieder mit bestimmten Rechten, aber hauptsächlich Herausforderungen und Gefahren verbunden. So der Vernachlässigung des pastoralen Kerngeschäftes oder, noch schlimmer, der Annahme oder zumindest Hinnahme bedenklicher bäuerlicher Sitten und Gebräuche. Mit anderen Worten, hier wird bereits die später viel beklagte ‚Verbauerung' des Landpastors thematisiert. Ein eigenes Kapitel widmet Stypmann ferner den meist gefährlichen Veränderungen, die sich aus dem Wechsel derjenigen ergeben, von denen die Einkünfte des Pastors abhängen, also der direkten Zahler oder der Verwalter der entsprechenden Kassen. Viele Nachfolger verweigern die Beträge ihrer Vorgänger völlig oder teilweise. Oft muss aufwendig rechtlich gegen diese Nachteile vorgegangen werden, obwohl sich der Pastor nicht durch Rechtshändel psychisch belasten und sozial in schlechtes Licht setzen darf. Kreditaufnahme, also Verschuldung, oder die Abtretung bestimmter Bezugsrechte sind ebenfalls so problematisch, dass sie eigentlich als verboten zu betrachten sind. Umfangreiche Überlegungen sind demzufolge anzustellen, wenn es um die Angemessenheit insbesondere der geldlichen Besoldung durch die Kirche oder durch den Staat (die Fürsten und Magistrate) geht; dabei muss naturgemäß auch das Verhältnis der Pastoren zum Staat thematisiert werden.[309]

Die Saläre der Kleriker müssen wieder ehrenvoll sein und zum würdigen Unterhalt der Pastorenfamilie gereichen. Die Pastoren sind keine Bettler, die wie Bettelmönche um Brot bittend umherziehen. Eine weitere Begründung angemessener Bezahlung ergibt sich aus der Verpflichtung des Pastors zur Armenunterstützung. Was angemessen ist, kann eigentlich und letztlich nur der fromme Pastor selbst definieren. Aber – auch dieses Argument haben wir schon sattsam kennengelernt – das Laster der Gewinnsucht und der Vorwurf der Geldgier liegen immer nahe, weshalb zumindest die Kollegen, der Inhaber des *Ius Patronatus*, also des Kirchenpatronats, dem ja die Sorge für die lokale Kirche grundsätzlich obliegt, sowie der Staat in dieser oder jener Form an der Entscheidungsfindung beteiligt werden müssen. Alle Beteiligten verfolgen naturgemäß unterschiedliche Vorstellungen und Interessen. Der betreffende Prediger möchte ein möglichst hohes Gehalt. Der Kirchenpatron ein niedriges, um eigene Kosten zu sparen. Die Kirchenoberen ein mit den übrigen Besoldungen vergleichbares. Der Staat, sofern er nicht ohnehin mit dem Kirchenpatron identisch ist, strebt ebenfalls ein eher niedriges an, das allerdings stets auch mit seinen Interessen an Ruhe, Ordnung und Repräsentation seiner Hoheit vereinbar sein muss. Ein wichtiges Instrument der Bedarfserhebung, Bedarfskontrolle und Ausgabenprüfung ist die Visitation, die aber ebenfalls über nachvollziehbare Kriterien verfügen muss. Zu unterschiedliche Besoldungen ohne hinreichende Begründung sollten in gleicher Weise vermieden werden, um Neid, Missgunst und Konkurrenz unter den Pastoren, so vor allem das Streben nach besonders lukrativen Pfarreien, nicht noch zu unterstützen. Das heißt auch wieder, dass auch reiche Pastoren ihre ordentliche Besoldung erhalten müssen.

Den Pastoren muss auch das Recht zugestanden werden, bei Bedarf weitere Zahlung zu erbitten. Eine dezidierte Störung ist deshalb das Ansinnen mancher Kirchenpatrone, dass ein Pastor noch vor seiner endgültigen Bestallung verbindlich auf Beantragung künftiger Besoldungserhöhungen verzichten soll. Außer in rechtsförmig genau festgestellten Deliktfällen sollen überhaupt keine Gehaltskürzungen vorgenommen werden. Das Abtreten von Gehaltsteilen, um die Pastorenstelle überhaupt übertragen zu bekommen, ist, wie wir im einschlägigen Kapitel oben gesehen haben, verdammenswerte Simonie. Stypmann plädiert allerdings auch für eine Anforderungs- oder Leistungskomponente: Der Staat oder Kirchenpatron soll demjenigen, der sich überdurchschnittlich einsetzt, entsprechend höhere Einkünfte zubilligen. Deren Festlegung ist wieder schwierig. Sie kann aber bei ehrlichem Verhalten der Beteiligten, wie sie von Kirchenmännern gefordert und erwartet werden kann, durchaus geleistet werden. Ob bestimmte *accidentia* wie exemplarisch wieder der sogenannte Beichtpfenning, aber auch Gaben anläßlich von Taufen, Hochzeiten oder Beerdigungen als „praemia laborum" (Zahlungen für geleisteten Dienst) oder als Zuwendungen „ex donantium affectu" (Ehrengaben) zu gelten haben und entsprechend unterschiedlich gewertet werden müssen, ist eine vieldiskutierte Problematik. Am wichtigsten erscheint unserem kirchenadministrativ gestählten Autor deren erwiesene oder zu erwartende Wirkung auf die Bestrebungen der Pastoren, deren Einigkeit oder Uneinigkeit und die Möglichkeit, dass daraus für die Gläubigen ein Skandal erwächst. Eine Schlüsselrolle in der produktiven Lösung aller derartigen Probleme kommt dem Superintendenten zu, der sich deshalb stets unvoreingenommen und ohne Einmischung eigener Bedürfnisse und Affekte dieser Belange anzunehmen hat. Er entscheidet deshalb auch maßgeblich darüber, ob *accidentia* anders verteilt werden sollen, so z. B. an besonders bedürftige Inhaber unterpfarrerliche Ämter, also Schullehrer o. ä., oder arme Kollegen, oder gemeinschaftlich zu nutzen sind. Zu den weiteren intensiv diskutierten Fragen zählen diejenigen, aus welchen Kassen konkret die Besoldung entrichtet werden soll, wieder, ob einem Nachfolger immer zumindest die Einkünfte des Vorgängers zustehen, und wie teuerungsbedingte Erhöhungen festgestellt und festgesetzt werden können.[310] Rechtlicher Klärung bedürfen aber auch Sonderfälle. So z. B. vom Zahler nicht zu verantwortende Einschränkung oder Verunmöglichung seiner Zahlungsfähigkeit durch Missernte, Krieg oder Ausfall von Zahlungen Dritter. Weiter gegenläufige Herrschaftsanweisungen bzw. -interventionen mit der Folge, dass der Pastor zu wenig oder gar nichts rechtzeitig erhält. Schließlich vom Pastor zu verantwortender oder nicht zu verantwortender, das zustehende Salär weit übersteigender Geldbedarf, etwa wegen krankheitsbedingten Sonderkosten von ihm selbst, für Familienangehörige oder Gesinde, aber auch infolge Verurteilung zu hoher Geldstrafe. Stypmann rückt auch in dieses Kapitel u. a. Auszüge aus einschlägigen Entscheidungen des pommerschen Herzogs und des schwedischen Gouverneurs Pommerns ein. Im Übrigen gilt, dass sich der Pastor gegenüber seinem Kirchenpatron, von dem er sein Salär erhält, in jeder Hinsicht korrekt verhalten muss. Vereinbarte oder übliche Ausgabenfestlegungen darf er nicht einseitig verändern. Abtretungen an Dritte sind generell untersagt. Kleiderluxus oder ein sonst üppiger Lebensstil darf nicht gepflegt, zu Diensten verpflichtete Bauern dürfen nicht über Gebühr beansprucht werden. Noch schwieriger wird die Lage dann, wenn in einer Pfarrei geordnete Verhältnisse, zu denen auch die Festlegung und Sicherung des Pastoreneinkommens zählt, überhaupt erst wiederhergestellt werden müssen. Dann bedürfen insbesondere die richtige Unterscheidung von der örtlichen Kirche Gehörendes vom Pastorengut, die ordentliche Durchführung eventueller Ankäufe, Verkäufe, Rechtswiederherstellungen und Stiftungen sowie die ordentliche Buchführung über die Verpflichtungen der Kirche und des Pastors höchste Sorgfalt. Da viele dieser Rechte und Pflichten höherinstanzlich festgelegt und abgesichert sind, gilt es auch diese Instanzen und die hinter ihnen stehenden Akteure mit einzubeziehen. Dabei ergeben sich regelmäßig Grundfragen z. B. nach den Kriterien und der Kompetenz der Errichtung, Abgrenzung und Aufhebung von Pfarrsprengeln und Pastorenstellen, den Möglichkeiten der Zusammenlegung von Sprengeln, dem korrekten Umgang mit Pfarrhäusern und Nachkommen verstorbener Pastoren, etc.

Dann behandelt unser Verfasser den Problemkreis des Endes der Besoldung und der Gewährung von Weiterzahlungen gnadenhalber an Witwen und Waisen: Ab wann gezahlt und geleistet werden soll, wie hoch diese Zahlungen und Leistungen sein sollen und wie lange sie dauern, ob zu den nachgelassenen Kindern auch Kinder der Witwe aus einer früheren Ehe und unversorgte Enkel zählen; zu welchen Diensten in welchem Umfang für die Kirche die Witwe in der Übergangszeit verpflichtet ist; ob und gegebenenfalls welche Unterbringung für die Pastorenwitwe und deren Kinder nach Ablauf des Gnadenjahrs vorzusehen ist; was Diakone als Interimspastoren zu leisten und zu erhalten haben; ob und inwieweit der neue Pastor Versogungsverpflichtungen übernehmen muss oder soll; wie mit ins Exil gegangenen, zeitweilig suspendierten oder zur weiteren Pflichtausübung unfähigen und daher entpflichteten (*emeriti*) Pastoren zu verfahren ist, etc. Als ein alternatives Mittel der Pastorenwitwenversorgung benennt Stypmann auch wieder die Eheschließung dieser Witwe mit dem neuen Pastor vor allem dann, wenn sie noch jung ist und für das Eheleben geeignet erscheint. Eine entsprechende Verpflichtung oder ein Anrecht auf derartige Heirat besteht jedoch nicht, ebensowenig ist aus der Gegenposition diese Sitte zu verachten, wenn der Eheschluss im rechten Geist und in beiderseitiger Fürsorge erfolgt. Schließlich erörtert Stypmann die mit den Einkünften des Pastors beanspruchten und tatsächlich verbundenen Privilegien, und zwar auch im Abgleich mit der Besoldung der weltlichen Staatsbeamten. Die Meinungen dazu sind noch unterschiedlich. Aber die Lösung der Zukunft zeichnet sich bereits ab, dass nämlich der eigentliche „Dienstlohn [des Pastors] ex Corpore juris nullum privilegium habet" (rechtlich kein Privileg hat), sondern mit den sonstigen Lohnformen gleichsteht, auch wenn er vom göttlichen Recht abgeleitet werden kann.[311]

Die *Disputatio inauguralis De Salariis praecipue vero Pastorum* (Inauguraldisputation über die Saläre besonders der Pastoren), die 1677 der Jenenser Rechtsprofessor Johann Christoph Falckner (1629–1681) in Jena vorlegte, bekräftigt schon über ihre Fachzugehörigkeit ebenfalls, dass die Frage der Pastorenbesoldung nunmehr endgültig eine Angelegenheit zuvörderst des weltlichen

Rechts geworden war. Auch inhaltlich führt sie diese Tendenz fort, allerdings nur teilweise innovativ. Die Pastorenbesoldung ist ein Sonderfall der Beamtenbesoldung und deshalb im Rahmen der Staatsordnung zu behandeln. Sowohl die säkularen Beamten, bei denen die Verfasser die Juristen in den Vordergrund stellen, als auch die kirchlichen Beamten sind für den Staat notwendig. Sie haben aber unterschiedliche Kompetenzen und Aufgaben. Wie bei den Advokaten und Kuratoren setzt sich die Bezahlung der Pastoren einerseits aus Leistungen der Klienten, andererseits aus Zahlungen aus den öffentlichen Kassen zusammen. Für die beiden Autoren stehen aber noch die Zuwendungen der Gemeindeangehörigen und nicht der Beitrag der weltlichen Obrigkeit im Zentrum, der eigentlich als aus der Kontrollpflicht der Obrigkeit abgeleitetes Substitut zu betrachten sei. Am wichtigsten für die Einkünfte der Pastoren sind so die herkömmlichen Feudalabgaben, beginnend beim Kirchenzehnten, und wieder die sonstigen freiwilligen Unterstützungen oder Ehrenzahlungen (*honoraria*) anlässlich von Taufen, Hochzeiten und Beerdigungen, aber auch in Form von Freitischen, wie sie vielerorts üblich geworden sind. Diesen *accidentalia* stehen die Juristen aber gleichzeitig eher kritisch gegenüber, weil sie keine regelmäßigen Einkünfte in regelmäßiger Höhe darstellen, ferner bei vielen, die sie entrichten, zu Recht nicht beliebt sind und schließlich die Pastoren dazu verführen, unbescheiden zu werden. Zur Alters- und Witwenversorgung, die gegebenenfalls nicht dem eigentlichen Besoldungsempfänger selbst zugutekommen, sind als Privilegien die Befreiung von bürgerlichen Pflichten wie Wachen, Teilnahme am Geschworenengericht usw. zu zählen. Juristische Spezialfragen ergeben sich wieder aus der Festlegung des Beginns und Endes von Übergangszahlungen sowie jetzt neu der Möglichkeit, dass bei Überlappung römisch-katholischer und lutherischer Gebiete die beiden Konfessionen sehr unterschiedliche Einkünfte beziehen und dadurch Kontroversen erwachsen.[312]

Die fortgeschrittenste Sichtweise und Problemlösung führte 1707 der entschiedene Konfessionstaatsgegner, säkulare Absolutist und Aufklärer Christian Thomasius, dem wir bereits mehrfach begegnet sind, 1707 in Halle mit seiner *Dissertatio inauguralis iuridica de officio Principis evangelii circa augenda salaria et honores ministrorum ecclesiae* (Abb. 14; Rechtswissenschaftliche Inauguraldissertation über die Pflicht des evangelischen Fürsten, die Saläre und Ehren der Kirchendiener zu mehren) in die Debatte ein.[313] Sie wurde zeitgenössisch als so wichtig erachtet, dass sie bereits 1714, im Rahmen einer Sammelausgabe thomasischer Beiträge, Übersetzung ins Deutsche erfuhr. Im Überschwang der erfolgreichen Verdrängung des Papsttums seien die evangelischen Fürsten in das Extrem verfallen, „allzuviel von Kirchen-Gütern" zu entwenden „und allzu wenig denen Kirchen-Dienern zu ihrer Unterhaltung" zu lassen. Daraus sei notwendig „eine Verachtung der Geistlichkeit" erwachsen, „denn das Ansehen und Ehre wird im bürgerlichen Leben gemeiniglich nach der Gewalt, die Gewalt aber nach dem Reichthum geschätzet". Luther habe sich deshalb zu seiner Zeit zu Recht wegen der Armut der Kirchendiener beklagt und auf Besserung gedrungen. Mittlerweile habe sich das Problem sogar noch verschärft, weil

> in den wenigsten Kirchen der Sold und Belohnungen der Prediger gesteigert, sondern vielmehr im Gegentheil in vielen die Besoldungen vergeringert worden sind, indem theils durch Krieg, theils aus andern Ursachen, die Brunnen, woher sie genommen wurden, eingangen und verstopfft lagen.

Hinzu komme die von der „unmäßigen Lebens-Art", die Deutschland heutzutage überschwemme – gemeint ist offenbar wieder die französische Hof- und Oberschichtenkultur –, verursachte allgemeine Teuerung. Die auf diese Weise zustande gekommene Armut der Pastoren ist zwar relativ, so wie auch deren Geringschätzung relativ zu anderen Standespersonen zu definieren ist. Sie ist aber auch bei aller internen Unterschiedlichkeit als Dürftigkeit nur allzu offenbar. Zusätzlich tragen „die Feinde und Neider der Kirchen-Diener in der Kirche der Protestanten selbst" zum Elend der Pastoren bei. Denn

> diese, nachdem sie das Vergrösserungs-Glas des Neides gebraucht haben, vermöge dessen der geringe und niedrige Stand der Kirchen-Diener ihnen groß und prächtig geschienen, pflegen nicht nur die täglichen Unterredungen und die Rathschläge, die sie den Fürsten geben, sondern auch beydes, Lehre und Papier mit diesem neidischen Geist zu beschmieren,

die Kirchendiener also erneut als reich und üppig lebend zu denunzieren.

Mehr noch, sie, also offenkundig Juristen, *Politici* (Politiker) und Höflinge, behaupten unter Hinweis auf die Bibel, Kirchenväter, Rechtstraditionen und sonstige Autoritäten, der Fürst sei dem Klerus überhaupt keine Zahlung schuldig und jegliche Zahlung sei dem Gemeinwesen sogar schädlich. Dagegen möchte Thomasius Naturrecht, Wahrheit, Vernunft und Klugheit setzen. Alle bekannten Völker haben diejenigen, die sie zu Gottesdiener machten, hoch in Ehren gehalten und ihnen bereitwillig angemessenen Unterhalt gewährt. Denn ihnen allen war mehr oder weniger der Grundsatz klar:

> Ob gleich die die Religion nicht vornehmlich auff die zeitliche Wohlfahrt, sondern auf die ewige ihr Absehen richtet, so hat doch sowohl der innerliche als äußerliche Gottesdienst eine solche Verhältniß gegen das gemeine Wesen, daß ohne dessen Einschärffung und Ausübung nothwendig alle Städte und Republiquen in stets währender Unruhe schweben müssen. [...] Denn [trotz gewisser Ausnahmen] haben doch die meisten Menschen durch Antrieb ihrer Affecten eine solche Neigung den gemeinen Frieden zu stöhren, daß sie nicht können zurückgehalten werden durch äußerliches Thun andern zu schaden, als nur durch zwey Mittel, durch menschliche Straffen wenn nemlich ihre Handlungen durch Zeugen

> können bewiesen werden, oder sonst andern Spuren, welche von dem Thäter zeigen, hinter sich lassen, und durch die Furcht vor Gott oder den Göttlichen Straffen, wenn nemlich die Thaten heimlich und unbekannt sind. [...]; Man kann dieses hinzu setzen, daß in Ansehung öffentlicher Thaten viel in der Republika wegen ihrer Macht, Betrugs und Geschencke u.d.g. von menschlichen Straffen ausgenommen sind, derer Begierde ebenfalls kein stärckerer Zaum angelegt werden kann als die Furcht vor der göttlichen Straffe sowohl in Ansehung dieses als des zukünfftigen Lebens.[314]

Wer das demzufolge gesellschaftlich-politisch unverzichtbare Bewusstsein göttlicher Strafe in die Köpfe bringt und dort fest verankert, sind aber eben die Geistlichen. Und zwar insbesondere diejenigen, die die wahre und deshalb überzeugendste Religion oder Konfession vertreten. Daraus „entspringet die Pflicht der Fürsten und Regenten, [...] vor die Unterhaltung und Beehrung der Priester zu sorgen," und zwar sowohl aus dem Staatsinteresse und seinem Eigeninteresse heraus, weil dadurch seine Herrschaft erhalten bleibt und in seiner Dynastie (!!) weitergegeben werden kann. Thomasius plädiert in seiner Sorge um die Reputation der Pastoren, die die Herrschenden auch durch eigene exemplarische öffentliche Respektbezeugung bekräftigen müssen, als Voraussetzung für deren produktive Tätigkeit sogar dafür, eben nicht „die geringsten Leute vom Pöbel zu solchen Ämtern [zuzu-]lassen, zu geschweigen, daß selbigen allein der Weg dazu offen stehen solle, usw."[315] Er spricht sich also an dieser Stelle für ein Elitenpastorentum und indirekt für die Selbstrekrutierung der Pastoren aus. Sowohl die Staatsherren als auch die Priester selbst haben jedoch schwere Fehler gemacht. Sie meinten, den beiderseits angestrebten Effekt der Religion durch Einmischung von Aberglauben in die Religion oder sogar durch Ersetzung der Religion durch Aberglauben erzielen zu müssen oder zu können. Das unterminierte die Glaubwürdigkeit der Religion und ihrer Vertreter und förderte den Atheismus. Dagegen muss auf die Vernunft gesetzt werden. Alle Beteiligten müssen sich ihrer Stellung und Funktion im diesseitigen Streben nach Glückseligkeit und Vorbereitung jenseitiger Erfüllung klar werden. Aus der pflichtgemäß-vernünftigen, sittlich richtigen und klugen Aufgaben- und Funktionserfüllung werde wechselseitige Dankbarkeit, insbesondere Dankbarkeit gegenüber den Pastoren und den Fürsten, erwachsen.

> Die Danckbarkeit verbindet zu einer bereitwilligsten und aufrichtigen Erklärung der Freygebigkeit und Ehrerbietung gegen diejenigen, welche uns eine Wohlthat erwiesen. Hingegen die Bescheidenheit und Vergnügsamkeit lehret diejenigen, denen sie erwiesen werden, daß sie der Freygebigkeit und Ehre, so ihnen erzeiget worden, nicht auff eine unersättliche und Ehrgierige Art, sondern bescheidentlich gebrauchen sollen.

Der vernünftigen Gewährung „genugsamer Unterhaltung und Ehre" durch die weltliche Obrigkeit und die Gläubigen muss also ehrenvolle, rechte und billige

Bescheidenheit seitens der Pastoren gegenüberstehen. Wie entscheidend dieses Wechselverhältnis für jedes Gemeinwesen ist, ergibt sich auch aus der Gegenprobe. „In der Republique, wenn man besagte Pflicht hindansetzet," entsteht nach den „Historien, und es erhärtet solches auch die tägliche Ehrfahrung", notwendigerweise zum Untergang führendes Unheil. „Die Christen werden nicht gebohren, sondern erst dazu gemacht und zwar durch eine übernatürliche Krafft, nicht durch Menschliche Wege", nämlich diejenige göttliche Kraft, die letztlich zum Verfügungstehen vernünftiger, frommer und tüchtiger Pastoren führt, die erfolgreich arbeiten.

Dennoch muss für entsprechend günstige Verhältnisse im Theologiestudium, korrekte Berufungsvorgänge sowie eben angemessenen Unterhalt und angemessene Achtung und Respektbezeugung gegenüber den Pastoren gesorgt werden. Die Zulassung zum Studium ist entsprechend scharf zu regulieren; wieder spricht sich der Philosoph wiewohl nun etwas differenzierter gegen ganz von unten kommende Aspiranten aus, weil

> wie gleichfalls die täglichen Exempel es an den Tag geben, auf Universitäten dergleichen arme Studenten unter allen am liederlichsten leben oder zum wenigsten unter denen liederlich lebenden die Anzahl der Armen grösser als der Reichen und Vornehmen seyn, und also hat man aus der Beförderung dergleichen Leute die Fortpflanzung der Unverschamheit und ubel geartheten Sitten, ingleichen Ärgernisse, Zänckereyen, Lernen, ja die Atheisterey selbst zu befahren. [...] Zwar sey es ferne, daß wir allein die armen und geringen Standes-Leute vor Lasterhaffte unnütze und die dem Erdboden nur eine Last sind, ausgeben sollten. Es sey ferne, daß wir die Tugend und Weißheit nach dem Reichthum und Stande abmessen wollten. [...] Nemlich weder Reichthum noch die Armuth haben solche Beschaffenheiten an sich, die nach ihrer Natur die Tugend oder das Laster hervor bringen.

Doch ein wesentlicher Faktor, den er anführt, erscheint ihm gesamtgesellschaftlich entscheidend:

> Die reichen und vornehmen Leute werden von einigen Lastern durch Furcht, Schaden und Beschimpffung zu leiden, oder durch Scham abgeschrecket, Die Schamhafftigkeit hat in vielen Fällen höfliche und gute Sitten zum Grunde. Aber die Armen werden ordentlicher Weise in höflichen Sitten nicht erzogen und dürffen sich der Verlierung eines guten Nahmens oder der Ehre, als die sie nicht haben, nicht befahren. Sie fürchten sich auch nicht für Geld-Straffe und Relegation, weil sie in der gantzen Welt zu Hause sind und die Uhralte Regel wohl inne haben, wo nichts ist, da hat der Kayser sein Recht verloren.[316]

Der Sitten- und Vernuftmangel der nur oberflächlich theologisch gebildeten Pastoren bestärkt die Priesterfeinde in ihrem Hass und in ihren unablässigen Versuchen, dem Predigerstand zu schaden oder ihn ganz abzuschaffen. Auch bei Vorhandensein einigermaßen ausreichender, regelmäßiger Besoldung werden die schlechten Pastoren alles unternehmen, um sich über die Akzidentalien weitere Einkünfte zu verschaffen. Selbst die guten Pastoren werden über dieses Unwesen der Beichtpfennige, Tauf- und Leichengelder usw. zu Einnahmesteigerungen angereizt. In jedem Fall entsteht aus dem Akzidentalienwesen Neid, Unruhe, Unfrieden und Streit, der wiederum das pastorale Ansehen schädigt. Am Ende plädiert Thomasius deshalb im Grunde für die Verstaatlichung aller Kirchengüter und im Gegenzug die Umwandlung aller Pastoreneinkünfte in übliche Beamtengehälter, verbunden mit einer Integration der Kirchenbeamten in die staatliche Ehrenhierarchie, die ihnen einen nur noch traditionellen Vorrang bei bestimmten Gelegenheiten einräumt.[317]

Es versteht sich, dass dieses Abschneiden von den biblischen und sonstigen Begründungen für bevorzugte Priesterentlohnung und die Integration des Pastorentums in den Staatsapparat allein aus vernünftig-staatsräsonalen Überlegungen nicht allen Vertretern des Luthertums schmecken konnte. Auch nach Thomasius Werk erschienen deshalb Debattenbeiträge, welche die alten Autoritäten und deren Feststellungen beschworen. Zu erwähnen ist in diesem Zusammenhang etwa die anonyme Sammlung *Judicia honesta aequa et justa, Praestantissimorum Theologorum et Juris-Consultorum De Salariis, templis et scholis publicis, constitutis sine nimia et vix tolerabili difficultate solvendis* von 1737. Sie stellt freilich insofern einen Fortschritt dar, als sie durch Einbezug entsprechender Wirkungsstätten (die jeweiligen Institutionen) und Berufserfordernisse um Kostenkonkretisierung bemüht ist. In diese Richtung geht auch Augustin de Balthasar in seiner Greifswalder *Disputatio inauguralis de libris seu Matriculis ecclesiasticis, simulque de Salariis et accidentiis clericorum* von 1747, in der er die Anlage, Führung und Benutzung der Kirchenbücher mit thematisiert. Mit Georg Peter Stelzers *De juribus Stolae. Vom Eintritt, Verrichtung und Besoldung auch Accidentien eines Pfarrers in allen darbey vorkommenden Fällen* war im Übrigen schon 1700, dann in vermehrter Ausgabe wieder 1756 ein Katalog aller mit formalen Gebühren oder zumindest gewohnheitsmäßigen Ehrengaben verbundenen Verrichtungen erschienen, die auch der lutherische Pastor unter Anlegung der weißen Stola als „signum pietatis atque innocentiae" (Zeichen der Frömmigkeit und Unschuld) leistete. Obwohl auch dieser Verfasser nicht darauf verzichtete, den Missbrauch, ja letztlich die Erfindung der Stolgebühren durch die Papstkirche anzuprangern, war spätestens damit diese Einkunftsquelle auch für den protestantischen Bereich quasi abgesegnet. Dennoch blieb sie zumindest teilweise umstritten. Am Ende des 18. Jahrhunderts gewann vor allem der soziale Aspekt an Bedeutung, also die Frage, ob die Bezahlung von Stolgebühren dem Armen zumutbar sei oder deren Nichtbezahlung dem Armen zur Scham gereiche. In beiden Fällen lief die Antwort auf die Abschaffung hinaus.[318]

BIBLIA,
Sive verbum Diaboli
ad suos Ministros, Apo-
stolos & successores
in Mundo.

Die Unheilige Schrifft
und Sendbrieff des Allerdurch=
läuchtigsten / Großmächtigsten und
Hochgebornen Fürsten und Herrn
LUCIFERS,
Des Gottes dieser Welt /
An seine / Geist-lose / Ungöttliche und
Antichristische Lehrer / Prediger und
Nachfolger in Kirchen / Schulen und Acade=
mien, auß der Höllischen Cantzley abgefertiget /
darinn er ihnen sein Geheimnis der Boßheit /
Secreta und vornembste Kunst-stücke / womit er bißher
die Welt verführet / entdecket ; Und zugleich un-
terrichtet / wie sie es ihme nachmachen
und ihr Ampt führen sollen / damit sie
ihm die gantze Welt gewinnen und
zuführen können.

Gedruckt nach der Copey im Jahr 1661.

Gespräche
über die
Abschaffung
des
geistlichen Standes,

nebst Untersuchung:

Ob derselbe dem Staat entbehrlich,

ja sogar schädlich sey,

herausgegeben

von

Friedrich Germanus Lüdke.

Berlin und Stettin,
bey Friedrich Nicolai, 1784.

8 (Selbst-)Kritik und Krise

8.1 Anfänge

Von Anfang an ergab sich in der Pastorenpublizistik auch Selbstkritik unterschiedlichen Grades. Auch wegen der vielbeklagten generellen Rüge- und Streitfreude der Pastoren und Theologen, aber insbesondere infolge der unterschiedlichen Temperamente, Christlichkeitsauffassungen – fundamentalistisch-rigoros oder eher offener und gelassen –, exegetischen Methoden, Lebenswelten und Erfahrungen der Beteiligten.[319] Zu den frühen Zeugnissen dieser Entwicklung zählt der *Spiegel der Mißbräuche beym Predigtampt im heutigen Christenthumb und wie selbige gründlich und heilsam zu reformieren* des wegen mystisch-spiritualistischer Neigungen mehrfach aus dem Predigtamt entlassenen Pastors Christian Hoburg (1607–1675), veröffentlicht 1644 unter dem Pseudonym Elias Praetorius. Das über 750 Seiten starke Werk ist ausdrücklich den unter den Wirren des 30jährigen Krieges leidenden „Mitbrüdern in Deutschland" gewidmet. Damit sind erster Linie die lutherischen Pastoren, gelegentlich auch als „Martinisten" bezeichnet, zunehmend aber die Amtsträger aller drei Hauptkonfessionen gemeint. Ihnen wirft Hoburg von einem individual- und gemeindechristlich praxisfrommen, pazifistischen Standpunkt aus nichts weniger vor als von Christus abgefallen zu sein. Er deutet vor diesem Hintergrund die kriegerischen Verwüstungen seiner Zeit wesentlich als Folge der „Grewel und Epicurische Sicherheit, so bei ewrem Ampt regieret", also der Dekadenz der arroganten, verblendeten, verstockten, sanft, satt und selbstzufrieden dahinlebenden, von der rechten Frömmigkeit abgewichenen Prediger. Deren Zahl sei mittlerweile sehr hoch und sie schändeten die Gottes Name nicht mehr nur gelegentlich, sondern unablässig. Anliegen des Traktats sei es jedoch nicht, anzuklagen, zu lästern oder zu schmähen. Vielmehr gehe es darum, durch Aufweis der Gebrechen den Weg zur Besserung und Wiederherstellung der Ehre Gottes zu ebnen. Gottes dann zurück erworbene Geneigtheit werde das Ende der Not mit sich bringen. Demzufolge sei das Werk „mit wehmütigen, seuffzenden, hochbetrübten Augen und Hertze" geschrieben.[320]

Der allgemeine Vorwurf ist zunächst, dass die lutherischen Pastoren und Theologen mit ihrer Lehre mittlerweile „ein rechtes Babel" angerichtet hätten,

> weil sie so verwirret und vermischet ist, daß nichts anderst als nur allerley Babylonische Grewel, Sünde und Schanden darauß erfolgen. In ewrem Ampts-Schlüssel regieret nichts als Babel, weil ihr das Gute und Böse, das Reine und Unreine zusehen vermischet. Mit ewren Sacramenten wird Babel gebawet und unterhalten.

Die wahren Gläubigen müssten sich deshalb schleunigst aus diesem Babel entfernen, es sei denn, die angestrebte Wiederbesinnung und Reform finden tatsächlich statt. Die Untermauerung oder Verifizierung der doch massiven Kritik erfolgt anschließend erst über Nachweise, dass bestimmte Lehrinhalte nicht mit dem Wort Gottes übereinstimmten, also „der heutigen Prediger Ampt nicht sey das Ampt deß N. Testaments." Dann wird der Nachweis anhand einer Aufzählung der Missbräuche und Fehlentwicklungen geführt, die der Verfasser meint, wahrnehmen zu können. Die neun Punkte umfassende Liste der Abweichungen des heutigen Zustands von den biblischen Vorschriften gipfelt in der nicht sonderlich neuen Festellung, dass das Predigtamt „ein fleischlich Ampt, ein Bauch-Ampt" geworden sei,

> darinnen nur eigen Nutzen, Ehr und gute Tage gesuchet, ja Pharisaeischer Stoltz und Eminentz gebrauchet, Christus aber mit seinem Creutzleben verleugnet und thätlich verspottet wird; ein Heuchel-Ampt, da man nur außwendig uff den Cantzeln gute Worte giebet, aber mit der That es wiederum verleugnet; ein Pharisaeisches Ampt, da es nur bei dem Sagen verbleibet; ein diebisches Ampt, das die heilige Wort der Schrifft dem Herrn Jesu und seinen Aposteln abstielet und die Ehre den Aposteln Christi abnimmet und Ihme zumisset; ja ein Maul-Ampt, weil derjenige, so das Maul dapffer darinnen regen kann, der beste und fürnembste unter ihnen ist; ein Zanck-Ampt, weil lauter Zanck, controversien und disputiren darinnen gefunden wird. In Summa, es stehet kein Ampt in der Welt vor den heiligen und reinen Augen Gottes so grewlich als eben dieses heutige Predigtampt.[321]

Die Auflistung der einzelnen Missbräuche ist lange, aber nicht immer überraschend. Die Berufung ins Amt erfolgt wieder „durch Gunst, durch Gaaben, durch Heurathen, durch Schwägerschaft, durch Practicken und durch Eusserliches Ansehen. Und wer solche Stücke kann bey der Hand haben, der kann wol fort kommen". Die Kandidaten und Berufenen kommen „von dem Academischen[...] Säw- und Welt-Leben" vollgestopft mit heidnischer „Disputirkunst und Sophisterey" statt wahrem Geist. Obwohl also vermenschlicht und daher ein „antichristischer Beruff", wird der Pastorenberuf dennoch „göttlich" genannt, „ein schändlicher Mißbrauch deß allerheiligsten Namens Gottes". Gepredigt wird ein „ansehnliche[r], alamodische[r], prächtige[r], reiche[r] und Cavallierische[r] Christu[s]", mithin ein nobler, nicht mehr im ursprünglichen Sinne armseliger Gottessohn. Nicht nur die Papisten, sondern auch die Calvinisten und Lutheraner sind zu Sekten geworden und bilden zusammen die biblisch vorausgesagten „drey Haupt-Secten" der falschen Lehre und Propheten. Ihre Pastoren und Theologen sind nurmehr „Diener des Buchstabens" statt „des lebendigen Wortes Gottes". Ihr Leben ist durch „Eigen-Nutz, Hoffart, Zanck, Fleisches-Lust" geprägt statt vorbildlich christlich gestaltet. U. a. weil sie ohne lebendige Erfahrungen lehren und predigen, nur auss den Büchern durch Mühe und Arbeit in den Kopff bringen, hernacher außwendig lernen, damit zur Cantzel lauffen und wie es hie und da in den Postillen, Commentarien, Confessionen und Formulen vorgeschrieben stehet, wiederum in die Lufft dahin geben, [und] da sie uff den Cantzeln und in ihren offnen Buchern verketzern und verdammen abwesende Personen, welche sie ihr lebenlang nicht gesehen,

also auch noch „Zanck" predigen, „taugt" die Lehre der heutigen Prediger „wenig" und führt sie die Schafe in die Irre und das Verderben. Ein weiterer Mangel besteht darin, „daß man den Gewissen der Menschen solche ihre Lehre und gefasste Meynungen und Außlegungen auffdringen darff, sie solche zu billichen und zu unterschreiben nötiget" statt auf echte Glaubensüberzeugung und „freye Würckung des Geistes" zu setzen.³²² Hinsichtlich der Anklage, die Prediger aller Konfessionen seien wesentlich für die Religionskriege verantwortlich – „Fürwahr der Ursprung und die erste Schuld alles dieses Unwesens stehet einig und alleine bey euch Predigern allerseits" –, begnügt sich Hoburg jedoch nicht mit dem üblichen theologischen Argument, der Abfall vom wahren Christentum habe Gottes Zorn hervorgerufen. Er argumentiert vielmehr konkreter: Die „Fleischlichkeit" der Prediger besteht auch darin, dass sie sich „den Grossen Hansen in der Welt" an den Hals geworfen haben um ihres eigenen Wohllebens willen. Mit der Folge, dass sie

nicht allein den Kriegen nicht widersprechen, sondern auch darzu die Blutdürstigen Krieger stärcken und zu continuation der Kriege beydes Schrifftlichen und Mündlichen lehren, daß man so wol die Papisten als auch andere Religions-Feinde wie die Hunde mit gutem Gewissen können todtschlagen, rauben, brennen, verwüsten, etc.,

obwohl Christus unmissverständlich den Frieden vorschreibt.

Auch die abschließende Ableitung des unterstellten Verfalls des Christentums aus bestimmten, vor allem von den jeweiligen und insbesondere den lutherischen Pastoren zu verantwortenden Weichenstellungen und Entwicklungen besticht nicht nur durch sprachlich-stilistische Schärfe, sondern bietet auch manche bedenkenswerte historisch-empirische Deutung.³²³

Vier Jahre später, 1648, legte der Wittenberger Orientalist und Philosoph Andreas Sennert eine kritische Betrachtung vor, die den „Vorwurf" erhob, „über dem christlichen Eifer für die Reinheit der Lehre die Verwirklichung des christlichen Lebens" zu vernachlässigen. Diese ursprünglich universitätsöffentlich vorgetragene Rede unterstellte denjenigen, die sich Christen nennten, sogar, im Gegensatz zu den Heiden den natürlichen Instinkt (*naturae instinctus*) zum religionsbestimmten Leben zu ignorieren. Stattdessen herrschten bei den sogenannten Christen Blasphemie, Luxus, Hurerei, Schadenfreude, Eigeninteresse und unerhört grausame Kriege. Schuld an diesen Zuständen sind gottlose, eigensüchtige weltliche Herrscher, aber eben auch die Pastoren, die sich diesen Tendenzen und Mächten nicht entschieden genug entgegenstellen, vielmehr sich in dogmatischen Spitzfindigkeiten und oberflächlicher Routine erschöpfen. Mit anderen Worten, diese hätten sich dafür entschieden, nicht den Weg Gottes, sondern denjenigen der Welt und damit des Satans zu gehen.[324]

Praetorius Anklageschrift erregte so großes Aufsehen, dass ihr Hoburg weitere einschlägige Schriften folgen ließ: *Der unbekannte Christus; Das ist Gründtlicher Beweiß daß die heutige so genannte Christenheit in allen Secten den wahren Christus nicht recht kennen* 1661 (Neuauflagen 1669, 1679, 1692, 1695, 1700 und 1740, auch zumindest eine schwedische Übersetzung), mit theologischem Schwerpunkt, sowie bereits 1650 (weitere Auflagen mindestens 1667 und 1680) *Neuer Praedicanten-Spiegel*, mit praktisch-pastorenkritischem Schwerpunkt. In diesem hier besonders interessierenden Pamphlet wird den jungen Predigern u. a. vorgeworfen, die „Geberden" – ein „Affenwerck" – und gelegentlich sogar die Sprechweise – „Lispeln" wie ein „Papagey" – der alten nachzuahmen statt sich um den inneren Geist zu bemühen und diesen den Gläubigen zu vermitteln. Ferner würden die im Studium mehr schlecht als recht erworbenen Kenntnisse orientalischer Sprachen und des Lateinischen in das Gespräch und die Predigt eingeflochten, um Gelehrsamkeit bzw. intellektuelle Überlegenheit vorzutäuschen. Die Disputationen würden formal so streng durchgeführt, dass mancher Disputant „zittert wie ein nasser Hund", aber feuriger christlicher Geist kommt nicht vor. Die Bestellung ins Amt ist wie bekannt desaströs: „Die meisten kommen heut zu Tage ein per casus obliquos, per Genitivum, nehmen eine alte Muhme, Tochter, oder ausgeräucherte Magd, die sonst kein Schneider noch Schlottfeger nehmen will; per Dativum", also über Geschenke von „silbern Tischgeschirr" bis zu Pferden; „per Akkusativum: durch anderer redlicher Leute Verkleinerung", oder „per Ablativum, nehmen diese oder jene Laster oder Beschwerung auff sich". Die meisten Patrone „befördern" also „nur Ignoranten und lebendige Serviteurs". „Auf solche Weise" sind die Vocationes jedoch „nicht göttlich, sondern erblich." Es „sind solche Officia haereditaria [aber] der Göttlichen Ordnung zuwider," weil sie das gesamte Predigtamt einem unaufhaltsamern Prozess des Niedergangs ausliefern:

> Da kompt der Monsieur [studierte Pastorensohn] nach Hauße, schreibt seines Vaters alte Concept ab, lernet es auswendig und predigt, das denen alten triefäugigen Weibern die Augen übergehen, da liegt er nun zu Hause, und lernet predigen, weiter nichts, und wartet bis der Vater abdancket, oder etwan ein alter Priester stirbt, daß er solchen Dienst bekomme.

Hat er diesen Dienst dann erhalten, macht er auf diesem Niveau weiter. Dass der Pastorenerbe mit den Dorfbewohnern aufgewachsen ist, ist im Übrigen kein Vorzug, sondern ein Nachteil, wie die dann gebrauchten Spitznamen „Hänßigen, Töffelgen, Petergen" einerseits und der Niedergang des Beichtens – keiner will dem ehemaligen Spielkameraden offen beichten – zeigten. Schließlich werden die Pastoreneltern, deren Sohn die Pfarrstelle ohnehin erben wird, in der christlichen Erziehung „nachlässiger", machen sich also weder um die Familie noch „ums Vaterland" verdient.[325]

Nach Hoburg verschärfte der mit Philipp Jakob Speners *Pia desideria oder Herzliches Verlangen nach gottgefälliger Besserung der wahren evangelischen Kirche* (1671; s. oben 2.4. u. ö.) mächtig aufkommende Pietismus die Kritik am nach dieser Wahrnehmung religiös erstarrten, weltlich gewordenen lutherischen Pastorentum entscheidend weiter. Denn jetzt beschränkte sich die Anklage nicht mehr nur auf bestimmte Gebrechen und die grundsätzliche Entwicklungsrichtung des Pastorentums. Vielmehr wurde einerseits das Gemeindeprinzip wiederbelebt, also auf eine dezidierte Erneuerung weniger im Pastorentum selbst als von unten her gesetzt. Andererseits wurde das christlich-theologische Wissen zugunsten der frommen Praxis in seiner Bedeutung deutlich herabgestuft. Im Ton gibt sich Spener, der entscheidende Eindrücke in Straßburg empfing, wo noch Bucerische Traditionen bestanden, allerdings verbindlicher. Er versäumt es sogar nicht, gelegentlich auf das *Evangelium Pastorale* seines Schwagers (!) Hartmann als nach wie vor nützlich zu verweisen und nicht zuletzt Johann Gerhard zu loben. Dennoch beginnt er seinen einschlägigen pastorenkritischen Erörterungsteil unmissverständlich: „Mögen wir Prediger in dem geistlichen stande nicht leugnen, daß auch dieser stand gantz verderbet sey". Auch unter den Pastoren gibt es nur noch eine Minderheit, die „das wahre Christenthum [...] recht verstehen und üben." Viele lassen sich dagegen in ihrem Leben durch den „welt-geist in fleisches-lust, augenlust, und hoffärtigem" Wesen bestimmen. „Man sehe [nur] auff die art der suchenden beförderungen, änderungen, lehr und allerhand verrichtungen", um diese schwerwiegenden Mängel zu erkennen. „Das größte ärgernuß ist [freilich] schon vorhanden, da es nicht [einmal] erkannt ist", weil es den Predigern „selbst an dem glauben" und damit dem Ideal, das als Maßstab dienen muss, „mangelt." Die „lehre von der ernstlichen innerlichen gottseligkeit ist etlichen so gar verborgen oder unbekant, daß, wer dieselbe mit eiffer treibet, kaum bey einigen den verdacht eines heimlichen Papisten, Weigelianers oder Quäkers vermeiden kann." Anders ausgedrückt, wahres Pastorentum einzufordern werde nunmehr als Ketzerei denunziert.[326] Die Vorwürfe im Einzelnen sind uns schon bekannt: zu viel und vor allem zu viel unbiblisches Wissen mit Einmischung heidnischer Philosophie, also „Neue Sophisterey" statt einfachem Bibelglauben in frommem Leben; endloses Gezänk und eine Flut entsprechender

Bücher über „geringe und unnütze dinge"; Trunkenheit, juristische Prozessiererei statt Nächstenliebe und christlich-friedliche Einigung; Vorteilssuche und Eigennutz, etc. Nur teilweise neu fallen auch die Reformvorschläge aus: bessere Ausbildung der Theologiestudenten wenn nötig in eigenen frommen Kollegien an der Theologischen Fakultät; Rückkehr zum vollen Bibeltext (statt mehr oder weniger verbindliche Auswahl in Gestalt der sogenannten Perikopen) als Predigtgrundlage; praktisch-fromme Reform der Predigerausbildung; definitiv neu die Bildung frommer Laienkreise, die durch häusliche Bibel- und Katechismusstunden das allgemeine Christlichkeitsniveau zu heben helfen, auf das sich dann auch die Pastoren einlassen müssen.[327]

Unter dem Namen des Wittenberger Theologen und Ethikers Balthasar Meisner (1587–1626) erschien 1679 ein im Titel direkt an Speners Werk anknüpfender weiterer Traktat, der Wünsche oder Bedürfnisse einerseits für die Reform der Lehre und des Dogmas, andererseits für die Praxis des Predigerstandes formulierte. Im theoretisch-dogmatischen Teil forderte Meisner in erster Linie Besserungen der formalen Ausbildung und Praxisbegleitung. So neue, dogmatisch einwandfreie, obligatorische Lexika oder Handbücher, entsprechende Studienprogramme und Examina etc. Auf diese Weise sollten vor allem die Unübersichtlichkeit reduziert und die notorischen theologischen Kontroversen im Luthertum schon im Ansatz vermieden oder zumindest deren Vehemenz eingedämmt werden. Im zweiten, praktischen Teil wehrte sich Meisner u. a. wieder gegen das nach seiner Beobachtung unfromme und skandalöse Leben vieler Prediger, deren allzu große Sorge um wirtschaftliche Belange, deren Pflichtenvernachlässigung, darunter des engagierten und effizienten Predigens. Alle diese Defekte führten unvermeidlich wieder dazu, dass auch die Gläubigen ihre Zucht verlieren und damit dem Verderben entgegengehen – eine Einschätzung, die sich grundsätzlich im Rahmen orthodoxer Selbstverbesserung bewegt, aber als pietistisch verstärkt gelten darf.[328]

Zeitweilig mit Spener überein stimmte auch der Rostocker und Kieler Theologieordinarius Christian Kortholt d. Ä. (1633–1696), wie dessen unter dem sprechenden Pseudonym Theophilus Sincerus (ernsthafter Gottesfreund) 1676 veröffentlichter *Wolgemeinter Vorschlag, Wie etwa die Sache anzugreiffen stünde, da man dem in denen Evangelischen Kirchen bißher eingerissenem ärgerlichem Leben und Wandel [...] abzuhelffen mit Ernst resolviren wolte* sowie die erstmals 1684 erschienene (Neuauflagen 1703 und 1740) *Schwere Priester-Bürde*, die den Akzent allerdings eher auf Tröstung und psychische Aufrichtung der Mitbrüder verschiebt, belegen. 1696 schwenkte Kortholt allerdings wieder endgültig in die Lösung der Probleme durch Reform des bestehenden Systems ein (*Pastor fidelis, sive, De Officio Ministrorum Ecclesiae Opusculum*; Der getreue Pastor, oder, Kleines Werk über die Pflicht der Kirchendiener), vielleicht, weil er sich mittlerweile eingehend mit einer radikalatheistischen Schrift bis heute nicht völlig enträtselter Autorschaft befasst hatte und seine Kirche gegen diese neue, offensichtlich noch viel fundamentalere Herausforderung konsequent aufrüsten wollte.[329]

Ebenfalls kritischer Züge entbehrten manche Schriften des schon erwähnten sächsischen Gymnasiallehrers und Pfarrers Johann Samuel Adami (1638–1713) nicht, die dieser erfahrungsgesättigt zum Pastorenamt seiner Zeit vorlegte. Sie sollten allerdings in erster Linie als Besserungsratschläge verstanden werden, formulierten ihre Kritik also meist versteckt. So beispielsweise – mit sprechenden Kapitelüberschriften – in *Der wohlgeplagte Priester: Wie er [...] in der Welt mehrentheils leben und leiden muß, als da sind [...] 5. Die Plage der schweren Seelen-Sorge. 6. Die Plage vieler und schwerer Ampts-Verrichtungen. 7. Die Plage der Substitution, so einer entweder Substitutus wird oder einen haben muß. [...] 9. Die Plage von dem Collatore oder Obrigkeit, Schulmeister, Schultzen oder Gemeine. [...] 11. Die Plage von Collegen oder bösen Nachbar* (1689 u. ö.), des Weiteren in *Der Exemplarische Priester [...] Darinnen gezeiget wird, wie Gottgeheiligte Personen so Gott in ein so heiliges Ampt gesetzet [...] sich nicht der Welt und ihrem Anhange gleich stellen [...] sollen* (1691, 1697), und schließlich in *Die bösen Priester-Feinde, welche Gott bekehre. Die frommen Priester-Freunde, welche Gott bewahre. [...] Worinnen zufällig gehandelt wird. [...] 5. Wie auch Priester einander Freund-Brüderlich straffen sollen. 6. Wie Priester als Beicht-Väter sich gegen einander verhalten sollen* (1691, 1692, 1700).[330]

8.2 Radikalisierungen

Die aus lutherischer Sicht besonders infame Kritik, das Pastorentum habe sich zu einem Klerus papistischen Typs entwickelt, hatte sich bereits 1632 bemerkbar gemacht. Damals prangerte das anonyme Pamphlet *Der Ungeistlich-geistliche Fuchsschwanz* die Verwendung untertäniger Titel für die weltliche Obrigkeit in den Predigten und die bereitwillige Annahme hochtrabend-obrigkeitssignalisierender Titel durch die Pastoren an. Diese seien damit „unsere Gottes Junckern" geworden und gingen mit ihrer Untertänigkeit so weit, dass der Eindruck entstehe: „Wenn wir keinen Bapst zu Rom hetten, wir müßten einen Evangelischen Bapst in Teutschland haben".[331] 1661 ging der aus einer alten Pastorenfamilie stammende radikale Spiritualist Friedrich Breckling (1629–1711), der wegen seiner Kritik am lutherischen Kirchenwesen mehrfach seine Pastorenstelle verlor und selbst in seinem Exil in den weniger dogmatischen Niederlanden Schwierigkeiten hatte, noch weiter. In seiner Schrift *Biblia, sive Verbum Diaboli ad suos Ministros, Apostolos & Successores in Mundo* (Abb. 15) bemächtigte er sich gar der Heiligen Schrift. Er konstruierte als deren Pendant eine satanische Bibel, der zeitgenössisch selbst viele Prediger folgten (weitere Auflagen 1662, 1663, 1714 und 1746).[332] 1668 erschien unter dem sprechenden Pseudonym Justus Kläger die radikalpietistische *Kurtze und warhaffte Beschreibung der Geistlosen Geistlichen zur ferneren Prüfung [...] und ernste Warnung Den Miedlingen und Heuchelern*. Sie meinte unter den evangelischen Geistlichen „meist incarnati Diaboli" (eingefleischte Teufel) zu erblicken und unterstellte diesen pauschal, „sich ohne göttlichen Beruff unverschämter Weise auff den Stul der Aposteln gesetzet" zu haben sowie „heil-lose Pfaffen" geworden zu sein, die sich nur noch um ihr äußerliches Ansehen kümmern: „Wo sie einen dicken Wanst und feinen qualificierten Bart haben, das macht ihnen desto mehr Ansehens".[333] 1672 bezog der Hamburger Pastor Johann Müller in seine Verdammungsschrift *Atheismus Devictus. Das ist Ausführlicher Bericht von Atheisten, Gottesverächtern, Schrifftschändern, Religionsspöttern, Epicurern, Ecebolisten, Kirchen- und Prediger-Feinden* auch evangelische Pastoren ein. Dennoch wies er scharf alle Forderungen zurück, das „Ministerium [ecclesiae] und Predig-Ampt gäntzlich ab[zu]schaffen und auß[zu]rotten." Das war augenscheinlich das erste Mal, dass die Pastorenpublizistik diese radikalste Forderung rezipierte und erörterte. In einem zweiten Teil nahm Müller die Überzeugung auf, dass seit Luther alle rechtschaffenen Pastoren diesen Angriffen ausgesetzt gewesen seien, und sie auch wieder indizierten, dass „die jetzigen Zeiten die letzten Zeiten seyn".[334] Einen Versuch systematischer Widerlegung aller Vorwürfe bei gleichzeitigem Eingeständnis allerdings behebbarer Missbräuche legte 1688 der Straßburger Theologe Sebastian Schmidt (1617–1696) mit der Abhandlung *Die Lehre von der Kirche, von Heuchlern und Gottlosen in Derselben; vom Kirchen-Regiment oder Predigamt [...]* vor. Doch der wesentlich radikalpietistische, dann frühaufgeklärte Ansturm gegen das etablierte Pastorentum war nicht mehr aufzuhalten. Johann Konrad Dippel (1673–1734), vielfach verfolgter Theologe, Alchemist, Freidenker und Prinzenerzieher, vertiefte einerseits den Vorwurf, im Luthertum sei ein neuer Papismus entstanden (*PAPISMUS PROTESTANTIUM VAPULANS*, 1698). Andererseits griff er den lutherischen Prediger in dessen Beichtigerfunktion scharf an (*Der vor dem Thron der Warheit angeklagte, verhörte und verurtheylte Beicht-Vatter*, 1699).[335] Ab 1699 begann die zweibändige *Unparteyische Kirchen- und Ketzer-Historie* Gottfried Arnolds (1666–1714), des radikalpietistischen Theologen und Kirchenhistorikers, dem wir schon begegnet sind, zu erscheinen. Sie kehrte die gewohnten Einschätzungen des Luthertums noch radikaler um. Jetzt waren gerade die um leidenschaftliche Christlichkeit bemühten, bisher als Schwärmer und sonstige Fanatiker verurteilten Ketzer fast durchweg die wahren Gläubigen, während für die lutherische Kirche überwiegend Verfall und Verrat konstatieren werden mussten.[336] Vor allem Dippel nahm zudem den alten Vergleich mit dem Islam wieder auf (*Alea belli Musulmannici*, 1711). Seine „Gleichsetzung der Lehren Mohammeds mit den konfessionellen Lehrmeinungen in der Christenheit war für die Zeitgenossen eine Ungeheuerlichkeit", und erst recht musste Anstoß erregen, dass er den Türken angesichts von deren angeblich religiös-moralischer Überlegenheit die von Gott aufgegebene Mission zusprach, die Christen „vom thörichten Joch der Orthodoxie [zu] befreien." Da konnte es nicht ausbleiben, dass die Schrift selbst in den toleranteren Niederlanden umgehend konfisziert wurde.[337]

Die Zukunft gehörte indessen Ansätzen, die die Kritik am Pastorentum von aufgeklärten Prinzipien ableiteten. Voran Vernunft und kritisch geprüfte Wahrheit gegen Aberglauben sowie erkennbarer Nutzen für die diesseitige Glückseligkeit und menschliche Zivilisation statt lediglich vager Inaussichtstellung jenseitiger Erfüllung. Den wichtigsten Beitrag dazu lieferte der Pastor, Theologe und Philosoph Johann Joachim Spalding (1714–1804), der vor allem in Pommern und Brandenburg wirkte. Sein in der berühmt gewordenen Schrift *Ueber die Nutzbarkeit des Predigtamtes und dessen Befoerderung* (zuerst 1772, dann 1773 und 1791) entwickeltes Programm lief ausdrücklich in Anknüpfung an Christian Thomasius darauf hinaus, den Pastor zu einem „Aufklärer höherer Ordnung" zu transformieren. Nicht mehr um die Überbringung eines göttlichen Willens mit Unterwerfungsanspruch durch eine bestimmte Funktionärsschicht sollte es also gehen, zumal von einer heiligen Qualität der Berufung ins Amt und der Amtsausübung bei den Pastoren nicht gesprochen werden könne. Sondern die Förderung bürgerlich nützlicher und zufrieden-glücklich machender Tugend vor allem durch entsprechend gezielte, schnörkellose, einfache, wahre und vernünftige Predigt und Kommunikation überhaupt war anzielt.[338] Den Orthodoxen und Traditionalisten musste diese unübersehbare tendenzielle Relativierung der religiös-transzendentalen Qualität des Pastorentums naturgemäß als Verrat und Atheismus vorkommen. Wer dem neuen Programm zustimmte, dem mussten allerdings auch zahlreiche Hemmnisse und Schwächen ins Auge fallen, die an einer raschen, erfolgversprechenden Umsetzung dieser Neuorientierung zweifeln ließen. Die *Gespräche über die Abschaffung des geistlichen Standes nebst Untersuchung: Ob derselbe dem Staat entbehrlich, ja sogar schädlich sey*, die deutlich später, 1784, der Berliner Stadtpfarrer und Theologe Friedrich Germanus Lüdke (1730–1792) publizierte, blieben daher trotz insgesamt eher optimistischer Tendenz letztlich unentschieden.[339] Dass das spezifisch christliche Element auszuwandern begonnen hatte, veranlasste den Autor nicht zu vertiefter Erörterung. Dennoch gilt angesichts dieses Debattenbeitrags: Die Gebrechen der Orthodoxie waren jetzt definitiv unübersehbar geworden. Sie hatten sich krisenhaft so zugespitzt, dass die Abschaffung der evangelischen Geistlichkeit insgesamt auch in den Reihen der Pastoren selbst in den Bereich des Denkmöglichen rückte. Dass das Pastorentum im aufgeklärten Geist erneuerungsfähig blieb und damit gerettet werden konnte, erschien noch keineswegs gesichert.

Bilanz

Wir sind am Ende unserer Untersuchung angekommen. Die von den Pastoren des 17. Jahrhunderts publizierten Schriften haben es tatsächlich ermöglicht, in zentralen Hinsichten ein farbiges und eindrucksvolles Bild der Denk- und Lebenswelt dieser nicht mehr direkt mit dem Gründervater verbundenen Erben Luthers zu rekonstruieren.

Die ersten drei umfassenden Anleitungen dazu, wie nach des großen Reformators und seiner direkten Nachfolger Tod im Pastorenamt weiter zu verfahren sei, wurden bereits in der zweiten Hälfte des 16. Jahrhunderts geschrieben. Sie stellten sich alle ausdrücklich, einmal sogar schon im Titel (Conrad Portas *Pastorale Lutheri*) in die Fußstapfen Luthers und ließen es nicht daran fehlen, dessen Autorität und Genie zu lobpreisen. Ihre Anweisungen und Ratschläge deckten bereits das gesamte Spektrum der Pastorentätigkeit und deren Voraussetzungen ab. Besondere Bedeutung wurde der ordentlichen Berufung der richtigen Männer in das Amt zugemessen. Des Weiteren lassen die Darlegungen die Systematisierung und Methodisierung, also Professionalisierung des Pastorenberufs erkennen. Wie sehr er umstritten war, belegen die zahlreichen Gegenvorstellungen der verschiedenen Kritiker und Feinde, die das Pastorentum gelegentlich sogar in die Nähe der muslimischen Geistlichkeit rückten.

Auch im eigentlichen Zeitalter unserer Betrachtung, dem 17. Jahrhundert als der Epoche der Orthodoxie, des Pietismus und der Frühaufklärung, hielt die Debatte darüber an, wie der unterstellte Wille Gottes, die Führung und damit das Schicksal seiner Kirche nur den von ihm ausgewählten, richtigen Männern anzuvertrauen, in dieser diesseitigen Kirche zweifelsfrei erkannt und ordentlich umgesetzt werden könne. Das entscheidende Problem, dass das Pastorenamt gleichzeitig eine wegen seiner finanziellen und soziokulturellen Ausstattung erstrebenswerte Position darstellte, war schon von Luther zur Kenntnis genommen und erörtert worden. In der Einschätzung seiner Nachfolger im 17. Jahrhundert verstärkte es sich zeitgeschichtlich bedingt erheblich. Alle Versuche, mit dem dadurch ausgelösten Ansturm Unbefähigter durch Verfeinerung und Erweiterung der Rekrutierungsverfahren fertig zu werden, blieben ernüchternd erfolglos. Mit Ingrimm und Trauer musste man einräumen, dass sich die Karrieristen und Opportunisten bereits vielfach festgesetzt hatten.

Mit der weiteren Ausgestaltung und Verbesserung der pastoralen Tätigkeit befassten sich in erheblich wachsender Zahl sowohl wieder umfassende Darstellungen (Pastorenspiegel) als auch Spezialabhandlungen. Systematisierung, Differenzierung und Methodisierung beschleunigten sich. Die Fragen der ordentlichen Berufung und angeborenen Befähigung traten gegenüber Erziehung,

Ausbildung und Praxisbewährung zurück. Am wichtigsten im Tätigkeitsspektrum blieb insgesamt die Predigt. Gleichzeitig erfuhren jedoch diejenigen Aktivitäten, die sich direkt oder indirekt auf die Kontrolle der Gemeindeangehörigen bezogen, neue Betonung. Das Pfarrhaus ist als Basis und Quelle guter Amtsausübung mitberücksichtigt, bleibt im Ganzen aber eher noch im Hintergrund.

Als wesentliche Einfallspforten des Satans und Hinderungsgründe gesicherter und fortschreitender Christlichkeit haben die Pastoren die Unzucht und den Eigennutz identifiziert, die sie beide aus ziemlich klar erkannten Ursachen zeitgenössisch auf dem Vormarsch sahen. Die Beschreibung und Analyse dieser Feinde belegen eine beeindruckende Wahrnehmungsschärfe, während die herbeizitierten Gegenmittel wenig originell und noch weniger erfolgversprechend scheinen. Ein ähnlicher Befund ergibt sich in Bezug auf die Erörterung des als letztlich unaufhebbar sündenträchtig betrachteten Tanzes. Die Hauptautoren dieses Themas entwickelten einen äußerst genauen Blick für dessen Formen, Bedingungen und Wirkungen. Genau deshalb sahen sie aber auch bald ein, dass sie dieses in der Ständegesellschaft bzw. der Hofkultur ihrer Zeit etablierte Phänomen nicht grundsätzlich abschaffen konnten. Geradezu allergische Diagnosen und Abwehrversuche entwickelte das lutherische Pastorentum auch im Hinblick auf das diesseitige Gewinn- und Aufstiegsstreben. Anhand ihrer einschlägigen Schriften lässt sich ziemlich genau das Vordringen des ursprünglich aus der italienischen Machiavelli- und Staatsräsondebatte stammenden Konzepts des (Eigen-)Interesses im lutherischen Deutschland rekonstruieren, dem die pastorale Elite ebenfalls nichts Wirksames entgegensetzen konnte.

Woran dieser Abwehrkampf scheiterte, nämlich primär an der weltlichen Herrschaft, die sich unaufhaltsam zum frühmodernen Staat weiterentwickelte, verdeutlicht auch die ziemlich dichte Debatte um das Strafamt. Seit der zweiten Hälfte des 16. Jahrhunderts hatten offensive, ja aggressive Interpretationen des von Luther postulierten Rechts der Pastoren, auch die Vertreter der weltlichen Obrigkeit kirchlich abzustrafen, die Oberhand gewonnen. Im ausgehenden 17. Jahrhundert und zu Beginn des 18. Jahrhunderts wurde dieser Anspruch so weit zurückgenommen, dass er mehr oder weniger ganz aufgegeben wurde. Das war nicht nur dem allgemeinen Machtzuwachs des Staates geschuldet, sondern auch der zunehmend juristischen Definition, Systematisierung und Differenzierung aller staatlichen und kirchlichen Belange, die den Aufstieg der juristischen Elite spiegeln. Schließlich führte der Wettbewerb mit dem Calvinismus um die Gunst der fürstlichen Souveräne zumindest theoretisch-normativ zur mehr oder weniger völligen Umschaltung auf Herrschaftszuarbeit.

Zu den schwersten Bürden, die Luther seinen Erben hinterließ, zählt nach Ausweis unserer Quellen seine Anfechtungs- und Zuchtlehre. Im ereignisgeschichtlich und ideengeschichtlich-kulturell dramatisch bewegten 17. Jahrhundert schien sie nur allzu plausibel. Entsprechend intensiv wurde sie debattiert und dabei zu einer Depressions- und Selbstdisziplinierungsdynamik der Pastorenprofession transformiert, aus der sich erst später, unter Anleihen aus der nichtlutherischen Anthropologie und Affektenlehre, Auswege ergaben.

Geradezu ein Paradebeispiel für das Schwinden sakraler Orientierung und Gewissheit zugunsten säkularer bietet die bisher so gut wie unbekannte Debatte um die Entlohnung der Pastoren. Im Überschneidungsbereich von Eigeninteresse, ständisch-professionellem Bedarf und Anspruch, ferner den Möglichkeiten und Erwartungen der Zahler und den wechselnden historischen Bedingungen angesiedelt, führte sie am Ende erneut zum Staat. Das bedeutete aber erst recht eine Auslieferung an dessen Interessen.

Unser letzter Untersuchungsdurchgang hatte der Krisenwahrnehmung und Selbstkritik der Pastoren gegolten. Sie trat zunächst als systeminterne Verbesserungskritik auf, näherte sich unter kommunalistischen (die Gemeinde entscheidet selbst), pietistischen und frühaufgeklärten Perspektiven jedoch besonders in der zweiten Hälfte des 17. Jahrhunderts der Fundamentalkritik. Deren Durchbruch allerdings erst im 18. Jahrhundert bewirkten maßgeblich die Politische Theorie (Nützt oder schadet das Pastorentum dem Staat?) und die Aufklärung (Nützt oder schadet das Pastorentum der Gesellschaft und dem zivilisatorischen Fortschritt?). Die pastorale Selbstreflexion kam an ihre Grenzen. Dass sie sich dennoch punktuell der Grundfrage nach der Berechtigung professioneller Geistlichkeit stellte, zählt zu ihren Verdiensten. Denn etablierte Eliten unternehmen üblicherweise schon weit im Vorfeld alles, um derartige Herausforderungen erst gar nicht aufkommen zu lassen.

Wie ist damit alles in allem die Stellung und Leistung der Pastoren des 17. Jahrhunderts im langen Prozess der Weitergabe, Anpassung und Fortentwicklung des lutherischen Erbes einzuschätzen? Soweit aus unserem Quellenmaterial ersichtlich, das nach Maßgabe bestimmter Fragedimensionen ausgewählt wurde: An der Rezeption und Weitergabe der Texte und damit Vorstellungen des Gründervaters ließen es unsere Pastoren nicht fehlen. Sie trugen damit unzweifelhaft zur Aufrechterhaltung und Erweiterung der religiösen und politischen Massenkommunikation bei, die der Glaubensaufbruch des 16. Jahrhunderts bewirkt hatte. Sie verbanden diese breite Aneignung Luthers, die in der gegebenen historischen Situation wahrscheinlich unvermeidlich war, allerdings mit einer überwältigenden Hochstilisierung und Mythifizierung seiner Person. Für die Entwicklung genuin historisch-kritischer, im modernen Sinne geschichtswissenschaftlicher Perspektiven ließen sie demzufolge jedenfalls an dieser Stelle noch keinen Raum. Die bewusste Vergegenwärtigung Luthers bewirkte vielmehr das genaue Gegenteil. In diesem Schatten Luthers und seiner unmittelbaren Nachfolger mussten auch die Potentiale für freie Individualität, umfassende Bildung und diesseitig praktisch-kluge Selbstbestimmung, die heute gerne als lutherisch gelten, in vielen Hinsichten unentfaltet oder gehemmt bleiben. Zur Individualisierung im Sinne von Selbstbeobachtung, Selbstkontrolle und Selbststeuerung trug aber ohne Zweifel die aus der Anfechtungslehre kommende Selbstdisziplinierungsdynamik bei, mit der sich die Pastoren bis mindestens um 1700 so nachdrücklich zu befassen hatten. Für die fernere Entwicklung weiter entscheidend war ebenso zweifellos die Integration des Luthertums in den Staat, praktisch vorangetrieben namentlich durch den teils erzwungenen, teils selbst gewählten Verzicht auf das Strafamt sowie die Verstaatlichung der Pfarrerbesoldung. Auch der Staat sollte sich jedoch als unfähig dazu erweisen, die kritische Reflexion und Streitbarkeit der Pastoren in deren Verchristlichungshorizont endgültig stillzulegen. So ist es ganz entgegengesetzt zum bisherigen Bild der Orthodoxie vielleicht genau dieser Eifer, der in seiner spezifischen Ausprägung das 17. Jahrhundert in der Wirkungsgeschichte der Reformation Luthers wertvoll macht.

Anmerkungen

Einführung

1 Kaufmann, Thomas: *Erlöste und Verdammte. Eine Geschichte der Reformation.* München 2016. S. 17.
2 Vgl. zuletzt Fabio, Udo di u. Johannes Schilling (Hrsg.): *Die Weltwirkung der Reformation. Wie der Protestantismus unsere Welt verändert hat.* München 2017, sowie Dingel, Irene u. Ute Lotz-Heumann (Hrsg.): *Entfaltung und zeitgenössische Wirkung der Reformation im europäischen Kontext.* Gütersloh 2015, ferner Graf, Friedrich Wilhelm: *Der Protestantismus. Geschichte und Gegenwart.* München 2010. Zu den angedeuteten Impulsen und Wirkungen im Einzelnen sind ohne Anspruch auf Vollständigkeit einschlägig u. a. Burkhardt, Johannes: *Das Reformationsjahrhundert. Deutsche Geschichte zwischen Medienrevolution und Institutionenbildung 1517–1617.* Stuttgart 2002; Kaufmann, Thomas: *Der Anfang der Reformation. Studien zur Kontextualität der Theologie, Publizistik und Inszenierung Luthers und der reformatorischen Bewegung.* Tübingen 2012; Tanner, Klaus (Hrsg.): *Konstruktion von Geschichte. Jubelrede – Predigt – Protestantische Historiographie.* Leipzig 2012; Reinhard, Wolfgang: *Geschichte der Staatsgewalt. Eine vergleichende Verfassungsgeschichte Europas von den Anfängen bis zur Gegenwart.* München 1999 u. ö., Kap. I–IV, sowie die Beiträge bei Asch, Ronald G. u. Dagmar Freist (Hrsg.): *Staatsbildung als kultureller Prozess. Strukturwandel und Legitimation von Herrschaft in der Frühen Neuzeit.* Köln-Weimar-Wien 2005. Zur Konfessionskonkurrenz als wichtigstem Kontext vgl. jetzt mit sämtlichen Verweisen auf die vorausgehende Literatur Gerstmeier, Markus u. Anton Schindling (Hrsg.): *Ernst Walter Zeeden (1916–2011) als Historiker der Reformation, Konfessionsbildung und ‚deutschen Kultur'. Relektüren eines geschichtswissenschaftlichen Vordenkers.* München 2016.
3 Auf die Einzelstudien zur Orthodoxie, die vorliegen, wird unten im jeweiligen Sachzusammenhang zurückzukommen sein. Zu Pietismus und Frühaufklärung vgl. aus den 5 Bänden des einschlägigen Handbuchs Brecht, Martin u. Hartmut Lehmann (Hrsg.): *Geschichte des Pietismus.* Göttingen 1993–2004, besonders Bd. 1 (Brecht, Martin (Hrsg.): *Der Pietismus vom siebzehnten bis zum frühen achtzehnten Jahrhundert.* Göttingen 1993) und Bd. 5 (Lehmann, Hartmut (Hrsg.): *Glaubenswelten und Lebenswelten.* Göttingen 2004).
4 Nieden, Marcel: *Die Erfindung des Theologen. Wittenberger Anweisungen zum Theologiestudium im Zeitalter von Reformation und Konfessionalisierung.* Tübingen 2006. S. 1.
5 Bahnbrechend und grundlegend Schorn-Schütte, Luise: *Evangelische Geistlichkeit in der Frühneuzeit. Deren Anteil an der Entfaltung frühmoderner Staatlichkeit und Gesellschaft. Dargestellt am Beispiel des Fürstentums Braunschweig-Wolfenbüttel, der Landgrafschaft Hessen-Kassel und der Stadt Braunschweig.* Gütersloh 1996; Diess.: [Art.] *Evangelische Geistlichkeit.* In: *Enzyklopädie der Neuzeit.* Bd. 4. Stuttgart-Weimar 2006. Sp. 299–302, und themenspezifischer Diess.: *Gottes Wort und Menschenherrschaft: politisch-theologische Sprachen im Europa der Frühen Neuzeit.* München 2015. Zum umgekehrten Wirkungsverhältnis, dem Beitrag des Pastorentums zur Formierung des Bürgertums, vgl. die Hinweise bei Maurer, Michael: *Die Biographie des Bürgers. Lebensformen und Denkweisen in der formativen Phase des deutschen Bürgertums (1680–1815).* Göttingen 1996.
6 Vgl. aus der jüngeren Literatur Ehmer, Hermann: *Das evangelische Pfarrhaus – eine Begriffsgeschichte.* In: *Das evangelische Pfarrhaus im deutschsprachigen Südwesten.* Hrsg. von Jürgen Krüger u. a. 2. Auflage Ostfildern 2015. S. 41–70, hier besonders 43–57 mit Nachweis der Erfin-

dung des Pfarrhauses als Hort der Bewahrung, Hervorbringung und fortwährenden Steigerung nationaler geistig-kultureller Spitzenleistungen statt konfessioneller Loyalität erst um 1850; Greiffenhagen, Martin (Hrsg.): *Das evangelische Pfarrhaus. Eine Kultur- und Sozialgeschichte.* Stuttgart 1984; Janz, Oliver: *Das evangelische Pfarrhaus.* In: *Deutsche Erinnerungsorte.* Hrsg. von Etienne Francois u. Hagen Schulze. Bd. 3. München 2001. S. 221–238; Weichlein, Siegfried: *Pfarrhaus.* In: *Christliche Erinnerungsorte.* Hrsg. von Christoph Markschies u. Hubert Wolf. München 2010. S. 642–653; Eichel, Christine: *Das deutsche Pfarrhaus. Hort des Geistes und der Macht.* Köln 2012; Deutsches Historisches Museum (Hrsg.): *Leben nach Luther. Eine Kulturgeschichte des evangelischen Pfarrhauses.* Berlin 2013; Seidel, Thomas A. u. Christopher Spehr (Hrsg.*): Das evangelische Pfarrhaus. Mythos und Wirklichkeit.* Leipzig 2013, mit dem abgewogenen Beitrag von Schorn-Schütte, Luise: *Das ganze Haus. Evangelische Pfarrhäuser [!] im 16. und 17. Jahrhundert.* S. 37–54; Aschenbrenner, Cord: *Das evangelische Pfarrhaus. Dreihundert Jahre Glaube, Geist und Macht. Eine Familiengeschichte.* München 2015; Vollbach, Ekkehard: *Pastors Kinder, Müllers Vieh ... Biographien berühmter Pfarrerskinder.* Leipzig 2015, spricht S. 165 noch vom „wissenschaftlichen Adel der Nation", der dem Pfarrhaus entsprungen sei.

7 Lansen, Katherine L. u. Miri Rubin (Hrsg.): *Charisma and Religious Authority: Jewish, Christian and Muslim Preaching 1200–1500.* Turnhout 2010; Kampmann, Jürgen: *Change or Continuity? How the Reformation changed the Role of the Pastor.* In: *Rabbi – Pastor – Priest. Their Roles and Profiles through the Ages.* Hrsg von Walter Homolka u. Heinz Günther Schöttler. Berlin-Boston 2013. S. 67–82; zur späteren Entwicklung Kuhlemann, Frank-Michael: *Die evangelischen Geistlichen. Berufliches Selbstverständnis und gesellschaftliche Handlungsmuster im badischen Protestantismus des 19. Jahrhunderts.* In: *Beruf und Religion im 19. und 20. Jahrhundert.* Hrsg. von Frank-Michael Kuhlemann u. Hans-Walter Schmuhl. Stuttgart 2003. S. 51–70.

8 Einen brauchbaren Einstieg bietet jedoch noch immer Leube, Hans: *Die Reformideen in der deutschen lutherischen Kirche zur Zeit der Orthodoxie.* Leipzig 1924, vgl. dazu Wallmann, Johannes: *Pietismus und Orthodoxie. Überlegungen und Fragen zur Pietismusforschung.* In: *Pietismus-Studien. Gesammelte Aufsätze II.* Hrsg. von Johannes Wallmann. Tübingen 2008. S. 1–21.

1 Aufbruch und Ernüchterung: Die Anfänge im 16. Jahrhundert

9 Kunstgeschichtliche Studien zu diesem Porträtgenre fehlen bislang; einen vielversprechenden Ansatz bietet jetzt immerhin Hänsel, Sylvaine: *Pietisten und Porträts: Überlegungen zu den Bildnissen von Philipp Jakob Spener, August Hermann Francke und August Hermann Niemeyer.* In: *„Schrift soll leserlich seyn": Der Pietismus und die Medien. Beiträge zum IV. Internationalen Kongress für Pietismusforschung 2013.* Hrsg. vom Internationalen Kongress für Pietismusforschung 2013. Halle-Wiesbaden 2017. S. 209–228.

10 Vgl. unten Kapitel 6 und zur zeitgenössischen Selbst- und späteren protestantisch-geschichtswissenschaftlichen Fremdeinschätzung des 17. Jahrhunderts als düster, gräulich, gewalttätig und martialisch-eisern, bis es von der Morgenröte der Aufklärung aus diesem Zustand erlöst worden sei, nach wie vor grundlegend Münch, Paul: *Das Jahrhundert des Zwiespalts. Deutschland 1600–1700.* Stuttgart 1999, besonders S. 13–25, sowie jetzt mit Blick auf die gesamte Frühneuzeit Ingen, Ferdinand van: *Bußstimmung, Krisenbewusstsein und Melancholie als Deutungsmuster der Frühen Neuzeit?* In: *Pietismus und Neuzeit 32* (2006). S. 57–78.

11 Zaunstöck, Holger (Hrsg.): *Die Welt verändern. August Hermann Francke – ein Lebenswerk um 1700. Jahresausstellung der Franckeschen Stiftungen [...] 2013.* Halle 2013; die Präsenz Franckes in der historischen Erinnerung beruht wesentlich auf dessen institutioneller Hinterlassenschaft. Als nach Francke noch einigermaßen bekannter lutherischer Theologe und nunmehr eindeutiger Repräsentant, ja maßgeblicher Gründer der Orthodoxie ist Johann Gerhard (1582–1637) anzusehen, den wesentlich Johann Anselm Steiger dem vorurteilsvollen Vergessen entrissen hat, vgl. für den vorliegenden Zusammenhang vor allem dessen *Johann Gerhard (1582–1637). Studien zu Theologie und Frömmigkeit des Kirchenvaters der lutherischen Orthodoxie.* Stuttgart-Bad Cannstatt 1997, sowie jetzt Friedrich, Markus u. a. (Hrsg.): *Konfession, Politik und Gelehrsamkeit: Der Jenaer Theologe Johann Gerhard (1582–1637) im Kontext seiner Zeit.* Stuttgart 2017.

12 Burkhardt, *Reformationsjahrhundert* (wie Anm. 2). S. 32f. Kaufmann, Thomas u. Elmar Mittler (Hrsg.): *Reformation und Buch. Akteure und Strategien frühreformatorischer Druckerzeugnisse.* Wiesbaden 2017; Kaufmann, *Anfang der Reformation* (wie Anm. 2). Von den aktuellen Luther-Biographien als für die vorliegenden Zwecke besonders geeignet ist zu nennen Schilling, Heinz: *Martin Luther. Rebell in einer Zeit des Umbruchs. Eine Biographie.* München 2012; grundlegend ferner jetzt Kaufmann, *Erlöste und Verdammte* (wie Anm. 1), sowie Ders.: *Geschichte der Reformation in Deutschland.* Berlin 2016, mit dem forschungsgeschichtlichen Abriss S. 721–775.

13 Zum Forschungsstand jetzt mit allen notwendigen Verweisen Gerstmeier, Schindling, Zeeden (wie Anm. 2).

14 *Ein Brieff Martin Luthers von Schleychern und Winckelpredigern.* Wittenberg: Schirlentz 1532, Aiiir. Zur Geschichte und Ämterauffassung der Täufer s. jetzt detailliert Kobe, Rainer: *Täuferische Konfessionskultur in der Frühen Neuzeit.* Bonn 2014.

15 *Ein Brieff*, Avv-Bir.

16 Luther, Martin: *Das eine christliche Versammlung oder Gemeyne, Recht und Macht habe, alle Leere tzü urtaillen unnd Lerer zu berüffen eyn unnd abzüsetzen.* Augsburg: Nadler 1523. ‚Lehrer' meint in diesem Fall ‚Prediger'. Vgl. jüngst Gummelt, Volker: *Amt und Gemeinde bei Luther und in der lutherischen Orthodoxie.* In: *Kirche-Amt-Abendmahl. Beiträge aus heutiger lutherischer Sicht.* Hrsg. von Udo Kern. Münster 2004. S. 57–72.

17 Luther, Martin: *Catechismus für die gemeine Pfarrher und Prediger.* Frankfurt a. M.: Gülffer 1553, Ende der unpaginierten Vorrede.

18 *Anzeigung vnd bekantnus des Glaubens vnnd der lere: so die adpellirenden Stende Key. Maiestet auff yetzigen Tag zu Augspurg öberantwurt habend* [Confessio Augustana]. Erfurt 1530, Art. V, XIV, [XXIII], [XXVIII].

19 Der Konflikt entstand im Zuge von Auseinandersetzungen um verschiedene Auslegungsfragen, die grundsätzlich bereits im Werk Luthers angelegt waren, vgl. knapp Kaufmann, *Erlöste und Verdammte* (wie Anm. 1). S. 302–307.

20 Sarcerius, Erasmus: *Pastorale Oder Hirtenbuch Darin das gantz Ampt aller trewer Pastorn, Lehrer unnd Diener der christlichen Kirchen beider ihr Lehr und Leben beschrieben wird.* Eisleben: Kaubitsch 1559, weitere Auflagen Eisleben 1562 und Frankfurt a. M.: Feyerabend und Hüther 1565 und 1566; hier verwendete Ausgabe 1565, 1r. Vgl. zur Biographie und zum übrigen Werk zuletzt Rasmussen, Tarald: *The Early Modern Pastor between Ideal and Reality.* In: *Lutherjahrbuch 80* (2013). S. 197–219.

21 Sarcerius, *Pastorale*, Vorrede des Herausgebers und des Autors [unpaginiert].

22 Sarcerius, *Pastorale*. S. 1–13, hier S. 3 und 11–13.

23 Sarcerius, *Pastorale*. S. 14. Vgl. zu dieser Thematik ausführlich unten Kapitel 2.

24 Sarcerius, *Pastorale*. S. 16 f. Dass in einigen Städten das Ius patronatus bei bestimmten etablierten Geschlechtern (Familien), also dem Patriziat liegt, ist für Sarcerius so lange unproblematisch, als dieses Recht im Sinne der Kirche ausgeübt wird (S. 17).

25 Sarcerius, *Pastorale*. S. 17–22.

26 Sarcerius, *Pastorale*. S. 38–41.
27 Sarcerius, *Pastorale*. S. 42–46; vgl. den Abdruck des Reversformulars 45 f. Zu den praktischen Prüfungsteilen gehört u. a. der Nachweis, dass der Kandidat singen kann.
28 Sarcerius, *Pastorale*. S. 46–57.
29 Sarcerius, *Pastorale*. S. 57–63.
30 Sarcerius, *Pastorale*. S. 64–523; vgl. zu den Amtsaufgaben des Pastors unten Kapitel 3. Die Ausführlichkeit des abschließenden Registers belegt, dass das Werk als praktisches Handbuch zum Einsatz kommen sollte. Zur Kirchenadministrationslehre des Sarcerius liegt jetzt vor Wischmeyer, Johannes: *Kirchenleitung und ihre Institutionen als Thema lutherischer Theologie in der zweiten Hälfte des 16. Jahrhunderts*. In: *Zwischen Ekklesiologie und Administration. Modelle territorialer Kirchenleitung und Religionsverwaltung im Jahrhundert der europäischen Reformation*. Hrsg. von Johannes Wischmeyer. Göttingen u. a. 2013. S. 41–65.
31 Hemmingsen, Nicolaus: *Pastor. Hoch-nothwendige Unterrichtunge, wie Pfarherr und Seelsorger in der Lehr, Leben und allem Wandel sich christlich verhalten soll*. Leipzig: Vögelin 1569. S. 3–39, Zitate 1r, 3v und 39r. Die dänische Biographie von Schwarz Lausten, Martin: *Niels Hemmingsen: Storhed og fald*. Kopenhagen 2013, hat noch keine Übersetzung in eine gängige europäische Sprache gefunden. Einen spezielleren, aber durchaus mit der Praxisgestaltung verknüpften Aspekt von Hemmingsens Werk behandelt Rasmussen, Tarald: *Rationalität und Bibelauslegung in Niels Hemmingsens De Methodis (1555)*. In: *Reformation und Rationalität*. Hrsg. von Hermann J. Selderhuis u. Ernst-Joachim Waschke. Göttingen 2015. S. 239–252.
32 Hemmingsen, *Pastor*, 40r–64v.
33 Hemmingsen, *Pastor*, 65v-102v, zu den Kirchenzeremonien 99r.
34 Aufzählung der Amtsaufgaben 119r–v.
35 Hemmingsen, *Pastor*, 153v–169v, hier 153v-154v, 155r, 156r–158r, 166v–168v.
36 Hemmingsen, *Pastor*, 166v–169r.
37 Hemmingsen, *Pastor*, 169r–172v, Zitat 173v.
38 Hemmingsen, *Pastor*, 175v–191r.
39 Hemmingsen, *Pastor*, 132rf.
40 Porta, Conrad: *Pastorale Lutheri, das ist nützlicher und nötiger Unterricht von den fürnembsten Stücken zum heiligen Ministerio gehörig; Und richtige Antwort auff mancherley wichtige Fragen von schweren und gefehrlichen Casibus, so in demselbigen fürfallen mögen. Für anfahende Prediger vnd Kirchendiener*. Eisleben: Petri 1579, weitere Auflagen 1582, 1585, 1586, 1597, 1604, 1615, 1729 und Nördlingen 1842. Bereits die Auflage von 1582 umfasste rund 800 Seiten; Zitate nach der Ausgabe 1582, aaIIr, bbiiiv, ccir-v, cciir, cciiiv-cciiiir. Eine aktuelle Biographie Portas fehlt, vgl. zu seinem Wirken unter spezifischem Aspekt Christman, Robert J.: *Doctrinal Controversy and Lay Religiosity in late Reformation Germany. The Case of Mansfeld*. Leiden 2012. S. 128 f. u. ö.
41 Porta, Conrad: *CONTRA TEMERE LITIGANTES. Das ist Wider das vnoetige vnd Mutwillige Rechten vnd Hadern Sonderlich vmb geringer dinge vnd sachen willen. Trewhertzige Vermanunge vnd Warnung aus Gottes Wort, D. M. Lutheri vnd anderer Furtrefflicher Theologen Schrifften zusammen gezogen*. Eisleben: Glaubisch 1579, zweite Auflage 1583.
42 Porta, *Pastorale*, 1r-173v.
43 Porta, *Pastorale*, 174r-312v, Zitate 274v und 297v.
44 Porta, *Pastorale*, 313r-361v, Zitate 343r und 360v.
45 Vgl. zu diesen und den weiteren „berufskulturellen Rahmenbedingungen des lutherischen Pastorenstandes" um 1600, die trotz aller Konsolidierungstendenzen auch von Apokalyptik und Furcht einerseits, Erleichterung über das bald einhundertjährige Überleben der Reformation, verdichtet im Reformationsgedenken 1617 andererseits geprägt waren, Kaufmann, Thomas:

Konfession und Kultur. Lutherischer Protestantismus in der zweiten Hälfte des 16. Jahrhunderts. Tübingen 2006, besonders S. 303–322, Zitat S. 303.
46 Brunus, Georg: *Oratio quodlibetica de Concubinariis Sacerdotibus.* Köln: Birckmann 1565, zweite Auflage 1566; zur Biographie s. knapp Geldner, Ferdinand: [Art.] *G. Braun.* In: *NDB 2* (1955). S. 550.
47 Braun, Georg: *Catholicorum Tremoniensium adversus Lutheranicae ibidem factionis praedicantes defensio.* Köln: Wolter 1605, [unpaginiert]; das zweite zentrale Argument ist wieder der Hinweis auf die notorische, den gesamten Protestantismus delegitimierende Uneinigkeit.
48 Pistorius, Johannes: *Anatomiae Lutheri pars prima.* Köln: Quentel 1595, Widmung an Abt Johann Adam von Kempten. S. 3, 63 f. (Quellenverzeichnis), und besonders S. 1–190 (Kapitel zum Hurengeist); s. biographisch Günther, Hans-Jürgen: [Art.] *J. Pistorius d. J.* In: Kühlmann, Wilhelm (Hrsg.): *Killy Literaturlexikon. Autoren und Werke des deutschsprachigen Kulturraums.* Berlin 2011. S. 248 f.
49 Ebd. S. 43; Pistorius, Johannes: *Anatomiae Lutheri pars secunda.* Köln: Quentel 1598 (behandelt nur den Geist des Irrtums). S. 645 u. ö. (Gleichstellung mit Türken); vgl. auch das deutschsprachige Pamphlet aus des Pistorius Feder: *Wegweiser vor alle verführten Christen Das ist: Kurtzer, doch gründtlicher, warhaffter auß einiger H. Schrifft genommener Bericht von vierzehen fürnembsten zwischen den Catholischen und den Newglaubigen in der Religion streitig gemachten Articulen.* Münster: Raßfeldt 1599, hier (S. 614 f.) z. B. das Argument, dass aus der grundsätzlichen Freigabe der Priesterehe wegen des von Gott gewollten „brennenden Fleisches" auch die Freigabe der ‚türkischen' Vielehe abgeleitet werden könnte. Aus den Gegenschriften vgl. am wichtigsten Mentzer, Balthasar: *Evangelischer Wegweiser: Das ist: Widerlegunge deß von Johanne Pistorio in Truck verfertigten Buchs, so er genennet: Wegweiser vor alle verführte Christen.* Marburg: Egenolff 1612. Der Komplex der Türkendenunziation ist noch kaum erforscht, wegweisend jetzt Baum, Günter: „.... dass ihnen der Türk aus den Augen sehe". *Der Islam als Motiv in der antireformierten Konfessionspolemik um 1600.* In: *Zeitschrift für Kirchengeschichte 123* (2012). S. 65–94.
50 Arnold, Matthieu u. Berndt Hamm (Hrsg.): *Martin Bucer zwischen Luther und Zwingli.* Tübingen 2003; Spijker, Willem van't: *The ecclesiastical Offices in the Thought of Martin Bucer.* Leiden u. a. 1996.
51 Bucer, Martin: *Von der waren Seelsorge, vnnd dem rechten Hirten dienst, wie der selbige inn der Kirchen Christi bestellet, vnnd verrichtet werden sollen.* Straßburg: Rihel 1538, Ciiir, Dir, Cviivf.
52 Rivander, Zacharias: *Lupus excoriatus oder Der öffentlichen und heimlichen Calvinisten und aller Sacramentierer Wölffner Schaffspelz.* Wittenberg 1582. S. 5 f., 16 ff., 20 u. ö. Auf die im Kern der Schrift zitatenreich dargelegten theologisch-dogmatischen Unterschiede des Luthertums zum Calvinismus ist hier nicht einzugehen. Biographisch steht bisher offenkundig erst Holsten, Hermann: [Art.] *Rivander, Z.* In: *ADB 28* (1889). S. 705 f., zur Verfügung. Zur im vorliegenden Zusammenhang nicht weiter interessanten Konkordienformel vgl. wieder knapp Kaufmann, *Erlöste und Verdammte* (wie Anm. 1). S. 304–306.
53 Zepper, Wilhelm: *Politia ecclesiastica.* Herborn: Corvinus 1607. S. 290–293, 306–321, Zitat S. 319 f.
54 Zepper, *Politia.* S. 574–578, Zitat S. 576; vgl. zu ihm die verstreuten Hinweise bei Strohm, Christoph: *Calvinismus und Recht. Konfessionelle Aspekte im Werk reformierter Juristen in der Frühen Neuzeit.* Tübingen 2008.
55 Volcmar, Johann Georg; Wolf, Hermann; Zecher, Christoph: *Theorema Quod ex verbo revelato universa salutis ratio petenda sit, contra Svencfeldianos.* Wittenberg: Welack 1605, Argumentum IV Nr. 75; mit häufigem Heranrücken der Schwenkfelder auch aus anderen Gründen an die Täufer. Vgl. aus der Literatur allgemein Weigelt, Horst: *Von Schlesien nach Amerika. Die Geschichte des*

Schwenckfeldertums. Köln u. a. 2007; McLaughlin, R. Emmet: *The Freedom of Spirit, social Privilege and religious Dissent: Caspar Schwenckfeld and the Schwenckfelders*. Baden-Baden 1999, und zum Fortleben im ausgehenden 17. und 18. Jahrhundert Weigelt, Horst: *Zinzendorf und die Schwenckfelder*. In: *Neue Aspekte der Zinzendorf-Forschung*. Hrsg. von Martin Brecht und Paul Peucker. Göttingen 2006. S. 64–83.
56 Deyling, Salomon: *Institutiones Prudentiae pastoralis*. 3. Auflage Leipzig 1739. S. 53; vgl. die entsprechenden Passagen der 1. Auflage 1734 und der 2. Auflage 1736.

2 Vocatio und Eigeninteresse: Die Wege in die Pfarrstelle

57 Martin Luther an Johann Schreiner vom 9. *Juli 1537*, zitiert nach Kampmann, Change (wie Anm. 7). S. 80.
58 Vgl. exemplarisch zu diesem Komplex auch Dingel, Irene: *Strukturen der Lutherrezeption. Am Beispiel einer Lutherzitatensammmlung von Johannes Westphal*. In: *Kommunikationsstrukturen im europäischen Luthertum der Frühen Neuzeit*. Hrsg. von Wolfgang Sommer. Gütersloh 2005. S. 32–50.
59 Gerhard, Johann; L[e]yser, Wilhelm: *Beati Lutheri ad Ministerium & Reformationem legitima Vocatio*. Jena: Steinmann 1617, A3r-A4v; Strubius, Heinrich Julius: *Drey christlichen Jubel-Predigten, darin bewiesen wird, daß D. Martin Luther von Gott zu der hocherwünschten Reformation erwecket und das Bapstumb eine Grundsuppe aller Grewel sey*. Helmstedt: Lucius 1617, vgl. insbesondere Diiv, Fir und Giiir: Luther als „Himmlischer Legat", „fliegender Engel", „als ein Göttlicher Legat oder Prediger, Apocal. 14:18 zu dem grossen [...] Werck der Reformation von Gott der hohen Majestät erwecket", als „außerwähltes Rustzeug", usw. Luther als direktes Gottesgeschenk rühmen auch andere breiter publikumsadressierte Werke wie z. B. Simon, Johann: *Lutherus Theosdotos Oratio*. Rostock: Reusner 1608, und Ders.: *Lutherus Theosdotos triumfans*. Rostock: Reusner 1610. Zu Leben und Werk Gerhards vgl. die oben in Anm. 11 verzeichnete Literatur, ferner Baur, Jörg: *Die Leuchte Thüringens, Johann Gerhard (1582–1637). Zeitgerechte Rechtgläubigkeit im Schatten des Dreißigjährigen Krieges*. In: *Luther und seine klassischen Erben. Theologische Aufsätze und Forschungen*. Hrsg. von Jörg Bauer. Tübingen 1993. S. 335–356.
60 Gerhard, Johann: *Locorum Theologorum Tomus sextus*. Editio novissima, Frankfurt-Hamburg: Hertel 1657, Locus primus: De Ministerio Ecclesiastico (Über das Kirchenamt). S. 1–231, hier [Einleitung] S.1f. Vor Gerhard unternahm z. B. der Schleusinger Pastor und Generalsuperintendent Joachim Zehner (1566–1612) einen ähnlichen Systematisierungsversuch: *Compendium Theologiae*. Leipzig 1609, hier S. 554–598 (De Ministerio): Der Kirchendienst ist ein „officium publicum, ab ipse Deo institutum, & personis rite vocatis concreditum, ut sana doctrina verbi, & legitima sacramentum dispensatione, multos una secum ad notitiam veri Dei & salutem aeternam perducant" (Ein öffentliches Amt, von Gott selbst errichtet und korrekt berufenen Personen anvertraut, um durch die reine Lehre des Wortes, und durch die richtige Spendung des Sakraments möglichst vielen die wahre Botschaft Gottes nahezubringen und sie damit zum ewigen Heil zu führen; S. 554). Das Konzept der Loci Theologici geht auf Philipp Melanchthon zurück. Der Begriff soll die Hauptgegenstände oder Hauptinhalte der Glaubenslehre bezeichnen, vgl. Schröder, Richard: *Johann Gerhards lutherische Christologie und die aristotelische Metaphysik*. Tübingen 1983. S. 40–61.

Kirchenräume in Hildesheimer Stadt- und Landgemeinden 1550 –1750. Gütersloh 2006. S. 206 – 220; Diess.: *Simonie im Luthertum. Zur politischen Kultur städtischer Gemeinden in der frühen Neuzeit*. In: *Lesarten der Geschichte. Ländliche Ordnungen und Geschlechterverhältnisse. Festschrift für Heide Wunder zum 65. Geburtstag*. Kassel 2004. S. 270 – 293. Schorn-Schütte, *Evangelische Geistlichkeit* (wie Anm. 5), spricht das Simonieproblem als Element der Praxis der adeligen Patronatsherren merkwürdigerweise nur ganz kurz an (S. 344, vgl. auch S. 334 Anm. 24 lapidar zum Verbot der Simonie). Ferner wichtig für das Phänomen insgesamt Niels Grüne: „*Und sie wissen nicht, was sie tun". Ansätze und Blickpunkte historischer Korruptionsforschung*. In: *Korruption. Historische Annäherungen*. Hrsg. von Dems. u. Simona Slanicka. Göttingen 2010. S. 11– 34, und im selben Band Steffen-Gaus, Gunda: *Gute Patrone als Korrektoren der Simonie. Das Korruptionsmodell in John Wyclifs „De Simonia"*. S. 79 – 87.
92 Vgl. auch den einschlägigen Artikel *Simonie*. In: *Zedlers Universallexikon*. Bd. 37. Leipzig-Halle 1743, Sp. 1473 –1486.
93 Vgl. künftig Weber, Wolfgang E.J.: *Staatsräson. Geschichte und Gegenwart einer politisch-sozialen Maxime* [im Manuskript abgeschlossen]. Zur keineswegs geradlinigen Geschichte der Satire erhellend Stockinger, Ludwig: *Respublica ficta. Gattungsgeschichtliche Untersuchungen zur utopischen Erzählung in der deutschen Literatur des frühen 18. Jahrhunderts*. Tübingen 1981. S. 305 – 374.
94 Schupp, Johann Balthasar: *Ratio Status in promotione ministrorum Ecclesiae Lutheranae. Das ist: Kurtzer Bericht, Wie und auff was Weiß man heutigen Tags bey den Lutherischen die Kirchen-Dienst suchen muß*. [Hamburg] 1662. S. 7– 8, weitere Auflagen 1663; der letzte Satz bezieht sich auf die juristische Kontroverse, ob vor der Bestellung ins Amt schriftlich erklärte Zahlungen tatsächlich entrichtet werden müssen oder derartige Erklärungen wegen ihres unrechtmäßigen oder unmoralischen Charakters von vornherein ungültig sind. Jaumann, Herbert: [Art.] *Schupp, J.B.* In: *Handbuch Gelehrtenkultur der Frühen Neuzeit*. Hrsg. von Herbert Jaumann. Bd. 1. Berlin-New York 2004. S. 593 – 595; Mulsow, Martin: *Moderne aus dem Untergrund. Radikale Frühaufklärung in Deutschland 1680 –1720*. Hamburg 2002. S. 375 – 384. Wolff, Jens: *Geplagter Hiob. Johann Balthasar Schupp als theologus experientiae*. In: *Hamburg. Eine Metropolregion zwischen Früher Neuzeit und Aufklärung*. Hrsg. von Johann Anselm Steiger u. Sandra Richter. Berlin 2012. S. 157–172 (jetzt grundlegend).
95 Riemer, Johann: *Blaße Furcht und grünende Hoffnung bey schlafflosen Nächten der bedrängten Christen zwischen Himmel und Hölle*. Merseburg: Forberger 1684, 1695 und 1700. S. 900 – 914, Zitate S. 904 f. und 908 f.; Dünnhaupt, Gerhard: [Art.] *J. Riemer*. In: *Personalbibliographien zu den Drucken des Barock*. Hrsg. von Gerhard Dünnhaupt. Bd. 5. Wiesbaden 1991. Sp. 3319 – 3349; Krause, Helmut: *Feder contra Degen. Zur literarischen Vermittlung des bürgerlichen Weltbildes im Werk von Johannes Riemer*. Berlin 1979. Eine aktuelle Würdigung Riemers als Theologe und Pastor scheint zu fehlen.
96 Mauritius, Caspar; Mohrmann, Gerhard: *Exercitatio secularis de Simonia*. Rostock: Richel 1655, C3v – D1r; die Zitate stammen sowohl aus theologischen Abhandlungen als auch Bestimmungen und Begründungen in Kirchenordnungen.
97 Hahn, Heinrich: *Discursus iuridicus De Ambitu Ecclesiastico Simonia*. Helmstedt: Müller 1656, XXIX (Zitat), XXXI – XXXV (zu den Begräbnissen); besonders ab XXXVII wird ausführlich dargelegt, welche zumindest problematischen Vorgänge und Handlungen dennoch nicht im eigentlichen Sinne als Simonie zu gelten haben: Verkauf und Ankauf von Kirchengütern, verwandtschaftliche und amouröse Sonderbeziehungen, Dienstleistungen a lingua und a corpore (im Sprechen und körperlich), etc.; vgl. zur Person und zum juristischen Werk Schermaier, Martin

Josef: *Die Bestimmung des wesentlichen Irrtums von den Glossatoren bis zum BGB*. Köln-Weimar 2000. S. 153.
98 Amthor, Christoph Heinrich; Mummens, Peter: *Dissertatio iuridico-politica de crimine simoniae, eiusque larva politica*. Kiel: Reuther 1705. S. 5f., 29–32; mit dem Amt oder den amtlichen Dienstleistungen werden nicht die Sakramente, Absolution usw. selbst erkauft oder verkauft, „sed tantum conditionem", diese zu erteilen (S. 29). Und nur diese äußerlichen Voraussetzungen können als im politischen Interesse kalkulierbar und manipulierbar betrachtet werden, weshalb der Anspruch von Politici, über geistlich-kirchliche Herrschaftsmittel i. e.S. zu verfügen, als Larve (larva) zu bezeichnen ist. Über die Betonung des Willens bzw. der Neigung dazu, alles für käuflich zu betrachten, schließen sich Amthor und Mummens auch wieder der im Hintergrund stehenden allgemeinen Kapitalismuskritik an. Die übergreifende Entwicklung, jetzt zwischen rechtlich-formal Zulässigem und moralisch noch Akzeptablem bzw. Ehrenvollem oder Anständigem zu unterscheiden, spiegelt beispielsweise Stryck, Johann Samuel; Wagner, Conrad Ludwig: *Tractatio academica De iure liciti sed non honesti ubi quid vere honestum, quid decorum sit, [...] traditur*. Halle: Waisenhaus 1708, wo ausdrücklich auch die Simonie in diesem Sinne als delictum inhonestum, aber nicht eigentlich Verbrechen eingeschätzt wird. Zu Amthor und Christian Thomasius s. ferner Pott, Martin: *Aufklärung und Aberglaube. Die deutsche Frühaufklärung im Spiegel der Aberglaubenskritik*. Tübingen 1992. S. 127–142, und zu Amthor jetzt den biographischen Artikel in: Klemme, Heiner F. u. Manfred Kuehn (Hrsg.): *The Bloomsbury Dictionary of Eighteenth-Century German Philosophers*. London u.a. 2016. S. 17f. Thomasius hat zu Recht wesentlich mehr Aufmerksamkeit in der Forschung gefunden, vgl. zuletzt zur vorliegend interessierenden Perspektive Lück, Heiner (Hrsg.): *Christian Thomasius (1655–1728). Gelehrter Bürger in Leipzig und Halle*. Stuttgart u.Leipzig 2008; Hunter, Ian: *The Secularisation of the Confessional State. The Political Thought of Christian Thomasius*. Cambridge 2007, und Wall, Heinrich de: *Staat und Staatskirche als Garanten der Toleranz*. In: Lück, Heiner (Hrsg.): *Christian Thomasius (1655–1728) – Wegbereiter moderner Rechtskultur und Juristenausbildung*. Hildesheim u.a. 2006. S. 117–133.
99 Böhmer, Justus Henning; Pertsch, Johann Georg: *De involucris simoniae detectis*. Halle: Waisenhaus 1715; Pertsch, Johann Georg: *Commentatio iuris ecclesiastici de crimine simoniae*. Halle 1719; Schulze, Renate: *Justus Henning Böhmer und die Dissertationen seiner Schüler. Bausteine des Ius Ecclesiasticum Protestantium*. Tübingen 2009.
100 Kirchhof, Johann Heinrich: *Erörterung der Frage: Ob das Crimen Simoniae [...] kein Verbrechen mehr sey?* Heide: Schnitterloh 1776. S. 27.
101 Schuppius, *Ratio Status*. S. 3–7, 9; vgl. auch S. 11ff., wo Schupp sich mit den Vor- und Nachteilen des Zölibats befasst; entscheidend ist für ihn dabei bezeichnenderweise die Akzeptanz: „Ich glaube sicherlich, sollte einer in coelibatu leben wollen, wurde er nit nur von seinen Mitbrüdern verspottet und für einen Hermaphroditen außgerufen, sondern von dem gemeinen Mann für keinen rechten Priester geachtet werden: Denn die gemeinen Leuth [...] halten alle diejenigen vor Schelmen, die keine Weiber haben" (S. 14).
102 Riemer, *Blaße Furcht*. S. 905f.
103 [Art.] Genitivus. In: Adami Friederici Kirschii *Abundantissimum Cornucopiae Linguae Latinae et Germanicae*. Regensburg 1718; zahlreiche Neuauflagen bis 1775; vgl. auch die Einträge unter http://www.zeno.org/nid/20011684526, die zudem eine Erweiterung andeuten: ‚Erst die Pfarre, dann die Quarre' beziehe sich auf das dann geborene, das Geschäft besiegelnde, heulende Kleinkind, was biologisch freilich wohl fast nur im Falle der Pastorentochter vorkommen kann.
104 Linck, Heinrich; Göckel, Johann Friedrich: *De Impetratione officiorum per Matrimonio, vulgo: Promotione per Matrimonium*. Altdorf: Schönnerstaedt 1688. S. 35f. Eine moderne Biographie Lincks fehlt, vgl. daher noch immer Teichmann, E.: [Art.] *H. Linck*. In: *ADB 18* (1883). S. 660f.

105 Slevogt, Gottlieb: *Commentatio iuris sacri De Vocatione ad Pastoratum sub conditione matrimonii cum defuncti pastoris vidua aut filia ineundi. Oder: Von der Vocation unter der Schürze.* Jena: Ritter 1748. S. 12 ff., 18 ff.
106 Riemer, *Blaße Furcht.* S. 904–907.
107 Schupp, *Ratio Status.* S. 15; Riemer, *Blaße Furcht.* S. 908 ff.; besonders wichtig erscheint der Hinweis auf die falsch verstandene Barmherzigkeit, d. h. die Berufung eines (weniger geeigneten) Kandidaten als Sozialfall.

3 Professionelle Routine und heiliger Eifer: das Spektrum der Pastorentätigkeit

108 Hartmann, Johann Ludwig: *Pastorale Evangelicum, seu Instructio Plenior Ministrorum verbi.* Nürnberg: Endter 1678. Lib. I De Pastoris Constitutione & Persona. S. 1–191. Weigelt, Horst: *Geschichte des Pietismus in Bayern. Anfänge, Entwicklung, Bedeutung.* Göttingen 2001. S. 8–11, 47–51 u. ö.
109 Hartmann, *Pastorale.* S. 1; auch hier ist das Pastorenamt ein „divinum munus" (S. 3).
110 Rauschardt, Conrad: *Von dem Beruff zum Predigampt Sampt andern hieraus entstehenden und selbigem anhangenden Fragen. Unterrichts-Predigten aus gewissen Bedencken unnd erheblichen Ursachen zu Lintz gehalten.* Wittenberg: Schürer 1615. 1. Predigt S. 1–24, hier 3, 3. Predigt S. 56–71, hier 67. Die Predigtsammmlung dient hauptsächlich dem Zweck, durch Betonung der Kontinuität seit Luthers Auftreten das entscheidende Beteiligungsrecht der Mitpastoren (und der lutherischen Zentrale) an der Berufung neuer Prediger die Zuordnung (oder: Unterordnung) der österreichischen lutherischen Gemeinden nach bzw. unter Wittenberg zu sichern.
111 Rauschardt, *Von dem Beruff,* 2. Predigt. S. 25–55, hier besonders 34–53, Zitate S. 38 und 53 f.
112 Beeg, Benignus: *Speculum Ministrorum Ecclesiae. Ein christliche Leichpredigt.* Schwäbisch Hall: Leutz 1636. S. 25.
113 Rövestrunck, Johann Wilhelm: *Einfältige Bedencken, Warumb Pastorate und Predigämpter Unmündigen oder Minderjährigen und darzu unbequemen Personen noch deren anklebende Renten nicht zu gestatten.* Herborn: Rab 1619, hier S. 7 und 3.
114 Quenstedt, Johann Andreas: *Ethica pastoralis & Instructio cathedralis sive Monita, omnibus ac singulis, Munus concionatorium ambientibus & obeuntibus, cum quoad vitam, tum quod concionem formandam scitu & observatu necessaria.* Wittenberg: Mevius-Schumacher 1678. S. 1–80 und S. 100–11, Zitate 4, 26 und 104. Der lange vergessene, wie üblich auch mit Pastorenaufgaben betraute Quenstedt (s. sein Porträt auf dem Cover dieses Bandes) zieht neuerlich größeres Forschungsinteresse auf sich, vgl. Coors, Michael: *Scriptum effifax. Die biblisch-dogmatische Grundlegung des theologischen Systems bei Johann Andreas Quenstedt.* Göttingen 2009; Appold, Kenneth G.: *Orthodoxie als Konsensbildung. Das theologische Disputationswesen an der Universität Wittenberg zwischen 1570 und 1710.* Tübingen 2004, besonders S. 299–303.
115 Hartmann, *Pastorale.* S. 199.
116 Hartmann, *Pastorale.* S. 202–211, hier 205 f. und 209–211.
117 Hartmann, *Pastorale.* S. 216–230, hier 222–226 und 228–230.
118 Hartmann, *Pastorale.* S. 230–243.
119 Hartmann, *Pastorale.* S. 243–250, hier 244 und 248. Im Vergleich zu Hemmingsens Ratgeber bleibt Hartmann bei diesem Thema knapper und allgemeiner, was man dahingehend interpretieren könnte, dass die Pastorenehe und das Pfarrhaus bereits fest etabliert sind.

120 Hartmann, *Pastorale*. S. 243–250, hier 248 und 250. Gleichwohl sind verstockte Regelverletzer und Sünder wegen der von ihnen ausgehenden Ansteckungsgefahr letztlich unnachsichtig zu entlassen.
121 Hartmann, *Pastorale*. S. 251–255, hier 252–255.
122 Hartmann, *Pastorale*. S. 255 f.
123 Hartmann, *Pastorale*. S. 256–260, hier 256 und 258.
124 Hartmann, *Pastorale*. S. 261–266.
125 Hartmann, *Pastorale*. S. 286 f.
126 Aus der Forschung zur Geschichte der Predigt vgl. u. a. Pfefferkorn, Oliver: *Übung der Gottseligkeit. Die Textsorte Predigt, Andacht und Gebet im deutschen Protestantismus des späten 16. und des 17. Jahrhunderts*. Frankfurt a. M. u. a. 2005, besonders S. 329–345; Holtz, Sabine: *Theologie und Alltag. Lehre und Leben in den Predigten der Tübinger Theologen 1550–1750*. Tübingen 1993, und Haag, Norbert: *Predigt und Gesellschaft. Die lutherische Orthodoxie in Ulm 1640–1740*. Mainz 1992. Konzeptionell und methodisch für die weitere historische Analyse nach wie vor unerläßlich ist Wallmann, Johannes: *Prolegomena zur Erforschung der Predigt des 17. Jahrhunderts*. In: *Gesammelte Aufsätze. Pietismus und Orthodoxie. Bd. 3*. Hrsg. von Johannes Wallmann. Tübingen 2010. S. 427–445.
127 Bidembach, Felix: *Manuale ministrorum ecclesiae*. Tübingen: Gruppenbach 1604 und Leipzig: Grosse 1604. Ders: *Promptuarium connubiale*. Tübingen: Gruppenbach 1605; Ders.: *Promptuarium exequiale*. Frankfurt a.M.: Berner 1610; Ders.: *Concionum Poenitentialium et Praeparatoriarum*. Frankfurt: Berner 1610, die weiteren Ausgaben Tübingen: Gruppenbach 1616 und Frankfurt: Wild 1665. Zur Biographie s. jetzt umfassend Kümmerle, Julian: *Luthertum, humanistische Bildung und württembergischer Territorialstaat. Die Gelehrtenfamilie Bidembach vom 16. bis zum 18. Jahrhundert*. Stuttgart 2008, besonders S. 168–222.
128 Hartmann, *Pastorale*. S. 290–306, hier 301 und 315, vgl. das Lutherzitat zur Anpassung an Zeit, Ort usw. auch auf S. 401.
129 Hartmann, *Pastorale*. S. 281–287 und 306–316, hier 281 und 286 f.; vgl. auch S. 468–477, wo das Beispiel des väterlich-liebevollen Arztes wieder aufgenommen wird. Das Schlüsselkapitel III des zweiten Buches vergleicht den Pastor bezeichnenderweise mit dem klugen Fürsten, der ebenfalls alle Verhältnisse seiner Untertanen kennen und sein Verhalten und seine Handlungen ihnen anpassen muß, um ohne Schwierigkeiten erfolgreich und dauerhaft regieren zu können.
130 Hartmann, *Pastorale*. Zitat S. 321.
131 Hartmann, *Pastorale*. S. 332–341, hier 334 und 339.
132 Vgl. z. B. zur Leichenpredigt das o. a. *Promptuarium* des Felix Bidembach sowie Philipp Hahns dreibändige Sammlung *Leichpredigten [...]*. Magdeburg: Kirchner 1616.
133 Hartmann, *Pastorale*. S. 350–364, hier 351, 362 und 403. Zur wie die Mahn- und Strafpredigten besonders sorgfältig anzulegenden Trostpredigt vgl. das einschlägige Kapitel XXIV S. 586–595. Für Hartmann erkennbar wichtiger sind jedoch Mahnung, Warnung und Strafung.
134 Hartmann, *Pastorale*. S. 491–532, zur richtigen Technik der Mahnung und Warnung vgl. bes. S. 526–532, zum Übergang zum Strafamt bes. 520 f. und zur ausführlichen Erörterung der Argumente, die die aus Sicht der Pastoren nicht wirklichen, sondern „Pseudo-Politici" zeitgenössisch zwecks Einschränkung der Mahn- und Strafbefugnis der Pastoren gegenüber der Obrigkeit entwickelten, das separate Kapitel XXII S. 533–566; hierauf wird zurückzukommen sein.
135 Hartmann, *Pastorale*. S. 364–384, 406–411, hier 384, 396 und 398.
136 Hartmann, *Pastorale*. S. 405 f., 567–587 (ausführlich und überwiegend in deutscher Sprache zur Anlage und optimalen Gestaltung der Mahn-, Warnungs- und Strafpredigt).

137 Hartmann, *Pastorale*. S. 412–430; auf die Einzelheiten kann im vorliegenden Zusammenhang nicht eingegangen werden.
138 Hartmann, *Pastorale*. S. 430–445.
139 Mayer, Johann Friedrich: *Museum Ministri Ecclesiae, h.e. Instructio omnimoda et absolutissima Symmystae Evangelici*. Leipzig: Gleiditsch 1690. Widmung des Caspar Ziegler S. 2, Pars II Cap. XI S. 216*-231*, Pars III Cap. XV S. 171–178. Der detaillierte Sachindex ist wieder klar für die pastorale Praxis ausgelegt. Zur Biographie des Autors und zur Einordnung des Werkes als Exempel frommer Orthodoxie (also weder ‚klassischer' Orthodoxie noch des Pietismus) s. grundlegend Blaufuß, Dietrich: *Der Theologe Johann Friedrich Mayer (1650–1712). Fromme Orthodoxie und Gelehrsamkeit im Luthertum*. In: *Pommern in der Frühen Neuzeit. Literatur und Kunst in Stadt und Region*. Hrsg. von Wilhelm Kühlmann u. Horst Langer. Berlin-New York 1994. S. 319–348. Wie Christian Kortholt (s. oben 8.1.) war auch Mayer in den Druck der atheistischen Schrift *De tribus impostoribus* (1680, 1688) involviert, vgl. deren Neuedition Schröder, Winfried (Hrsg.): *Anonymus (Johann Joachim Müller). De imposturis religionum (De tribus impostoribus). Von den Betrügereyen der Religion*. Stuttgart-Bad Cannstatt 1999. S. 40–44. Der erschlossene Verfasser stand auch mit J.F. Mayer im Kontakt (vgl. S. 49f.).
140 Hartmann, *Pastorale*. S. 595f.
141 Hartmann, *Pastorale*. S. 596, 598–600 und 610f.
142 Hartmann, *Pastorale*. S. 602.
143 Hartmann, *Pastorale*. S. 617–629.
144 Hartmann, *Pastorale*. S. 629–637, hier 630.
145 Hartmann, *Pastorale*. S. 631, 635 und 637–639.
146 Hartmann, *Pastorale*. S. 643–663 und 690–695, hier S. 645, 653 und 663.
147 Hartmann, *Pastorale*. S. 663–684, hier 663f.
148 Hartmann, *Pastorale*. S. 695–715, hier 699, 705 und 710–715 (zum Beichtpfennig).
149 Hartmann, *Pastorale*. S. 715–725, hier 715, 721, 723f. und 751f.
150 Hartmann, *Pastorale*. S. 725–752 und 781–790, hier 725fff., 734, 736, 741f., 744 und 747; zur Kommunionspendung für Behinderte, Verrückte und verdächtige Fremde vgl. auch das einschlägige Kapitel XXXVIII bzw. XXXIX (teilweise falsche Zählung) S. 752–781.
151 Hartmann, *Pastorale*. S. 790–900; das Thema wird hier nicht nur vergleichsweise umfangreich, sondern zudem auch überwiegend in Deutsch abgehandelt; vgl. die Darlegung des Verfahrens beim öffentlichen Bekenntnis und der öffentlichen Abbitte einschließlich der vom Pastor zu benutzenden Formel am hessischen Beispiel S. 880–886 und die Abgrenzung zur weltlichen Strafgewalt 889ff.
152 Hartmann, *Pastorale*. S. 901–927, hier 901 und 919ff.; hier wird auch das geistliche Amtsgewand, gegebenenfalls der weiße Ornat, als entsprechend zulässig und nützlich angesprochen.
153 Hartmann, Johann Ludwig: *Handbuch für Seelsorger in sechs Theilen*, Rothenburg o.d.T.: Millenau 1680. S. 1–130 u.ö. (Krankenbesuch allgemein). S. 217–312 (spezielle Krankenbesuche, Zitat S. 266). S. 635–641 (Rasende und Besessene). S. 537–564 (mit Zauberei verbundene Fälle); Hartmann untergliedert reich nach ersten und zweiten sowie unterschiedlichen allgemeinen („General-") Besuchen, erörtert die jeweilige Besuchsdauer und schlägt verschiedene Segensformulierungen vor. Das Handbuch soll aus der eigenen Praxis erwachsen und auf Wunsch von Mitpastoren publiziert worden sein. Auf das Thema der Hexerei- und Zaubereibekämpfung, das für die Geschichte des lutherischen Pastorentums im 17. Jahrhundert ebenfalls von zentraler Bedeutung ist, soll demnächst in einer separaten Publikation eingegangen werden.
154 Hartmann, *Pastorale*. S. 969–1005 (zur Heirat) und S. 1054–1088 (Begräbnis).

155 Vgl. die Funktionszuschreibung bei Gerhard, *Loci* (wie Anm. 60), und ausführlicher Adami, Johann Samuel: *Die Exemplarische Und Gott Wohlgefällige Priester-Frau Oder ein Klarer Spiegel, Darinnen gezeiget wird, wie ein Christliches Frauen-Zimmer so mit einer Gottgeheiligten und in offentliche[m] Lehr-Ampte stehende[n] Person verehelichet lebt, sich nicht der Welt und ihrem Anhange gleich stellen und dadurch allerhand Aergerniß geben; Sondern vielmehr durch ein Heiliges Leben einen erbarn Tugend-Wandel führen solle, damit es jederman zur wahren Gottseligkeit und Frömmigkeit fürleuchten könne*. Frankfurt-Leipzig 1699.

156 Hahn, Philipp: *Mystokatoptron. Das ist: Prediger-Spiegel Oder Christliche Erinnerung von der Prediger Amt und Absterben*. Magdeburg: Betzel 1616, Aiif. und Diir.

4 Vergebliche Mühen: Der Kampf gegen Unzucht, Tanz und Eigennutz

157 Sarcerius, *Pastorale* (wie Anm. 20). S. 171 (zur Wirkung der Taufe); Hemmingsen, *Pastor* (wie Anm. 31), 20a. Aus der Literatur vgl. Grimm, Robert: *Luther et l'expérience sexuelle. Sexe, Celibat, Mariáge chez le Reformateur*. Genf 1999; Wiesner-Hanks, Merry: „Der lüsterne Luther". Männliche Libido in den Schriften des Reformators. In: *Lesarten der Geschichte. Ländliche Ordnungen und Geschlechterverhältnisse. Festschrift für Heide Wunder zum 65. Geburtstag*. Hrsg. von Jens Flemming. Kassel 2004. S. 179–205; Matthias, Markus: *Das Verhältnis von Ehe und Sexualität bei Luther und in der lutherischen Orthodoxie*. In: „Der Herr wird seine Herrlichkeit an uns offenbaren." *Liebe, Ehe und Sexualität im Pietismus*. Hrsg. von Wolfgang Breuel u. Christian Soboth. Halle 2011. S. 19–50; Moeller, Bernd: *Wenzel Lincks Hochzeit. Über Sexualität, Keuschheit und Ehe in der frühen Reformation*. In: *Zeitschrift für Theologie und Kirche* 97 (2000). S. 317–342, und Lüthi, Kurt: *Luther, Calvin und die Probleme der Sexualmoral*. In: *Wiener Jahrbuch für Theologie 1* (1996). S. 313–333.

158 Hemmingsen, *Pastor*. 20a-21a, 33a. Aus der Literatur hierzu vgl. jüngst Irwin, Terence: *Luther's Attack on Self-Love. The Failure of pagan Virtue*. In: *Journal of Medieval and Early Modern Studies* 42 (2012). S. 131–155; in engerer Erkenntnisperspektive Kiristö, Sari: *The Vices of Learning, Morality and Learning at Early Modern Universities*. Leiden-Boston 2014. S. 32–34 u.ö., sowie Rieth, Ricardo: *Habsucht bei Luther. Ökonomisches und theologisches Denken, Tradition und soziale Wirklichkeit im Zeitalter der Reformation*. Weimar 1996. Übergreifend wichtige Perspektiven vermittelt auch Soeffner, Hans-Georg: *Luther – Der Weg von der Kollektivität des Glaubens zu einem lutherisch-protestantischen Individualitätstypus*. In: *Vom Ende des Individuums zur Individualität ohne Ende*. Hrsg. von Hans-Georg Bosse u. Bruno Hildenbrand. Opladen 1988. S. 107–151.

159 Hemmingsen, *Pastor*. 21b-23a; vgl. auch das Zitat bei Hoppenrod, Andreas: *Wider den Huren Teuffel und allerley Unzucht Warnung und Bericht*. [Eisleben: Gaubisch] 1565, Ciiiv: „Daher auch der Heide sagt, Omnes a natura proclives sumus ad libidines".

160 Hemmingsen, *Pastor*. 23b-32b, Zitat 32b. Das Kapitel schließt mit einer entsprechenden Willens-, Strebens- („Studium und fürhaben", 34a) und Körperumgangslehre ab, die auch untermauern soll, dass sich bei richtigem Glauben und in Gottes Gnade trotz aller Widrigkeiten das Fleisch durch den Geist steuern lässt (bis 39b). Zum Schlüsselbegriff Reinheit s. jetzt umfassend Burschel, Peter: *Die Erfindung der Reinheit. Eine andere Geschichte der Frühen Neuzeit*. Göttingen 2014.

161 Richter, Sandra u. Guillaume Garner (Hrsg.): „*Eigennutz*" *und* „*gute Ordnung*". *Ökonomisierungen der Welt im 17. Jahrhundert*. Wiesbaden 2016, besonders Sektion III-IV S. 295–583; Kriedte, Peter: *Wirtschaft*. In: Lehmann, *Glaubenswelten* (wie Anm. 3). S. 285–615. Zum Doppelcharakter der ab dem 19. Jahrhundert zu einem Prädikat nur noch des politischen Systems Staat geschrumpften Konzeption der Staatsräson vgl. demnächst meine Monographie Weber, *Staatsräson* (wie Anm. 93); den Komplex Pietismus und Kirchendisziplin behandelt exemplarisch McIntosh, Terence: *Pietismus, Ministry and Church Discipline. The Contributions of Christoph Matthäus Seidel*. In: *Politics and Reformations. Essays in Honor of Thomas A. Brady Jr.* Hrsg. von Christopher Ocker. Leiden-Boston 2007. S. 397–424.
162 Zeidler, Johann Gottfried: *Neun Priester-Teuffel. Das ist ein Send-Schreiben vom Jammer, Elend, Noth und Qual der armen Dorf-Pfarrer*. Halle: Renger 1701. S. 23.
163 Adami, *Die exemplarische Priester-Frau* (wie Anm. 155). S. 61 ff.; Matthias, *Verhältnis* (wie Anm. 157). S. 33 und 35: „Die Ausübung der ehelichen Sexualität geschieht nicht ohne Sünde, weil nicht ohne selbstbezogene Begierde; aber ohne Strafe, weil die eheliche Sexualität eine Ordnung Gottes und darum als solche gut ist und durch das debitum conjugale (1 Kor 7:3) ein Werk der christlichen Liebe wird, wo einer dem anderen dient. [...] Die eheliche Sexualität ist damit ein deutliches Beispiel für die Existenz des Menschen als simul justus et peccator."
164 Adami, *Exemplarischer Priester*. Kapitel V: Von des Priesters Keuschheit. S. 71–103, 75 ff.; Matthias, *Verhältnis* (wie Anm. 157). S. 42: „Mit Luther wird der Begriff der Keuschheit für die gesittete [wohl besser: verchristlichte] Form der ehelichen Liebe verwendet."
165 Adami, *Exemplarischer Priester*. S. 75.
166 Adami, *Priester-Frau* (wie Anm. 155). S. 96, 101, 107 (Zitate). Mangelnde christliche Kinderzucht – „die böse hinlessige Kinderzucht, und solche ist sehr gemein in aller Welt" – als Unzuchtquelle führt bereits Hoppenrod, *Wider den Huren Teuffel*. Cvvf., an.
167 Adami, *Priester-Frau*. S. 96 f.
168 Hoppenrod, *Wider Huren Teuffel* (wie Anm. 159). Vorrede C. Spangenberg (Zitat, unpaginiert), vgl. auch im gleichen Tenor die Vorrede des Autors sowie den Eingangssatz des ersten Kapitels: „Wir sehen und erfarens (leider Gott sey es geklaget) das Unzucht und Hurerey grewlich bey den Christen eingerissen ist und also tieff, das man es nu fur keine Sünde fast mehr erachtet, ja man rhümet sich jrer als herrlich köstlicher thaten one alles seufftzen und schmertzen des gewissens" (Air-Biiv, hier Biiv). Hoppenrod, ursprünglich Lehrer, hatte in Wittenberg studiert und war seit 1554 Prediger.
169 Hoppenrod, *Huren Teuffel*. Dijr (Zitat) und besonders Dijv-Diijr; die aktuelle „gar zerzerrette, zerfleischte, zerstümlete, zerhackte, bis auff die knöchel hinab hangende (hosen)" helfe „zu aller Sodomitischer Sünde"; als Strafe für einen Frauenschänder habe Kaiser Aurelian diesen „mit den beinen lassen an zwene beume anbinden, je ein bein an einen baum, und also wider aufschnellen, damit er auff zwey stücke mitten von einander gerissen wurde."
170 *Theatrum diabolorum. Das ist: [...] Beschreibung allerley grewlicher [...] Laster, so in den letzten* [d. h.: jüngsten] *Zeiten an allen orten und enden fast gebräuchlich*. Frankfurt a. M.: Schmid 1569, 1575, 1587 und 1588. Der erste Band oder Teil bietet u. a. einen Auszug aus Hoppenrod, *Huren Teuffel*, der zweite Teil ist vor allem gegen die diversen „Kleider-Teuffel" als Unzuchtförderer gerichtet, nämlich den „hoffertigen Kleiderteuffel", „Hosenteuffel" und „Kleider/Pluder/Pauß und Kraußteuffel", ferner u. a. den „Schmeichelteuffel", vgl. das Inhaltsverzeichnis.
171 Hofmann, Martin: *Der getrewe Eckhardt, das ist: Drey einfeltige und trewhertzige Warnungs-Predigten Von den an diesem letzten Ende der Welt in vollem Schwange gehenden drey Haupt-Lastern: Von Fressen und Sauffen, Von Kammern und Unzucht und von Hadder und Neid*. Jena:

Weidner 1606. S. 13 f. Mit „Kammern" ist die Praxis heimlicher Treffen in abgeschlossenen Zimmern gemeint.

172 Vgl. exemplarisch Hornmold, Sebastian: *Repertorium Sententiarum, regularum, conclusionum, itemque axiomatum [...] ex utriusque Iuris corporum.* P. II. Speyer: Scheider 1609. S. 892 f.: „Fornicatio producit ex se fere omnia delicta"; ferner umfassend Beatus, Georg: *Sententiarum definitivarum Saxonicarum de Criminalibus a Celeb. Saxon. Dicasteriis Lipsiensi, Wittenbergensi et Jenensi [...] Casus adulteriorum, incestuum, stuprorum [...].* Gera: Spiess 1610, sowie Flach, Sigmund; Weinmann, Johann Simon; Schernberger, Johann Caspar: *De Privatis et publicis delictis IX.* Straßburg: Ledertz 1628.

173 Eine zusammenfassende Bibliographie oder gar Analyse fehlt.

174 Vgl. dazu jetzt umfassend Horowski, Leonhard: *Das Europa der Könige. Macht und Spiel an den Höfen des 17. und 18. Jahrhunderts.* Reinbek bei Hamburg 2017. Aktuelle Analysen zum Verhältnis von lutherischer Theologie und Epikureismus liegen nicht vor, philosophiegeschichtliche Perspektiven, die in dieses Verhältnis hineinwirken, deckt gut ab Kimmich, Dorothee: *Epikureische Aufklärungen. Philosophische und poetische Konzepte der Selbstsorge.* Darmstadt 1993, hier besonders S. 89–178, mit Hinweisen zum fließenden Übergang zwischen Epikureismus und (zeitgenössisch definiertem) Atheismus.

175 Breul, Wolfgang: *Ehe und Sexualität im radikalen Pietismus.* In: *Der radikale Pietismus. Perspektiven der Forschung.* Hrsg. von Wolfgang Breul, Marcus Meier u. Lothar Vogel. Göttingen 2011. 403–418. Dass der Calvinismus eine noch strengere Sexualunterdrückung betrieben hat, ist unbestreitbar. Gleichzeitig gilt aber weiterhin z.B. schon Jacques Solés aus den 1970er Jahren stammende Feststellung, dass „das Luthertum bald in allen Ländern, wo es siegte, einen weiteren Schritt auf dem Wege der Sexualunterdrückung (bedeutete)" (Solé, Jacques: *Liebe in der westlichen Kultur.* Frankfurt a. M. 1979. S. 105). Zum Gesamtzusammenhang noch immer wesentlich ist Wiesner-Hanks, Merry: *Christianity and Sexuality in the Early Modern World. Regulating Desire, Reforming Practice.* 2. Auflage London 2010.

176 Sarcerius, Erasmus: *Zwo Predigten, Eine wider das Teufflische, unordentliche und vihische Leben, so man in der Fasnachtszeit treibet, Und die andere vom Fasten.* Leipzig: Berwaldt 1551. Neben der Unzucht fördert die Fasnacht also auch die Völlerei.

177 Sachs, Michael: *Drey güldene Kleinod christlicher Eheleute.* Leipzig: Beyer 1593. Vorrede [unpaginiert]; S. 7 bezieht sich Sachs auf Erasmus Sarcerius (s. oben).

178 S. 9 f., vgl. auch 15: ordentliche Ehe, „weil man dadurch sich vermehren, sein Geschlechte und Stamm fortpflanzen und für Untergang bewahren kann".

179 Sachs, *Kleinod.* Teil 2.

180 Sachs, Michael: *Zuchtspiegel aller christlichen Gesellen und Jungfrawen Zuchtspiegel.* Leipzig: Nerlich 1596.

181 Hofmann, *Getrewer Eckhardt.* 2. Predigt [unpaginiert].

182 Caselius, Martin: *Zucht-Spiegel. Das ist Nothwendige und sehr wolgemeinte Erinnerung an das Christ- und Ehrliebende Frawenzimmer in Deutschland, aus Gottes Wort und der heiligen Väter wie auch anderer vornehmer Schrifften verfertiget.* Altenburg: Michael 1646.

183 Caselius, *Zucht-Spiegel.* Vorreden [unpaginiert].

184 Caselius, *Zucht-Spiegel.* S. 1,3,6,11.

185 Caselius, *Zucht-Spiegel.* S. 38–84.

186 Exemplarisch Weinheimer, Adam: *Sodom deß abscheulichen hochsträfflichen Lasters der Unzucht. Allen stinkenden Unflätern und Huren-Böcken zur Mahnung abgerissen.* Stuttgart: Rösslin 1661. S. 122–128.

187 Caselius, Martin: *Der Züchtige Schauplatz des teutschen Frauenzimmers*. Magdeburg 1666; *Die zu ietziger Zeit liederlich- und leichtsinnig Entblöseten Brüste des Frauenzimmers Und Die darauf gehörige und hochnöthige Decke; [...] Des Frauenzimmers bloße Brüste Ein Zunder aller bösen Lüste.* s. l. 1685 und 1686 (die Vorrede legitimiert die Behandlung des Themas gegen den gut gemeinten Rat, es besser zu verschweigen, mit dessen außerordentlich großer Sündhaftigkeit; ein Kapitel ist der Verdammung des offenherzigen Dekolletés besonders im Gottesdienst gewidmet); *Der entbrannte Zorn Gottes über die Unkeuschheit.* Halle: Waisenhaus 1707 (pietistisch umfassend); *Des heutigen Frauen-Zimmers Sturm-Haube. Das ist kurtzes Bedencken von den Hohen Köpffen und Haupt-Schmuck, von einem Liebhaber Gottes [...] allen Predigern nützlich zu lesen.* s. l. 1690; *Sonderbahre Theologische und Historische Curiositäten, Darinnen [...] gehandelt wird Von Geistlosen Geistlichen, Regenten-Pflicht, Haus- und Kinder-Zucht, Freche Huren-Trachten der Fontagen, Klage der relegirten Mäntel, Tantzen, Frantzösischen Teutschlande, unverschämten Damen mit blossen Brüsten, [...] Gold-Machen, Kunst reich zu werden [...].* s. l. 1713.
188 Weinheimer, *Sodom* (wie Anm. 186). Zuschrift; im gleichen Jahr 1661 publizierte Weinheimer im gleichen Verlag die Abhandlung *Gomorra, der schandlichen Gottes-vergessenen Entheiligung deß Sabbaths*, gerichtet gegen zurückgehenden Gottesdienstbesucheifer wegen wirtschaftlicher Betätigung, Leichtfertigkeit oder Kirchenverachtung. Eine moderne Biographie des vielschreibenden Stadtseniors fehlt.
189 Weinheimer, *Sodom*. Vorrede. S. 1–22, 57 (Zitat zur Situation bei den Evangelischen).
190 Weinheimer, *Sodom*. S. 23–27, 30–45, 46. Vgl. zu den apokalyptischen Erwartungen vieler Pietisten, aber auch frommer Orthodoxer um 1700 Schneider, Hans: *Die unerfüllte Zukunft. Apokalyptische Erwartungen im radikalen Pietismus um 1700*. In: *Gesammelte Aufsätze I. Der radikale Pietismus*. Hrsg. von Wolfgang Breul u. Lothar Vogel. Leipzig 2011. S. 378–404.
191 Weinheimer, *Sodom*. S. 61–116, 122–128, 152; der Katalog der zeitlich-unmittelbaren, von Gott verhängten Strafen nennt auch „Würmer und Motten", „Franzosenkrankheit", Haarausfall und Aussatz, sowie explizit wieder die Ausrottung des eigenen Geschlechts.
192 Spener, Philipp Jakob: *Christliche Trau-Sermonien bey Copulations-Actibus*. Frankfurt: Zunner 1691. S. 277–310.
193 Arnold, Gottfried: *Das eheliche und unverehelichte Leben der ersten Christen*. Frankfurt: Fritsch 1702 und Leipzig: Walther 1732. Vgl. S. 62: Das „Fleisch durch eigene Mühe und Kraft bezwingen" gehe nicht, stets – also auch in allen Situationen der Ehe – muß Christus da sein und helfen, worauf man sich durch Reinigung vorzubereiten hat, und S. 94: anzustreben ist „die reine Süßigkeit und Kraft der geistlichen Wollust", die auch der körperlichen Besserung hilft, während die fleischlich-satanische Wollust zum Verfall führt. Vgl. Mettele, Gisela: *Weltbürgertum oder Gottesreich. Die Herrnhuter Brüdergemeinde als globale Gemeinschaft 1727–1857*. Göttingen 2009. S. 51 (Zitat); Atwood, Craig D.: *Sleeping in the Arms of Christ. Sanctifying Sexuality in the Eighteenth Century Moravian Church*. In: *Journal of the History of Sexuality 8* (1997). S. 25–51.
194 Ostervald, Jean Frédéric: *Treu gemeinte Warnung vor der Unreinigkeit: Darinnen nicht nur aller dahin gehörigen Laster mit sich führende Schande und daraus entstehender Schade, aus der Natur so wohl als aus der Heil. Schrift [...] vorgestellet [...].* Hamburg: Schiller 1714, und Hamburg: Rißner 1723; Burschel, *Erfindung der Reinheit* (wie Anm. 160).
195 Purgold, Daniel Heinrich: *Prüfung der bisher gewöhnlichen Begriffe von der Ehe und von der Keuschheit wie auch des Satzes des Kanonischen Rechts, dass der Beyschlaf ohne Absicht der Zeugung schändliche Handlung sey*. Magdeburg: Zapf 1773. S. 28–30, 32f.; Eijnatten, Joris: *History, Reform in German Theological Writing and Dutch Literary Publicity in the 18th Century*. In: *Journal for the History of Modern Theology 7* (2000). S. 173–204, hier S. 196–200.

196 Daul, Florian: *Tantzteuffel. Das ist wider den leichtfertigen, unverschempten Welt-Tantz und sonderlich wider die Gotteszucht und ehrvergessene Nachttentze.* Frankfurt a.M. 1567, 1569. Das Thema hat volkskundlich und kulturhistorisch ziemlich viel Aufmerksamkeit gefunden, allerdings oft unter Ausblendung des protestantisch-lutherischen Aspekts, vgl. Keller, Anke: „*Da tanzen alweg ein laster ist und nymmer kein tugend*". *Tanzen in Frankfurt a.M. und Augsburg des 15. Jahrhunderts im Spiegel moraldidaktischer Quellen.* In: *Archiv für Hessische Geschichte und Alterumskunde 69* (2011). S. 1–16; Zimmermann, Julia: *Teufelsreigen – Engelstänze. Kontinuität und Wandel in mittelalterlichen Tanzdarstellungen.* Frankfurt a.M. u.a. 2007; Haitzinger, Nicole: *Vergessene Traktate – Archive der Erinnerung. Zu Wirkungskonzepten im Tanz von der Renaissance bis zum Ende des 20. Jahrhunderts.* München 2009; Stocks, Daniela: *Die Disziplinierung von Musik und Tanz. Die Entwicklung von Musik und Tanz im Verhältnis zu Ordnungsprinzipien christlich-abendländischer Gesellschaft.* Opladen 2000; Sorell, Walter: *Kulturgeschichte des Tanzes. Der Tanz im Spiegel der Zeit.* Wilhelmshaven 1995, vgl. zur theologischen Einschätzung S. 93–97. Dass noch in der spätmittelalterlichen Kirche christlich getanzt wurde, belegt Knäble, Philipp: *Eine tanzende Kirche. Initiation, Ritual und Liturgie im spätmittelalterlichen Frankreich.* Köln-Weimar 2016.
197 Daul, *Tantzteuffel*. Vorrede, 1v.
198 Daul, *Tantzteuffel*. Vorrede, 2r–3r und 6r–10v; zum historischen Hintergrund der Tanzgeschichte alle Hinweise nach Sorell, *Kulturgeschichte* (wie Anm. 196).
199 Daul, *Tantzteuffel*. 20v-24r.
200 Münster, Johann von: *Ein gotseliger Tractat, von dem ungotseligen Tantz. Dem Sohn Gottes zu ehren und seiner Kirchen zum besten: dem Teufel aber zu trotz und der welt abzubrechen.* Herborn: Rabe 1594, Hanau: Anton 1602. Zur Biographie s. Strotdrees, Gisbert: *Das „Zweite Gesicht" in Westfalen. Geschichte, Erzählkultur, Erinnerungsort.* In: *„Verflixt!". Geister, Hexen und Dämonen.* Hrsg. von Jan Carstensen u. Gefion Apel. Münster 2013. S. 33–44, hier S. 37f., und noch Cuno, B.: [Art.] *J. von Münster*. In: *ADB 23* (1886). S. 29f.
201 Münster, *Gotseliger Tractat*. Widmungsvorrede [unpaginiert]. Als lutherischer Tanzgegner, der auch „die Sächsischen und andere Theologen" überzeugen soll, ist freilich zunächst nur Johannes Brenz (1499–1570) genannt. Zum Schluss ist es von Münster ein ausdrückliches Anliegen, seine Schrift auch als nachträgliche Begründung und Entschuldigung für zweimalige Verweigerung eigener Teilnahme an einem Tanz auf Schloss Steinfurt verstanden zu wissen, die also nicht aus Ungehorsam erfolgt sei.
202 Münster, *Gotseliger Tractat*. S. 2–6, 33–36, 38, 42.
203 Münster, *Gotseliger Tractat*. S. 43–45.
204 Münster, *Gotseliger Tractat*. S. 56–63, 64–67; insgesamt werden 14 durchgezählte Begünstigungs- und Beschleunigungsfaktoren aufgeführt.
205 Münster, *Gotseliger Tractat*. S. 68–85, besonders 79 und 84.
206 Münster, *Gotseliger Tractat*. S. 85–96, Zitate 93–95.
207 Münster, *Gotseliger Tractat*. S. 96–128; insgesamt führt Münster 27 primäre und sekundäre Wirkungen des Tanzes auf.
208 Münster, *Gotseliger Tractat*. S. 128–180, 180–221, besonders 180–203.
209 Hartmann, Johann Ludwig: *TantzTeuffel in III. Theilen nebst einem Anhang vom Praecedentz-Teuffel, auf inständiges Begehren auffgesetzt.* Rothenburg o.d.T.: Millenau 1677. S. 1–9, Zitate S. 6f. und 9.
210 Hartmann, *TantzTeuffel*. S. 10f., 17f., 20f., 23, 25, 32f. und 59–108 zur nahezu unvermeidlichen Unzüchtigkeit und deshalb Abscheulichkeit des Tanzes. Auf Spangenbergs hier nicht weiter zu erläuternde Thematisierung des (regelmäßig ausartenden Hochzeits-) Tanzes hatte auch bereits Daul, *Tantzteuffel*, rekurriert.

211 Hartmann, *TantzTeuffel*. S. 133, 141–152, Zitat 143. Auf die mit dem Tanz eng verbundene Problematik der Präzedenz, also des Vorrangs bei öffentlichen Anlässen und Darbietungen, die Hartmann im Anhang skizziert, können wir vorliegend nicht näher eingehen.
212 Rotth, Albrecht Christian: *Höchstnöthiger Unterricht von so genannten Mitteldingen [...] vornehmlich aber von der Lust, Ob und inwiefern sie vergönnet sey?* Leipzig: Lanckisch 1699. Vorrede. S. 9 f., 45–57; zur Person siehe Kühlmann, Wilhelm: [Art.] *Rotth, A. Chr.* In: *Killy Personenlexikon* (wie Anm. 53). Bd. 10. S. 66–68.
213 Rotth, *Höchstnöthiger Unterricht*. S. 84–87, 89, 98 f., 110 f., 118–130, 217–229 (ausführlich zum Tanz).
214 Vgl. z. B. Vockerodt, Gottfried: *Erklärung der Frage: Was von dem weltlichen Tantzen zu halten sey?*. Halle: Wetterkampf 1696; Ders.: *Auffgedeckter vergönneter Lust- und Mitteldings-Betrug, das ist, Gründl. Vorstellung des Unterschieds zwischen der Gläubigen Freude, Oder: in Sündlicher Ergetzung der Welt-Freude, oder so genannten vergönneten Lust*. Leipzig-Frankfurt: Bielck 1698. Vockerodt wandte sich auch scharf gegen weltliche Musik, weltliche Komödien usw. Vgl. auch das unpaginierte Vorwort August Hermann Franckes zum 1697 bei Wetterkampf in Halle erschienenen, wahrscheinlich von dem pietistischen Gymnasialpädagogen Johann Konrad Kesler (1665–1716) verfassten Band *Gründ- und ausführliche Erklärung Der Frage: Was von dem Weltüblichen Tantzen zu halten sey?*: Die „Bewegungen und Stellungen des Leibes an sich selbst" sind „nicht sündlich", das „heut zu Tage übliche Tantzen" jedoch schon, von dem davon zu unterscheidenden „Springen ohne böße Beschaffenheit des Gemüths" z. B. eines Kindes oder aus spontaner Freude abgesehen.
215 Grünenberg, Johann Peter; Statius, Justus: *Dissertatio theologica circularis De saltatione Christiano licita*. Rostock: Weppling 1704, Neuauflagen 1719 und ohne Ortsangabe 1730.
216 Seidel, Christoph Matthäus: *Die Beantwortung etlicher durch Mißbrauch der Hl. Schrift erzwungenen Gegensprüche mit denen das weltlich-übliche Tantz-, Spiel- und Lust-Wesen entschuldiget und verthädiget wird*. Berlin: Gedicke 1719, Zitat S. 68. Vgl. McIntosh, *Pietism* (wie Anm. 161).
217 Kilian, Johann Andreas: *Erbetenes Urtheil über den bishero hefftig bestrittenen Punckt vom Tantzen*. Hannover: Gercke 1736, Zitat S. 3.
218 Blanckenberg, Albert von: *Von Juncker Geitz und Wucherteuffel so jetzt in der Welt in allen Stenden gewaltiglich regieret*, in: *Theatrum diabolorum. Das ist: Ein sehr nützliches verstenndiges Buch, darauß ein jeder Christ [...] zu lernen*. Frankfurt a. M.: Feyerabend 1569. S. 369 f. Mit der unzulässigen Abgabenerpressung in den unterschiedlichen Formen befasst sich auch die anschließende Schrift Milichius, Ludwig: *Der Schrapteuffel. Was man den Herrschafften schuldig sey, womit das Volck beschwert werde. Was solche Beschwerungen für Schaden bringe*. In: ebd. S. 370–414.
219 *Theatrum diabolorum Ander Theil*. Frankfurt a. M.: Feyerabend 1575, Frankfurt a. M.: Schmid 1587. S. 72–100 und S. 343–362.
220 Weber, Johann: *Non dimittitur peccatum, Nisi restituatur ablatum. Das ist Schrifftmässiger Beweiß und gründlicher Underricht, Daß die Leute, Welche durch unziemliche Mittel Gelt, Gut, Reichthum und Nahrung gewinnen, keine Vergebung der Sünden darbey erlangen [...] können, so lang sie solches unrechte Gut wissentlich bey sich behalten und brauchen*. Erfurt: Birckner 1622, Augsburg: Müller 1622. Zur Biographie s. Tschackert, Paul: [Art.] *Weber, J.* In: *ADB 41* (1896). S. 307 f., zum Epikureismus und Weigelianismus Brecht, Martin: *Das Aufkommen der neuen Frömmigkeitsbewegung in Deutschland*. In: Ders. (Hrsg.), *Pietismus vom 17. Jahrhundert* (wie Anm. 3). S. 113–203, hier besonders S. 125 ff., und Ders., *Die deutschen Spiritualisten des 17. Jahrhunderts*. In: Ebd. S. 205–240.

221 Starcke, Sebastian Gottfried: *Ratio Status cum Deo: Wie und woher Dennoch Stets an Gott blieben Der [...] Herr M. Gottfried Trenckner der Kirchen zu Erbisdorff Brand und St. Michael treufleissiger Diaconus [...].* Freiberg: Beuther 1655. In der Skizzierung der weltlichen Versuchungen, denen der Verstorbene ausgesetzt gewesen sei, lässt sich unschwer der entsprechende historische Wandel erkennen.
222 Klesch, Daniel: *Apostolica Status Ratio In Politeumate Coelico Pauli [...] Das ist: Geistlich-Apostolischer Staatist: Aus dem Himmlischen Bürger-Recht St. Pauli Phil. III, 20. [...] Der falschen Welt-Staatisterey entgegen gesetzt.* Hamburg: Rebenlein 1675: Klesch wurde später als Spiritualist amtsenthoben und betätigte sich dann als Dichter.
223 Guthrie, William: *Das große Interesse eines Auffrichtigen Christen Oder der Probir-Stein des Gnaden-Teils in Christo.* Kassel: Francke 1679. Johann Deusing *Das grosse Interesse eines gewissenhaften Kauffmanns. Das ist: Eine christliche Unterweisung [...] Item, wie man sich in einem jedweden ehrlichen Beruff verhalten müsse, aus verschiedenen englischen Büchern zusammengetragen.* Kassel: Francke 1674. Besonders auf diese späte Phase des 17. Jahrhunderts hebt unter spezifischem Blickwinkel ab die lehrreiche germanistische Studie von Vollhardt, Friedrich: *Selbstliebe und Geselligkeit. Untersuchungen zum Verhältnis von naturrechtlichem Denken und moraldidaktischer Literatur im 17. und 18. Jahrhundert.* Tübingen 2001, die den theologischen Diskurs teilweise mit berücksichtigt.
224 [Henning, Aegidius]: *Nagelneue BaurenAnatomia Oder: Repräsentation deß Bauren-Staats: In welcher Der heutigen Bauren Arglistigkeit, Bosheit, Schalckheit, Büberey, Grobheit: Wie auch ihr gantzes Thun und Wesen, ihre Ratio Status [...] Gantz unpartheyisch zu jedermanns Warnung und dienlichen Nachricht auß treuem Wolmeinen entdecket.* s. l. 1674; [Andrus, Verus]: *Des Neunhäutigen und Haimbüchenen schlimmen Baurenstands und Wandels Entdecke Übel-Sitten.* [s.l. 1684] und [Ulm: Wohler 1714]. Aus der Literatur sei genannt Santen, Leo van: *Das Dorf als literarischer Kosmos. Aegidius Henning (um 1630–1686). Leben, Werk und Literaturprogramm.* Aachen 2005.
225 *Des Neunhäutigen Baurenstands,* 1684. S. 39 f.
226 Schiebel, Johann Georg: *Teuffelische Dreyzanck. Das ist Drey vom Teuffel entsprungene und der heutigen Welt auffgedrungene S.* Dresden: Berg 1678; vgl. zu diesem Fall eingehender meinen Aufsatz Weber, Wolfgang E.J.: *Christian Thomasius zwischen Staatsräson, Individualinteresse und erneuerter Normativität.* In: *Mitteilungen des Instituts für Europäische Kulturgeschichte* 23 (Juni 2016). S. 69–83, hier S. 70–74.
227 *Idolum Principum; das ist der Regenten Abgott, den sie heutigen Tags anbetten, und Ratio Status genennet wird.* s. l. 1678, 1 und 28. Ein paralleles Werk legte ebenfalls 1678 der Oettingische Hof- und Konsistorialrat Johann Elias Keßler vor: *Detectus ac a luco politico repurgatus Candor [...] das ist: Reine und unverfälschte Staats-Regul.* Nürnberg: Endter 1678.
228 Hartmann, Johann Ludwig: *Rationis Status Anatomia. Heutiger verkehrter Estaats-Leut Natur, Censur und Cur: nach dero Hertzen, Zungen, Augen, Hände und Geberden entworffen.* Nürnberg: Loschge 1678 (hier benutzt) und Rothenburg o.d.T.: Beer 1679, vgl. besonders S. 25–77, 312. Ders.: *Privat-Interesse eigennutzigen Teufels Natur, Censur und Cur nach der ungerechten Guts Beschaffenheit und Mannigfaltigkeit der Wiedererstattung, Nothwendigkeit, des Betrugs, Abscheuligkeit und der Ausflüchte Nichtigkeit.* Rothenburg o.d.T.: Beer 1679. Auf den Aspekt der Beamtenbestechung in theologisch-christlich – genauer: pietistischer – wie moralischer und natur- wie positivrechtlich-politischer Erörterung hob im Übrigen modellhaft auch ab Fritsch, Ahasver: *Der beschämte Geschenck-Fresser.* Jena: Bielcken 1684. Der Jurist, Kanzler und autodidaktische pietistische Theologe und Gelegenheitsprediger zielte in diesem für die frühmoderne Beamtengeschichte wesentlichen Traktat auf die Beschränkung der beamtlichen Einkünfte auf das offizielle Salär auch als fromme Christenpflicht. Vgl. zur Biographie die Bemerkungen in *Ahasver Fritsch und*

seine Streitschrift gegen die Zeitungs-Sucht seiner Zeit. Die lateinische Originalausgabe (Jena 1676) mit Übersetzung, Kommentaren und Erläuterungen von Walter Barton. Jena 1999.
229 Köpke, Balthasar: *Praxis Catechetica: Etliche Ausflüchte Der Gemeinen Leute Auff dem Lande, Womit sie ihre Sünde [...] pflegen zu entschuldigen.* Frankfurt a.M.: Zunner 1691.
230 Müller, Peter; Hammer, Johann Christoph: *Dissertatio iuridica De Philautia Von der Eigenliebe.* Jena: Göllner 1680 (benutzt), Kapitel I – V (unpaginiert). Die weiteren, oben genannten Ausgaben erschienen im gleichen Verlag.

5 Das Verstummen der Wachhunde: Vom Strafamt zur Herrschaftszuarbeit

231 Vgl. oben Kapitel 1 und 2 sowie jetzt für diesen gesamten Komplex Spehr, Christopher u.a. (Hrsg.): *Weimar und die Reformation. Luthers Obrigkeitslehre und ihre Nachwirkungen.* Leipzig 2016, Teil II – III S. 107 – 190.
232 Darauf heben wie bereits vermerkt (wie Anm. 5) die Forschungen von Luise Schorn-Schütte und ihrer Schule ab, vgl. Diess.: *Obrigkeitskritik und Widerstandsrecht. Die politica christiana als Legitimitätsgrundlage.* In: Diess. (Hrsg.): *Aspekte der politischen Kommunikation im Europa des 16. und 17. Jahrhunderts.* München 2004. S. 195 – 232, ferner Hahn, Philip u.a. (Hrsg.): *Der Politik die Leviten lesen. Politik von der Kanzel in Thüringen und Sachsen 1550 – 1675.* Gotha 2011. Grundlegend jetzt Sandl, Marcus: *Politik im Angesicht des Weltendes. Die Verzeitlichung des Politischen im Horizont des reformatorischen Schriftprinzips.* In: Pecar, Andreas u. Kai Trampedach (Hrsg.): *Die Bibel als politisches Argument. Voraussetzungen und Folgen biblizistischer Herrschaftslegitimation in der Vormoderne.* München 2007. S. 243 – 272, hier das Luther-Zitat S. 267.
233 Cephalus, Sigismund: *Ob ein Obrigkeit den Predigern das Papstthumb auff der Cantzel offentlich zu straffen verbieten möge.* In: Bidembach, Felix: *Consiliorum theologicorum Decas I.* Frankfurt a.M.: Berner 1611. S. 22 – 70 [teils Seitenfehlzählungen].
234 Wigand, Johann: *Vom Straff Ampt der Sünden. Ob und wie diejenigen, so in ordentlichem Predig Ampt sein, nach und mit Gottes Wort falsche Lehr und Lehrer, Sünde und Sünder straffen und die Busspredigt thun sollen.* Ursel: Heinrich 1563, A3r (Vorrede). Zur Biographie s. Bunners, Michael: *Johann Wigand (1523 – 1587). Lutherischer Geistlicher und Geehrter in Wismar von 1562 – 1568, ein homo universale und Hauptautor der Magdeburger Centurien.* In: *Die Magdeburger Centurien. Bd. 1: Die Kirchengeschichtsschreibung des Flacius Illyricus.* Hrsg. von Eckart W. Peters. Dösel 2007. S. 91 – 108, und [Art.] *J. Wigand,* In: www.geschkult.fu-berlin.de/e/jancke-quellenkunde/verzeichnis/w/wigand/.
235 Wigand, *Straffampt.* A4v, B1r, B3r, C1r – C2v, C6r, C8v.
236 Wigand, *Straffampt.* D3v, D5v, E1r – v, E3r – v, F5v, G3v, G7r.
237 Mörlin, Joachim: *Von dem Beruff der Prediger, und wie fern Weltliche Oberkeit Macht hat, diesselbigen jres Ampts zu entsetzen. Nötiger Christlicher Bericht aus Gottes Wort.* [Eisleben: Gaubisch] 1565 (hier benutzt), 1571, 1585 und 1590; Jena 1601 und 1602; Giessen: Hampelius 1608. Diestelmann, Jürgen: *J. Mörlin, Kaplan Luthers – Papst der Lutheraner. Ein Zeit- und Lebensbild aus dem 16. Jahrhundert.* Neuendettelsau 2003; [Art.] J. Mörlin, in: www.geschkult.fu-berlin.de/e/jancke-quellenkunde/verzeichnis/m/moerlin/.
238 Mörlin, *Beruff der Prediger.* S. 44 – 46 [Seitennummer nachgetragen von zeitgenössischer Hand].
239 Mörlin, *Beruf und Enturlaubung.* S. 53 f., 58 f., Anhänge [unpaginiert].

240 *Das es nicht unrecht, Unehrlich oder Verräterey seye, öffentliche Laster (besonders das Gotteslästern, sauffen und zutrincken [...]) auß Befelch der Obrigkeit in Geheim anzeigen.* In: Bidembach, *Consiliorum* (wie Anm. 233). S. 133–147.
241 *Bericht von dem Straff-Ampt. Wie dieselbe von Lehrern und Predigern so wol offentlich als absonderlich gegen ihre Pfarr-Kinder zu führen sey. Zum Synodal-Beschluß im Fürstenthumb Gotha gehörig.* Gotha: Schall 1645. S. 7, 9, 11, 13–17.
242 *Bericht von dem Straff-Ampt.* S. 21–23.
243 Reinkingk, Dietrich: *Biblische Policey.* Frankfurt a.M.: Bencard 1701. S. 66–70; Otto, Martin: [Art.] *Reinkingk, D. (Theodorus).* In: *NDB* 21 (2003). S. 375f.; Rüdiger, Axel: *Staatslehre und Staatsbildung. Die Staatswissenschaft an der Universität Halle im 18. Jahrhundert.* Tübingen 2005. S. 129f.; Nitschke, Peter: *Staatsräson kontra Utopie? Von Thomas Müntzer bis zu Friedrich II. von Preußen.* Stuttgart 1995. S. 196–213.
244 Fromme, Valentin: *Vom Straff-Ampt der Prediger Ob sie dasselbige mit gutem Gewissen unterlassen können, wie es zu führen und wer zu straffen sey; was für Einrede dawider und wie sich Christliche Zuhörer, wenn sie gestrafft werden, verhalten sollen.* Wittenberg: Hake 1648, zweite Auflage Wittenberg: Seelfisch 1658 [hier benutzt], Vorrede des Dekans Jacob Martini [unpaginiert]. Das Werk ist Frommes Pastorenkollegen in Brandenburg gewidmet. Vgl. zu Fromme biographisch [Art.] *Fromm[e], V.* In: *Bio-Bibliographien – Brandenburgische Gelehrte der Frühen Neuzeit. Mark Brandenburg 1640–1713.* Hrsg. von Lothar Noack u. Jürgen Splett. Berlin 2001. S. 187–193.
245 Fromme, *Vom Straff-Ampt.* Unpaginierte Vorrede des Autors an die Kollegen.
246 Fromme, *Vom Straff-Ampt.* S. 2, 11, 13, 37, 45f.; S. 22–31 ist ausführlich Mörlins, „des Discipels Luthers", oben vorgestelltes Werk zitiert.
247 Fromme, *Vom Straff-Ampt.* S. 49f., 53, 97–99, 109, 117–122, 150–165, 183–197.
248 Simon, Johann Georg; Falckenreich, Justus Georg: *Actiones iniuriarum sacerdotes concernentes.* Jena: Müller 1676; neueste Auflage unter dem Titel *Tractatus de actionibus iniuriarum sacerdotes concernentibus.* Jena: Croeker 1739. Einer der berichteten Knüppelangriffe zudem während einer Taufe soll mit dem Tode bestraft worden sein.
249 Lange, Johann Christian: *Gewissenhafte Anmerckungen Von dem Amte einer Christlichen Obrigkeit, sonderlich in Beziehung auf göttlich- und weltliche Rechte eingeführte Straffen der Übelthäter betreffend.* S. l. 1698. S. 9f., 20–26; Goebel, Karl G.: *Johann Christian Lange (1669–1756). Seine Stellung zwischen Pietismus und Aufklärung.* Darmstadt-Kassel 2004.
250 Thomasius, Christian; Irwing, Wilhelm: *De usu practico denunciationis evangelicae.* Halle: Hendel 1749. S. 12–16, 37–43. Auf Christian Thomasius (s. oben 2.5. mit Anm. 98) wird auch unten in Kap. 7 zurückzukommen sein.
251 Leyser, Augustin von; Fischer, Johannes David: *De Convitiis Concionatorum oder Wie weit ein Priester mit Straffen auf der Kanzlei gehen könne.* Wittenberg: Hake 1753. Zur Person s. Luig, Klaus: [Art.] *Leyser, A. von.* In: *NDB* 14 (1985). S. 437–439.
252 Mosheim, Johann Lorenz von: *Allgemeines Kirchenrecht der Protestanten.* Helmstedt: Weygand 1760. S. 312–319. Als „das letzte Beyspiel der Ausübung des öffentlichen Strafamtes an der Obrigkeit" führt Mosheim 315f. die Abmahnung und den Abendmahlausschluss des Herzogs Anton Ulrich von Braunschweig-Wolfenbüttel durch seine Hofgeistlichen an, als der Herzog „die Kayserin beredete, catholisch zu werden." Die anschließende Amtsenthebung der Geistlichen sei nach dem Gesagten völlig richtig gewesen. Auch die von anderer Seite sozusagen als Kompromiß vorgeschlagene Verhängung nur eines „kleinen Banns" sei nicht in Frage gekommen. Zu einem besonders prominenten Konversionsfall im lutherischen Kernbereich Deutschlands s. Boetticher, Manfred von: *„Warumb will du nicht Römisch-Catholisch werden?" Hannover unter Herzog Johann Friedrich /1665–1679) und der lutherische Generalissimus-Superintendent Justus Gisenius.* In:

Gottes Wort ins Leben verwandeln. Perspektiven der (nord-)deutschen Kirchengeschichte. Festschrift für Inge Mager zum 65. Geburtstag. Hrsg. von Rainer Hering. Hannover 2005. S. 227–256. Mulsow, Martin (Hrsg.): *Johann Lorenz Mosheim (1693–1755). Theologie im Spannungsfeld von Philosophie, Philologie und Geschichte.* Wiesbaden 1997; Fleischer, Dirk: *Zwischen Tradition und Fortschritt. Der Strukturwandel der protestantischen Kirchengeschichtsschreibung im deutschsprachigen Diskurs der Aufklärung.* Bd. 1. Waltrop 2006. S. 139–355.

253 Carolus, Andreas David; Bauer, Adam Kaspar; *De Religione Lutherana disquisitio politica.* Wittenberg: Wilcke 1685. Wagenmann, Julius August: [Art.] *Carolus, Andreas*, in: *ADB* 4 (1876). S. 6 f. (mit Erwähnung des Sohnes Andreas David); moderne biographische Beiträge scheinen zu fehlen. Vgl. Tatz-Jacobi, Marianne: *Erwünschte Harmonie. Die Gründung der Friedrichs-Universität Halle als Instrument brandenburg-preußischer Konfessionspolitik.* Berlin 2004; Splett, Jürgen: [Art.] *J. Chr. Beckmann 1641–1717.* In: Noack, Splett, *Bio-bibliographien, Mark Brandenburg 1640–1713* (wie Anm. 244). S. 36–60.

254 Bauer, Adam Kaspar; Carolus, David: *De Religione Lutherana, Disquisitio politica.* Wittenberg 1685. [unpaginiert] Cap. III und IV. Zur Geschichte der Hugenottenansiedelung vgl. jetzt umfassend Niggemann, Ulrich: *Immigrationspolitik zwischen Konflikt und Konsens. Die Hugenottenansiedelung in Deutschland und England 1681–1697.* Köln-Weimar 2008.

255 Beckmann, Johann Christoph; Falck, Daniel: *Dissertatio de Turbamentis vulgi.* Frankfurt a.O.-Coburg 1684 [erschienen 1699]; Beckmann, Johann Christoph; Oborski, Andreas Gregor: *Dissertatio de Pietate Subditorum erga Principem.* Frankfurt a.O.: Zeitler 1679, Zweitauflage Frankfurt a.O.: Scipio 1684; Fritsch, Ahasver: *Subditus Peccans, sive Tractatus de Peccatis Subditorum.* Nürnberg: Endter 1685.

256 Masius, Hector Gottfried: *Interesse principum circa religionem evangelicam.* Kopenhagen: Erythrophil 1687. Eine aktuelle Biographie des Verfassers fehlt. Zur Kontroverse unter der Perspektive der Thomasius-Forschung s. mit den Hinweisen zur Biographie des Thomasius Grunert, Frank: „*Händel mit Herrn Hector Gottfried Masius". Zur Pragmatik des Streits in den Kontroversen mit dem Kopenhagener Hofprediger.* In: Goldenbaum, Ursula (Hrsg.): *Appell an das Publikum. Die öffentliche Debatte in der deutschen Aufklärung 1697–1796.* Bd. 1. Berlin 2004. S. 117–174, und Ders.: *Zur aufgeklärten Kritik am theokratischen Absolutismus. Der Streit zwischen Hector Gottfried Masius und Christian Thomasius über Ursprung und Begründung der summa potestas.* In: *Christian Thomasius (1655–1728). Neue Forschungen im Kontext der Frühaufklärung.* Hrsg. von Friedrich Vollhardt. Tübingen 1997. S. 51–78.

257 Masius, *Interesse.* Widmung [unpaginiert] und S. 13.

258 Epitome [P.] ***3r–****4r. Auf die in verschiedenen Hinsichten höchst interessante Entfaltung der einzelnen Argumente in den jeweiligen Kapiteln S. 1–184 kann vorliegend nicht eingegangen werden.

259 Zusammenfassend und mit den nötigen Nachweisen Grunert, *Kritik.* S. 66.

260 Hallbauer, Friedrich Andreas; Horstmann, Friedrich: *Ecclesia Lutherana politioris litteraturae patrona.* Jena: Werther 1717.

261 Molesworth, Robert: *An Account of Denmark, as it was in the year 1692.* s.l. 1694, hier S. 244. Strunz, Friedrich; Siegert, Abraham: *An Religio Lutherana mater sit et nutrix tyrannidis Politicae?* Wittenberg: Meyer 1703.

6 Die Kosten: Selbstdisziplinierung, Melancholie und Devianz

262 Rieske, Uwe: „Meditation, Anfechtung und Gebet." Luthers Anleitung zur evangelischen Spiritualität. In: Hering, Gottes Wort (wie Anm. 252). S. 101–110; Lohse, Vanessa: *Verzweiflung und Verheißung des Predigtamtes. Oder: „Desperatio facit Praedicatorem". Beobachtungen zur Hochschätzung des Predigtamtes in den Antrittspredigten Gregor Strigenitz (1581)*. In: Steiger, Johann Anselm (Hrsg.): *Gregor Strigenitz (1548–1603). Ein lutherischer Kirchenmann in der zweiten Hälfte des Reformationsjahrhunderts*. Neuendettelsau 2003. S. 229–286; Weber, Wolfgang E.J.: *Im Kampf mit Saturn. Zur Bedeutung der Melancholie im anthropologischen Modernisierungsprozess des 16. und 17. Jahrhunderts*. In: *Zeitschrift für historische Forschung* 17 (1990). S. 155–192, hier S. 161–164, Zitate mit Nachweisen 162f.; Ders.: *Melancholie. Historische und aktuelle Dimensionen eines psychokulturellen Komplexes*. In: *Mißvergnügen. Zur kulturellen Bedeutung von Betrübnis, Verdruss und schlechter Laune*. Hrsg. von Alfred Bellebaum u. Robert Hettlage. Wiesbaden 2012. S. 61–64. Steiger, Johann Anselm: *Melancholie, Diätetik und Trost. Konzepte der Melancholie im 16. und 17. Jahrhundert*. Heidelberg 1996. S. 11–20 mit Abdruck des auch im 17. Jahrhundert immer wieder reproduzierten Briefes Luthers an den schwermütigen Fürsten Joachim von Anhalt von 1534; Bitzel, Alexander: *Anfechtung und Trost bei Sigismund Scheretz. Ein lutherischer Theologe im Dreißigjährigen Krieg*. Göttingen 2002. S. 100–110.

263 Vgl. Bogner, Ralf Georg: *Die Bezähmung der Zunge. Literatur und Disziplinierung der Alltagskommunikation in der Frühen Neuzeit*. Tübingen 1997, wo der pastorale und spezifisch lutherische Aspekt allerdings höchstens gestreift wird.

264 Sarcerius, *Pastorale*. S. 27.

265 Hemmingsen, *Pastor*. Titelkupfer [unpaginiert]; vgl. die Reproduktion oben vor Kap. 1.

266 Hemmingsen, *Pastor*, 39v.

267 Hemmingsen, *Pastor*. 3r-7v, hier 3r und 7v.

268 Major, Georg: *Psalterium Davidis [...]. Psalmi seu cantica ex sacris literis in ecclesia cantari*. Wittenberg: Schwenck 1561 u.ö.; das Werk ist auch in entsprechende Sammelwerke des 17. Jahrhunderts aufgenommen. Zur Person des Major s. jetzt Nahrendorf, Carsten: *Humanismus in Magdeburg. Das Altstädtische Gymnasium von seiner Gründung bis zur Zerstörung der Stadt (1524–1631)*. Berlin u.a. 2015. S. 66–92.

269 Hemmingsen, *Pastor*. 9r–10r, 12v, 13r–15v, 16r–v, 18v–19v.

270 Hemmingsen, *Pastor*. 19r–v, 35r–37v.

271 Praetorius, Stephan: *Regula vitae et morum. Addita est Lutheri quaedam epistola de vitanda tristicia et Melancholia*. s.l. 1571, P. A4v und A6r–v. In anderen Beiträgen entwickelte Praetorius das Konzept eines Freudenchristentums, das bei der lutherischen Orthodoxie auf Ablehnung, bei Vertretern des Pietismus auf gleichwohl teils zögerliche Zustimmung stieß, vgl. Düker, Eckhard: *Freudenchristentum. Der Erbauungsschriftssteller Stephan Praetorius*. Göttingen 2003.

272 Casmann, Otto: *Schola tentationum. Pars I–III*. Frankfurt: Palthenianus 1604. Das erste Zitat nach dem Titelblatt stammt von Luther. Moderne Analysen des Werkes scheinen zu fehlen. Zur Person und zum übrigen Werk des Verfassers s. Kordes, Uwe: *Otho Casmanns „Anthropologie" (1594/96). Frömmigkeit, Empirie und Ramismus*. In: *Spätrenaissance-Philosophie in Deutschland 1570–1650. Entwürfe zwischen Humanismus und Konfessionalisierung, okkulten Traditionen und Schulmetaphysik*. Hrsg. von Martin Mulsow. Tübingen 2009. S. 195–210.

273 Avianus, Christian: *Altera pars praxeos ecclesiasticae: De spiritualibus tentationibus. Das ist Christlicher, nützlicher und tröstlicher Unterricht darinnen vermeldet wird, was geystliche Anfechtungen seyn, woher sie kommen und wie man sie durch Gottes Gnade überwinden möge*. Leipzig:

Rehfeld-Gross 1619, zweite Auflage 1620, Zitat aus der ersten Seite der Vorrede an den Leser. Biographisch ist auch Avian bisher kaum fassbar, vgl. immerhin Bollmeyer, Matthias: *Lateinisches Welfenland. Eine literaturgeschichtliche Kartographie zur lateinischen Gelegenheitsdichtung im Herzogtum Braunschweig-Lüneburg im 16. und 17. Jahrhundert.* Hildesheim u.a. 2014. S. 100.

274 Avianus, *Altera pars.* S. 21, 23 u.ö.

275 Scherertz, Sigismund: *Fuga Melancholiae, cum speculo tentationum spiritualium, et poculo consolationis, oder drey Geistreiche Bücher: Das Erste Seelen-Artzney wider die Melancholey, Traurigkeit und Schwermuth des Geistes etc., Das Ander Siegel der geistlichen Anfechtungen, warum sie GOTT über uns kommen lasse. Das Dritte Trost-Becher für alle traurige, wehemüthige auch mit seltzamen und wunderlichen Gedancken geplagte Christen.* Lüneburg: Stern 1633 u.ö.; hier benutzt ist die dreibändige Ausgabe von 1682. Die grundlegende aktuelle Analyse allerdings teilweise mit abweichender Gewichtung ist jetzt Bitzel, *Anfechtung* (wie Anm. 262), die auch weitere einschlägige Schriften des Autors aufnimmt.

276 Scherertz, *Fuga.* Vorrede, 2r-3v.

277 Scherertz, *Fuga.* S. 8–10, 18–20, 20–29, besonders S. 22f. und 27–29.

278 Scherertz, *Fuga.* Besonders S. 29–61.

279 Democritus iunior: *The Anatomy of Melancholy; what it is, with all Kindes, Causes, Symptomes, Prognosticks, and Severall Cures of it.* Oxford: Cripps 1621 u.ö. Hier herangezogene Ausgabe: *A new Edition by Democritus minor.* Philadelphia 1883. Part III Section IV: Religious Melancholy S. 591–661, Zitate S. 604f und 613; vgl. Gowland, Angus: *The Worlds of Renaissance Melancholy. Robert Burton in Context.* Cambridge 2006 (Kapitel 3 zum englischen religiösen Kontext). Es ist höchst bedauerlich, dass in der deutschen Forschung und populären Rezeption die unreflektiert säkulare Literaturgeschichte dominiert, die den theologisch-religiösen Aspekt zumindest nicht angemessen berücksichtigt, vgl. die Textauslassungen der deutschen Übersetzung: *Robert Burton. Anatomie der Melancholie. Aus dem Englischen übertragen [...] von Ulrich Horstmann.* Zürich-München 1988.

280 Olearius, Johannes: *Gymnasium patientiae. Christliche Geduldt-Schule, sammt Hertzerquickendem Trost heylsamer Erinnerung und nothwendiger Gebetlein aus Gottes Wort verfasset und auff allerley sowohl allgemeine als gewisse Standespersonen betreffende Fälle, Creutz, Noth und Wiederwertigkeit an Seel und Leib, Haab, Ehr und Gut im Leben und Streben Auch vermittels unterschiedlicher Register auff die Ubung der wahren Gottseligkeit bey täglichem Lesen der H. Schrifft und Betrachtung der ordentlichen Sonntags-Evangelien gerichtet.* Halle: Myler 1661. S. 1206–1220, Zitate S. 1212 und 1214; vgl. zum Komplex der wieder sowohl anthropologisch-humoraltypisch als auch religiös aufgefassten und entsprechend therapierbar eingeschätzten Melancholie S. 652–686. Vgl. zu Olearius auch in speziellen Abhandlungen dargelegter Wiederbekräftigung des Therapeutikums Musik und seiner dabei entstandenen biblisch-lutherischen Musiktheorie einführend Steiger, *Melancholie* (wie Anm. 262). S. 95–99.

281 Brunchorst, Christoph: *Christliche Vorstellung Der hohen geistlichen Anfechtungen, wie nemblich Der allein weise Gott hin und wieder etliche seiner gläubige Gnaden-Kinder aus väterlicher Verhängnis darein geraten lässet, jedoch aber ihnen in solchem schweren Kampff und Streit so gnädiglich beystehet, daß sie nicht verzagen, sondern durch seine Göttliche Hülffe wunderbahrlich daraus errettet werden und den Glaubens-Sieg erhalten.* Gotha: Schall 1663 [hier benutzt], zweite Auflage Leipzig: Kloß 1691; mit Erläuterung des o. reproduzierten Kupferstichs. Zitate aus der Vorrede aii-aiiii. Vgl. aus der Literatur Albrecht-Birkner, Veronika: *Zur Rezeption Johann Arndts in Sachsen-Gotha 1641/41 und in den Auseinandersetzungen um den Pietismus der 1690er Jahre.* In: *Pietismus und Neuzeit* 26 (2000). S. 29–49, hier S. 39f., 45 u.ö.

282 Brunchorst, *Vorstellung*. S. 17, 144–446, 447–526 (Dankgebete usw.); beim angefügten sogenannten Register handelt es sich nur um ein Inhaltsverzeichnis.
283 Hartmann, *Hand-Buch*. S. 50–66, hier S. 51f.
284 Vgl. zu dem biographisch kaum fassbaren frühen radikalen Religionskritiker Schröder, Winfried (Hrsg.): *Matthias Knutzen. Schriften, Dokumente*. Stuttgart-Bad Cannstatt 2010.
285 Pfeiffer, August: *Antimelancholicus oder Melancholey-Vertreiber*. Leipzig: Gleditsch 1684 u. ö. Ausgabe 1684. T. II S. 605–609; s. die Abbildung oben vor diesem Kapitel. Zur Rolle der Pfarrer vgl. die im Register ausgewiesenen Stellen. Für Steiger, *Melancholie* (wie Anm. 262). S. 101–108 markiert Pfeiffers Werk die Öffnung der lutherischen Orthodoxie für die volle Bandbreite der zeitgenössischen Medizin, was allerdings im Hinblick auf deren sich allmählich formierende Einsicht, dass zu viel religiöse Grübelei und Praxis derartige Krankheitssymptome erst hervorrufen kann, zu relativieren ist. Vgl. biographisch auch Krauter-Dieroff, Heike: *Die Eschatologie Philipp Jakob Speners. Der Streit mit der lutherischen Orthodoxie um die „Hoffnung besserer Zeiten"*. Tübingen 2005. S. 173f.
286 Adami, *Wohl geplagter Priester* (wie Anm. 86). Zitate S. 4, 6, 11.
287 Bechmann, Friedrich: *Theologia conscientiaria sive Tractatus De Casibus conscientiae*. Jena: Meyer-Bachmann 1692 [hier benutzt], 1694, 1696, 1698, 1700, 1705, 1710, 1713; S. 45–101, Zitat S. 46; insgesamt werden 21 einschlägige Gewissensfälle und deren Behandlung durch den Pastor aufgeführt. Das Grundpostulat der lutherischen Orthodoxie, nämlich in allen Belangen bewusst Martin Luther zu folgen, blenden bei ihrer Analyse frühneuzeitlicher Autorschaft, die auch Theologen und darunter Bechmann berücksichtigt, bemerkenswerter Weise aus Mahlmann, Theodor und Barbara: *Illiada post Homerum scribere – Prüfstein frühneuzeitlicher Autorschaft*. In: *Realität als Herausforderung. Literatur in ihren konkreten historischen Kontexten. Festschrift für Wilhelm Kühlmann zum 65. Geburtstag*. Hrsg. von Ralf Georg Bogner. Berlin-New York 2011. S. 47–92, hier S. 73.
288 Haas, Nicolaus: *Der Getreue Seelen-Hirte Welcher seiner Schäflein in Noth und Tod pfleget*. Leipzig: Weidmann 1700. S. 1–486, hier S. 142, 185, 238 und 271; vgl. zur Biographie [Art.] *Haas, N.* In: thesaurus/cerl.org/cgi-bin/record/cnp003477501.
289 Hausen, Christian August: *Theologia paracletica generalis Die aller-süsseste und kräfftigste Hertzens-Beruhigung im Creutz*. Dresden: Zimmermann 1702, 1706 und 1723; Müller, Heinrich: *Geistliche Erquickstunden Oder Haus- und Tischandachten*. Hamburg: Völcker 1705. S. 34–37 (Zitat S. 34), 46–48 (das „saure" Amt des Predigers, der deshalb Blut schwitzt, blutunterlaufene Augen hat), 237–240, 267–269 („Tödtung des Fleisches"), 386–388, 340–348, 409–411; letztere Teile mit massiver Pastorenkritik.
290 Olearius, Gottfried: *Anleitung zur geistlichen Seelen-Cur*. Leipzig: Georg 1718. S. 4f und 978–981.
291 Haas, Nicolaus: *Edles Kleinod Der Vergnüglichkeit und Zufriedenheit, Vormals von einem Hochberühmten Engelländischen Gottes-Gelehrten angewiesen und beschrieben Jetzt aber Bey Gelegenheit der gegenwärtigen schweren Zeiten Aus dem Stande der Vergessenheit hervor gezogen*. Görlitz: Laurentz 1707. Vorrede [Zitate, unpaginiert], S. 317–339.
292 Risse, Siegfried: *Gedruckte deutsche Psalter vor 1524, dem Erscheinungsjahr von Martin Luthers deutschem Psalter*. Nordhausen 2010; Stichel, Rainer: *Beiträge zur frühen Geschichte des Psalters und zur Wirkungsgeschichte der Psalmen*. Paderborn 2007.
293 Vgl. aus der entsprechenden zeitgenössischen Produktion Gunther, Johann: *Geistliche Krancken-Cur wie selbige aus dem Systemate theologico und geistreichen Liedern anzustellen sey. Kurze Anweisung für angehende Prediger bey dem Krancken- und Sterbe-Bette*. Frankfurt 1714, 1718 und 1764; Haas, Nicolaus: *Des in Gott andächtigen Priestes Gott-geheilige Bet-Andachten*. Leipzig:

Gleditsch 1717; Strohnach, Johann David: *Academische Inaugural-Rede Von der heylsamen Desperation oder Verzweiflung.* Sorau: Hebold 1733, und Pfaff, Christoph Matthäus; Nieg, Johann Caspar: *Quaeritur, num stante particularitete gratiae fides concipi vel servari possit, vel potius ex dogmate hoc sequantur desperationes?* Tübingen: Löffler 1753. Aus der aktuellen Forschungsliteratur ist zu erwähnen wenigstens Beeke, Joel R.: *Debated Issues in sovereign Predestination. Early Lutheran Predestination, Calvinian Reprobation, and Variations in Genevan Lapsarianism.* Göttingen 2007.

294 *Priester Klage Und derselben ubele Nachsage. Das ist: Eine in zwey Theil abgefaste Betrachtung über der Priester Stand [...].* Frankfurt-Leipzig: Funke 1705, zweite Auflage 1713 [hier benutzt] S. 223–227.

295 Pfaff, Christoph Matthäus: *Academischer Discours von den Mängeln der Geistlichen, und wie denselben abzuhelfen,* Frankfurt und Leipzig 1721, mit angefügter *Rede von der Verbesserung der Hohen Schulen und Ausrottung der Pedanterey auf denselben,* gehalten 1720; Willenberg, Samuel Friedrich: *Tractatio iuris ecclesiastici De Excessibus et poenis Clericorum, Von Denen Verbrechen und Straffen der Geistlichen.* Jena: Haas 1740, vgl. Schäufele, Wolf-Dietrich: *Christoph Matthäus Pfaff (1686–1760) als Tübinger Universitätskanzler und Professor.* In: *Die Universität Tübingen zwischen Orthodoxie, Pietismus und Aufklärung.* Hrsg. von Ulrich Köpf. Ostfildern 2014. S. 123–155, und zu Willenberg [Art.] *Willenberg. S.F.* In: thesaurus.cerl.org/cgi-bin/record/cnp00366714.

296 Pfaff, *Discours.* S. 5, 29, 33, 66–68.

297 Willenberg, *De excessibus.* S. 5, 8 und 10.

298 Willenberg, *De excessibus.* S. 21–23, 26f, 43f. Zur Einkerkerung und der Behandlung im Gefängnis vgl. auch Gärtner, Johann: *Disputatio inauguralis iuridica De Incarceratione clericorum cum et sine Carena.* Altdorf: Schönerstädt 1715. Willenbergs Position zwischen Konfessions- und Säkularstaat wird auch durch seine Auffassung in der Polygamiefrage bestätigt, für die er berühmt wurde: sie sei sowohl mit dem ius divinum als auch mit dem ius naturale durchaus vereinbar, vgl. schon Mikat, Paul: *Die Polygamiefrage in der Frühen Neuzeit* (Rheinisch-westfälische Akademie der Wissenschaften. Vorträge G 294). Opladen 1988. S. 51f.

7 Nicht nur um Gotteslohn: Das Einkommen

299 Porta, *Pastorale* (wie Anm. 40). S. 323–332, hier S. 324–326.
300 Porta, *Pastorale.* S. 327f.
301 Porta, *Pastorale.* S. 329–332.
302 Hemmingsen, *Pastor.* 181r-v, 183v, 185r, 186v, 188r.
303 Gerhard, *Loci Bd. 6* (wie Anm. 60). S. 187–191; die zweite „Klasse" der priesterlichen Hilfen ist wie vermerkt die priesterliche Ehe.
304 Meyfart, Johann Matthäus: *Ein kurtzer jedoch guter in Gottes Wort wolgegründeter Bericht von der Prediger und Schuldiener Besoldung, darin mit vielen Argumenten und Gründen demonstriret [...] wird, Was die Evangelischen Regenten und Obrigkeiten für eine abscheuliche Sünde begehen, wann sie ihren Kirch- und Schuldienern ihren wolverdienten Sold nicht reichen lassen.* Erfurt: Von Saher 1645. Zur Person und zum Werk vgl. die Angaben bei Steiger, Johann Anselm: *Jonas Propheta: Zur Auslegungs- und Mediengeschichte des Buches Jona bei Martin Luther und im Luthertum der Barockzeit. Mit einer Edition von Johann Matthäus Meyfarts ‚Tuba Poenitentiae Prophetica' (1625),* Stuttgart-Bad Cannstatt 2011; Pfefferkorn, Oliver: *Imagination der ewigen Herrlichkeit. Johann Matthäus Meyfart und sein Buch Vom himmlischen Jerusalem.* In: *Euphorion 97*

(2003). S. 379-403, und Mohr, Rudolf: *Frömmigkeitsmotive bei Friedrich Spee, Gerhard Tersteegen, Johann Matthäus Meyfart und Paul Gerhardt.* In: *Monatshefte für evangelische Kirchengeschichte des Rheinlandes* 50 (2001). S. 273-294.

305 Meyfart, *Bericht.* S. 21-25 (Beispiel Gottes wird ignoriert) und S. 25-30 (härteste Strafen sind zu erwarten), Zitate S. 16,13, 19, und 27f.

306 Meyfart, *Bericht.* S. 38, 55f., 71-73 und 80; die Klageschrift endet wieder mit einer Beschwörung der Vorgabe Martin Luthers.

307 Vietor, Johannes: *Salarium Pastorale. Das ist: Geistliche Pfarrers Bestallung. Auß dem Propheten Jeremia am 15. Capitel erkläret.* Darmstadt: Opfermann 1623; Roloff, Matthias: *Christlicher Beampten und Dienern 1. Abdanckung, Abscheid und Tod, 2. Amptsverwaltung und Dienst, 3. Bestallung und Gnadengeld.* Berlin: Runge 1626. S. Fiv; Albrecht, Georg: *Piorum & Fidelium Ecclesiae Doctorum Salarium; Frommer und Getrewer Lehrer und Prediger Besoldung.* Nördlingen: Chorhammer 1648.

308 Stypmann, Franz: *Tractatus De Salariis clericorum, in quo Materiae de Salariis, Accidentiis, Decimis, aliisque proventibus Clericorum, eorumque privilegiis, bonis ecclesiasticis, anno deservito, & anno gratiae, etc. methodice tractantur.* Kiel: Reumann 1650, 1687; zur Biographie s. [Art.] Stypmann, F. In: thesaurus.cerl.org/record/cnp00117591.

309 Stypmann, *De Salariis.* S. 1-199, besonders S. 145f., 174 und 177f. Zur ‚Verbauerung' vgl. jetzt umfassend Haußmann, Balthasar: *Zwischen Verbauerung und Volksaufklärung. Kurmärkische Landprediger in der zweiten Hälfte des 18. Jahrhunderts.* Dissertation. Potsdam 1999.

310 Stypmann, *De Salariis.* S. 205-237, Zitate S. 215f., 219, 221f.

311 Stypmann, *De Salariis.* S. 237-492, besonders S. 256-259, 435 (Zitat) und 456 (Zitat).

312 Falckner, Johann Christoph (Praes.); Gotter, Johannes August (Resp.): *Disputatio inauguralis De Salariis praecipue vero Pastorum.* Jena: Nis 1677. Eine moderne Biographie des zeitweiligen Rektors der Universität Jena fehlt.

313 Thomasius, Christian: *Dissertatio inauguralis iuridica de officio Principis evangelii circa augenda salaria et honores ministrorum ecclesiae.* Halle: Salfeld 1707, zweite Auflage Halle: Grunert 1749; deutsche Übersetzung in: Ders.: *Disputation Von der Kebs-Ehe. Ferner von der lutherischen und Reformirten Fürstlichen Personen Heyrat [...] und Von Besoldung der Kirchendiener.* Frankfurt-Leipzig: Renger 1714. S. 353-437 [hier benutzt].

314 Thomasius, *Von der Besoldung.* S. 361-363. S. 371f. und S. 393-395.

315 Thomasius, *Von der Besoldung.* S. 396f.

316 Thomasius, *Von der Besoldung.* S. 396f., 407-409 und 414-416.

317 Thomasius, *Von der Besoldung.* S. 418f und 423-433; als Fall pastoralen Vorrangs ist die Neujahrsgratulation genannt, die die Beamten üblicherweise dem Fürsten abstatten. Die Drei-Stände-Lehre, die dem Klerus die erste Stelle zuspricht, erscheint Thomasius vor diesem Hintergrund als „eine Erfindung der päbstlichen Staats-Klugheit, um dadurch die Fürsten der Clerisey mit zu unterwerffen, und daß also die Einprägung solcher Lehre nichts anders dem Prediger-Stande nütze, als daß sie die Fürsten zu einem Zorne beweget, und deren gute Absichten gegen die Kirchen-Diener nur hintertriebe" (S. 433); vgl. zum Gesamtzusammenhang wieder de Wall, *Staat* (wie Anm. 98).

318 *Judicia honesta aequa et justa, Praestantissimorum Theologorum et Juris-Consultorum De Salariis, templis et scholis publicis, constitutis sine nimia et vix tolerabili difficultate solvendis.* s.l. [1737]; Balthasar, Augustin de (Praes.); Schomer, Johann Friedrich (Resp.): *Disputatio inauguralis de libris seu Matriculis ecclesiasticis, simulque de Salariis et accidentiis clericorum.* Greifswald: Struck 1747; Stelzer, Georg Peter: *De juribus Stolae. Vom Eintritt, Verrichtung und Besoldung auch Accidentien eines Pfarrers in allen darbey vorkommenden Fällen.* Altdorf: Kohl 1700, Neuauflage

Jena: Heller 1756; vgl. auch Grellmann, Heinrich Moritz Gottlieb: *Kurze Geschichte der Stolgebühren oder geistlichen Accidenzien*. Göttingen: Dieterich 1785, mit Schwerpunkt auf Mecklenburg, der nach eigenem Bekunden allerdings „keine absichtliche Rechtfertigung, oder Mißbilligung der Stolgebühren" anstrebt (Vorrede S. VII).

8 (Selbst-)Kritik und Krise

319 Vgl. Leube, *Reformideen* (wie Anm. 8).
320 Praetorius, Elias: *Spiegel der Mißbräuche beym Predigtampt im heutigen Christenthumb und wie selbige gründlich und heilsam zu reformieren*. S. l. 1644, hier Vorrede [unpaginiert] und z. B. S. 522 (Martinisten). Hoburg wurde sogar exkommuniziert, bis er im vergleichsweise weniger orthodox-linientreuen dänischen Altona wieder eine feste Predigeranstellung fand. Schrader, Hans-Jürgen: *„Reisset nieder ewer innwendiges Babel unnd heuchelt nicht mit deroselben außenwendig"*. *Christian Hoburg als Lektor in Lüneburg*. In: *Jahrbuch der Gesellschaft für niedersächsische Kirchengeschichte 110* (2012). S. 43–74; Steiger, Johann Anselm: *Versuchung – orthodox und heterodox. Auslegungsgeschichtliche der Definition von tentatio bei Luther und dem mystischen Spiritualisten Christian Hoburg*. In: *Gottes Wort ins Leben verwandeln. Perspektiven der (nord-) deutschen Kirchengeschichte. Festschrift für Inge Mager zum 65. Geburtstag*. Hrsg. von Rainer Hering. Hannover 2005. S. 183–220.
321 Praetorius, *Spiegel der Mißbräuche*. Unpaginierte Vorrede und S. 7.
322 Praetorius, *Spiegel der Mißbräuche*. S. 9–13, 17,21 und 32 f.
323 Praetorius, *Spiegel der Mißbräuche*. S. 363–417 und 661–686, hier 583, 363 f. und 606. Eine geschichtswissenschaftliche Analyse des Pamphlets im Hinblick vor allem auf die Rolle der Kirchenfunktionäre für den Ausbruch und die Fortsetzung des Dreißigjährigen Krieges hat offenkundig noch nicht stattgefunden.
324 Sennert, Andreas: *Christianus – non Christianus; descriptus dictusque publice […]*. In: Ders.: *Christianus, sive Exercitationum maxime Theolog. Selectiorum Fasciculus circa Religionis Christianae 1. Principium, 2. Veritatem & 3. Summam*. Frankfurt-Leipzig: Schrey-Meyer 1688. S. 577–596; vorherige Ausgaben Wittenberg: Rohner 1648. Wittenberg: Fincel 1661 [Anhang] und Wittenberg: Hole 1670 und 1671 [jeweils Anhang]. Vgl. die Zusammenfassung bei Leube, *Reformideen* (wie Anm. 8). S. 51 f. und die Erwähnung bei Brecht, Martin: *Aufkommen der neuen Frömmigkeitsbewegung* (wie Anm. 220). Hier S. 169 (Zitat).
325 [N.N.]: *Der unbekannte Christus; Das ist Gründtlicher Beweiß daß die heutige so genannte Christenheit in allen Secten den wahren Christus nicht recht kennen*. Frankfurt: Miller 1661; ab der zweiten, nach Hoburgs Tod erscheinen Auflage wurde der Autorenklarname ausgewiesen. Freyhart, Altophilus: *Neuer Praedicanten-Spiegel*. Amsterdam im Voigtland 1650; hier S. 16 f., 33–36, 87–95.
326 Spener, Philipp Jakob: *Pia desideria*. Frankfurt a.M.: Zunner 1671. S. 10,13 f, 18 f. Zu den genannten neuen Glaubensgemeinschaften, die sich als vom Heiligen Geist inspirierte oder wieder erweckte wahre Christen verstanden, vgl. wieder Brecht, *Aufkommen der Frömmigkeitsbewegung*, hier besonders S. 125 ff., und Ders., *Spiritualisten* (wie Anm. 220).
327 Spener, *Pia desideria*. S. 20 f., 26, 37 ff. Zum Reformprogramm des Pietismus s. Wallmann, Johannes: *Philipp Jakob Spener, der Vater des Neuprotestantismus*. In: Ders., *Pietismus-Studien* (wie Anm. 8). S. 132–145.

328 Meisner, Balthasar: *Pia desideria, paulo ante beatum ab ipso manifestata & delineata, ac simul Consilia Theologica, de quibusdam Defectibus in & ab Ecclesiis Evangelicorum tollendis.* Frankfurt a.M.: Zunner 1679; vgl. die Zusammenfassung bei Leube, *Reformideen* (wie Anm. 8). S. 49 f. Am Schluss fordert der prominente Lutheraner die Errichtung spezieller antijesuitischer Kollegs oder Seminare, der Hauptgegner ist also identifiziert.
329 Sincerus, Theophilus: *Wolgemeinter Vorschlag, Wie etwa die Sache anzugreiffen stünde, da man dem in denen Evangelischen Kirchen bißher eingerissenem ärgerlichem Leben und Wandel [...] abzuhelffen mit Ernst resolviren wollte.* Frankfurt 1676; auch hier geht es um Erneuerung von unten, beginnend bei der Familie, der Schule, über den Katechismusunterricht bis zur Predigt einerseits, Studienreform, Predigtreform usw. andererseits. Interessant und weiterführend sind die Kapitel 25 und 26, die den Nutzen der „Statisterey" aus deren Bevorzugung nicht wirklich geeigneter, aber willfähriger Kandidaten bei der Stellenbesetzung abwägen. Kortholt, Christian: *Schwere Priester-Bürde: Zu sonderbarem Nutz des Predigtampts.* Querfurth: Göllner 1684. Kortholt, Christian: *Pastor fidelis, sive, De Officio Ministrorum Ecclesiae Opusculum.* Kiel 1696 u. ö.; *De tribus impostoribus magnis liber,* cura editus Christian Kortholt. Kiel: Schiffler 1680 (wie Anm. 139).
330 Adami, *Wohl geplagte Priester* (wie Anm. 86); Ders.: *Der Exemplarische Priester Oder ein Klarer Spiegel [...].* Dresden: Mieth 1689 u. ö.; Ders.: *Die bösen Priester-Feinde, welche Gott bekehre. Die frommen Priester-Freunde, welche Gott bewahre.* Frankfurt-Leipzig 1691, weitere Auflagen 1692 und 1700.
331 *Der Ungeistlich-geistliche Fuchsschwanz.* s. l. 1632. S. 4.
332 Breckling, Friedrich: *Biblia, sive Verbum Diaboli ad suos Ministros, Apostolos & Successores in Mundo.* s. l. 1661; die weiteren Auflagen ebenfalls ohne Orts- und Verlegerangabe. Eine weitere vehemente Anklageschrift war Ders.: *Regina Pecunia, Mundi Politica, & Anti-Christi Theologia. Sonnenklarer Beweiß, woher die Gottlosen Beampten, Vögte, Schreiber, Rentmeister und Priester [...] so reich, fett, groß, ansehnlich, mächtig und prächtig werden.* Freystadt 1663 (weitere Auflage [Schneeberg: Weidener 1690]); vgl. Klosterberg, Brigitte und Guido Naschert (Hrsg.): *Friedrich Breckling (1629–1711). Prediger, „Wahrheitszeuge" und Vermittler des Pietismus im niederländischen Exil.* Halle 2011.
333 *Kurtze und warhaffte Beschreibung der Geistlosen Geistlichen zur ferneren Prüfung [...] und ernste Warnung Den Miedlingen und Heuchelern.* s. l. 1668. S. 15 und 23. Es könnte sich um ein Werk des Daniel Hartnack handeln, vgl. zu ihm oben 4.3.
334 Müller, Johann: *Atheismus Devictus. Das ist Ausführlicher Bericht von Atheisten, Gottesverächtern, Schrifftschändern, Religionsspöttern, Epicurern, Ecebolisten, Kirchen- und Prediger-Feinden.* Hamburg: Naumann-Wolff 1672. S. 529–532, 660 f. u. ö.
335 Dippel, Johann Konrad: *PAPISMUS PROTESTANTIUM VAPULANS.* s. l. 1698, die Großschreibung des Titels ist also original; Ders.: *Der vor dem Thron der Warheit angeklagte, verhörte und verurtheylte Beicht-Vatter.* s. l. 1699; Goldschmidt, Stephan: *Johann Konrad Dippel (1673–1734). Seine radikalpietistische Theologie und ihre Entstehung.* Göttingen 2001.
336 Arnold, Gottfried: *Unparteyische Kirchen- und Ketzer-Historie.* Leipzig-Frankfurt a. M.: Fritsch 1699–1700; Schneider, Hans: *Gottfried Arnold in Giessen.* In: Ders., *Aufsätze I* (wie Anm. 190). S. 89–121; Ders.: *Cyprians Auseinandersetzung mit Gottfried Arnolds Kirchen- und Ketzergeschichte.* In: Ebd. S. 122–149; Mißfeldt, Antje (Hrsg.): *Gottfried Arnold. Radikaler Pietist und Gelehrter.* Köln-Weimar 2011.
337 Zusammenfassend Schneider, Hans: *Beziehungen deutscher radikaler Pietisten zu Skandinavien.* In: Ders., *Aufsätze I* (wie Anm. 190). S. 352–377, hier (Zitate) S. 364 f. und 372 f.
338 Spalding, Johann Joachim: *Ueber die Nutzbarkeit des Predigtamtes und dessen Befoerderung.* Berlin Voß 1772 und weitere Auflage Frankfurt 1772, zweite Auflage Berlin: Voß 1773 und dritte

Auflage Berlin: Voß 1791, vgl. besonders S. 6 – 8, 41, 136 f. und 153 – 388 mit ausführlichen Angaben zur entsprechenden Anpassung der Amtsgeschäfte. Aus der Literatur wesentlich Beutel, Albrecht: *Johann Joachim Spalding. Populartheologie und Kirchenreform im Zeitalter der Aufklärung.* In: *Theologen des 17. und 18. Jahrhunderts. Konfessionelles Zeitalter – Pietismus – Aufklärung.* Hrsg. von Peter Walter und Martin H. Jung. Darmstadt 2003. S. 226 – 243.

339 Lüdke, Friedrich Germanus: *Gespräche über die Abschaffung des geistlichen Standes nebst Untersuchung: Ob derselbe dem Staat entbehrlich, ja sogar schädlich sey.* Berlin-Stettin: Nicolai 1784. Vgl. Kuhn, Thomas K.: *Religion und neuzeitliche Gesellschaft: Studien zum sozialen und diakonischen Handeln in Pietismus, Aufklärung und Erweckungsbewegung.* Tübingen 2003. S. 173 – 180.

Anhang

1 Abkürzungen

ADB   Allgemeine Deutsche Biographie
Art.   Artikel
s. l.   ohne Orts- und Verlagsangabe
NDB   Neue Deutsche Biographie

2 Quellen- und Literaturverzeichnis

2.1 Quellen

Adami, Johann Samuel: *Der Exemplarische Priester Oder ein Klarer Spiegel [...]*. Dresden: Mieth 1689 u. ö.

Adami, Johann Samuel: *Die bösen Priester-Feinde, welche Gott bekehre. Die frommen Priester-Freunde, welche Gott bewahre*. Frankfurt-Leipzig 1691, weitere Auflagen 1692 und 1700.

Adami, Johann Samuel: *Der wohl geplagte Priester, wie er nach 11 Plagen in der Welt leben und leiden muss*. Dresden: Mieth 1689.

Adami, Johann Samuel: *Die Exemplarische Und Gott Wohlgefällige Priester-Frau Oder ein Klarer Spiegel, Darinnen gezeiget wird, wie ein Christliches Frauen-Zimmer so mit einer Gottgeheiligten und in offentliche[m] Lehr-Ampte stehende[n] Person verehelichet lebet, sich nicht der Welt und ihrem Anhange gleich stellen und dadurch allerhand Aergerniß geben; Sondern vielmehr durch ein Heiliges Leben einen erbarn Tugend-Wandel führen solle, damit es jederman zur wahren Gottseligkeit und Frömmigkeit fürleuchten könne*. Frankfurt-Leipzig 1699.

Albrecht, Georg: *Piorum & Fidelium Ecclesiae Doctorum Salarium; Frommer und Getrewer Lehrer und Prediger Besoldung*. Nördlingen: Chorhammer 1648.

Amthor, Christoph Heinrich; Mummsen, Peter: *Dissertatio iuridico-politica de crimine simoniae, eiusque larva politica*. Kiel: Reuther 1705.

[Andrus, Verus:] *Des Neunhäutigen und Haimbüchenen schlimmen Baurenstands und Wandels Entdeckte Übel-Sitten*. s. l. 1684 und Ulm: Wohler 1714.

Anzeigung vnd bekanntnus des Glaubens vnnd der lere: so die adpellirend Stende Key. Maiestet auff yetzigen Tag zu Augspurg öberantwurt habend [Confessio Augustana]. Erfurt 1530.

Arnold, Gottfried: *Unparteyische Kirchen- und Ketzer-Historie*. Leipzig-Frankfurt a. M.: Fritsch 1699–1700.

Arnold, Gottfried: *Das eheliche und unverehelichte Leben der ersten Christen*. Frankfurt: Fritsch 1702 und Leipzig: Walther 1732.

Avianus, Christian: *Altera pars praxeos ecclesiasticae: De spiritualibus tentationibus. Das ist Christlicher, nützlicher und tröstlicher Unterricht darinnen vermeldet wird, was geystliche Anfechtung seyn, woher sie kommen und wie man sie durch Gottes Gnade überwinden möge*. Leipzig: Rehfeld-Gross 1619.

Balthasar, Augustin de (Praes.); Schomer, Johann Friedrich (Resp.): *Disputatio inauguralis de libris seu Matriculis ecclesiasticis, simulque de Salariis et accidentiis clericorum.* Greifswald: Struck 1747.
Bauer, Adam Kaspar; Carolus, Andreas David: *De Religione Lutherana, Disquisitio politica.* Wittenberg 1685.
Beatus, Georg: *Sententiarium definitivarum Saxonicarum de Criminalibus a Celeb. Saxon. Dicasteriis Lipsiensi, Wittenbergensi et Jenensi [...] Casus adulteriorum, stuprorum [...].* Gera: Spiess 1610.
Bechmann, Friedrich: *Theologia conscientiaria sive Tractatus De Casibus conscientiae.* Jena: Meyer-Bachmann 1692.
Beckmann, Johann Christoph; Oborski, Andreas Gregor: *Dissertatio de Pietate Subditorum erga Principem.* Frankfurt a.O: Zeitler 1679, Zweitauflage Frankfurt a.O.: Scipio 1684.
Beckmann, Johann Christoph; Falck, Daniel: *Dissertatio De turbamentis vulgi.* Frankfurt a.O.: Zeitler 1684.
Beeg, Benignus: *Speculum Ministrorum Ecclesiae. Ein christliche Leichpredigt.* Schwäbisch Hall: Leutz 1636.
Bericht von dem Straff-Ampt. Wie dieselbe von Lehrern und Predigern so wol offentlich als absonderlich gegen ihre Pfarr-Kinder zu führen sey. Zum Synodal-Beschluß im Fürstenthumb Gotha gehörig. Gotha: Schalln 1645.
Bidembach, Felix: *Manuale ministrorum ecclesiae.* Tübingen: Gruppenbachs 1604 und Leipzig: Grosse 1604.
Bidembach, Felix: *Promptuarium connubiale.* Tübingen: Gruppenbach 1605.
Bidembach, Felix: *Promptuarium exequiale.* Frankfurt a.M.: Berner 1610.
Bidembach, Felix: *Concionum Poenitentialium et Praeparatoriarum.* Frankfurt: Berner 1610, Tübingen: Gruppenbach 1616, Frankfurt: Wild 1665.
Blanckenberg, Albert von: *Von Juncker Geitz und Wucherteuffel so jetzt in der Welt in allen Stenden gewaltliglich regieret.* In: *Theatrum diabolorum. Das ist: Ein sehr nützliches verstenndiges Buch, darauß ein jeder Christ [...] zu lernen.* Frankfurt a.M.: Feyerabend 1569.
Böhmer, Justus Henning; Pertsch, Johann Georg: *De involucris simoniae detectis.* Halle: Waisenhaus 1715.
Böhmer, Justus Henning: *Ius Parochiale.* Halle: Waisenhaus 1760.
Braun, Georg: *Catholicorum Tremoniensium adversus Lutheranicae ibidem factionis praedicantes defensio.* Köln: Wolter 1605.
Breckling, Friedrich: *Biblia, sive Verbum Diaboli ad suos Ministros, Apostolos & Successores in Mundo.* s.l. 1661.
Breckling, Friedrich: *Regina Pecunia, Mundi Politica, & Anti-Christi Theologia. Sonnenklarer Beweiß, woher die Gottlosen Beampten, Vögte, Schreiber, Rentmeister und Priester [...] so reich, fett, groß, ansehnlich, mächtig und prächtig werden.* Freystadt 1663.
Brunchorst, Christoph: *Christliche Vorstellung Der hohen geistlichen Anfechtungen, wie nemblich Der allein weise Gott hin und wieder etliche seiner gläubigen Gnaden-Kinder aus väterlicher Verhängnis darein geraten lässet, jedoch aber ihnen in solchem schweren Kampff und Streit so gnädiglich beystehet, daß sie nicht verzagen, sondern durch seine Göttliche Hülffe wunderbahrlich daraus errettet werden und den Glaubens-Sieg erhalten.* Gotha: Schall 1663 und Leipzig: Kloß 1691.
Brunus, Georg: *Oratio quodlibetica de Concubinariis Sacerdotibus.* Köln: Birckmann 1565.

Bucer, Martin: *Von der waren Seelsorge, vnnd dem rechten hirten Dienst, wie der selbige inn der Kirchen Christi bestellet, vnnd verrichtet werden sollen [...]*. Straßburg: Rihel 1538.

[Burton, Robert] *Democritus iunior: The Anatomy of Melancholy; what it is, with all Kindes, Causes, Symptomes, Prognosticks, and Severall Cures of it [1621]. A new Edition by Democritus minor*. Philadelphia 1883

Robert Burton. Anatomie der Melancholie. Aus dem Englischen übertragen [...] von Ulrich Horstmann. Zürich-München 1988.

Caselius, Martin: *Zucht-Spiegel. Das ist Nothwendige und sehr wohlgemeinte Erinnerung an das Christ- und Ehrliebende Frawenzimmer in Deutschland, aus Gottes Wort und der heiligen Väter wie auch anderer vornehmer Schrifften verfertiget*. Altenburg: Michael 1646.

Caselius, Martin: *Der Züchtige Schauplatz des teutschen Frauenzimmers*. Magdeburg 1666.

Casmann, Otto: *Schola tentationum. Pars I – III*. Frankfurt: Palthenianus 1604.

Cephalus, Sigismund: *Ob ein Obrigkeit den Predigern das Papstthumb auff der Cantzel offentlich zu straffen verbieten möge*. In: Bidembach, Felix: *Consiliorum theologicorum Decas I*. Frankfurt a. M.: Berner 1611.

Das es nicht unrecht, Unehrlich oder Verräterey seye, öffentliche Laster (besonders das Gotteslästern, sauffen und zutrincken [...]) auß Befelch der Obrigkeit in Geheim anzeigen. In: Bidembach, Felix: *Consiliorum Theologicorum Decas V*. Frankfurt a. M.: Berner 1611.

Daul, Florian: *Tantzteuffel. Das ist wider den leichtfertigen, unverschempten Welt-Tantz und sonderlich wider die Gotteszucht und ehrvergessene Nachttentze*. Frankfurt a. M. 1567.

Der entbrannte Zorn Gottes über die Unkeuschheit. Halle: Waisenhaus 1707.

Der unbekannte Christus; Das ist Gründtlicher Beweiß daß die heutige so genannte Christenheit in allen Secten den wahren Christus nicht recht kennen. Frankfurt: Miller 1661.

Der Ungeistlich-geistliche Fuchsschwanz. s. l. 1632.

Des heutigen Frauen-Zimmers Sturm-Haube. Das ist kurtzes Bedencken von den Hohen Köpffen und Haupt-Schmuck, von einem Liebhaber Gottes [...] allen Predigern nützlich zu lesen. s. l. 1690.

Deusing, Johann: *Das grosse Interesse eines gewissenhaften Kauffmanns. Das ist: Eine christliche Unterweisung [...] Item, wie man sich in einem jedweden ehrlichen Beruff verhalten müsse, aus verschiedenen englischen Büchern zusammengetragen*. Kassel: Francke 1674.

Deyling, Salomon: *Institutiones Prudentiae pastorali*. 3. Auflage. Leipzig: Lanckisch 1739.

Die Geistliche Kram-Bude, darinnen man Pfarrer verkauffet und kauffet. s. l. 1724.

Die zu ietziger Zeit liederlich- und leichtsinnig Entblöseten Brüste des Frauenzimmers Und Die darauf gehörige und hochnöthige Decke; [...] Des Frauenzimmers bloße Brüste Ein Zunder aller bösen Lüste. s. l. 1685 und 1686.

Dippel, Johann Konrad: *PAPISMUS PROTESTANTIUM VAPULANS*. s. l. 1698.

Dippel, Johann Konrad: *Der vor dem Thron der Warheit angeklagte, verhörte und verurtheylte Beicht-Vatter*. s. l. 1699.

Ein Brieff Martin Luthers von Schleychern und Winckelpredigern. Wittenberg: Schirlentz 1532.

Falckner, Johann Christoph (Praes.); Gotter, Johannes August (Resp.): *Disputatio inauguralis De Salariis praecipue vero Pastorum*. Jena: Nisius 1677.

Flach, Sigmund; Weinmann, Johannes Simon; Schernberger, Johann Caspar: *De Privatis et publicis delictis IX*. Straßburg: Ledertz 1628.

Formulatio Reformationis Ecclesiasticae in Comitiis Augustanis, anno 1559, quibusdam adiectionibus aucta, & locupleta. Mainz: Behem 1559.
Freyhart, Altophilus: *Neuer Praedicanten-Spiegel.* Amsterdam im Voigtland 1650.
Fritsch, Ahasver: *Der beschämte Geschenck-Fresser.* Jena: Bielcken 1684.
Fritsch, Ahasver: *Subditus peccans, sive de peccatis Subditorum.* Nürnberg: Endter 1685.
Fromme, Valentin: *Vom Straff-Ampt der Prediger Ob sie dasselbige mit gutem Gewissen unterlassen können, wie es zu führen und wer zu straffen sey; was für Einrede dawider und wie sich Christliche Zuhörer, wenn sie gestrafft werden, verhalten sollen.* Wittenberg: Hake 1648, zweite Auflage Wittenberg: Seelfisch 1658.
Gärtner, Johann: *Disputatio inauguralis iuridica De Incarceratione clericorum cum et sine Carena.* Altdorf: Schönerstädt 1715.
Gerhard, Johann; L[e]yser, Wilhelm: *Beati Lutheri ad Ministerium & Reformationem legitima vocatio.* Jena: Steinmann 1617.
Gerhard, Johann: *Locorum Theologorum Tomus sextus.* [1619] Editio novissima. Frankfurt-Hamburg: Hertel 1657.
Gerhard, Johann: *Locorum Theologicorum. Tomus septimus.* Jena: Steinmann 1620.
Grellmann, Heinrich Moritz Gottlieb: *Kurze Geschichte der Stolgebühr oder geistlichen Accidenzien.* Göttingen: Dieterich 1785.
Grünenberg, Johann Peter; Statius, Justus: *Dissertatio theologica circularis De saltatione Christiana licita.* Rostock: Weppling 1704, Neuauflagen 1719 und ohne Ortsangabe 1730.
Gunther, Johann: *Geistlich Krancken-Cur wie selbige aus dem systemate theologico und geistreichen Liedern anzustellen sey. Kurze Anweisung für angehende Prediger bey dem Krancken- und Sterbe-Bette.* Frankfurt 1714, 1718 und 1764.
Guthrie, William: *Das große Interesse eines Auffrichtigen Christen Oder der Probir-Stein des Gnaden-Teils in Christo.* Kassel: Francke 1674.
Haas, Nicolaus: *Der Getreue Seelen-Hirte Welcher seiner Schäflein in Noth und Tod pfleget.* Leipzig: Weidmann 1700.
Haas, Nicolaus: *Edles Kleinod Der Vergnüglichkeit und Zufriedenheit, Vormals von einem Hochberühmten Engelländischen Gottes-Gelehrten angewiesen und beschrieben Jetzt aber Bey Gelegenheit der gegenwärtigen schweren Zeiten Aus dem Stande der vergessenheit hervor gezogen.* Görlitz: Laurentz 1707.
Haas, Nicolaus: *Des in Gott andächtigen Priestes Gott-geheiligte Bet-Andachten.* Leipzig: Gleditsch 1717.
Hahn, Philipp: *Mystokatoptron, Das ist: Prediger-Spiegel Oder Christliche Erinnerung von der Prediger Amt und Absterben.* Magdeburg: Betzel 1616.
Hahn, Heinrich: *Discursus iuridicus De Ambitu Ecclesiastico Simonia.* Helmstedt: Müller 1656.
Hallhuber, Friedrich Andreas; Horstmann, Friedrich: *Ecclesia Lutherana politioris litteraturae patrona.* Jena: Werther 1717.
Hartmann, Johann Ludwig: *TantzTeuffel in III. Theilen nebst einem Anhang vom Praecedentz-Teuffel, auf inständiges Begehren auffgesetzt.* Rothenburg o. d. T.: Millenau 1677.
Hartmann, Johann Ludwig: *Pastorale Evangelicum, seu Instructio Plenior Ministrorum verbi.* Nürnberg: Endter 1678.
Hartmann, Johann Ludwig: *Privat-Interesse eigennutzigen Teufels Natur, Censur und Cur nach der ungerechten Guts Beschaffenheit und Mannigfaltigkeit der Wiedererstattung,*

Nothwendigkeit, des Betrugs, Abscheuligkeit und der Ausflüchte Nichtigkeit. Rothenburg o. d. T.: Beer 1679.

Hartmann, Johann Ludwig: *Rationis Status Anatomia. Heutiger verkehrter Estaats-Leut Natur, Censur und Cur: nach dero Hertzen, Zungen, Augen, Hände und Geberden entworffen.* Nürnberg: Loschge 1678 und Rothenburg o. d. T. 1679.

Hartmann, Johann Ludwig: *Handbuch für Seelsorger in sechs Theilen.* Rothenburg o. d. T.: Millenau 1680.

Hartnack, Daniel: *Sonderbahre Theologische und Historische Curiositäten, Darinnen [...] gehandelt wird Von Geistlosen Geistlichen, Regenten-Pflicht, Haus- und Kinder-Zucht, Freche Huren-Trachten der Fontagen, Klagen der relegirten Mäntel, Tantzen, Frantzösischen Teutschland, unverschämten Damen mit blossen Brüsten, [...] Gold-Machen, Kunst reich zu werden [...].* s. l. 1713.

Hausen, Christian August: *Theologia paracletica generalis Die aller-süsseste und kräfftigste Hertzens-Beruhigung im Creutz.* Dresden: Zimmermann 1702, 1706 und 1723.

Heege, Carl Heinrich: *Exercitatio critico-historica de Titulo-mania Eruditorum vulgo Titel-Sucht.* Leipzig: Schede 1723.

Hemmingsen, Nicolaus: *Pastor, sive Pastoris optimus vivendi agendique modus.* Leipzig: Vögelin 1562; London 1574; Rostock: Möllemann 1590; Hamburg: Gundermann 1639 u. ö.

Hemmingsen, Nicolaus: *Pastor. Hoch-nothwendige Unterrichtunge, wie Pfarherr und Seelsorger in der Lehr, Leben und allem Wandel sich christlich verhalten soll.* Leipzig: Vögelin 1569.

[Henning, Aegidius:] *Nagelneue BaurenAnatomia Oder: Repräsentation deß Bauren-Staats: In welcher Der heutigen Bauren Arglistigkeit, Bosheit, Schalckheit, Büberey, Grobheit: wie auch ihr gantzes Thun und Wesen, ihre Ratio Status [...] Gantz unpartheyisch zu jedermanns Warnung und dienlich Nachricht auß teurem Wolmeinen entdecket.* s. l. 1674.

Hofmann, Martin: *Der getrewe Eckhardt, das ist: Drey einfeltige und trewhertzige Warnungs-Predigten Von den an diesem letzten Ende der Welt in vollem Schwange gehenden drey Haupt-Lastern: Von Fressen und Sauffen, von Kammern und Unzucht und von Hadder und Neid.* Jena: Weidner 1606.

Hoppenrod, Andreas: *Wider den Huren Teuffel und allerley Unzucht Warnung und Bericht.* Eisleben: Gaubisch 1565.

Hornmold, Sebastian: *Repertorium Sententiarum, regularum, conclusionum, itemque axiomatum [...] ex utriusque Iuris corporum. P. II.* Speyer: Scheider 1609.

Idolum Principum; das ist der Regenten Abgott, den sie heutigen Tags anbetten, und Ratio Status genennet wird. s.l. 1678.

Judicia honesta aequa et justa, Praestantissimorum Theologorum et Juris-Consultorum De Salariis, templis et scholis publicis, constitutis sine nimia et vix tolerabili difficultate solvendis. s.l.1737.

Kedd, Jodocus S.J.: *Predicanten Betrug, Ihr Krafftlose Absolution vnd Christloses Abendmahl betreffend. Allen Liebhabern der Seeligmachenden Warheit Durch Eine Hoches Standts-Person, Welche der Lutherischen Praedicanten Betrug erkannt, das Lutherthumb verlassen und der Catholischen Kyrchen zugetretten.* Ingolstadt: Hänlin 1654.

Kesler, Johann Konrad: *Gründ- und ausführliche Erklärung Der Frage: Was von dem Weltüblichen Tantzen zu halten sey?* Halle: Wetterkampf 1697.

Keßler, Johann Elias: *Detectus ac a luco politico repurgatus Candor [...] das ist: Reine und unverfälschte Staats-Regul.* Nürnberg: Endter 1678.

Kettwig, Mentetius: *De ambitu antiquo & hodierno liber.* Bremen: Sauermann 1695.
Kilian, Johann Andreas: *Erbetenes Urtheil über den bishero hefftig bestrittenen Punckt vom Tantzen.* Hannover: Gercke 1736.
Kirchhof, Johann Heinrich: *Erörterung der Frage: Ob das Crimen Simoniae [...] kein Verbrechen mehr sey?* Heide: Schnitterloh 1776.
Kirschii, Adami Friederici: *Abundantissimum Cornucopiae Linguae Latinae et Germanicae.* Regensburg 1718.
Klesch, Daniel: *Apostolica Status Ratio In Politeumate Coelico Pauli [...] Das ist: Geistlich-Apostolischer Staatist: Aus dem Himmlischen Bürger-Recht St. Pauli Phil. III, 20. [...] Der falschen Welt-Staatisterey entgegen gesetzt.* Hamburg: Rebenlein 1675.
Köpke, Balthasar: *Praxis Catechetica: Etliche Ausflüchte Der Gemeinen Leute Auff dem lande, Womit sie ihre Sünde [...] pflegen zu entschuldigen.* Frankfurt a. M.: Zunner 1691.
Kortholt, Christian: *De tribus impostoribus magnis liber.* Kiel: Schiffler 1680.
Kortholt, Christian: *Schwere Priester-Bürde: Zu sonderbarem Nutz des Predigtampts.* Querfurth: Göllner 1684.
Kortholt, Christian: *Pastor fidelis, sive, De Officio Ministrorum Ecclesiae Opusculum.* Kiel: Schiffler 1696 u. ö.
Kurtze und warhaffte Beschreibung der Geistlosen Geistlichen zur ferneren Prüfung [...] und ernste Warnung Den Miedlingen und Heuchelern. s. l. 1668.
Lange, Johann Christian: *Gewissenhafte Anmerckungen Von dem Amte einer Christlichen Obrigkeit, sonderlich in Beziehung auf göttlich- und weltliche Rechte eingeführte Straffen der Übelthäter betreffend.* s. l. 1698.
Laub, Philipp Anton; Schwarz, Wilhelm: *Disputatio moralis De peccatis eruditorum.* Helmstedt: Hamm 1696.
Leyser, Augustin von; Fischer, Johannes David: *De Convitiis Concionatorum oder Wie weit ein Priester mit Straffen auf der Kanzlei gehen könne.* Wittenberg: Hake 1753.
Lilienthal, Michael: *Dissertatio historico-moralis de Machiavellismo literario sive De perversis quorundam in republica literaria inclarescendi artibus.* Königsberg-Leipzig: Boye 1713.
Linck, Heinrich; Göckel, Johann Friedrich: *De Impetratione officiorum per Matrimonio, vulgo: Promotione per Matrimonium.* Altdorf: Schönnerstaedt 1688.
Lüdke, Friedrich Germanus: *Gespräche über die Abschaffung des geistlichen Standes nebst Untersuchung: Ob derselbe dem Staat entbehrlich, ja sogar schädlich sey.* Berlin-Stettin: Nicolai 1784.
Luther, Martin: *Das eine christliche Versammlung oder Gemeyne, recht und macht habe, alle Leere tzü urtaillen unnd lerer zu berüffen eyn und abzüsetzen.* Augsburg: Nadler 1523.
Luther, Martin: *Catechismus für die gemeine Pfarrher und Prediger.* Frankfurt a. M.: Gülffer 1553.
Major, Georg: *Psalterium Davidis [...]. Psalmi seu cantica ex sacris literis in ecclesia cantari.* Wittenberg: Schwenck 1561.
Masius, Hector Gottfried: *Interesse pricipum circa religionem evangelicam.* Kopenhagen: Erythrophil 1687.
Mauritius, Caspar; Mohrmann, Gerhard: *Exercitatio secularis de Simonia.* Rostock: Richel 1655.
Mayer, Johann Friedrich: *Museum Ministri Ecclesiae, hoc est Instructio omnimoda et absolutissmia Symmystae Evangelici.* Leipzig: Gleiditsch 1690.

Meisner, Balthasar: *Pia desideria, paulo ante beatum ab ipso manifestata & delineata, ac simul Consilia Theologica, de quibusdam Defectibus in & ab Ecclesiis Evangelicorum tollendis.* Frankfurt a.M.: Zunner 1679.

Mentzer, Balthasar: *Evangelischer Wegweiser: Das ist: Widerlegunge deß von Johanne Pistorio in Truck verfertigten Buchs, so er genennet: Wegweiser vor alle verführte Christen.* Marburg: Egenolff 1612.

Meyfart, Johann Matthäus: *Ein kurtzer jedoch guter in Gottes Wort wolgegründeter Bericht Von der Prediger und Schuldiener Besoldung, darin mit vielen Argumenten und Gründen demonstriret [...] wird, Was die Evangelischen Regenten und Obrigkeiten für eine abscheuliche Sünde begehen, wann sie ihren Kirch- und Schuldienern ihren wohlverdienten Sold nicht reichen lassen.* Erfurt: Von Saher 1645.

Milichius, Ludwig: *Der Schrapteuffel. Was man den Herrschafften schuldig sey, womit das Volck beschwert werde. Was solche Beschwerungen für Schaden bringe.* In: *Theatrum diabolorum. Das ist: Ein sehr nützliches verstenndiges Buch, darauß ein jeder Christ [...] zu lernen.* Frankfurt a. M.: Feyerabend. S. 370–414.

Molesworth, Robert: *An Account of Denmark, as it was in the year 1692.* s. l. 1694.

Mörlin, Joachim: *Von dem Beruf der Prediger, und wie fern Weltliche Oberkeit Macht hat, diesselbigen jres Amptes zu entsetzen. Nötiger Christlicher bericht aus Gottes Wort.* Eisleben: Gaubisch 1565, 1571, 1585 und 1590.

Mosheim, Johann Lorenz von: *Allgemeines Kirchenrecht der Protestanten.* Helmstedt: Weygand 1760.

Müller, Heinrich: *Geistliche Erquickstunden Oder Haus- und Tischandachten.* Hamburg: Völcker 1705.

Müller, Johann: *Atheismus Devictus. Das ist Ausführlicher Bericht von Atheisten, Gottesverächtern, Schrifftschändern, Religionsspöttern, Epicurern, Ecebolisten, Kirchen- und Prediger-Feinden.* Hamburg: Naumann-Wolff 1672.

Müller, Peter; Hammer, Johann Christoph: *Dissertatio iuridica De Philautia Von der Eigenliebe.* Jena: Göllner 1680.

Münster, Johann von: *Ein gotseliger Tractat, von dem ungotseligen Tantz, Dem Sohn Gottes zu ehren und seiner Kirchen zum besten: dem Teufel aber zu trotz und der welt abzubrechen.* Herborn: Rabe 1594 und Hanau: Anton 1602.

Nauclerus, Johannes: *Tractatus de symonia.* Tübingen: Ottmar 1500.

Olearius, Johannes: *Gymnasium patientiae. Christliche Geduldt-Schule, sammt Hertzerquickendem Trost heylsamer Erinnerung und nothwendiger Gebetlein aus Gottes Wort verfasset und auff allerley sowohl allgemeine als gewisse Standespersonen betreffende Fälle, Creutz, Noth und Widerwertigkeit an Seel und Leib, Haab. Ehr und Gut im Leben und Streben Auch vermittels unterschiedlicher Register auff die Ubung der wahren Gottseligkeit bey täglichem lesen der H. Schrifft und Betrachtung der ordentlichen Sonntags-Evangelien gerichtet.* Halle: Myler 1661.

Olearius, Gottfried: *Anleitung zur geistlichen Seelen-Cur.* Leipzig: Georg 1718.

Ostervald, Jean Frédéric: *Treu gemeinte Warnung vor der Unreinigkeit: darinnen nicht nur aller dahin gehöriger Laster mit sich führende Schande und daraus entstehender Schade, aus der Natur so wohl als aus der Heil. Schrift [...] vorgestellet [...].* Hamburg: Schiller 1714 und Hamburg: Rißner 1723.

Pertsch, Johann Georg: *Commentatio iuris ecclesiastici de crimine simoniae.* Halle 1719.

Pfaff, Christoph Matthaeus: *Academischer Discours von den Mängeln der Geistlichen, und wie denselben abzuhelfen.* Frankfurt und Leipzig 1721.

Pfaff, Christoph Matthaeus; Nieg, Johann Caspar: *Quaeritur, num stante particularitate gratiae fides concipi vel servari possit, vel potius ex dogmate hoc sequantur desperationes?* Tübingen: Löffeler 1753.

Pfeiffer, August: *Antimelancholicus oder Melancholey-Vertreiber.* Leipzig: Gleditsch 1684 [u. ö.]

Pistorius, Johannes: *Anatomiae Lutheri pars prima.* Köln: Quentel 1595.

Pistorius, Johannes: *Anatomiae Lutheri pars secunda.* Köln: Quentel 1598.

Pistorius, Johannes: *Wegweiser vor alle verführten Christen Das ist: Kurtzer, doch gründtlicher, warhaffter auß einiger H. Schrifft genommener Bericht von vierzehen fürnembsten zwischen den Catholischen und den Newglaubigen in der Religion streitig gemachten Articulen.* Münster: Raßfeldt 1599.

Porta, Conrad: *CONTRA TEMERE LITIGANTES. Das ist Wider das vnoetige vnd Mutwillige Rechten vnd Hadern Sonderlich vmb geringer dinge vnd sachen willen. Trewhertzige Vermanunge vnd Warnung aus Gottes Wort, D. M. Lutheri vnd anderer Furtrefflicher Theologen Schrifften zusammen gezogen.* Eisleben: Glaubisch 1579, zweite Auflage 1583.

Porta, Conrad: *Pastorale Lutheri, das ist nützlicher und nötiger Unterricht von den fürnembsten Stücken zum heiligen Ministerio gehörig; Und richtige Antwort auff mancherley wichtige Fragen von schweren und gefehrlichen Casibus, so in demselbigen fürfallen mögen. Für anfahende Prediger vnd Kirchendiener.* Eisleben: Petri 1582.

Praetorius, Elias: *Spiegel der Mißbräuche beym Predigtampt im heutigen Christenthumb und wie selbige gründlich und heilsam reformieren.* s. l. 1644.

Praetorius, Stephan: *Regula vitae et morum. Addita est Lutheri quaedam epistola de vitanda tristicia et Melancholia.* s. l. 1571.

Priester Klage Und derselben ubele Nachsage. Das ist: Eine in zwey Theil abgefaste Betrachtung über der Priester Stand [...]. Frankfurt-Leipzig: Funke 1705 (zweite Auflage 1713).

Purgold, Daniel Heinrich: *Treu gemeinte Warnung vor der Unreinigkeit: darinne nicht nur aller dahin gehörigen Laster mit sich führende Schande und daraus entstehender Schade, aus der Natur so wohl als aus der Heil. Schrift [...] vorgestellet [...].* Magdeburg: Zapf 1773.

Quenstedt, Johann Andreas: *Ethica pastoralis & Instructio cathedralis sive Monita. Omnibus ac singulis, Munus concionatorium ambientibus & obeuntibus, cum quoad vitam, tum quod concionem formandam scitu & observatu necessaria.* Wittenberg: Mevius-Schumacher 1678.

Rauschardt, Conrad: *Von dem Beruff zum Predigampt Sampt andern hieraus entstehenden und selbigem anhangenden Fragen. Unterrichts-Predigten aus gewissen Bedencken unnd erheblichen Ursachen zu Lintz gehalten.* Wittenberg: Schürer 1615.

Reinkin(k)g, Dietrich: *Biblische Policey.* Frankfurt a.M.: Bencard 1701.

Riemer, Johann: *Blaße Furcht und grünende Hoffnung bey schlaflosen Nächten der bedrängten Christen zwischen Himmel und Hölle.* Merseburg: Forberger 1684, 1695 und 1700.

Rivander, Zacharias: *Lupus excoriatus oder der öffentlichen und heimlichen Calvinisten und aller Sakramentierer Wölffner Schaffspelz.* Wittenberg: Grönenberg 1582.

Roloff, Matthias: *Christlicher Beampten und Dienern 1. Abdanckung, Abschied und Tod, 2. Amptsverwaltung und Dienst, 3. Bestallung und Gnadengeldt.* Berlin: Runge 1626.

Rotth, Albrecht Christian: *Höchstnöthiger Unterricht von so genannten Mitteldingen [...] vornehmlich aber von der Lust, Ob und inwiefern sie vergönnet sey?* Leipzig: Lanckisch 1699.

Rövenstrunck, Johann Wilhelm: *Einfältige Bedencken. Warumb Pastorate und Predigämpter Unmündigen oder Minderjährigen und darzu unbequemen Personen noch deren anklebende Renten nicht zu gestatten.* Herborn: Rab 1619.

Sachs, Michael: *Drey güldene Kleinod christlicher Eheleute.* Leipzig: Beyer 1593.

Sachs, Michael: *Zuchtspiegel alle christlichen Gesellen und Jungfrawen, darinnen die edle Tugend in Josephs Exempel beschrieben.* Leipzig: Nerlich 1602.

Sarcerius, Erasmus: *Zwo Predigten, Eine wider das Teufflische, unordentliche und vihische Leben, so man in der Fasnachtszeit treibet, Und die andere vom Fasten.* Leipzig: Berwaldt 1551.

Sarcerius, Erasmus: *Pastorale Oder Hirtenbuch Darin das gantz Ampt aller trewer Pastorn, Lehrer unnd Diener der christlichen Kirchen beider ihr Lehr und Leben beschrieben wird.* Eisleben: Kaubitsch 1559, weitere Auflagen Eisleben 1562 und Frankfurt a. M.: Feyerabend und Hüther 1565 und 1566.

Scherertz, Sigismund: *Fuga Melancholiae, cum speculo tentationum spiritualium, et poculo consolationis, oder drey Geistreiche Bücher: Das Erste Seelen-Artzney wider die Melancholey, Traurigkeit und Schwermuth des Geistes etc., Das Ander Siegel der geistlichen Anfechtungen, warum sie GOTT über uns kommen lasse. Das Dritte Trost-Becher für alle traurige, wehemüthige auch mit seltzamen und wunderlichen Gedancken geplagte Christen.* Lüneburg: Stern 1633 u. ö.

Schiebel, Johann Georg: *Teuffelische Dreyzanck. Das ist Drey vom Teuffel entsprungene und der heutigen Welt auffgedrungene S.* Dresden: Berg 1678.

Schupp, Johann Balthasar: *Ratio Status in promotione ministrorum Ecclesiae Lutheranae. Das ist: Kurtzer Bericht, Wie und auff was Weiß man heutigen Tags bey den Lutherischen die Kirchen-Dienst suchen muß.* Hamburg 1662.

Seidel, Christoph Matthäus: *Die Beantwortung etlicher durch Mißbrauch der Hl. Schrift erzwungenen Gegensprüche mit denen das weltlich-übliche Tantz-, Spiel und Lust-Wesen entschuldiget unv verthädiget wird.* Berlin: Gedicke 1719.

Sendschreiben betreffend das Recht eines protestirenden Fürstens in Einführung eines modi vocandi zum Predigt-Amt. Cöln 1724.

Sennert, Andreas: *Christianus – non Christianus; descriptus dictusque publice [...].* In: Ders.: *Christianus, sive Exercitationum maxime Theolog. Selectiorum Fasciculus circa Religionis Christianae 1. Principium, 2. Veritatem & 3. Summam.* Frankfurt-Leipzig: Schrey-Meyer 1688.

Simon, Johann: *Lutherus Theosdotos Oratio.* Rostock: Reusner 1608.

Simon, Johann: *Lutherus Theosdotos triumfans Oratio.* Rostock: Reusner 1610.

Simon, Johann Georg; Falckenreich, Justus Georg: *Actiones iniuriarum saerdotes concernentes.* Jena: Müller 1676; neueste Auflage unter dem Titel *Tractatus de actionibus iniuriarum sacerdotes concernentibus.* Jena: Croeker 1739.

Sincerus, Theophilus: *Wolgemeinter Vorschlag/Wie etwa die Sache anzugreiffen stünde/da man dem in denen Evangelischen Kirchen bißher eingerissenem ärgerlichem Leben und Wandel [...] abzuhelffen mit Ernst resolviren wollte.* Frankfurt a. M. 1676.

Slevogt, Gottlieb: *Commentatio iuris sacri De Vocatione ad Pastoratum sub conditione matrimonii cum defuncti pastoris vidua aut filia ineundi. Oder: Von der Vocation unter der Schürze.* Jena: Ritter 1748.

Spalding, Johann Joachim: *Ueber die Nutzbarkeit des Predigtamts und deren Beförderung.* Berlin: Voß 1772.
Spener, Philipp Jakob: *Pia desideria oder Herzliches Verlangen nach gottgefälliger Besserung der wahren evangelischen Kirche.* Frankfurt a. M.: Zunner 1671.
Spener, Philipp Jakob: *Christliche Trauer-Sermonien bey Copulations-Actibus.* Frankfurt: Zunner 1691.
Spizel, Theophilus: *Felix literatus ex infelicium periculis et casibus, sive de Vitiis literarorum commentationes historico-theosophicae.* Augsburg: Goebel 1676.
Starcke, Sebastian Gottfried: *Ratio Status cum Deo: Wie und woher Dennoch Stets an Gott blieben Der [...] Herr M. Gottfried Trenckner der Kirchen zu Erbisdorff Brand und St. Michael treufleissiger Diaconus [...].* Freiberg: Beuther 1655.
Steinbrecher, Gottfried: *Concionator theoretico-practicus oder Leipziger Prediger-Kunst.* Leipzig: Lanckisch 1696.
Stelzer, Georg Peter: *De juribus Stolae. Vom Eintritt, Verrichtung und Besoldung auch Accidentien eines Pfarrers in allen darbey vorkommenden Fällen.* Altdorf: Kohl 1700. Neuauflage Jena: Heller 1756.
Strohnach, Johann David: *Academische Inaugural-Rede Von der heylsamen Desperation oder Verzweiflung.* Sorau: Hebold 1733.
Strubius, Heinrich Julius: *Drey christlichen Jubel-Predigten, darin bewiesen wird, daß D. Martin Luther von Gott zu der hochwünschten Reformation erwecket und das Bapsttumb eine Grundsuppe aller Grewel sey.* Hemstedt: Lucius 1617.
Strunz, Friedrich; Siegert, Abraham: *An Religio Lutherana mater sit et nutrix tyrannidis Politicae?* Wittenberg: Meyer 1703.
Stryck, Johann Samuel; Wagner, Conrad Ludwig: *Tractatio academica De iure liciti sed non honesti ubi quid vere honestum, quid decorum sit, [...] traditur.* Halle: Waisenhaus 1708.
Stypmann, Franz: *Tractatus De Salariis clericorum, in quo Materiae de Salariis, Accidentiis, Decimis, aliisque proventibus Clericorum, eorumque privilegiis, bonis ecclesiasticis, anno deservio, & anno gratiae, etc., methodice tractantur.* Kiel: Reumann 1650, 1687.
Theatrum diabolorum. Das ist: [...] Beschreibung allerley grewlicher [...] Laster, so in den letzten Zeiten an allen orten und enden fast gebräuchlich. Frankfurt a. M.: Schmid 1569, 1575, 1587 und 1588.
Theatrum diabolorum Ander Theil. Frankfurt a. M.: Feyerabend 1575, Frankfurt a. M.: Schmid 1587.
Thomasius, Christian: *Monatsgespräche.* Halle: Salfeld 1688.
Thomasius, Christian: *Dissertatio inauguralis iuridica de officio Principis evangelii circa augenda salaria et honores ministrorum ecclesiae.* Halle: Salfeld 1707, zweite Auflage Halle: Grunert 1749; deutsche Übersetzung in: Ders.: *Disputation Von der Kebs-Ehe. Ferner von der lutherischen und Reformirten Fürstlichen Personen Heyrat [...] und Von Besoldung der Kirchendiener.* Frankfurt-Leipzig: Renger 1714.
Thomasius, Christian; Irwing, Wilhelm: *Dissertatio Iurs Canonicia De usu practico Denunciationis evangelicae, ad Cap. 13.X. de Judiciis.* Halle: Hendel 1749.
Vietor, Johannes: *Salarium Pastorale. Das ist: Geistliche Pfarrers Bestallung. Auß dem Propheten Jeremia am 15. Capitel erkläret.* Darmstadt: Opfermann 1623.
Vockerodt, Gottfried: *Erklärung der Frage: was von dem weltlichen Tantzen zu halten sey?* Halle: Wetterkampf 1696.

Vockerodt, Gottfried: *Auffgedeckter vergönneter Lust- und Mitteldings-Betrug, das ist, Gründliche Vorstellung des Unterschieds zwischen der Gläubigen Freude, Oder: in Sündlicher Ergetzung der Welt-Freude, oder so genannten vergönneten Lust*. Leipzig-Frankfurt: Bielck 1698.

Volcmar, Johann Georg; Wolf, Hermann, und Zecher, Christoph: *Theorema Quod ex verbo revelato universa salutis ratio petenda sit, contra Svencfeldianos*. Wittenberg: Welack 1605.

Weber, Johann: *Non dimittitur peccatum, Nisi restituatur ablatum. Das ist Schrifftmässiger Beweiß und gründlicher Underricht, Daß die Leute, Welche durch unziemliche Mittel Gelt, Gut, Reichthumb und Nahrung gewinnen, keine Vergebung der Sünden darbey erlangen […] können, so lang sie solches unrechte Gut wissentlich bey sich behalten und brauchen*. Erfurt: Birckner 1622, Augsburg: Müller 1622.

Weinheimer, Adam: *Gomorra, der schändlichen Gottes-vergessenen Entheiligung deß Sabbaths*. Stuttgart: Rösslin 1661.

Weinheimer, Adam: *Sodom deß abscheulichen hochsträfflichen Lasters der Unzucht. Allen stinkenden Unflätern und Huren-Böcken zur Mahnung abgerissen*. Stuttgart: Rösslin 1661.

Wigand, Johann: *Vom Straff Ampt der Sünden. Ob und wie diejenigen, so in ordentlichem Predig Ampt sein, nach und mit Gottes Wort falsche Lehr und Lehrer, Sünde und Sünder straffen und die Busspredigt thun sollen*. Ursel: Heinrich 1563.

Willenberg, Samuel Friedrich: *Tractatio iuris ecclesiastici De Excessibus et poenis Clericorum, Von Denen Verbrechen und Straffen der Geistlichen*. Jena: Haas 1740.

Zedlers Universal-Lexicon aller Wissenschafften und Künste. Bd. 37. Leipzig-Halle 1743.

Zedlers Universal-Lexicon aller Wissenschafften und Künste. Bd. 50. Leipzig-Halle 1746.

Zehner, Joachim: *Compendium Theologiae*. Leipzig: 1609.

Zeidler, Johann Gottfried: *Neun Priester-Teuffel. Das ist ein Send-Schreiben vom Jammer, Elend, Noth und Qual der armen Dorff-Pfarrer. Anno 1439 in Münch-Latein, anno 1540 mit einer Vorrede D. Martin Luthers, unsern Herren Studiosis Theologiae zugeeignet*. Halle: Renger 1701.

Zepper, Wilhelm: *Politia ecclesiastica*. Herborn: Corvinus 1607.

2.2 Literatur

Albrecht-Birkner, Veronika: *Zur Rezeption Johann Arndts in Sachsen-Gotha 1641/41 und in den Auseinandersetzungen um den Pietismus der 1690er Jahre*. In: Pietismus und Neuzeit 26 (2000). S. 29–49.

Alvermann, Dirk: *M. Stephani* [Art.]. In: Greifswalder Köpfe. Gelehrtenporträts und Lebensbilder des 16.–18. Jahrhunderts aus der Pommerschen Lendesuniversität. Hrsg. von Dirk Alvermann und Birgit Dahlenburg. Rostock 2006.

Applod, Kenneth G.: *Orthodoxie als Konsensbildung. Das theologische Disputationswesen an der Universität Wittenberg zwischen 1570 und 1710*. Tübingen 2004.

Arend, Sabine: *Pfarreranstellungen im 15. und 16. Jahrhundert. Württemberg und andere Territorien im Vergleich*. In: Ordnungen für die Kirche – Wirkungen auf die Welt. Evangelische Kirchenordnungen des 16. Jahrhunderts. Hrsg. von Sabine Arend und Gerald Dörner. Tübingen 2015. S. 29–51.

Arnold, Mattheu u. Berndt Hamm (Hrsg.): *Martin Bucer zwischen Luther und Zwingli*. Tübingen 2013.

Asch, Ronald G. und Dagmar Feist (Hrsg.): *Staatsbildung als kultureller Prozess. Strukturwandel und Legitimation von Herrschaft in der Frühen Neuzeit.* Köln–Weimar–Wien 2005.

Aschenbrenner, Cord: *Das evangelische Pfarrhaus. Dreihundert Jahre Glaube, Geist und Macht. Eine Familiengeschichte.* München 2015.

Atwood, Craig D.: *Sleeping in the Arms of Christ. Sanctifying Sexuality in the Eighteenth Century Moravian Church.* In: *Journal of the History of Sexuality 8* (1997). S. 25–51.

Barton, Walter (Hrsg.): *Ahasver Fritsch und seine Streitschrift gegen die Zeitungs-Sucht seiner Zeit. Die lateinische Originalausgabe (Jena 1676) mit Übersetzung, Kommentaren und Erläuterungen von Walter Barton.* Jena 1999.

Baur, Jörg: *Die Leuchte Thüringens, Johann Gerhard (1582–1637). Zeitgerechte Rechtgläubigkeit im Schatten des Dreißigjährigen Krieges.* In: *Luther und seine klassischen Erben. Theologische Aufsätze und Forschungen.* Hrsg. von Jörg Bauer. Tübingen 1993. S. 335–356.

Baum, Günter: „....dass ihnen der Türk aus den Augen sehe". Der Islam als Motiv in der antireformierten Konfessionspolemik um 1600. In: *Zeitschrift für Kirchengeschichte 123* (2012). S. 65–94.

Beeke, Joel R.: *Debated Issues in sovereign Predestination. Early Lutheran Predestination, Calvinian Reprobation, and Variations in Genevan Lapsarianism.* Göttingen 2007.

Beutel, Albrecht: *Johann Joachim Spalding. Populartheologie und Kirchenreform im Zeitalter der Aufklärung.* In: *Theologen des 17. und 18. Jahrhunderts. Konfessionelles Zeitalter – Pietismus – Aufklärung.* Hrsg. von Peter Walter und Martin H. Jung. Darmstadt 2003. S. 226–243.

Bitzel, Alexander: *Anfechtung und Trost bei Sigismund Scheretz. Ein lutherischer Theologe im Dreißigjährigen Krieg.* Göttingen 2002.

Blaufuß, Dietrich: *Reichsstadt und Pietismus. Philipp Jakob Spener und Gottlieb Spizel.* Neustadt a. d. Aisch 1977.

Blaufuß, Dietrich: *Der Theologe Johann Friedrich Mayer (1650–1712). Fromme Orthodoxie und Gelehrsamkeit im Luthertum.* In: *Pommern in der Frühen Neuzeit. Literatur und Kunst in Stadt und Region.* Hrsg. von Wilhelm Kühlmann u. Horst Langer. Berlin-New York 1994. S. 319–348.

Boetticher, Manfred von: „Warumb will du nicht Römisch-Catholisch werden?" Hannover unter Herzog Johann Friedrich (1665–1679) und der lutherische Generalissimus-Superintendent Justus Gisenius. In: *Gottes Wort ins Leben verwandeln. Perspektiven der (nord-)deutschen Kirchengeschichte. Festschrift für Inge Mager zum 65. Geburtstag.* Hrsg. von Rainer Hering. Hannover 2005. S. 227–256.

Bogner, Ralf Georg: *Die Bezähmung der Zunge. Literatur und Disziplinierung der Alltagskommunikation in der Frühen Neuzeit.* Tübingen 1997.

Bollmeyer, Matthias: *Lateinisches Welfenland. Eine literaturgeschichtliche Kartographie zur lateinischen Gelegenheitsdichtung im Herzogtum Braunschweig-Lüneburg im 16. und 17. Jahrhundert.* Hildesheim u. a. 2014.

Brecht, Martin u. Hartmut Lehmann (Hrsg.): *Geschichte des Pietismus.* Göttingen 1993–2004.

Brecht, Martin (Hrsg.): *Der Pietismus vom siebzehnten bis zum frühen achtzehnten Jahrhundert.* In: *Geschichte des Pietismus.* Hrsg. von Martin Brecht und Hartmut Lehmann. Bd. 1. Göttingen 1993.

Brecht, Martin: *Das Aufkommen der neuen Frömmigkeitsbewegung in Deutschland.* In: *Der Pietismus vom siebzenten bis zum frühen achtzehnten Jahrhundert.* Hrsg. von Martin Brecht und Hartmut Lehmann. Göttingen 1993. S. 113–203.

Brecht, Martin: *Der deutsche Spiritualismus des 17. Jahrhunderts.* In: *Der Pietismus vom siebzehnten bis zum achtzehnten Jahrhundert* Hrsg. von Martin Brecht und Hartmut Lehmann. Göttingen 1993. S. 205–240.

Breul, Wolfgang: *Ehe und Sexualität im radikalen Pietismus.* In: *Der radikale Pietismus. Perspektiven der Forschung.* Hrsg. von Wolfgang Breul, Marcus Meier und Lothar Vogel. Göttingen 2011. S. 403–418.

Bunners, Michael: *Johann Wigand (1523–1587). Lutherischer Geistlicher und Geehrter in Wismar von 1562–1568, ein homo universale und Hauptautor der Magdeburger Centurien.* In: *Die Magdeburger Centurien. Bd. 1: Die Kirchengeschichtsschreibung des Flacius Illyricus.* Hrsg. von Eckart W. Peters. Dösel 2007. S. 91–108.

Burkhardt, Johannes: *Das Reformationsjahrhundert. Deutsche Geschichte zwischen Medienrevolution und Institutionenbildung 1517–1617.* Stuttgart 2002.

Burschel, Peter: *Die Erfindung der Reinheit. Eine andere Geschichte der Frühen Neuzeit.* Göttingen 2014.

Christman, Robert J.: *Doctrinal Controversy and Lay Religiosity in late Reformation Germany. The Case of Mansfeld.* Leiden 2012.

Coors, Michael: *Scriptum effifax. Die biblisch-dogmatische Grundlegung des theologischen Systems bei Johann Andreas Quenstedt.* Göttingen 2009.

Cuno, B.: *J. von Münster* [Art.]. In: *ADB 23* (1886).

Deutsches Historisches Museum (Hrsg.): *Leben nach Luther. Eine Kulturgeschichte des evangelischen Pfarrhauses.* Berlin 2013.

Diestelmann, Jürgen: *J. Mörlin, Kaplan Luthers – Papst der Lutheraner. Ein Zeit- und Lebensbild aus dem 16. Jahrhundert.* Neuendettelsau 2003.

Dingel, Irene: *Strukturen der Lutherrezeption. Am Beispiel einer Lutherzitatensammlung von Johannes Westphal.* In: *Kommunikationsstrukturen im europäischen Luthertum der Frühen Neuzeit.* Hrsg. von Wolfgang Sommer. Gütersloh 2005. S. 32–50.

Dingel, Irene u. Ute Lotz-Heumann (Hrsg.): *Entfaltung und zeitgenössische Wirkung der Reformation im europäischen Kontext.* Gütersloh 2015.

Düker, Eckhard: *Freudenchristentum. Der Erbauungsschriftsteller Stephan Praetorius.* Göttingen 2003.

Dünnhaupt, Gerhard: *J. Riemer* [Art.]. In: *Personalbibliographien zu den Drucken des Barock.* Hrsg. von Gerhard Dünnhaupt. Wiesbaden 1991. Bd. 5. Sp. 3319–3349.

Dürr, Renate: *Simonie im Luthertum. Zur politischen Kultur städtischer Gemeinden in der frühen Neuzeit.* In: *Lesarten der Geschichte. Ländliche Ordnungen und Geschlechterverhältnisse. Festschrift für Heide Wunder zum 65. Geburtstag.* Kassel 2004. S. 270–293.

Dürr, Renate: *Politische Kultur in der Frühen Neuzeit. Kirchenräume in Hildesheimer Stadt- und Landgemeinden 1550–1750.* Gütersloh 2006.

Ehmer, Hermann: *Das evangelische Pfarrhaus – eine Begriffsgeschichte.* In: *Das evangelische Pfarrhaus im deutschsprachigen Südwesten.* Hrsg. von Jürgen Krüger, Hansmartin Schwarzmaier und Udo Wennemuth. 2. Aufl. Ostfildern 2015. S. 41–70.

Eichel, Christine: *Das deutsche Pfarrhaus. Hort des Geistes und der Macht.* Köln 2012.

Eijnatten, Joris: *History, Reform in German Theological Writing and Dutch Literary Publicity in the 18th Century.* In: *Journal for the History of Modern Theology 7* (2000). S. 173–204.
Erbkam, Wilhelm E.: *M. Lilienthal* [Art.]. In: *ADB 18* (1883).
Fabio, Udo di u. Johannes Schilling (Hrsg.): *Die Weltwirkung der Reformation. Wie der Protestantismus unsere Welt verändert hat.* München 2017.
Fleischer, Dirk: *Zwischen Tradition und Fortschritt. Der Strukturwandel der protestantischen Kirchengeschichtsschreibung im deutschsprachigen Diskurs der Aufklärung.* Bd. 1. Waltrop 2006.
Friedrich, Markus (Hrsg.): *Konfession, Politik und Gelehrsamkeit: Der Jenaer Theologe Johann Gerhard (1582–1637) im Kontext seiner Zeit.* Stuttgart 2017.
Fromm[e], V. [Art.]. In: *Bio-Bibliographien – Brandenburgische Gelehrte der Frühen Neuzeit. Mark Brandenburg 1640–1713.* Hrsg. von Lothar Noack u. Jürgen Splett. Berlin 2001. S. 187–193.
Geldner, Ferdinand: *G. Braun* [Art.]. In: *NDB 2* (1955).
Gemert, Guillaume van: *„Affen-Witz" und „Predicanten-Betrug". Ein Amberger Traktat aus dem Jahre 1654 zum kontroverstheologischen Wirken des Jesuiten Jodocus Kedd (1597–1657).* In: *Qui amat sapientiam. Liber Proverbium 29.3. Festschrift für Walter Lipp zum 70. Geburtstag.* Hrsg. von Franz Meier und Tobias Rößler. Kallmünz 2008. S. 158–187.
Gerstmeier, Markus u. Anton Schindling (Hrsg.): *Ernst Walter Zeeden als Historiker der Reformation, Konfessionsbildung und „Deutschen Kultur". Relektüren eines geisteswissenschaftlichen Vordenkers.* Münster 2016.
Gierl, Martin: *Pietismus und Aufklärung. Theologische Polemik und Kommunikationsreform der Wissenschaft am Ende des 17. Jahrhunderts.* Göttingen 1997.
Goebel, Karl G.: *Johann Christian Lange (1669–1756). Seine Stellung zwischen Pietismus und Aufklärung.* Darmstadt-Kassel 2004.
Goldschmidt, Stephan: *Johann Konrad Dippel (1673–1734). Seine radikalpietistische Theologie und ihre Entstehung.* Göttingen 2001.
Gowland, Angus: *The Worlds of Renaissance Melancholy. Robert Burton in Context.* Cambridge 2006.
Graf, Friedrich Wilhelm: *Der Protestantismus. Geschichte und Gegenwart.* München 2010.
Greiffenhagen, Martin (Hrsg.): *Das evangelische Pfarrhaus. Eine Kultur- und Sozialgeschichte.* Stuttgart 1984.
Grimm, Robert: *Luther et l'expérience sexuelle. Sèxe, Celibat, Mariáge chez le Reformateur.* Genf 1999.
Grüne, Nils: *„Und sie wissen nicht, was sie tun." Ansätze und Blickpunkte historischer Korruptionsforschung.* In: *Korruption. Historische Annäherungen.* Hrsg. von Nils Grüne und Simona Slanicka. Göttingen 2010. S. 11–34.
Grunert, Frank: *Zur aufgeklärten Kritik am theokratischen Absolutismus. Der Streit zwischen Hector Gottfried Masius und Christian Thomasius über Ursprung und Begründung der summa potestas.* In: *Christian Thomasius (1655–1728). Neue Forschungen im Kontext der Frühaufklärung.* Hrsg. von Friedrich Vollhardt. Tübingen 1997. S. 51–78.
Grunert, Frank: *„Händel mit Herrn Hector Gottfried Masius". Zur Pragmatik des Streits in den Kontroversen mit dem Kopenhagener Hofprediger.* In: *Appell an das Publikum. Die öffentliche Debatte in der deutschen Aufklärung 1697–1796.* Bd. 1. Hrsg. von Ursula Goldenbaum. Berlin 2004. S. 117–174.

Gummelt, Volker: *Amt und Gemeinde bei Luther und in der lutherischen Orthodoxie.* In: *Kirche-Amt-Abendmahl. Beiträge aus heutiger lutherischer Sicht.* Hrsg. von Udo Kern. Münster 2004. S. 57–72.

Günther, Hans-Jürgen: *J. Pistorius d.J.* [Art.]. In: *Killy Literaturlexikon. Autoren und Werke des deutschsprachigen Kulturraums.* Hrsg. Von Wilhelm Kühlmann. Berlin 2011.

Haag, Norbert: *Predigt und Gesellschaft. Die lutherische Orthodoxie in Ulm 1640–1740.* Mainz 1992.

Haas, Nicolaus [Art.]. In: thesaurus/cerl.org/cgi-bin/record/cnp003477501 (30.05.2017)

Hahn, Philip, Paasch, Kathrin u. Luise Schorn-Schütte (Hrsg.): *Der Politik die Leviten lesen. Politik von der Kanzel in Thüringen und Sachsen 1550–1675.* Gotha 2011.

Haitzinger, Nicole: *Vergessene Traktate – Archive der Erinnerung. Zu Wirkungskonzepten im Tanz von der Renaissance bis zum Ende des 20. Jahrhunderts.* München 2009.

Hänsel, Sylvaine: *Pietisten und Porträts: Überlegungen zu den Bildnissen von Philipp Jakob Spener, August Hermann Francke und August Hermann Niemeyer.* In: *„Schrift soll leserlich seyn": der Pietismus und die Medien. Beiträge zum IV. Internationalen Kongress für Pietismusforschung.* Internationaler Kongress für Pietimusforschung 2013. Halle-Wiesbaden 2017. S. 209–228.

Haußmann, Balthasar: *Zwischen Verbauerung und Volksaufklärung. Kurmärkische Landprediger in der zweiten Hälfte des 18. Jahrhunderts.* Dissertation. Potsdam 1999.

Holsten, Hermann: *Rivander, Z.* [Art.]. In: *ADB 28* (1889).

Holtz, Sabine: *Theologie und Alltag. Lehre und Leben in den Predigten der Tübinger Theologen 1550–1750.* Tübingen 1993.

Honecker, Martin: *Cura religionis magistratus Christiani. Studien zum Kirchenrecht im Luthertum des 17. Jahrhunderts, insbesondere bei Johann Gerhard.* München 1968.

Horowski, Leonhard: *Das Europa der Könige. Macht und Spiel an den Höfen des 17. und 18. Jahrhunderts.* Reinbek bei Hamburg 2017.

Hunter, Ian: *The Secularisation of the Confessional State. The Political Thought of Christian Thomasius.* Cambridge 2007.

Ingen, Ferdinand van: *Bußstimmung, Krisenbewusstsein und Melancholie als Deutungsmuster der Frühen Neuzeit.* In: *Pietismus und Neuzeit 32* (2006). S. 57–78.

Irwin, Terence: *Luther's Attack on Self-Love. The Failure of pagan Virtue.* In: *Journal of Medieval and Early modern Studies 42* (2012). S. 131–155.

Janz, Oliver: *Das evangelische Pfarrhaus.* In: *Deutsche Erinnerungsorte.* Hrsg. von Etienne Francois und Hagen Schulze. München 2010. Bd. 3. S. 642–653.

Jaumann, Herbert: *Schupp, J.B.* [Art.]. In: *Handbuch Gelehrtenkultur der Frühen Neuzeit.* Hrsg. von Herbert Jaumann. Berlin-New York 2004. Bd. 1. S. 593–595.

Jaumann, Herbert: *Adami, J.S.* [Art.]. In: *Killy Literaturlexikon. Autoren und Werke des deutschsprachigen Kulturraums.* Hrsg. von Wilhelm Kühlmann. Berlin 2011.

Kampmann, Jürgen: *Change or Continuity? How the Reformation changed the Role of the Pastors.* In: *Rabbi – Pastor – Priest. Their Roles and Profiles through the Ages.* Hrsg. von Walter Homolka u. Heinz Günther Schöttler. Berlin-Boston 2013. S. 67–82.

Kaufmann, Thomas: *Konfession und Kultur. Lutherischer Protestantismus in der zweiten Hälfte des 16. Jahrhunderts.* Tübingen 2006.

Kaufmann, Thomas: *Der Anfang der Reformation. Studien zur Kontextualität der Theologie, Publizistik und Innszenierung Luthers und der reformatorischen Bewegung.* Tübingen 2012.

Kaufmann, Thomas: *Erlöste und Verdammte. Eine Geschichte der Reformation.* München 2016.
Kaufmann, Thomas: *Geschichte der Reformation in Deutschland.* Berlin 2016.
Kaufmann, Thomas u. Elmar Mittler (Hrsg.): *Reformation und Buch. Akteure und Strategien frühreformatorischer Druckerzeugnisse.* Wiesbaden 2017.
Keller, Anke: „*Da tanzen alweg ein laster ist und nymmer kein tugend". Tanzen in Frankfurt a. M. und Augsburg des 15. Jahrhunderts im Spiegel moraldidaktischer Quellen.* In: *Archiv für Hessische Geschichte und Altertumskunde 69* (2011). S. 1–16.
Kimmich, Dorothee: *Epikureische Aufklärungen. Philosophische und poetische Konzepte der Selbstsorge.* Darmstadt 1993.
Kiristö, Sari: *The Vices of Learning, Morality and Learning at Early Modern Universities.* Leiden-Boston 2014.
Klemme, Heiner F. u. Manfred Kuhn (Hrsg.): *The Bloomsbury Dictionary of Eighteenth-Century German Philosophers.* London u. a. 2016.
Klosterberg, Brigitte und Guido Naschert (Hrsg.): *Friedrich Breckling (1629–1711). Prediger,"Wahrheitszeuge" und Vermittler des Pietismus im niederländischen Exil.* Halle 2011.
Knäbel, Philipp: *Eine tanzende Kirche. Initiation. Ritual und Liturgie im spätmittelalterlichen Frankreich.* Köln-Weimar 2016.
Kobe, Rainer: *Täuferische Konfessionskultur in der Frühen Neuzeit.* Bonn 2014.
Kordes, Uwe: *Otho Casmanns „Anthropologie" (1594/96). Frömmigkeit, Empirie und Ramismus.* In: *Spätrenaissance-Philosophie in Deutschland 1570–1650. Entwürfe zwischen Humanismus und Konfessionalisierung, okkulten Traditionen und Schulmetaphysik.* Hrsg. von Martin Mulsow. Tübingen 2009. S. 195–210.
Krause, Helmut: *Feder contra Degen. Zur literarischen Vermittlung des bürgerlichen Weltbildes im Werk von Johannes Riemer.* Berlin 1979.
Krauter-Dieroff, Heike: *Die Eschatologie Philipp Jakob Speners. Der Streit mit der lutherischen Orthodoxie um die „Hoffnung besserer Zeiten".* Tübingen 2005.
Kriedte, Peter: *Wirtschaft.* In: *Glaubenswelten und Lebenswelten.* Hrsg. von Hartmut Lehmann. Göttingen 2004, S. 285–615.
Kuhlemann, Frank-Michael: *Die evangelischen Geistlichen. Berufliches Selbstverständnis und gesellschaftliche Handlungsmuster im badischen Protestantismus des 19. Jahrhunderts.* In: *Beruf und Religion im 19. und 20. Jahrhundert.* Hrsg. von Frank-Michael Kuhlemann und Hans-Walter Schmuhl. Stuttgart 2003. S. 51–70.
Kühlmann, Wilhelm: *Rotth, A. Chr.* [Art.]. In: *Killy Literaturlexikon. Autoren und Werke des deutschsprachigen Kulturraums.* Hrsg. von Wilhelm Kühlmann. Berlin 2011. S. 66–68.
Kuhn, Thomas K.: *Religion und neuzeitliche Gesellschaft: Studien zum sozialen und diakonischen Handeln in Pietismus, Aufklärung und Erweckungsbewegung.* Tübingen 2003. S. 173–180.
Kümmerle, Julian: *Luthertum, humanistische Bildung und württembergischer Territorialstaat. Die Gelehrtenfamilie Bidembach vom 16. bis zum 18. Jahrhundert.* Stuttgart 2008.
Lansen, Katherine L. u. Miri Rubin (Hrsg.): *Charisma and Religious Authority: Jewish, Christian and Muslim Preaching 1200–1500.* Turnhout 2010.
Lehmann, Hartmut (Hrsg.): *Glaubenswelten und Lebenswelten.* In: *Geschichte des Pietismus.* Hrsg. von Michael Brecht und Hartmut Lehmann. Bd. 5. Göttingen 2004.
Leube, Hans: *Die Reformideen in der deutschen lutherischen Kirche zur Zeit der Orthodoxie.* Leipzig 1924.

Lohse, Vanessa: *Verzweiflung und Verheißung des Predigtamtes. Oder: "Desperatio facit Praedicatorem". Beobachtungen zur Hochschätzung des Predigtamtes in den Antrittspredigten Gregor Strigenitz (1581)*. In: *Gregor Strigenitz (1548–1603). Ein lutherischer Kirchenmann in der zweiten Hälfte des Reformationsjahrhunderts*. Hrsg. von Johann Anselm Steiger. Neuendettelsau 2003. S. 229–286.

Lück, Heiner (Hrsg.): *Christian Thomasius (1655–1728). Gelehrter Bürger in Leipzig und Halle*. Stuttgart u. Leipzig 2008.

Luig, Klaus: *Leyser, A. von* [Art.]. In: NDB 14 (1985). S. 437–439.

Lüthi, Kurt: *Luther, Calvin und die Probleme der Sexualmoral*. In: *Wiener Jahrbuch für Theologie 1* (1996). S. 313–333.

Mahlmann, Theodor und Barbara: *Illiada post Homerum scribere – Prüfstein frühneuzeitlicher Autorschaft*. In: *Realität als Herausforderung. Literatur in ihren konkreten historischen Kontexten. Festschrift für Wilhelm Kühlmann zum 65. Geburtstag*. Hrsg. von Ralf Georg Bogner. Berlin-New York 2011. S. 47–92.

Matthias, Markus: *Das Verhältnis von Ehe und Sexualität bei Luther und in der lutherischen Orthodoxie*. In: *"Der Herr wird seine Herrlichkeit an uns offenbaren". Liebe, Ehe und Sexualität im Pietismus*. Hrsg. von Wolfgang Breuel und Christian Soboth. Halle 2011. S. 19–50.

Maurer, Michael: *Die Biographie des Bürgers. Lebensformen und Denkweisen in der formativen Phase des deutschen Bürgertums (1680–1815)*. Göttingen 1996.

McIntosh, Terence: *Pietismus, Ministry and Church Discipline. The Contributions of Christoph Matthäus Seidel*. In: *Politics and Reformations. Essays in Honor of Thomas A. Brady Jr.* Hrsg. von Christopher Ocker. Leiden-Boston 2007. S. 397–424.

McLaughlin, R. Emmet: *The Freedom of Spirit, social Privileg and religious Dissent: Caspar Schwenckfeld and the Schwenckfelders*. Baden-Baden 1999.

Mettele, Gisela: *Weltenbürgertum oder Gottesreich. Die Herrnhuter Brüdergemeinde als globale Gemeinschaft 1727–1857*. Göttingen 2009.

Mikat, Paul: *Die Polygamiefrage in der Frühen Neuzeit* (Rheinisch-westfälische Akademie der Wissenschaften. Vorträge G 294). Opladen 1988.

Mißfeldt, Antje (Hrsg.): *Gottfried Arnold. Radikaler Pietist und Gelehrter*. Köln-Weimar 2011.

Moeller, Bernd: *Wenzel Lincks Hochzeit. Über Sexualität, Keuschheit und Ehe in der frühen Reformation*. In: *Zeitschrift für Theologie und Kirche 97* (2000). S. 317–342.

Mörlin. J. [Art.]. In: www.geschkult.fu-berlin.de/e/jancke-quellenkunde/verzeichnis/m/moerlin/ (30.05.2017)

Mohr, Rudolf: *Frömmigkeitsmotive bei Friedrich Spee, Gerhard Tersteegen, Johann Matthäus Meyfart und Paul Gerhardt*. In: *Monatshefte für evangelische Kirchengeschichte des Rheinlandes 50* (2001). S. 273–294.

Mulsow, Martin: *Moderne aus dem Untergrund. Radikale Frühaufklärung in Deutschland 1680–1720*. Hamburg 2002.

Mulsow, Martin (Hrsg.): *Johann Lorenz Mosheim (1693–1755). Theologie im Spannungsfeld von Philosophie, Philologie und Geschichte*. Wiesbaden 1997.

Münch, Paul: *Das Jahrhundert des Zwiespalts. Deutschland 1600–1700*. Stuttgart 1999.

Nahrendorf, Carsten: *Humanismus in Magdeburg. Das Altstädtische Gymnasium von seiner Gründung bis zur Zerstörung der Stadt (1524–1631)*. Berlin u. a. 2015. S. 66–92.

Nieden, Marcel: *Die Erfindung des Theologen. Wittenberger Anweisungen zum Theologiestudium im Zeitalter von Reformation und Konfessionalisierung*. Tübingen 2006.

Niggemann, Ulrich: *Immigrationspolitik zwischen Konflikt und Konsens. Die Hugenottenansiedelung in Deutschland und England 1681–1697*. Köln-Weimar 2008.
Nitschke, Peter: *Staatsräson kontra Utopie? Von Thomas Müntzer bis zu Friedrich II. von Preußen*. Stuttgart 1995. S. 196–213.
Otto, Martin: [Art.] *Reinkingk, D. (Theodorus)*. In: *NDB* 21 (2003). S. 375f.
Pfarre [Art.]. In: Wander, Karl Friedrich Wilhelm (Hrsg.): *Deutsches Sprichwörter-Lexikon*. www.zeno.org/nid/20011684526 (16.05.2017).
Pfefferkorn, Oliver: *Imagination der ewigen Herrlichkeit. Johann Matthäus Meyfart und sein Buch Vom himmlischen Jerusalem*. In: *Euphorion* 97 (2003). S. 379–403.
Pfefferkorn, Oliver: *Übung der Gottseligkeit. Die Textsorte Predigt, Andacht und Gebet im deutschen Protestantismus des späten 16. und 17. Jahrhunderts*. Frankfurt a. M. u. a. 2005.
Pott, Martin: *Aufklärung und Aberglaube. Die deutsche Frühaufklärung im Spiegel der Aberglaubenskritik*. Tübingen 1992.
Rasmussen, Tarald: *The Early Modern Pastor between Ideal and Reality*. In: *Lutherjahrbuch 80* (2013). S. 197–219.
Rasmussen, Tarald: *Rationalität und Bibelauslegung in Niels Hemmingsens De Methodis (1555)*. In: *Reformation und Rationalität*. Hrsg. von Hermann J. Selderhuis und Ernst-Joachim Waschke.Göttingen 2015. S. 239–252.
Reinhard, Wolfgang: *Geschichte der Staatsgewalt. Eine vergleichende Verfassungsgeschichte Europas von den Anfängen bis zur Gegenwart*. München 1999.
Richter, Sandra u. Guillaume Garner (Hrsg.): *„Eigennutz" und „gute Ordnung". Ökonomisierung der Welt im 17. Jahrhundert*. Wiesbaden 2016.
Rieske, Uwe: *„Meditation, Anfechtung und Gebet." Luthers Anleitung zur evangelischen Spiritualität*. In: *Gottes Wort ins Leben verwandeln. Perspektiven der (nord-)deutschen Kirchengeschichte. Festschrift für Inge Mager zum 65. Geburtstag*. Hrsg. von Rainer Hering. Hannover 2005 S. 101–110.
Rieth, Ricardo: *Habsucht bei Luther. Ökonomisches und theologisches Denken, Tradition und soziale Wirklichkeit in Zeitalter der Reformation*. Weimar 1996.
Risse, Siegfried: *Gedruckte deutsche Psalter vor 1524, dem Erscheinungsjahr von Martin Luthers deutschem Psalter*. Nordhausen 2010.
Rüdiger, Axel: *Staatslehre und Staatsbildung. Die Staatswissenschaft an der Universität Halle im 18. Jahrhundert*. Tübingen 2005.
Sandl, Marcus: *Politik im Angesicht des Weltendes. Die Verzeitlichung des Politischen im Horizont des reformatorischen Schriftprinzips*. In: *Die Bibel als politisches Argument. Voraussetzungen und Folgen biblizistischer Herrschaftslegitimation in der Vormoderne*. Hrsg. von Andreas Pecar u. Kai Trampedach. München 2007. S. 243–272.
Santen, Leo van: *Das Dorf als literarischer Kosmos. Aegidius Henning (um 1630–1686). Leben, Werk und Literaturprogramm*. Aachen 2005.
Schäufele, Wolf-Dietrich: *Christoph Matthäus Pfaff (1686–1760) als Tübinger Universitätskanzler und Professor*. In: *Die Universität Tübingen zwischen Orthodoxie, Pietismus und Aufklärung*. Hrsg. von Ulrich Köpf. Ostfildern 2014. S. 123–155.
Schermaier, Martin Josef: *Die Bestimmung des wesentlichen Irrtums von den Glossatoren bis zum BGB*. Köln-Weimar 2000.
Schilling, Heinz: *Martin Luther. Rebell in einer Zeit des Umbruchs. Eine Biographie*. München 2012.

Schneider, Hans: *Gesammelte Aufsätze I. Der radikale Pietismus.* Hrsg. von Wolfgang Breul u. Lothar Vogel. Leipzig 2011.
Schorn-Schütte, Luise: *Evangelische Geistlichkeit in der Frühneuzeit. Deren Anteil an der Entfaltung frühmoderner Staatlichkeit und Gesellschaft. Dargestellt am Beispiel des Fürstentums Braunschweig-Wolfenbüttel, der Landgrafschaft Hessen-Kassel und der Stadt Braunschweig.* Gütersloh 1996.
Schorn-Schütte, Luise: *Evangelische Geistlichkeit.* In: *Enzyklopädie der Neuzeit.* Bd. 4. Stuttgart-Weimar 2006. Sp. 299–302.
Schorn-Schütte, Luise: *Das ganze Haus. Evangelische Pfarrhäuser im 16. und 17. Jahrhundert.* In: *Das evangelische Pfarrhaus. Mythos und Wirklichkeit.* Hrsg. von Thomas A. Seidel und Christopher Spehr. Leipzig 2013. S. 37–54.
Schorn-Schütte, Luise: *Gottes Wort und Menschenherrschaft: politisch-theologische Sprachen im Europa der Frühen Neuzeit.* München 2015.
Schorn-Schütte, Luise: *Obrigkeitskritik und Widerstandsrecht. Die politica christiana als Legitimitätsgrundlage.* In: *Aspekte der politischen Kommunikation im Europa des 16. und 17. Jahrhunderts.* Hrsg. von Luise Schorn-Schütte. München 2004. S. 195–232.
Schrader, Hans-Jürgen: „Reisset nieder ewer innwendiges Babel unnd heuchelt nicht mit deroselben außenwendig". *Christian Hoburg als Lektor in Lüneburg.* In: *Jahrbuch der Gesellschaft für niedersächsische Kirchengeschichte* 110 (2012). S. 43–74.
Schröder, Richard: *Johann Gerhards lutherische Christologie und die aristotelische Metaphysik.* Tübingen 1983.
Schröder, Winfried (Hrsg.): *Anonymus (Johann Joachim Müller). De imposturis religionum (De tribus impostoribus). Von den Betrügereyen der Religion.* Stuttgart-Bad Canstatt 1999.
Schröder, Winfried (Hrsg.): *Matthias Knutzen. Schriften, Dokumente.* Stuttgart-Bad Cannstatt 2010.
Schulze, Renate: *Justus Henning Böhmer und die Dissertationen seiner Schüler. Bausteine des Ius Ecclesiasticum Protestantium.* Tübingen 2009.
Schwarz Lausten, Martin: *Niels Hemmingsen: Storhed og fald.* Kopenhagen 2013.
Seidel, Thomas A. u. Christopher Spehr (Hrsg.): *Das evangelische Pfarrhaus. Mythos und Wirklichkeit.* Leipzig 2013.
Soboth, Christian u. Pia Schmid (Hrsg.): *„Schrift soll leserlich seyn": der Pietismus und die Medien. Beiträge zum IV. Internationalen Kongress für Pietismusforschung 2013.* Internationaler Kongress für Pietismusforschung 2013. Halle-Wiesbaden 2017.
Soeffner, Hans-Georg: *Luther – Der Weg von der Kollektivität des Glaubens zu einem lutherisch-protestantischen Individualitätstypus.* In: *Vom Ende des Individuums zur Individualität ohne Ende.* Hrsg. von Hans-Georg Bosse u. Bruno Hildenbrand. Opladen 1988. S. 107–151.
Solé, Jacques: *Liebe in der westlichen Kultur.* Frankfurt a.M. 1979.
Sorell, Walter: *Kulturgeschichte des Tanzes. Der Tanz im Spiegel der Zeit.* Wilhelmshaven 1995.
Spehr, Christopher; Haspel Michael u. Wolfgang Holler (Hrsg.): *Weimar und die Reformation. Luthers Obrigkeitslehre und ihre Nachwirkungen.* Leipzig 2016.
Spijker, Willem van't: *The ecclesiastical Offices in the Thought of Martin Bucer.* Leiden u. a. 1996.
Splett, Jürgen: *J. Chr. Beckmann 1641–1717.* In: *Bio-bibliographien. Brandenburgische Gelehrte der Frühen Neuzeit: Mark Brandenburg 1640–1713.* Hrsg. von Lothar Noack und Jürgen Splett. Berlin 2001. S. 36–60.

Steffen-Gaus, Gunda: *Gute Patrone als Korrektoren der Simonie. Das Korruptionsmodell in John Wyclifs „De Simonia"*. In: *Korruption. Historischer Annäherungen*. Hrsg. von Nild Grüne u. Simona Slanicka. Göttingen 2010. S. 79–87.
Steiger, Johann Anselm: *Melancholie, Diätetik und Trost. Konzepte der Melancholie im 16. und 17. Jahrhundert*. Heidelberg 1996.
Steiger, Johann Anselm: *Johann Gerhard (1582–1637). Studien zu Theologie und Frömmigkeit des Kirchenvaters der lutherischen Orthodoxie*. Stuttgart-Bad Cannstatt 1997.
Steiger, Johann Anselm: *Versuchung – orthodox und heterodox. Auslegungsgeschichtliche Aspekte der Definition von tentatio bei Luther und dem mystischen Spiritualisten Christian Hoburg*. In: *Gottes Wort ins Leben verwandeln. Perspektiven der (nord-)deutschen Kirchengeschichte. Festschrift für Inge Mager zum 65. Geburtstag*. Hrsg. von Rainer Hering. Hannover 2005. S. 183–220.
Steiger, Johann Anselm: *Jonas Propheta: Zur Auslegungs- und Mediengeschichte des Buches Jona bei Martin Luther und im Luthertum der Barockzeit. Mit einer Edition von Johann Matthäus Meyfarts ‚Tuba Poenitentiae Prophetica' (1625)*, Stuttgart – Bad Cannstatt 2011.
Stichel, Rainer: *Beiträge zur frühen Geschichte des Psalters und zur Wirkungsgeschichte der Psalmen*. Paderborn 2007.
Stockinger, Ludwig: *Respublica ficta. Gattungsgeschichtliche Untersuchungen zur utopischen Erzählung in der deutschen Literatur des frühen 18. Jahrhunderts*. Tübingen 1981.
Stocks, Daniela: *Die Disziplinierung von Musik und Tanz. Die Entwicklung von Musik und Tanz im Verhältnis zu Ordnungsprinzipien christlich-abendländischer Gesellschaft*. Opladen 2000.
Strohm, Christoph: *Calvinismus und Recht. Konfessionelle Aspekte im Werk reformierter Juristen in der Frühen Neuzeit*. Tübingen 2008.
Strotdrees, Gisbert: *Das „Zweite Gesicht" in Westfalen. Geschichte, Erzählkultur, Erinnerungsort*. In: *„Verflixt!". Geister, Hexen und Dämonen*. Hrsg. von Jan Carstens u. Gefion Apel. Münster 2013. S. 33–44.
Stypmann, Franz. [Art.] In: thesaurus.cerl.org/record/cnp00117591 (30.05.2017)
Tanner, Klaus (Hrsg.): *Konstruktion von Geschichte. Jubelrede – Predigt – Protestantische Historiographie*. Leipzig 2012.
Tatz-Jacobi, Marianne: *Erwünschte Harmonie. Die Gründung der Friedrichs-Universität Halle als Instrument brandenburg-preußischer Konfessionspolitik*. Berlin 2004.
Teichmann, E.: *H. Linck* [Art.]. In: *ADB* 18 (1883).
Tschackert, Paul: *Weber, J.* [Art.]. In: *ADB* 41 (1896). S. 307f.
Vollbach, Ekkehard: *Pastors Kinder, Müllers Vieh… Biographien berühmter Pfarrerskinder*. Leipzig 2015.
Vollhardt, Friedrich: *Selbstliebe und Geselligkeit. Untersuchungen zum Verhältnis von naturrechtlichem Denken und moraldidaktischer Literatur im 17. und 18. Jahrhundert*. Tübingen 2001.
Wagenmann, Julius August: *Carolus, Andreas* [Art.]. In: *ADB* 4 (1876). S. 6f.
Wall, Heinrich de: *Staat und Staatskirche als Garanten der Toleranz*. In: Lück, Heiner (Hrsg.): *Christian Thomasius (1655–1728) – Wegbereiter moderner Rechtskultur und Juristenausbildung*. Hildesheim u. a. 2006. S. 117–133.
Wallmann, Johannes: *Pietismus und Orthodoxie. Überlegungen und Fragen zur Pietismusforschung*. In: *Pietismus-Studien. Gesammelte Aufsätze II*. Hrsg. von Johannes Wallmann. Tübingen 2008. S. 1–21.

Wallmann, Johannes: *Prolegomena zur Erforschung der Predigt des 17. Jahrhunderts.* In: *Gesammelte Aufsätze. Pietismus und Orthodoxie.* Hrsg. von Johannes Wallmann. Tübingen 2010. Bd. 3. S. 427–445.

Weber, Wolfgang: *Im Kampf mit Saturn. Zur Bedeutung der Melancholie im anthropologischen Modernisierungsprozess des 16. und 17. Jahrhunderts.* In: *Zeitschrift für historische Forschung 17* (1990). S. 155–192.

Weber, Wolfgang E.J.: *Melancholie. Historische und aktuelle Dimensionen eines psychokulturellen Komplexes.* In: *Mißvergnügen. Zur kulturellen Bedeutung von Betrübnis, Verdruss und schlechter Laune.* Hrsg. von Alfred Bellebaum u. Robert Hettlage. Wiesbaden 2012. S. 31–64.

Weber, Wolfgang E.J.: *Christian Thomasius zwischen Staatsräson, Individualinteresse und erneuerter Normativität.* In: *Mitteilungen des Instituts für Europäische Kulturgeschichte 23* (Juni 2016). S. 69–83.

Weber, Wolfgang E.J.: *Staatsräson. Geschichte und Gegenwart einer politisch-sozialen Maxime.* [Im Manuskript abgeschlossen]

Weichlein, Siegfried: *Pfarrhaus.* In: *Christliche Erinnerungsorte.* Hrsg. von Christoph Markschies und Hubert Wolf. München 2010. S. 642–653.

Weigelt, Horst: *Geschichte des Pietismus in Bayern. Anfänge, Entwicklung, Bedeutung.* Göttingen 2001.

Weigelt, Horst: *Zinzendorf und die Schwenckfelder.* In: *Neue Aspekte der Zinzendorf-Forschung.* Hrsg. von Martin Brecht und Paul Peucker. Göttingen 2006. S. 64–83.

Weigelt, Horst: *Von Schlesien nach Amerika. Die Geschichte des Schwenckfeldertums.* Köln u. a. 2007.

Wiesner-Hanks, Merry: *„Der lüsterne Luther". Männliche Libido in den Schriften des Reformators.* In: *Lesarten der Geschichte. Ländliche Ordnungen und Geschlechtsverhältnisse. Festschrift für Heide Wunder zum 65. Geburtstag.* Hrsg. von Jens Flemming. Kassel 2004. S. 179–205.

Wiesner-Hanks, Merry: *Christianity and Sexuality in the Early Modern World. Regulating Desire, Reforming Practice.* London 2010 (zweite Auflage).

Wigand. J. [Art.]. In: www.geschkult.fu-berlin.de/e/jancke-quellenkunde/verzeichnis/w/wigand/ (30.05.2017).

Willenberg. S.F. [Art.]. In: thesaurus/cerl.org/cgi-bin/record/cnp00366714. (30.05.2017)

Wischmeyer, Johannes: *Kirchenleitung und ihre Institutionen als Thema lutherischer Theologie in der zweiten Hälfte des 16. Jahrhunderts.* In: *Zwischen Ekklesiologie und Administration. Modelle territorialer Kirchenleitung und Religionsverwaltung im Jahrhundert der europäischen Reformation.* Hrsg. von Johannes Wischmeyer. Göttingen u. a. 2013. S. 41–65.

Wolff, Jens: *Geplagter Hiob. Johann Balthasar Schupp als theologus experientiae.* In: *Hamburg. Eine Metropolregion zwischen Früher Neuzeit und Aufklärung.* Hrsg. von Johann Anselm Steiger und Sandra Richter. Berlin 2012. S. 157–172.

Zaunstöck, Holger (Hrsg.) *Die Welt verändern. August Hermann Francke – ein Lebenswerk um 1700.* [Erschienen anlässlich der Ausstellung „Die Welt verändern. August Hermann Francke – Ein Lebenswerk um 1700"]. Jahresausstellung der Franckeschen Stiftungen zum Jubiläum des 350. Geburtstags August Hermann Franckes vom 24. März bis 21. Juli 2013. Halle 2013.

Zimmermann, Julia: *Teufelsreigen – Engelstänze. Kontinuität und Wandel in mittelalterlichen Tanzdarstellungen.* Frankfurt a. M. u. a. 2007.

N.B. Sämtliche Internetdokumente wurden zuletzt aufgerufen am 25.7.2017.

3 Verzeichnis der Bildquellen

1. Martin Statius: Lutherus redivivus. Stettin: Mamphrasen 1654 (HAB Wolfenbüttel Li 582)
2. Nikolaus Hemming(sen): Pastor. Leipzig: Vögelein 1569 [Stich gegenüber Titel] (BSB München/Staats- und Stadtbibliothek Augsburg Th Pr 1173
3. Johann Gerhard: Beati Lutheri [...] legitima vocatio. Jena: Steinmann 1617 (HAB Wolfenbüttel S 163. 4° Helmst. 8)
4. Balthasar Schuppius: Ratio Status in Promotione Ministrorum Ecclesiae. [Hamburg]: 1663 (BSB München/960050 Res/4 J. can. P. 1003, 37)
5. Johannes Saubert: Zuchtbüchlein der evangelischen Kirchen. Nürnberg. [1633] (BSB München/Staats- und Stadtbibliothek Augsburg Th S 1659)
6. Johann Friedrich Mayer: Museum Ministri Ecclesiae. Leipzig: Gleditsch 1690 (BSB München/Staats- und Stadtbibliothek Augsburg Th Pr 605)
7. Martin Hofmann: Der getrewe Eckhardt. Jena: Weidner 1606 (SLUB Dresden Theol. Ev. Asc. 285. s. misc. 1)
8. Johann Peter Grünenberg; Justus Statius: Dissertatio Theologica Circularis De Saltatione Christiana Licita. Rostock: 1719 (BSB München/Regensburg, Staatliche Bibliothek – 999/A.Diss.3839)
9. Valentin Fromm(e): Vom Straff-Ampt der Prediger. Wittenberg: Seelfisch 1658 (BSB München/Staats- und Stadtbibliothek Augsburg Th Pr 4709)
10. Hector Gottfried Masius: Interesse Principum circa Religionem evangelicam. Kopenhagen: Liebe 1687 (BSB München 902825 4 Diss. 5281 a#Beibd. 18)
11. Christoph Brunchorst: Christliche Vorstellung der hohen Geistlichen Anfechtungen. Gotha: Schall 1663 (BSB München/Regensburg, Staatliche Bibliothek – 999/Asc. 442)
12. August Pfeiffer: Antimelancholicus. Leipzig: Fritsch 1684 (BSB München 912459 Hom. 1208)
13. Johann Matthäus Meyfart: Ein kurtzer [...] Bericht von der Prediger [...] Besoldung. Jena: Saher 1645 (BSB München/Staats- und Stadtbibliothek Augsburg Th S 753 Beiband)
14. Christian Thomasius; Johannes de Groin: Dissertatio [...] iuridica De Officio Principis Evangelici circa augenda Salaria et Honores Ministrorum Ecclesiae. Halle: Salfeld 1707 (BSB München 2316464 4° Diss 1603# Beiband)
15. [Friedrich Breckling]: Biblia sive Verbum Diaboli. [o.O.] 1661 (Niedersächsische Staats- und Universitätsbibliothek Göttingen 8 TH TH I, 728/19 10)
16. Friedrich Germanus Lüdke: Gespräche über die Abschaffung des geistlichen Standes. Berlin-Stettin: Nicolai 1784 (BSB München 12499747 Regensburg)

Personenregister

Adami, Johann Samuel 39, 76, 138, 172, 186, 192f., 204, 208
Albrecht, Georg 153f., 197, 206
Amthor, Christoph Heinrich 43f., 188
Andrus, Verus 198
Anhalt, Joachim von 202
Arnold, Gottfried 85, 173, 183, 195, 208
Augustinus 16, 68
Avian, Christian 131, 202f.

Balthasar, Augustin de 163, 206
Bauer, Adam Kaspar 201
Beatus, Georg 194
Bechmann, Friedemann 138f., 204
Beckmann, Johann Christoph 121f., 201
Beeg, Benignus 50, 189
Beza, Theodor 21
Bidembach, Felix 56, 106, 111, 190, 199f.
Blanckenberg, Albrecht von 96, 197
Böhmer, Justus Henning 44, 188
Braun (Brunus), Georg 19, 183
Breckling, Friedrich 172, 208
Brunchorst, Christoph 136, 203f.
Bucer, Martin 20f., 170, 183
Burton, Robert 134, 203

Calvin, Jean 21, 192
Carolus, Andreas David 121, 201
Caselius, Martin 81f., 194f.
Casmann, Otto 131, 202
Cephalus, Sigismund 106, 199
Cyprian 39, 208

Daul, Florian 86–88, 196
Deusing, Johann 99, 198
Deyling, Salomon 184
Dippel, Johann Konrad 173, 208

Ernst der Fromme 135

Falckenreich, Justus Georg 117, 200
Falckner, Johann Christoph 158, 206
Feyerabend, Sigmund 97, 181, 197
Fischer, Johann David 119, 200

Flach, Sigmund 194
Flacius Illyricus, Matthias 199
Francke, August Hermann 7, 35, 180f., 197
Freyhart, Altophilus 207
Fritsch, Ahasver 121, 195, 198, 201
Fromme, Valentin 114–117, 200

Gärtner, Johann 205
Gerhard, Johann 28–33, 35, 38, 46, 151, 170, 181, 184–186, 192, 205
Grellmann, Heinrich Moritz Gottlieb 207
Grünenberg, Johann Peter 95, 197
Gunther, Johann 204
Guthrie, William 99, 198

Haas, Nicolaus 139f., 204f.
Hahn, Heinrich 42f., 187
Hahn, Philipp 70, 190, 192
Hallhuber, Friedrich Andreas 201
Hartmann, Johann Ludwig 49, 52, 54–59, 61f., 64, 66, 68, 92–94, 101, 136, 170, 189–191, 196–198, 204
Hartnack, Daniel 83, 208
Hausen, Christian August 204
Heege, Carl Heinrich 186
Hemmingsen, Nicolaus (Niels) 10, 13–16, 18, 49, 52, 55, 73f., 127–130, 149f., 182, 189, 192, 202, 205
Henning, Aegidius 99, 198
Hoburg, Christian 166, 168–170, 207
Hofmann, Martin 78, 80, 193f.
Hoppenrod, Andreas 77f., 192f.
Hornmold, Sebastian 194

Karl XI. 60
Kedd, Jodocus S.J. 185f.
Keßler, Johann Elias 198
Kesler, Johann Konrad 197
Kettwig, Mentetius 40, 186
Kilian, Johann Andreas 96, 197
Kirchhof, Johann Heinrich 44, 188
Kirsch, Adam Friedrich 188
Kläger, Justus 173
Klesch, Daniel 98, 198

Knutzen, Matthias   138, 204
Köpke, Balthasar   101, 199
Kortholt, Christian d.Ä.   171, 191, 208

Lang, Andreas   97
Lange, Johann Christian   118 f.
Laub, Philipp Anton   186
Leyser, Augustin von   119, 200
Lilienthal, Michael   39, 186
Linck, Heinrich   45, 188
Lüdke, Friedrich Germanus   174, 209
Luther, Martin   1 f., 7 – 10, 12 – 14, 17 – 20, 22, 27 f., 30 f., 33, 35, 39, 42, 49 – 53, 55 f., 58 f., 61 – 63, 65, 75, 79, 83, 94, 96 f., 105 f., 109 f., 114, 120, 126, 130 f., 135, 138, 148, 150, 160, 173, 175 – 181, 183 f., 189, 192 f., 199 f., 202, 204 – 207

Major, Georg   129, 202
Masius, Hector Gottfried   122, 201
Mauritius, Caspar   42, 187
Mayer, Johann Friedrich   60, 191
Meisner, Balthasar   171, 208
Melanchthon, Philipp   10, 22, 27, 50, 73, 184
Mencel, Hieronymus   17
Mentzer, Balthasar   183
Meyfart, Johann Matthäus   151 – 153, 205 f.
Milichius, Ludwig   197
Molesworth, Robert   122, 201
Mörlin, Joachim   109 f., 199 f.
Mosheim, Johann Lorenz von   120, 200 f.
Müller, Heinrich   139, 173, 204, 208
Müller, Johann   173, 191, 208
Müller, Peter   102, 199, 204
Mummens, Peter   44, 188
Münster, Johann von   88 – 94, 196
Musculus, Wolfgang   90

Nauclerus, Johannes   186

Olearius, Gottfried   139 f., 204
Olearius, Johannes   135, 203
Ostervald, Jean Frédéric   85, 195

Paulus   22 f., 53, 111
Pertsch, Johann Georg   44, 188

Pfaff, Christoph Matthäus   143, 205
Pfeiffer, August   137, 204
Pistorius, Johannes   20, 183
Porta, Conrad   10, 17 – 19, 49, 127, 148 f., 175, 182, 205
Praetorius, Elias   166, 169, 207
Praetorius, Stephan   130, 202
Purgold, Daniel Heinrich   85, 195

Quenstedt, Johann Andreas   51, 189

Rauschardt, Conrad   49, 189
Reinkin(g)k Theodor (Dietrich)   113, 200
Rhode, Johannes   97
Riemer, Johann   42, 45 f., 187 – 189
Rivander, Zacharias   21 f., 183
Roloff, Matthias   153 f., 206
Rotth, Albrecht Christian   95, 197
Rövenstrunck, Johann Wilhelm   51

Sachs, Michael   79 f., 194
Sarcerius, Erasmus   10 f., 13, 49, 73, 79, 127, 181 f., 192, 194, 202
Scherertz, Sigismund   132 f., 203
Schiebel, Johann Georg   100, 198
Schmidt, Sebastian   173
Schupp, Johann Balthasar   41 f., 44 – 46, 187 – 189
Schwenckfeld von Ossig, Kaspar   23, 184
Seidel, Christoph Matthäus   96, 193, 197
Sennert, Andreas   168, 207
Simon, Johann   184
Simon, Johann Georg   117, 200
Sincerus, Theophilus   171, 208
Slevogt, Gottlieb   46, 189
Spalding, Johann Joachim   174, 208 f.
Spangenberg, Cyriac   77, 94, 193, 196
Spener, Philipp Jacob   35, 49, 60, 84, 96, 170 f., 180, 186, 195, 204, 207
Spizel, Gottlieb (Theophilus)   39, 186
Starcke, Sebastian Gottfried   98, 198
Steinbrecher, Gottfried   40, 186
Stelzer, Georg Peter   163, 206
Stephani, Matthias   31, 185
Strohnach, Johann David   205
Strubius, Heinrich Julius   184
Strunz, Friedrich   122, 201

Stryck, Johann Samuel 188
Stypmann, Franz 154–158, 206

Thomasius Christian 43, 95, 119, 159–161, 163, 174, 188, 198, 200f., 206

Vietor, Johannes 153, 206
Vockerodt, Gottfried 197
Volcmar, Johann Georg 183

Wahrmund, Florentin 99

Weber, Johann 97, 187, 197
Weinheimer, Adam 83f., 194f.
Wigand, Johann 106f., 109, 111, 199
Willenberg, Samuel Friedrich 143–145, 205

Zehner, Joachim 32, 46, 184–186
Zeidler, Johann Gottfried 75, 193
Zepper, Wilhelm 22f., 183
Ziegler, Caspar 60, 191
Zinzendorf, Nikolaus Ludwig Graf von 85, 184

www.ingramcontent.com/pod-product-compliance
Lightning Source LLC
Chambersburg PA
CBHW051220300426
44116CB00006B/652